# 供应链管理

何 慧 主 编
郑丽娟 副主编

东南大学出版社
·南京·

## 内 容 提 要

本书较为系统地介绍了供应链管理的基本理论、工具和方法,内容包括供应链管理的基础理论、供应链管理的相关理论、供应链的构建、供应链合作伙伴的选择、供应链采购管理、供应链生产管理、供应链库存管理、供应链信息管理、供应链管理策略、供应链绩效评价与激励机制、供应链业务流程重组等。

本书既可作为高职高专院校物流及相关专业的教材,也可作为各类、各层次学历教育和短期培训的教材,还可作为广大物流业界人员的学习参考书。

### 图书在版编目(CIP)数据

供应链管理 / 何慧主编. —南京:东南大学出版社,2012.8(2022.8重印)
(高职高专电子商务与物流专业课程改革规划教材)
ISBN 978-7-5641-3625-3

Ⅰ.①供⋯  Ⅱ.①何⋯  Ⅲ.①供应链管理-高等职业教育-教材  Ⅳ.①F252

中国版本图书馆 CIP 数据核字(2012)第 146443 号

### 供应链管理

| | | |
|---|---|---|
| 主　　编 何　慧 | 副 主 编 | 郑丽娟 |
| 责任编辑 李　玉 | 责任印制 | 张文礼 |
| 封面设计 王　玥 | | |

出版发行　东南大学出版社
社　　址　南京市四牌楼 2 号　　　邮　编　210096
出 版 人　江建中
经　　销　全国各地新华书店
印　　刷　广东虎彩云印刷有限公司
开　　本　700 mm×1 000 mm　1/16
印　　张　19.25　　　　　　　　字　数　480 千字
版　　次　2012 年 8 月第 1 版
印　　次　2022 年 8 月第 2 次印刷
书　　号　ISBN 978-7-5641-3625-3
印　　数　3 001—3 400 册
定　　价　48.00 元

(凡因印装质量问题,请与我社营销部联系。电话:025-83791830)

# 前　言

当前,日、欧、美等发达国家的企业应用供应链管理的思想和方法,在全球竞争中处于领先地位,更有如沃尔玛、戴尔、丰田等企业的管理策略直接构成了供应链管理的核心内容。从发达国家的经验来看,有效的供应链管理对于提升企业的国际竞争力起到了巨大的推动作用。供应链管理的理念和模式已经受到普遍重视,它成为企业管理的重要方向。面对 21 世纪日益激烈的市场竞争,为了使自己立于不败之地,我国越来越多的企业必将实施供应链管理的模式和方法。因此,近年来供应链管理已被我国高校列为物流管理专业的核心课程和其他相关专业的必修课程。

本书在内容安排上共分为十一章。首先概括地介绍供应链管理的背景、基本概念、特征等相关理论;其次介绍供应链构建、合作伙伴选择的方法和具体内容;再次以企业实际供应链管理的应用为主线,介绍供应链各职能领域的相关知识、方法和策略;最后介绍先进的供应链管理策略、绩效评价、激励机制和业务流程重组的基本内容。

作为面向高等职业教育的教材,本书具有以下特点:

一是实践性强。本书在编写过程中注重理论与实践的紧密结合,不但在章节中尽量简化深奥的理论分析,突出内容的可操作性和实用性,而且在每章后面附有实训项目,培养学生的知识运用能力与发现问题、分析问题和解决问题的能力,体现高职高专的特点。

二是系统性和深入浅出。本书系统性地介绍了供应链管理领域的主要内容和方法,在每一章,设置有学习目标、引导案例、练习题、案例分析及讨论题、实训项目等模块;而且在章节内容的设置上,摒弃了深奥的理论阐述和仅泛泛罗列的缺点,内容由浅及深,通俗易懂,知识点详尽准确,可操作性强;不但能让学生看懂、理解并掌握,还有利于授课教师系统地、循序渐进地、有重点地教学。

三是突出案例教学和学习。本书摘选了世界各国和国内许多成功企业供应链管理的经验和案例。在每章开头配有引导案例,以案例引导教学内容;在章节内容里尽可能地举例说明,贴切地描述企业实际情况;在每章结尾配有案例分析和讨论题,以案例分析来进一步消化和理解供应链管理思想和策略的真实内涵,并锻炼学生的分析能力和学以致用的能力。

本书由苏州市职业大学物流管理专业教师编写,编写分工如下:第二、十章由李英编写;第九、十一章由胥洪娥编写;第四、五章由姜能涛编写;第八章由郑丽娟编写,并协助策划了本书的内容和结构;第一、三、六、七章由何慧编写,并负责全书的总体策划、结构设计和最后统稿。

本书在编写过程中,参考了大量的书籍、文献等资料,作者尽可能详细地在参考文献中列出,在此对这些专家、学者们表示深深的谢意;也可能有的资料虽引用了但由于疏忽或转载原因而没有列出来,在此表示万分歉意。由于作者的水平有限,书中难免存在疏漏之处,敬请读者批评指正!

编　者

2012年4月

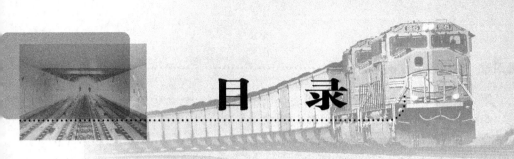

# 目 录

**第一章 供应链管理概论** ……………………………………………（1）
  第一节 供应链管理的产生背景 ………………………………（2）
  第二节 供应链的基本理论 ……………………………………（11）
  第三节 供应链管理的基本理论 ………………………………（16）
  第四节 供应链管理与物流管理 ………………………………（22）
    【案例分析】……………………………………………………（26）
    【实训项目】……………………………………………………（29）

**第二章 供应链管理的相关理论** ……………………………………（31）
  第一节 价值链理论 ……………………………………………（31）
  第二节 核心竞争力 ……………………………………………（35）
  第三节 业务外包 ………………………………………………（39）
  第四节 扩展企业 ………………………………………………（45）
    【案例分析】……………………………………………………（50）
    【实训项目】……………………………………………………（52）

**第三章 供应链的设计与构建** ………………………………………（53）
  第一节 常见的几种供应链结构模型 …………………………（54）
  第二节 供应链设计的内容、原则和评价指标 ………………（57）
  第三节 基于产品的供应链设计策略 …………………………（62）
    【案例分析】……………………………………………………（70）
    【实训项目】……………………………………………………（72）

## 第四章　供应链合作伙伴的选择 （74）

### 第一节　供应链合作伙伴关系概述 （75）
### 第二节　供应链合作伙伴的评价与选择 （82）
### 第三节　供应链客户关系管理 （92）
【案例分析】（97）
【实训项目】（99）

## 第五章　供应链采购管理 （101）

### 第一节　供应链管理环境下的采购管理 （102）
### 第二节　供应链管理环境下的准时采购策略 （111）
### 第三节　供应商关系管理 （117）
【案例分析】（124）
【实训项目】（127）

## 第六章　供应链生产管理 （128）

### 第一节　供应链管理环境下的生产计划与控制 （130）
### 第二节　延迟制造 （139）
### 第三节　精益生产 （143）
### 第四节　敏捷制造 （150）
【案例分析】（154）

## 第七章　供应链库存管理 （157）

### 第一节　供应链库存管理的基本理论 （159）
### 第二节　供应商管理库存 （167）
### 第三节　联合库存管理 （173）
【案例分析】（180）
【实训项目】（182）

## 第八章　供应链信息管理 （184）

### 第一节　供应链中的信息 （185）
### 第二节　供应链管理中的信息技术 （189）
### 第三节　基于 Internet/Intranet 的供应链信息组织模式 （202）
【案例分析】（205）
【实训项目】（209）

## 第九章 供应链管理策略 (210)

- 第一节 快速反应(QR)策略 (211)
- 第二节 有效顾客响应(ECR)策略 (217)
- 第三节 联合计划、预测与补货系统(CPFR)策略 (230)
  - 【案例分析】 (236)
  - 【实训项目】 (240)

## 第十章 供应链绩效评价与激励机制 (242)

- 第一节 概述 (243)
- 第二节 供应链绩效评价指标体系 (248)
- 第三节 供应链管理绩效评价方法 (252)
- 第四节 供应链激励机制 (256)
  - 【案例分析】 (261)
  - 【实训项目】 (266)

## 第十一章 供应链业务流程重组 (267)

- 第一节 业务流程重组(BPR)概述 (268)
- 第二节 供应链企业组织与业务流程 (276)
- 第三节 基于供应链管理的业务流程重组 (285)
  - 【案例分析】 (290)
  - 【实训项目】 (291)

## 附录 啤酒游戏 (292)

## 参考文献 (297)

# 第一章　供应链管理概论

•学习目标•

1. 了解供应链管理产生的背景和发展历程；
2. 理解并掌握供应链的概念、结构模型、类型和特征；
3. 理解并掌握供应链管理的概念、基本特征和目标；
4. 理解供应链管理的基本内容和供应链管理理念的变革。

•引导案例•

在20世纪80年代,国外一些企业发现了新的制造技术与战略,这些制造技术和战略使企业降低了成本,更好地参与不同市场的竞争。战略(如准时制造、看板管理、精益制造、全面质量管理等等)变得非常流行,于是大量的资源投资于实施这些战略。在过去的十几年中,许多企业已经尽可能地降低了制造成本。同时,这些企业发现进一步增加利润和提高市场占有率的措施在于有效的供应链管理。

事实上,1997年美国企业在相关的供应活动中花费了8 620亿美元,大约是美国国民生产总值(GNP)的10%(罗伯特·V. 德兰尼(Robert V. Delaney)出版的《物流状况报告》)。这个数字包括供应链中制造工厂和仓库在内,以及供应链不同环节之间搬运、储存和控制产品所发生的成本。令人遗憾的是,由于供应链中存在多余的存货、无效率的运输策略和其他一些浪费的做法,这笔在物流方面的巨额投资花费了许多不必要的成本。例如,据专家分析,若使用更加有效的供应链战略,食品杂货业可节省约300亿美元,相当于其年运营成本的10%。

既然供应链管理对于降低企业的成本、提高企业的效益如此重要,那么,供应链管理是如何产生的? 什么是供应链? 什么又是供应链管理呢?

## 第一节 供应链管理的产生背景

### 一、现代企业面临的环境特点

20世纪80年代中后期以后,国际化、动态化、网络化的全球竞争局面逐步形成,客户需求的不确定性和瞬变性,以及商品由卖方市场向买方市场的转变使企业所面临的环境相对于以前发生了巨大的变化,具体可归纳为以下几点:

1. 信息爆炸的压力

大量信息的飞速产生和通讯技术的发展迫使企业把工作重心从如何迅速获得信息转到如何准确地过滤和有效利用各种信息。

2. 技术进步越来越快

新技术、新产品的不断涌现一方面使企业受到空前未有的压力,另一方面也使每个企业员工受到巨大的挑战,企业员工必须不断地学习新技术,否则他们将面临由于掌握的技能过时而遭淘汰的处境。由此,企业的培训成本也大为增加。如在计算机领域有一个人所共知的"摩尔定律",即"集成电路的集成度每18个月翻一番",或者说"三年翻两番"。

3. 高新技术的使用范围越来越广

全球高速信息网使所有的信息都极易获得,而更敏捷的教育体系使越来越多的人能在越来越少的时间内掌握最新技术。面对某个机遇,可以参与竞争的企业越来越多,从而大大加剧了国际竞争的激烈性。以计算机及其他高新技术为基础的新生产技术在企业中的应用是21世纪的主要特色之一。例如,计算机辅助设计、计算机辅助制造、柔性制造供应链管理系统、自动存储和拣货系统、自动条码识别系统等,在世界各国尤其是工业发达国家的生产和服务中得到了广泛应用。虽然高新技术应用的初始投资很高,但它会带来许多竞争上的优势。高新技术的应用不仅仅在于节省人力,降低劳动成本,更重要的是提高了产品和服务质量,降低了废品和材料损耗,缩短了对用户需求的响应时间。由于可以在很短时间内就把新产品或服务介绍给市场,企业因此赢得了时间上的优势。这种趋势在21世纪正在进一步加强。

4. 市场和劳务竞争全球化

企业在建立全球化市场的同时也在全球范围内造就了更多的竞争者。尽管发达国家认为发展中国家需要订单和产品,许多发展中国家却坚持他们更需要最新技术,希望也能成为国际市场上的供应商。商品市场国际化的同时也创造了一个国际化的劳动力市场。教育的发展使得原本相对专门的工作技能成为大众化的普通技能,从而使得工人的工资不得不从他们原有的水准上降下来,以维持企业的竞争优势。

5. 产品研制开发的难度越来越大

越来越多的企业认识到新产品开发对企业创造收益的重要性，因此许多企业不惜工本予以投入，但是资金利用率和投入产出比却往往不尽如人意。原因之一是，产品研制开发的难度越来越大，特别是那些大型、结构复杂、技术含量高的产品在研制中一般都需要各种先进的设计技术、制造技术、质量保证技术等，不仅涉及的学科多，而且大都是多学科交叉的产物，因此如何能成功地解决产品开发问题是摆在企业面前的头等大事。

6. 可持续发展的要求

人类只有一个地球！维持生态平衡和环境保护的呼声越来越高。臭氧层、热带雨林、全球变暖、酸雨、核废料、能源储备、可耕地减少，一个又一个的环境保护问题摆在人们面前。在全球制造和国际化经营趋势越来越明显的今天，各国政府将环保问题纳入发展战略，相继制定出各种各样的政策法规，以约束本国及外国企业的经营行为。人类在许多资源方面的消耗都在迅速地接近地球的极限。随着发展中国家工业化程度的提高，如何在全球范围内减少自然资源的消耗成为全人类能否继续生存和持续发展的大问题。一位销售经理曾说："过去生产经理常问我该生产什么，现在是我问他能生产什么"。原材料、技术工人、能源、淡水资源、资金及其他资源越来越少，各种资源的短缺对企业的生产形成很大的制约，而且这种影响在将来会越加严重。在市场需求变化莫测，制造资源日益短缺的情况下，企业如何取得长久的经济效益，乃是企业制定战略时必须考虑的问题。

7. 全球性技术支持和售后服务

赢得用户信赖是企业保持长盛不衰竞争力的重要因素之一。赢得用户不仅要靠具有吸引力的产品质量，而且还要靠售后的技术支持和服务。许多世界著名企业在全球拥有健全而有效的服务网就是最好的印证。

8. 用户的要求越来越苛刻

随着时代的发展，大众知识水平的提高和激烈竞争带给市场的产品越来越多、越来越好，用户的要求和期望也越来越高，消费者的价值观发生了显著变化，需求结构普遍向高层次发展，主要表现在：

（1）对产品的品种、规格、花色、需求数量等呈现多样化、个性化要求，而且这种多样化要求具有很高的不确定性；

（2）对产品的功能、质量和可靠性的要求日益提高，而且这种要求提高的标准又是以不同用户的满意程度为尺度的，产生了判别标准的不确定性；

（3）要求在满足个性化需求的同时，产品的价格要向大批量生产的那样低廉。制造商将发现，最好的产品不是他们为用户设计的，而是他们和用户一起设计的。全球供应链使得制造商和供货商得以紧密联系在一起来完成一项任务。这一机制也同样可以把用户结合进来，使得生产的产品真正满足用户的需求和期望。

## 二、21世纪全球市场竞争的主要特点

21世纪,企业面临着新的日益激烈的市场竞争环境,信息时代全球市场趋于一体化,全球经济和信息也在趋于一体化。随着微电子技术、计算机软硬件技术、光纤和卫星通讯技术、多媒体技术、虚拟实现技术、信息压缩技术和系统集成技术等的迅速发展,对大量信息进行迅速、准确、高效地传递和处理已成为现实。因此,国外企业纷纷通过研究、开发、应用信息技术来提高企业的竞争力,信息技术在技术创新、产品开发与设计、生产制造、销售、组织结构、管理思想、企业文化、人际关系、战略目标等方面对企业管理产生着重大影响。这些变化必然会对传统管理所形成的思维方式带来挑战。同时,信息社会或网络社会已经影响到我们的生活,这必然要带来工作和生活方式的改变,其中最主要的就是消费需求的变化。现在,随着人们经济生活水平的提高,个性化需求的影响越来越明显,个性化消费的时代特征是多品种、少批量、多批次。总体趋势是对产品服务的期望越来越高,产品寿命周期越来越短,产品品种数量膨胀,交货期要求越来越高。这也是21世纪全球市场竞争的主要特点。

### 1. 产品生命周期越来越短

随着消费者需求的多样化发展,企业的产品开发能力也在不断提高。目前,国外新产品的研制周期大大缩短。例如,AT&T公司新电话的开发时间从过去2年缩短为1年;惠普公司新打印机的开发时间从过去的4.5年缩短为22个月,而且这一趋势还在不断加强,如图1-1所示。与此相应的是产品的生命周期缩短,革新换代速度加快。由于产品在市场上存留时间大大缩短了,企业在产品开发和上市时间的活动余地便越来越小,从而给企业造成了巨大压力。例如当今的计算机,几乎是一上市就已经过时了,就连消费者都有些应接不暇。虽然在企业中流行着"销售一代、生产一代、研究一代、构思一代"的说法,然而这毕竟需要企业投入大量的资源,

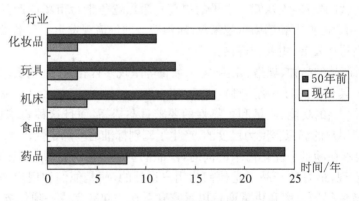

图1-1 产品生命周期不断缩短

一般的中小企业在此环境面前显得力不从心。许多企业曾有过一阵红火,但由于后续产品开发跟不上,造成产品落伍之时,也就是企业倒闭之日。

2. 产品品种数飞速膨胀

因消费者需求的多样化越来越突出,厂家为了更好地满足其要求,便不断推出新的品种,从而引起了一轮又一轮的产品开发竞争,结果是产品的品种数成倍增长。以日用百货为例,据有关资料统计,从1975年到1991年,品种数已从2 000种左右增加到20 000种左右,如图1-2所示。尽管产品数已非常丰富,但消费者在购买商品时仍然感到难以称心如意。为了吸引用户,许多厂家不得不绞尽脑汁不断增加花色品种。但是,按照传统的思路,每一种产品都生产一批以备用户选择的话,那么制造商和销售商都要背上沉重的负担,如图1-2所示,超级市场的平均库存,在1985年前后约为13 000 SKU(存货单位),而到1991年时约为20 000 SKU,库存占用了大量的资金,严重影响了企业的资金周转速度,进而影响企业的竞争力。

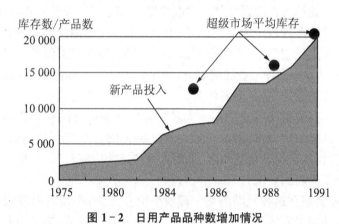

图1-2 日用产品品种数增加情况

3. 对交货期的要求越来越高

随着市场竞争的加剧,经济活动的节奏越来越快。其结果是每个企业都感到用户对时间方面的要求越来越高。这一变化的直接反映就是竞争主要因素的变化。20世纪60年代企业间竞争的主要因素是成本,到70年代时竞争的主要因素转变为质量,进入80年代以后竞争的主要因素转变为时间。这里所说的时间要素主要是指交货期和响应周期。用户不但要求厂家要按期交货,而且要求的交货期越来越短。我们说企业要有很强的产品开发能力,不仅指产品品种,更重要的是指产品上市时间,即尽可能提高对客户需求的响应速度。例如,在20世纪90年代初期,日本汽车制造商平均每2年可向市场推出一个新车型,而同期的美国汽车制造商推出相同档次的车型却要5~7年。可以想象,美国的汽车制造商在市场竞争中该有多么被动。对于现在的厂家来说,市场机会几乎是稍纵即逝,留给企业思考和决策的时间极为有限。如果一个企业对用户要求的反应稍微慢一点,很快就会被竞争对手抢占先机。因此,缩短产品的开发、生产周期,在尽可能短的时间内满足用户要求,已成为当今所有管理者最为关注的问题之一。

4. 对产品和服务的期望越来越高

进入20世纪90年代的用户对产品质量、服务质量的要求越来越高。用户已不满足于从市场上买到标准化生产的产品,他们希望得到按照自己要求定制的产品或服务。这些变化导致产品生产方式革命性的变化。传统的标准化生产方式是"一对多"的关系,即企业开发出一种产品,然后组织规模化大批量生产,用一种标准产品满足不同消费者的需求。然而,这种模式已不再能使企业继续获得效益。现在的企业必须具有根据每一个顾客的特别要求定制产品或服务的能力,即所谓的"一对一"的定制化服务。企业为了能在新的环境下继续保持发展,纷纷转变生产管理模式,采取措施从大量生产转向定制化大量生产。例如,以生产芭比娃娃著称的玛泰尔(Mattel)公司,从1998年10月份起,可以让女孩子登录到barbie.com设计她们自己的芭比朋友。她们可以选择娃娃的皮肤弹性、眼睛颜色、头发的式样和颜色、附件和名字。当娃娃邮寄到孩子手上时,女孩子会在上面找到她们娃娃的名字。这是玛泰尔公司第一次大量制造"一个一样"的产品。再如,位于美国戴顿市(Dayton)的一家化学公司,有1700多种工业肥皂配方,用于汽车、工厂、铁路和矿石的清洗工作。公司分析客户要清洗的东西,或者访问客户所在地了解要清洗的东西,分析之后,公司研制一批清洁剂提供给客户使用。大多数客户都会觉得没有必要再对另一家公司描述他们清洁方面的要求,所以该化学公司95%的客户都不会离去。不过,应该看到,虽然个性化定制生产能高质量、低成本地快速响应客户需求,但是对企业的运作模式则提出了更高的要求。

总之,企业要想在这种残酷的竞争环境中生存下去,必须具有较强的应对环境变化和处理由环境引起的不确定性的能力。要迎接这种挑战,势必引起企业管理模式的变革。

### 三、传统管理模式及其缺陷

在全球市场的激烈竞争中,企业面对一个变化迅速且无法预测的买方市场,传统的生产与经营模式对市场剧变的响应越来越迟缓和被动。为了摆脱困境,企业采取了许多先进的单项制造技术和管理方法,如计算机辅助设计(CAD)、柔性制造系统(FMS)、准时生产制(JIT)、制造资源计划(MRPII)等,虽然这些方法取得了一定的实效,但在经营的灵活性、快速满足顾客需求方面并没有实质性改观。人们终于意识到问题不在于具体的制造技术与管理方法本身,而是在于它们仍囿于传统生产与经营模式的框框之内,那么,传统的管理模式是什么样的呢?

传统的管理模式是"纵向一体化"的管理模式。从管理模式上看,企业出于对制造资源的占有要求和对生产过程直接控制的需要,传统上常采用的策略是,或扩大自身规模,或参股到供应商企业,与为其提供原材料、半成品或零部件的企业是一种所有关系。这就是人们所说的"纵向一体化"管理模式。"纵向一体化"是企业在两个可能的方向上扩展现有经营业务的一种发展战略,它包括前向一体化和后向一体化。前向一体化战略是企业自行对本公司产品作进一步深加工;或者是将资源进行综合利用;或公司建立自己的销售组织来销售本公司的产品或服务。如钢铁企业自己轧制各种型材,并将型材制成各种不同的最终产品即属于前向一体化。后向一体化则是企业自己供应生产现有产品或服务所需要的全部或部分原材料或半成品,如钢铁公司自己拥有矿山和炼焦设施;纺织厂自己纺纱、洗纱等。

我国企业(特别是过去的国有企业)一贯采取"大而全"、"小而全"的经营方式,可以认为是"纵向一体化"的一种表现形式。例如,许多企业拥有从铸造、毛坯准备、零件加工、装配、包装、运输等一整套设备、设施及组织机构,但其构成比例却又是畸形的:受长期计划经济的影响,其产品开发能力和市场营销能力虽然都非常弱,但却拥有庞大的加工体系。在产品开发、加工、市场营销三个基本环节上呈现出中间大、两头小的"腰鼓型"。"腰鼓型"企业适合于计划经济体制,而在市场经济环境下无法快速响应用户需求。当前有些企业经营不景气,并不是没有生产能力,而是生产不出或不能快速生产出市场上需要的产品,从而丧失了许多市场机遇。

在 20 世纪的 40~60 年代,企业处于相对稳定的市场环境中,这时的"纵向一体化"模式是有效的。但是在 90 年代科技迅速发展、世界竞争日益激烈、顾客需求不断变化的形势下,"纵向一体化"模式则暴露出种种缺陷。

1. 增加企业投资负担

不管是投资建新的工厂,还是用于其他公司的控股,都需要企业自己筹集必要的资金。这一工作给企业带来许多不利之处。首先,企业必须花费人力、物力设法在金融市场上筹集所需要的资金。其次,资金到位后,随即进入项目建设周期(譬如新建一个工厂)。为了尽快完成基本建设任务,企业还要花费精力从事项目实施的监管工作,这样一来又消耗了大量的企业资源。由于项目有一个建设周期,在此期间内企业不仅不能安排生产,而且还要按期偿还借款利息。显而易见,用于项目基本建设的时间越长,企业背负的利息负担越重。

2. 承担丧失市场时机的风险

对于某些新建项目来说,由于有一定的建设周期,往往出现项目建成之日,也就是项目下马之时的现象。市场机会早已在你的项目建设过程中逝去。这样的事例在我国屡见不鲜。从选择投资方向看,决策者当时的决策可能是正确的,但就是因为花在生产系统基本建设上的时间太长,等生产系统建成投产时,市场行情可能早已发生了变化,错过了进入市场的最佳时机而使企业招致损失。因此,项目建设周期越长,企业承担的风险越高。

3. 迫使企业从事不擅长的业务活动

"纵向一体化"管理模式的企业把产品设计、计划、财务、会计、生产、人事、管理信息、设备维修等工作看作本企业必不可少的业务工作,许多管理人员往往花费过多的时间、精力和资源去从事辅助性的管理工作。结果是,辅助性的管理工作没有抓起来,关键性业务也无法发挥出核心作用,不仅使企业失去了竞争特色,而且增加了企业产品成本。例如,1996 年,办事机构设在美国密歇根州(Michigan)特罗依(Troy)的劳动力协会一个顾问机构指出,通用汽车公司死抱着纵向管理思想不放,为它自己的公司生产 70% 的零部件,而福特公司只有 50%,克莱斯勒只有 30%。他们指出,正是由于通用汽车公司的顽固做法,它现在不得不经受着多方面竞争的压力。通用汽车公司因为生产汽车零部件而耗去的劳动费用高于其他两个公司,每生产一个动力系统,它比福特公司要多付出 440 美元,比克莱斯勒公司多付出 600 美元,因此在市场竞争中始终处于劣势。这种情况在国内也经常出现。例如,某机器制造厂为了解决自己单位富余人员的就业问题,成立了一个附属企业,把原来委托供应商生产的某种机床控制电器转而自己生产。由于缺乏技术和管理能力,不仅成本比外购的高,而且产品质量低劣,最后影响到整机产品的整体性能和质量水平,一些老客户纷纷撤出订单,使企业蒙受不必要的损失。

4. 在每个业务领域都直接面临众多竞争对手

采用"纵向一体化"管理模式企业的另一个问题是,它必须在不同业务领域直接与不同的竞争对手进行竞争。例如,有的制造商不仅生产产品,而且还拥有自己的运输公司。这样一来,该企业不仅要与制造业的对手竞争,而且还要与运输业的对手竞争。在企业资源、精力、经验都十分有限的情况下,四面出击的结果是可想而知的。事实上,即使是 IBM 这样的大公司,也不可能拥有所有业务活动所必需的才能。因此,从 20 世纪 80 年代末期起,IBM 就不再进行纵向发展,而是与其他企业建立广泛的合作关系。例如,IBM 与苹果公司合作开发软件,协助 MCT 联营公司进行计算机基本技术研究工作,与西门子公司合作设计动态随机存储器等等。

5. 增大企业的行业风险

如果整个行业不景气,采用纵向一体化模式的企业不仅会在最终用户市场遭受损失,而且会在各个纵向发展的市场遭受损失。过去曾有这样一个例子,某味精厂为了保证原材料供应,自己建了一个辅料厂。但后来味精市场饱和,该厂生产的味精大部分没有销路。结果不仅味精厂遭受损失,与之配套的辅料厂也举步维艰。

## 四、供应链管理模式的产生与发展

鉴于"纵向一体化"管理模式的种种弊端,从 20 世纪 80 年代后期开始,国际上越来越多的企业放弃了这种经营模式,随之的是"横向一体化"思想的兴起,即利用企业外部资源快速响应市场需求,本企业只抓最核心的东西:产品方向和市场。至于生产,只抓关键零部件的制造,甚至全部委托其他企业加工。例如,福特汽车公司的 Festival 车就是由美国人设计,在日本的马自达生产发动机,由韩国的制造厂生产其他零件和装配,最后再在美国市场上销售。制造商把零部件生产和整车装配都放在了企业外部,这样做的目的是利用其他企业的资源促使产品快速上马,避免自己投资带来的基建周期长等问题,赢得产品在低成本、高质量、早上市诸方面的竞争优势。比较研究发现,美国厂商普遍采用"纵向一体化"模式进行管理,而日本厂商更多采用"横向一体化"。美日两国企业的这种管理模式的选择,与他们的生产结构有着密切联系。美国企业生产一辆汽车,售价的 45% 由企业内部生产制造,55% 由外部企业生产制造。然而,日本厂商生产一辆汽车中,只有 25% 的售价由企业内部生产制造,外包的比例很大。这也许在某种程度上说明美国汽车缺乏竞争力的原因。

"横向一体化"形成了一条从供应商到制造商再到分销商的贯穿所有企业的"链"。由于相邻节点企业表现出一种供应与需求的关系,当把所有相邻企业依此连接起来,便形成了供应链。这条链上的节点企业必须达到同步、协调运行,才有可能使链上的所有企业都能受益。于是便产生了供应链管理(Supply Chain Management,简称 SCM)这一新的经营与运作模式。

供应链管理利用现代信息技术,通过改造和集成业务流程、与供应商以及客户建立协同的业务伙伴联盟、实施电子商务,大大提高了企业的竞争力,使企业在复杂的市场环境中立于不败之地。根据有关资料统计,供应链管理的实施可以使企业总成本下降 10%,供应链上的节点企业按时交货率提高 15% 以上,订货-生产的周期时间缩短了 25%~35%,供应链上的节点企业生产率增值提高 10% 以上,等等。这些数据说明,供应链企业在不同程度上都取得了发展,其中以"订货—生产的周期时间缩短"最为明显。能取得这样的成果,完全得益于供应链企业的相互合作、相互利用对方资源的经营策略。试想一下,如果制造商从产品开发、生产到销售完全自己包下来,不仅要背负沉重的投资负担,而且还要花相当长的时间。采用了供应链管理模式,则可以使企业在最短时间里寻找到最好的合作伙伴,用最低的成本、最快的速度、最好的质量赢得市场,受益的不止是一家企业,而是一个企业群体。因此,供应链管理模式吸引了越来越多的企业。

21 世纪的竞争不是企业和企业之间的竞争,而是供应链与供应链之间的竞争。供应链概念自 20 世纪 80 年代末提出以后,近年来随着制造的全球化,在制造业管理中得到普遍应用,成为一种新的管理模式。其发展大体分为以下四个阶段:

第一阶段:供应链管理的萌芽阶段。

这一阶段大致是 20 世纪 60~70 年代。在这一阶段,供应链更确切地说还只能称之为业务链。链上的每个成员的管理理念基本上都是"为了生产而管理",企业之间的竞争是新产品在数量上和质量上的竞争,企业间的业务协作是以"本位主义"为核心的。此时,供应链上各成员之间的合作关系极为松散,供应链成员之间时常存在利益冲突,阻碍了供应链运作和管理的形成。在理论界,供应链管理也只是停留在开始探索和尝试的阶段,无法对供应链管理提出较为完善的管理理念和指导思想。

第二阶段:供应链管理的初级阶段。

这一阶段大致是从20世纪80年代初到20世纪90年代初。在理论界的不断探索下,供应链管理的理念已形成了基本的雏形,并开始指导企业进行初步的实践,同时在学术研究上得到了较快的发展。美国管理学家史迪文斯(Stevens)在1989年提出了供应链管理的概念,包括在企业内部集成和在企业外部集成的集成思想。在这一阶段,供应链管理的实践始于供应链上末端的零售行业,为获得更多的销售利润,零售商需要更好地与供应商共享销售和市场资料。当时,ECR(有效顾客响应)和QR(快速反应)是两种典型的供应链策略。但传统的供应链的运作多局限于企业内部,在供应链上仍然存在着大量的企业之间的目标冲突,无法从整个供应链的角度出发来实现供应链的整体竞争优势,从而导致供应链管理的绩效低下,尚无法实现整体供应链的运作。

第三阶段:供应链管理的形成阶段。

这一阶段大致是从20世纪90年代初到20世纪末。在新的经济一体化的竞争环境下,企业开始将竞争重点转向市场和客户,更加注重在全球范围内利用一切能够为己所用的资源,企业纷纷将目光从管理企业内部生产过程转向产品全生命周期中的供应环节和整个供应链系统,渐渐认识到客户与产品之间的关联是供应链上增加生存能力和获利能力的一种有效方法,供应链管理逐渐受到高度重视。在20世纪90年代末,强调建立合作伙伴关系和协调供应链运作的理论,以及互联网和电子商务及其相关技术的出现和发展更为供应链管理提供了技术支持,使供应链管理再一次发生了重大的变化,实现了一个新的飞跃。

第四阶段:供应链管理的成熟和发展阶段。

21世纪初期是供应链管理发展的第四阶段。进入21世纪后,基于Internet的供应链系统在发达国家已得到了较广泛的应用,电子商务的出现和发展彻底地改变了供应链上原有的物流、信息流、资金流的交互方式和实现手段,能够充分利用资源、提高效率、降低成本、提高服务质量。许多企业开始把它们的努力进一步集中在供应链成员之间的协同,特别是与下游成员业务间的协同上,如VMI(供应商管理库存)、CPFR(联合计划、预测与补货系统)、3PL(第三方物流)及4PL(第四方物流)等模式,同时SRM(供应商关系管理)、SCP(供应链计划)和SCE(供应链执行)等系统的应用,使供应链上成员间的业务衔接更加紧密,整个供应链的运作更加协同化。

## 第二节　供应链的基本理论

### 一、供应链的概念

早期的观点认为供应链是制造企业中的一个内部过程，它是指把从企业外部采购的原材料和零部件，通过生产转换和销售等活动，再传递到零售商和用户的一个过程。传统的供应链概念局限于企业的内部操作层上，注重企业自身的资源利用和各部门的协调。

紧接着，有些学者把供应链的概念与采购、供应管理相关联，用来表示与供应商之间的关系。它强调的仅仅是企业与供应商之间的供需关系，忽略了与外部供应链成员企业的联系，往往造成企业间的目标冲突。

后来，供应链的概念注意了与其他企业的联系，注意到了供应链的外部环境，认为它应是一个"通过链中不同企业的制造、组装、分销、零售等过程将原材料转换成产品，再到最终用户的转换过程"，这是更大范围、更为系统的概念。例如，美国的史迪文斯（Stevens）认为："通过增值过程和分销渠道控制从供应商的供应商到用户的用户的流就是供应链，它开始于供应的源点，结束于消费的终点。"伊文斯（Evens）认为："供应链管理是通过前馈的信息流和反馈的物料流及信息流，将供应商、制造商、分销商、零售商，直到最终用户连成一个整体的模式。"这些定义都注意了供应链的完整性，强调战略伙伴关系。

而到了最近，供应链的概念更加注重围绕核心企业的网链关系，如核心企业与供应商、供应商的供应商乃至与一切前向的关系，与用户、用户的用户及一切后向的关系，像丰田、耐克、尼桑、麦当劳和苹果等公司的供应链管理都从网链的角度来实施。马士华教授等学者给出的定义为："供应链是围绕核心企业，通过对信息流、物流、资金流的控制，从采购原材料开始，制成中间产品以及最终产品，最后由销售网络把产品送到消费者手中的将供应商、制造商、分销商、零售商、直到最终用户连成一个整体的功能网链结构模式。"我国国家标准（GB/T 18354—2001）物流术语中将供应链的概念定义为："生产及流通过程中，涉及将产品或服务提供给最终用户活动的上游与下游企业，所形成的网络结构。"

本书采用的定义为：供应链是指产品在到达消费者手中之前所涉及的原材料供应商、生产商、批发商、零售商以及最终消费者组成的供需网络，即由物料获取、物料加工，并将成品送到用户手中这一过程所涉及的企业和部门组成的网络。它是一个范围更广的企业结构模式，它包含所有加盟的节点企业，从原材料的供应开始，经过链中不同企业的制造加工、组装、分销等过程直到最终用户。它不仅是一条连接供应商到用户的物料链、信息链、资金链，而且是一条增值链，物料在供应链上因加工、包装、运输等过程而增加其价值,从而给相关企业都带来收益。

## 二、供应链的结构模型

根据以上供应链的定义,其结构可以简单地归纳为如图1-3所示的模型。

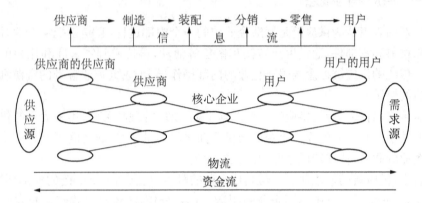

图1-3 供应链网络结构模型

从图1-3中可以看出,供应链由所有加盟的节点企业组成,其中一般有一个核心企业(可以是产品制造企业,也可以是大型零售企业,如美国的沃尔玛),节点企业在需求信息的驱动下,通过供应链的职能分工与合作(生产、分销、零售等),以资金流、物流、信息流为媒介实现整个供应链的不断增值。

## 三、供应链的类型

根据不同的划分标准,我们可以将供应链分为以下几种类型。

1. 稳定的供应链和动态的供应链

根据供应链存在的稳定性划分,可以将供应链分为稳定的和动态的供应链。基于相对稳定、单一的市场需求而组成的供应链稳定性较强,而基于相对频繁变化、复杂的需求而组成的供应链动态性较高。在实际管理运作中,需要根据不断变化的需求,相应地改变供应链的组成。

2. 平衡的供应链和倾斜的供应链

根据供应链容量与用户需求的关系可以划分为平衡的供应链和倾斜的供应链。一个供应链具有一定的、相对稳定的设备容量和生产能力(所有节点企业能力的综合,包括供应商、制造商、运输商、分销商、零售商等),但用户需求处于不断变化的过程中,当供应链的容量能满足用户需求时,供应链处于平衡状态,而当市场变化加剧,造成供应链成本增加、库存增加、浪费增加等现象时,企业不是在最优状态下运作,供应链则处于倾斜状态。如图1-4所示。

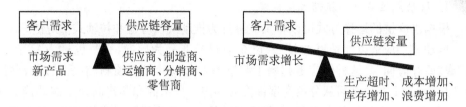

图 1-4 平衡的供应链和倾斜的供应链

平衡的供应链可以实现各主要职能(采购/低采购成本、生产/规模效益、分销/低运输成本、市场/产品多样化和财务/资金周转快)之间的均衡。

3. 有效性供应链和反应性供应链

根据供应链的功能模式(物质功能和市场协调功能)的侧重点可以把供应链划分为两种:有效性供应链(Efficient Supply Chain)和反应性供应链(Responsive Supply Chain)。

有效性供应链也称物质效率型供应链,侧重于供应链的物质功能,即以最低的成本将原材料转化成零部件、半成品、产品,并以尽可能低的价格有效地实现以供应为基本目标的供应链管理系统。此类产品需求一般是可以预测的,在整个供应链各环节中总是力争存货最小化,并通过高效率物流过程形成物资、商品的高周转率,从而在不增加成本的前提下尽可能缩短提前期。

反应性供应链也称灵敏反应型供应链,主要体现供应链的市场协调功能,即把产品分配到满足用户需求的市场,对未预知的需求做出快速反应的供应链管理系统。此类产品需求一般是不可预见的,需要做到因商品脱销、降价销售和存货过时所造成的损失最小化,因而生产系统需要准备足够的缓冲生产能力,需准备有效的零部件和成品的缓冲存货,同时,需要以多种方式投资来缩短提前期。

两种类型的供应链比较见表 1-1。

表 1-1 有效性供应链和反应性供应链的比较

|  | 反应性供应链 | 有效性供应链 |
| --- | --- | --- |
| 基本目标 | 尽可能快地对不可预测的需求做出反应,使缺货、降价、库存最小化 | 以最低的成本供应可预测的需求 |
| 制造的核心 | 配置多余的缓冲库存 | 保持高的平均利用率 |
| 库存策略 | 安排好零部件和成品的缓冲库存 | 创造高收益而使整个供应链的库存最小化 |
| 提前期 | 大量投资以缩短提前期 | 尽可能缩短提前期 |
| 供应商的标准 | 速度、质量、柔性 | 成本、质量 |
| 产品设计策略 | 采用模块化设计,尽可能差异化 | 绩效最大化、成本最小化 |

**4. 推动式供应链和拉动式供应链**

根据供应链的运作方式可以将供应链分为推动式供应链和拉动式供应链。

推动式供应链以制造商为核心,以企业自身产品为导向,有时也称为"产品导向"或"库存导向"。这种供应链起始于制造商对市场的需求预测,然后制造所预测的产品,产品生产出来后从分销商逐级推向用户。分销商和零售商处于被动接受的地位,各个企业之间的信息沟通少,集成度较低。虽然也进行过市场预测,但是并不能十分准确地把握市场需求,通常采取提高安全库存量的办法应付需求变动,因此整个供应链上的库存量较高,对需求变动的响应能力较差。

拉动式供应链的驱动力产生于最终用户,以企业获得订单为前提,根据所获得的订单进行生产,所以又称之为"客户导向"或"订单导向"。这种供应链起始于企业收到用户的订单,并由此引发一系列供应链运作,是"以销定产"的模式,即以客户需求为导向进行生产、采购原料、组织货源、外包业务等。整个供应链的集成度较高,信息交换迅速,可以根据用户的需求实现定制化服务,且供应链系统库存较低,提前期较短。两种类型的供应链的比较如图1-5所示。

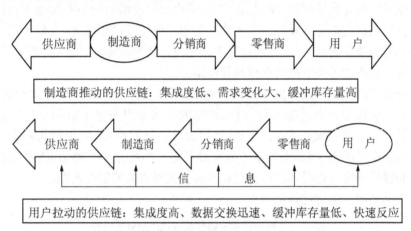

**图1-5 推动式供应链和拉动式供应链**

**5. 精益性供应链和敏捷性供应链**

根据适用的市场环境不同分为精益性供应链和敏捷性供应链。精益性是指形成可以消除一切浪费的价值流(包括时间的浪费),从而可以保证计划按预定的时刻表进行;敏捷性是指在易变的市场中利用市场知识和虚拟企业获得利益的能力。精益性供应链主要适用于需求稳定的环境,用来以最小的成本提高供应链运作效率;而敏捷性供应链适用于需求不断变化的环境,可以快速地对市场的需求变化做出反应,从而满足不同消费者的不同需求。两种类型的供应链比较如表1-2所示。

表1-2 精益性供应链和敏捷性供应链的比较

| 不同的属性 | 精益性供应链 | 敏捷性供应链 |
| --- | --- | --- |
| 典型的产品 | 日用品 | 时尚商品 |
| 市场需求 | 可预测的 | 多变的 |
| 产品多样性 | 低 | 高 |
| 产品生命周期 | 长 | 短 |
| 消费者驱动因素 | 价格 | 可得性 |
| 边际利润 | 低 | 高 |
| 主要成本 | 实物成本 | 可销售性 |
| 缺货损失 | 长期契约 | 立即且短暂的 |
| 购买决策 | 购买产品 | 分配能力 |
| 信息丰富性 | 高度需求 | 必需的 |
| 预测机制 | 计算 | 咨询 |

## 四、供应链的特征

从供应链的结构模型和类别可以看出，供应链是一个典型的网链结构，一个企业是其中的一个节点，节点企业和节点企业之间是一种需求与供应关系。因此，供应链主要具有以下特征：

1. 复杂性

因为供应链节点企业组成的跨度（层次）不同，供应链往往由多个、多类型甚至多国企业构成，所以供应链结构模式比一般单个企业的结构模式更为复杂。

2. 动态性

供应链管理因企业战略和适应市场需求变化的需要，其中节点企业需要动态地更新，这就使得供应链具有明显的动态性。

3. 面向用户需求

供应链的形成、存在、重构，都是基于一定的市场需求而发生，并且在供应链的运作过程中，用户的需求拉动是供应链中信息流、产品/服务流、资金流运作的驱动源。

4. 交叉性

节点企业可以是这个供应链的成员，同时又是另一个供应链的成员，众多的供应链形成交叉结构，增加了协调管理的难度。

## 第三节　供应链管理的基本理论

### 一、供应链管理的概念

现代企业面临着不断急剧变化的市场需求及缩短交货期、提高质量、降低成本和改进服务的压力。企业经营环境变化，使得原来各个分散的企业逐渐意识到，要在竞争激烈的市场中生存下来，必须与其他企业建立一种战略伙伴关系，实行优势互补，发挥各企业的核心能力，并且在一种跨企业的集成管理模式下，使各个企业能够统一协调起来。这样才能够适应新的环境变化，供应链管理思想就是在这样的背景下产生的。同时，个体企业之间的竞争逐步转变成供应链之间的竞争，企业也逐步意识到它的成功取决于管理供应链网络的能力。

国家标准 GB/T 18354—2001《物流术语》中对供应链管理的定义为：利用计算机网络技术全面规划供应链中的商流、物流、信息流、资金流等，并进行计划、组织、协调与控制。

本书采用的定义为：供应链管理是指运用集成的管理思想和方法，以实现供应链整体效率为目标，在整个供应链系统，包括产品从原材料阶段一直到最终交付用户的过程，对与产品相关的商流、物流、信息流及资金流进行计划、协调、组织、执行和控制等的管理活动。供应链管理的含义可以从以下几个方面来理解：

1. 供应链管理是一种运作管理

供应链管理能够使企业的活动范围从仅仅包括物流活动扩展到所有的企业职能，所有这些职能都以最佳的方式紧密地结合在一起，成为一个整体。这个层面的集成使得企业管理者将企业的主要职能活动的运作与其他企业连接在一起，并保持高度的协同。这种运作活动包括四个方面：

第一个方面是输入活动，包括销售预测、库存计划、寻找资源和采购以及向内运输；

第二个方面是处理活动，包括生产、增值活动、库存管理以及产成品仓储；

第三个方面是输出活动，包括产成品存货、客户订单管理、企业外部的运输活动；

第四个方面包括物流系统计划、设计和物流控制，通过对供应链的运作进行高效管理，将所有的工作职能优化，为客户创造价值。

2. 供应链管理是一种集成的管理思想和方法

供应链管理是一种管理策略，主张把不同企业集成起来以增加供应链的效率，注重企业之间的合作，它把供应链上的各个企业作为一个不可分割的整体，使供应链上各个企业分担的采购、供应、分销和销售的职能成为一个协调发展的有机体。

3. 供应链管理是一种战略管理

随着人们对供应链管理认识的不断深入，发现要想进一步发挥供应链管理的潜在作用，应该将供应链管理作为企业的战略性问题来考虑，而不能仅仅将其看做是一种操作方法。根据美国 Deloitte 咨询公司发布的一项研究报告，虽然已有91%的北美制造企业将供应链管理列入关键或重要的管理活动，但是，只有2%的企业达到了世界级水平，差不多75%的企业在平均水平及以下，一个主要的原因是，50%的企业说他们没有正规的供应链管理战略，或企业没有把它看作企业战略的一个组成部分。从战略性的角度考虑供应链管理的地位具有十分重要的意义，否则许多问题都无法得到有效解决。供应链管理战略就是要从企业发展战略的高度考虑供应链管理的事关全局的核心问题，例如，实施战略的制定问题、运作方式的选择问题、信息系统的建立问题等等。

总之，供应链管理是一种从供应商开始，经由制造商、分销商、零售商、直到最终用户的全要素、全过程的集成化管理模式。其目标是从整体的观点出发，寻求建立产、供、销企业以及用户间的战略合作伙伴关系，最大限度地减少内耗与浪费，实现供应链整体效率的最优化。

## 二、供应链管理的基本内涵

1. 强调核心竞争力

强调企业的核心竞争力，这也是当今人们谈论的共同话题。为此，要清楚地辨别本企业的核心业务，狠抓核心资源，以提高核心竞争力。供应链上的企业应向专业化方向发展，克服原来的大而全、小而全，努力发展自身的核心竞争能力，与其他企业进行"强-强"联合，建立战略合作伙伴关系，实现"横向一体化"。

2. 业务外包

非核心业务都采取外包的方式分散给业务伙伴，与业务伙伴结成战略联盟关系，以实现信息共享、风险共担。通过科学的选择业务伙伴，减少供应商数目，变过去企业与企业之间的敌对关系为紧密合作的业务伙伴关系，通过企业间的协调机制来降低成本、提高质量。

3. 合作性竞争

合作性竞争可以从两个层面理解：一是过去的竞争对手相互结盟，共同开发新技术，成果共享；二是将过去由本企业生产的非核心零部件外包给供应商，双方合作共同参与竞争。这实际上也体现出核心竞争力的互补效应。

4. 以顾客满意度为目标的服务化管理

对下游企业来讲，供应链上游企业的功能不是简单的提供物料，而是要用最低的成本提供最好的服务。

**5. 追求物流、信息流、资金流、工作流和组织流的集成**

这几个流在企业日常经营中都会发生，通常是间歇性或者是间断性的，因而影响企业间的协调，最终导致整体竞争力下降。供应链管理则强调这几个流必须集成起来，只有跨企业流程实现集成化，才能实现供应链企业协调运作的目标。

**6. 借助信息技术实现管理目标**

这是信息流管理的先决条件。

**7. 更加关注物流企业的参与**

在供应链管理环境下，物流的作用特别重要，因为缩短物流周期比缩短制造周期更关键。美国曾经有人对早餐用的麦片粥从生产厂到超级市场这一过程做过一个统计，要花104天。而104天里面真正用于生产的时间很短，大部分的时间是用于分销、运输、仓储、再分销、再仓储。过去谈到快速响应市场时，大部分情况下都把注意力放在制造业上，似乎能够快速制造出来就能快速响应用户的需求。实际上，最终给用户的产品不是由单独一家企业完成的，而是从原材料开始一级一级制造并传递过来的，响应周期是多级的"链式周期"，而不是点式周期（即单个企业的制造周期）。因此，缩短物流周期所取得的效益往往更大。比如制造商投资数百万元买一台新设备，使加工一个零件的时间从原来一分钟缩短到30秒，工效提高1倍，但是它对缩短整个供应链周期的贡献很小。如果说能把二级供应商到一级供应商的物流周期从7天缩短到5天，就节约出2天的时间。2个工作日该等于多少个30秒啊！所以，供应链管理强调的是一种从整体上响应最终用户的协调性，没有物流企业的参与是不可想象的。

## 三、供应链管理的基本内容

**1. 供应链管理的主要领域**

供应链管理涉及以下四个主要领域：供应、生产作业、物流、需求（如图1-6所示）。供应链管理是以同步化、集成化生产计划为指导，以各种技术为支持，尤其以Internet/Intranet为依托，围绕供应、生产作业、物流（主要指制造过程）、需求来实施的。供应链管理的目标在于提高客户服务水平和降低总的交易成本，并且寻求两个目标之间的平衡（这两个目标往往有冲突）。

在以上四个领域的基础上，我们可以将供应链管理细分为职能领域和辅助领域。职能领域主要包括产品工程、产品技术保证、采购、生产控制、库存控制、仓储管理、分销管理。辅助领域主要包括客户服务、制造、设计工程、会计核算、人力资源、市场营销。

由此可见，供应链管理关心的并不仅仅是物料实体在供应链中的流动，供应链管理注重总的物流成本与用户服务水平之间的关系，为此要把供应链各个职能部门有机地结合在一起，从而最大限度地发挥出供应链整体的力量，达到供应链企业群体获益的目的。

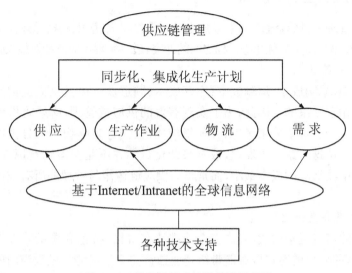

图1-6 供应链管理涉及的主要领域

2. 供应链管理的主要内容

一个企业的管理无非集中于四个方面(或四个流程)的管理：商流(买卖的流通)、物流(物资实体的流通)、信息流(信息、知识的流通)、资金流(货币的流通)，企业供应链管理即是运用供应链管理的指导思想对上述四流所进行的规划、组织和控制活动，即对生产过程中的物流、管理过程中的信息流以及决策协调过程中的商流、资金流进行控制和协调。因而供应链管理的主要内容可以归纳为：

(1) 供应链网络结构设计(即供应链物理布局的设计)，具体包括：供应链伙伴选择、物流系统设计。

(2) 集成化供应链管理流程设计与重组，具体又分为：各节点企业内部集成化供应链管理流程设计与重组，主要包括三大核心作业流程的设计与重组：

① 客户需求管理流程，如：市场需求预测、营销计划管理、客户关系管理；

② 客户订单完成管理流程，如：生产计划与生产作业管理、新品研发计划管理、物料采购计划管理、质量管理、运输与配送计划与作业管理、资金管理；

③ 客户服务管理流程，如：产品售前、售中、售后管理，客户退货管理。

(3) 外部集成化供应链管理流程设计与重组：供应链核心主导企业的客户订单完成管理流程与其原材料供应商、产品销售商、物流服务提供商(物流外包商)等合作伙伴管理流程之间的无缝对接。

(4) 供应链交互信息管理：市场需求预测信息、库存信息、销售信息、新品研发信息、销售计划与生产计划信息等的交互共享，以及供应链各节点企业间的协同预测、计划与补给的库存管理技术等。

## 四、供应链管理的目标

供应链管理的目标是通过调和总成本最低化、客户服务最优化、总库存最少化、总周期最短化以及物流质量最优化等目标之间的冲突,最终实现供应链绩效最大化。

1. 总成本最低化

众所周知,采购成本、运输成本、库存成本、制造成本以及供应链物流的其他成本费用都是相互联系的。因此,为了实现有效的供应链管理,必须将供应链中各成员企业作为一个有机整体来考虑,并使供应物流、制造装配物流与分销物流之间达到高度均衡。从这一意义出发,总成本最低化目标并不是指运输费用或库存成本,或其他任何单项活动的成本最小,而是整个供应链运作与管理的所有成本的总和达到最低。

2. 客户服务最优化

在激烈的市场竞争时代,当许多企业都能在价格、特色和质量等方面提供相类似的产品时,差异化的客户服务能带给企业独特的竞争优势。纵观当前的每一个行业,消费者都有广泛而多样化的选择余地。企业提供的客户服务水平,直接影响到它的市场份额、物流总成本,并且最终影响其整体利润。供应链管理的实施目标之一,就是通过上下游企业协调一致的运作,保证达到客户满意的服务水平,吸引并保留客户,最终实现企业的价值最大化。

3. 总库存最小化

传统的管理思想认为,库存是维系生产与销售的必要措施,因而企业与其上下游企业之间的活动只是实现了库存的转移,整个社会库存总量并未减少。按照JIT管理思想,库存是不确定性的产物,任何库存都是浪费。因此,在实现供应链管理目标的同时,要使整个供应链的库存控制在最低的程度。"零库存"反映的即是这一目标的理想状态。所以,总库存最小化目标的实现,有赖于实现对整个供应链的库存水平与库存变化的最优控制,而不只是单个成员企业库存水平的最低。

4. 总周期最短化

在当今的市场竞争中,时间已成为竞争成功最重要的要素之一。当今的市场竞争不再是单个企业之间的竞争,而是供应链与供应链之间的竞争。从某种意义上讲,供应链之间的竞争实质上是时间的竞争,即必须实现快速有效的反应,最大限度地缩短从客户发出订单到获取满意交货的总周期。

5. 物流质量最优化

企业产品或服务质量的好坏直接关系到企业的成败。同样,供应链企业间服务质量的好坏直接关系到供应链的存亡。如果在所有业务过程完成之后,发现提供给最终客户的产品或服务存在质量缺陷,就意味着所有成本的付出将不会得到任何价值补偿,供应链管理下的所有物流业务活动都会变为非增值活动,从而导致整个供应链的价值无法实现。因此,达到与保持服务质量的水平,也是供应链管理的重要目标。而这一目标的实现,必须从原材料、零部件供应的零缺陷开始,直至供应链管理全过程、全方位质量的最优化。

如果就传统的管理思想而言,上述目标之间呈现出互斥性,即客户服务水平的提高、总周期的缩短、交货品质的改善必然以库存、成本的增加为前提,因而无法同时达到最优。而如果运用集成化管理思想,从系统的观点出发,改进服务、缩短时间、提高品质与减少库存、降低成本是可以兼得的。因为只要供应链的基本工作流程得到改进,就能够提高工作效率、消除重复与浪费、缩减员工数量、减少客户抱怨、提高客户忠诚度、降低库存总水平、减少总成本支出。

### 五、供应链管理理念的变革

供应链管理对企业的管理理念产生了革命性的转变,主要表现为:

1. 从职能管理向过程管理转变

传统企业的组织结构往往是以职能为基本模块。它所关注的是企业现有资源的利用,即投入而不是创造产出,它把供应链中的采购、生产、配送、营销活动割裂开来,独立运作,强调各职能部门的作用,而这些职能部门都具有各自独立的任务,经常发生冲突。相反,供应链管理要求各职能部门加大横向的协调。横向协调的媒介就是客户和企业以及企业的供应商联系在一起的物流和信息流。所以,供应链管理强调的是对跨职能、跨边界的生产经营活动的过程管理。供应链本身就是达成一致和协调的跨职能与界限的机制。不仅在企业内部,在企业外部,管理供应链上游、下游的各个合作伙伴的业务活动,都需要从职能管理向过程管理过渡。

2. 从利润管理向绩效管理转变

任何企业都要追求利润,但追求利润并不是仅仅关心利润的多少,更重要的是考虑获取利润的手段和方法。供应链管理认为绩效产生利润,尤其是某些关键过程的绩效更是企业盈利的推进器。所以,供应链管理要求在实施过程管理时,就需要考虑采用什么手段和方法,这种手段和方法所产生的绩效如何?怎样确立绩效评价指标?绩效评价的标准如何?绩效评价指标不仅要评价某节点企业(或供应商)的运营绩效,还要考虑该节点企业(或供应商)的运营绩效对其上、下游节点企业或整个供应链的影响。

3. 从产品管理向客户管理转变

在买方市场中,客户主导企业的生产、销售活动而不是产品,因此,客户是核心,也是市场的主要驱动力。客户的需求、购买行为、潜在消费偏好、意见等都是企业谋求竞争优势必须争夺的重要资源。客户又是供应链上重要的一环,客户管理就成为供应链管理的重要内容。这种转变要求企业把关注的重点放在"客户价值"上,而不仅是放在"品牌价值"上,要求企业更好地识别客户服务成本和相应的利润率。因此供应链管理要求在必要的情况下应逐一对客户的服务组合进行修改,发现盈利性高的关键业务并向关键客户提供个性化服务。

4. 从交易管理向关系管理转变

传统的供应链成员之间的关系是交易关系,所考虑的主要是眼前的既得利益。现代管理理论认为,可以找到一种途径,能同时增加供应链各方的利益,这种途径就是要协调供应链成员之间的关系,以协调的供应链关系为基础进行交易,以使供应链整体的交易成本最小化,收益最大化。

5. 从库存管理向信息管理转变

企业对待库存的心理一直都十分矛盾,一方面库存是财富必须拥有;另一方面库存又是成本和累赘,必须尽可能摆脱。企业往往既为库存积压而烦恼,又为库存短缺而着急。库存积压,将造成巨大浪费;而库存短缺,将直接影响销售,因此库存的多少存在着不确定的因素,如果能够减少库存的不确定性,那么就能减少存货,降低成本。传统的方法就是做需求预测。但预测的结论与实际往往有误差,并直接影响存货决策。如果能够准确地把握客户需求信息,并直接与物流系统连接,就不需要做什么预测。因此供应链管理提出了用信息代替库存,也就是以"虚拟库存"取代实物库存,只有到供应链的最后一个环节才交付实物库存,来大大降低企业库存的风险。用及时、准确的信息代替实物库存成为供应链管理的一项关键。

## 第四节 供应链管理与物流管理

### 一、供应链与物流

物流是物质以物理形态在供应链中流动,因此物流是供应链的载体、具体形态或表现形式。供应链的载体和表现形态不止物流,还有信息流和资金流,只不过物流的有形流动更外在一些。现代物流由于现代科技进步和信息化的作用,使得物流在流速、流量、流向、流通规模、范围和效益等方面发生了质的变化。

从表象上看,物流更具体、更明显,实质上供应链及其管理的巨大效应恰恰由物流这种外在的表现而体现出来,使供应链的构成具有了现代意义,在经济社会中体现出十分重大的影响。

没有供应链的生产环节就没有物流,生产是物流的前提与条件。反过来,没有物流,供应链中生产的产品的使用价值就不能实现。从本质上讲,物流不创造价值,只增加供应链成本,因此存在一个"最小物流费用问题"。物流强调的是过程,物流运作及其管理的控制作用是由供应链中的信息流来完成的,信息互动使高效率供应链和物流活动成为可能。

物流服务商是供应链构成中的一个节点,在一个供应链网链结构中往往需要有多个物流服务商提供物流服务。物流解决方案一般由供应链决定,由第三方物流和综合企业来实施。供应链管理提供现代供应链问题解决方案并由自身实施。

## 二、供应链管理与物流管理的联系

供应链管理与物流管理有着十分密切的关系,供应链管理是物流运作管理的扩展,是物流一体化管理的延伸。具体表现在以下几个方面:

1. 供应链管理是物流管理的延伸和发展

供应链管理源于物流管理,是物流管理的延伸和发展。但供应链管理又超越了物流管理,是拓展的、一体化的物流管理。供应链管理的研究最早就是从物流管理开始的,它是从物流全过程的角度,考虑物流各环节是否连贯、协调、统一,将彼此割裂的物流活动集中起来加以统一协调和管理。也就是将供应链上的各个企业作为一个不可分割的整体,协调发挥供应链上各个环节的职能,并使之成为一个统一的有机体。

供应链从一种运作性的竞争工具上升为一种新的管理性的方法体系和模式,强调快速反应市场需求、战略管理、高柔性、低风险、低成本、高效益等思想,使企业适应了全球竞争的需要。所以物流管理必然要向着供应链管理的思想和模式过渡和发展。

2. 物流管理在供应链管理中占有重要地位

物流管理有狭义和广义之分,狭义的物流管理是指物料的采购、运输、仓储、配送等活动,是企业之间的一种物料流通活动;广义的物流管理包括了生产过程中的物料转化过程。基于这种广义的物流管理,供应链也常常被人们认为就是物流管理,二者具有相似性,但在管理范围、管理角度、组织内部关系等方面又有明显的区别。由此可以看出,供应链管理源于物流管理,物流管理是供应链管理的重要内容,供应链管理是否有效很大程度上取决于采购、运输、仓储、配送等物流作业环节的管理和运作状况。因此,物流管理是供应链管理发挥整体效益的前提和基础。

3. 供应链管理战略的成功实施必然以成功的物流管理为基础

从供应链的实践来看,能够真正认识并率先提出供应链管理概念也是一些具有先进的物流管理的世界顶级企业。事实上,任何企业都不可能在控制所有生产要素的同时,达到最大的效率。在日益激烈的市场竞争下,企业必须与其原材料供应商、产品分销商、第三方物流服务者等结成持久、紧密的联盟,共同建设高效率、低成本的供应链,才能从容应对市场竞争,并取得最终的胜利。

## 三、供应链管理与物流管理的区别

1. 从内容上看

物流管理是供应链管理的核心,也是其最重要的子集。物流在恰当实施时,总是以点到点为目的。而供应链管理则将许多物流以外的功能通过穿越企业间的界限整合起来，它的功能超越了企业物流的范围。供应链涉及的范围包括了从新产品的研发、工程设计、原料采购、生产制造、储存管理、配送运输及订单履行到客户服务及市场需求预测的全过程。供应链可以指所有组成部分均在同一地区的单一独立企业，也可以指由分散在不同地区的许多企业组成的大型公司。这样一个大系统的子系统可以是一个装置、一个车间、一个分厂及至一个公司。

2. 从目标上看

供应链管理的目标是通过管理库存和合作关系，以达到对客户的快速反应，及整个供应链上的交易成本最低。而物流管理是通过各种协调手段，寻求把产品迅速、可靠地送达到用户手中所需要的费用与生产、库存管理费用之间的平衡点，从而确定最优的库存投资额，其主要任务仍然是管理库存和运输。

3. 从基础上看

供应链管理是基于战略伙伴关系的企业模型，而现代物流管理是基于物流关系的企业合作关系，无法从根本上进行制造企业内部的流程再造。

4. 从管理层次上看

供应链管理是围绕着把供应商、制造商、仓库和商店有效地结合成一体这一问题来展开的，因此，它包括公司许多层次上的活动，从战略层次到战术层次一直到作业层次。战略层次的活动指的是对公司有着长远影响的决策。这包括关于仓库和制造工厂的数量、布局和能力，以及材料在物流网络中流动等方面的决策。战术层次的活动指的是每季度或每年都要进行更新的决策。这些包括采购和生产决策，库存策略和运输策略。作业层次的活动指日常决策，如计划、估计提前期、安排运输路线、装车等。物流管理在层次上没有供应链管理这么多和深，在范围上是局部的。

5. 从工作重心看

供应链管理强调的是把主要工作放在企业的关键业务（核心竞争能力）上，而现代物流管理强调的是从原材料的调配、成品的销售到包装物等废弃物品的回收以及退货所产生的物流活动的有效性上。

6. 从管理对象上看

物流管理的对象是物流活动和与物流活动直接相关的其他活动。但是物流管理的内容是不能随意无原则扩大的，否则物流管理的学科特征便荡然无存了。供应链管理是通过前馈的信息流和反馈的物料流及信息流，将供应商、制造商、分销商、零售商，直到最终用户连成一个整体的管理模式。所以，供应链管理既包括商流、信息流、资金流、增值流的管理，也包括物流管理。

7. 从管理手段上看

供应链管理是基于 Internet/Intranet 的供应链交互的信息管理，这是以电子商务为基础的运作方式。信息流、商流、资金流在电子工具和网络通信技术支持下，可通过轻轻点击鼠标瞬间即可完成。而物流,即物质资料的空间转移,具体的运输、储存、装卸、配送等各种活动是不可能直接通过网络传输的方式来完成的。虽然,现代物流离不开物流信息管理,也要使用 Internet/Intranet 技术,但是 Internet/Intranet 显然不构成物流管理的必需手段,也就是说,物流在非 Internet/Intranet 技术条件下,也可以运行。

8. 从风险和计划来看

在供应链管理中,风险与计划都是通过供应链成员共同分担、共同沟通来实现的;而传统的物流管理仅仅停留在公司内部。在组织间关系方面,供应链管理中各成员是基于对最终成本的控制而达成合作;而传统的物流管理则是基于公司内降低成本。

### 四、供应链管理下的物流管理策略

在供应链管理体系下,对物流的要求更高,要求物流不断提高效率、提供更好的服务,为此企业可以采取如下措施来加强物流的管理:

1. 利用现代信息技术

供应链管理体系下的物流管理高度依赖于对大量数据信息的采集、分析、处理和及时更新。现代信息技术在物流管理中的应用主要有电子数据交换(EDI)技术、条码(BC)技术、电子商务(EC)技术、射频(RF)技术、全球卫星定位(GPS)技术、地理信息系统(GIS)技术等。

2. 建立科学、合理、优化的配送网络和配送中心

产品能否通过供应链快速到达目的地,这取决于物流配送网络的健全程度。一般情况下,健全的配送网络由以下几个部分组成:

(1) 配送中心的建设。企业要在国家总体规划下稳定发展,统一规划,分步实施,立足于充分利用现有基础,避免重复建设;利用现有储运批发企业的场地、设施进行改造扩建,建立适应国情,重视技术进步的现代化配送中心,立足优化流通结构,实现物流合理化。

(2) 网络中心的建设。企业对采用的软、硬件信息系统,要求充分了解其内在性能指标和稳定性,只有满足自己需求的技术才是最好的技术,而不是盲目地追求最先进的信息技术。

3. 利用第三方物流

第三方物流是由供应方与需求方以外的物流企业提供物流服务的业务模式。由于第三方物流企业的专业化物流服务更有效,通过物流业务的外包,企业能够把时间和精力放在自己的核心业务上,提高供应链管理体系的运作效率。另外,第三方物流在供应链的小批量库存补给,运输以外的服务如联合仓库管理、顾客订单处理等方面的优势使供应链管理过程中,实现了产品从供应方到需求方全过程中环节

最少、时间最短、费用最省。

4. 利用延迟化策略

延迟化策略是一种为适应大规模定制生产而采用的策略,这种策略是在顾客需求多样化条件下提出的,在这种策略下,分销中心没有必要储备所有的顾客所需商品,只储备商品的通用组件,使得库存成本大为下降,而此时物流系统则采用比较有代表性的交接运输方式,交接运输是将仓库或分销中心接到的货不作为存货,而是为紧接着的下一次货物发送做准备的一种分销系统。总之,供应链管理体系运作是一个价值增值过程,而有效地管理好物流过程,对于提高供应链的价值增值水平,有着举足轻重的作用。

• 练习题 •

1. 21世纪全球市场竞争的主要特点有哪些?
2. 什么是"纵向一体化"管理模式?与"横向一体化"管理模式相比较,它存在哪些缺陷?
3. 供应链管理的发展经历了哪几个阶段?
4. 什么是供应链?供应链分为哪些类型?试给出供应链的结构模型。
5. 什么是供应链管理?其基本内涵和目标各是什么?
6. 相对于传统的企业管理理念,供应链管理理念发生了哪些变革?
7. 简述供应链管理与物流管理的区别。

• 案例分析 •

# 可口可乐公司的供应链管理策略

经过百年风雨,可口可乐公司仍以其知名的品牌闻名遐迩,雄居碳酸饮料行业之首。一个在产品和技术方面没有多少新点子问世的公司,为什么在饮料经营方面,如此引人注目?除了饮料的秘密配方外,可口可乐还有什么秘密竞争性武器呢?从可口可乐的成长历程,考察其供应链管理策略,便可发现其发展奥秘有3种。

一、特许合同方式的供应链管理策略

直到20世纪80年代初,可口可乐仍然采取特许合同方式管理着供应链,这条供应链由浓缩液制造商、装瓶商、经销商、零售商和消费者所组成,形成一个由可口可乐控制浓缩液制造,其他链节根据市场调控的供应链管理策略。在这一管理策略下,公司的竞争实力与市场的竞争环境达到完美结合,造就了可口可乐的知名品牌。

在公司发展的起步和成长阶段，一般商家的做法是通过自身销售渠道和营销网络打开产品销路，扩大市场份额，但前提是公司资金雄厚和大笔资金的投入，若资金投入不足，则会影响公司的市场竞争力和公司的成长速度。可口可乐经过深思熟虑，没有采用这种其他企业惯用的经营套路，而是将公司定位于广告商和浓缩液制造商，通过特许合同的方式，以固定的浓缩液供货价格和区域独家经营的方式，将销售的权限授予装瓶商，借助装瓶商的企业家才能，建立销售渠道和营销网络，把可口可乐饮料送到千家万户。这种特许合同的经营方式，是可口可乐的一种战略经营选择，有了这种抉择，可口可乐可以把有限的资金用在刀刃上，成为出色的广告商，将可口可乐推向市场。事实上，时至今日，可口可乐的广告仍然相当出色。

有了这种战略定位，可口可乐公司不遗余力地发展起1 200家装瓶商。这些装瓶商为可口可乐占领市场立下汗马功劳，为可口可乐销售网络的建设节约了大量的资金，正是有了装瓶商的密切合作，可口可乐才得以轻装上阵，迅速成长，成为软饮料市场的领导者。

二、控股经营方式的供应链管理策略

随着饮料市场竞争的加剧，竞争格局发生了微妙的变化，以百事可乐为代表的竞争对手，采取了咄咄逼人的竞争策略。一方面在新的饮料细分市场，如大型连锁店、饭店等取得了竞争优势；另一方面又在想方设法地蚕食可口可乐的传统市场，竞争态势对可口可乐的发展极为不利。在这种情形下，可口可乐只有奋起反击，才能夺回失去的市场份额，扭转销售增长缓慢的局面。

面对不利竞争，可口可乐所采取的策略是向装瓶商施加压力，要求其加快现代化生产过程的投入，以强化可口可乐的市场竞争地位。但装瓶商也有自己的如意盘算，他们认为饮料市场已趋于饱和，是回收资金而不是增加投资的时候。由于装瓶商有长期合同作后盾，并控制着可口可乐的营销网络，又锁定了可口可乐的进货成本，因此，对任何改变现状的举措，要么否决，要么怀疑而不积极配合。就这样，可口可乐的战略意图受到了重挫，供应链的管理面临严峻挑战。

为了改变这种被动的局面，可口可乐利用其开发的新品种，高糖玉米浓缩液上市契机，同装瓶商展开了艰难的谈判。一方面，如果新品种能够顺利替代原有浓缩液，就可以为可口可乐节约20%的生产成本，但可口可乐不是独享其成，而是与装瓶商分享获利的机会，条件是装瓶商同意修改合同条款，并在部分条款上做出让步。这样在调整供应链管理方面，可口可乐就有了更大的回旋余地。另一方面，可口可乐通过特许权回购，购买控股的方式和提供中介和融资的策略，对装瓶商的经营活动施加影响，使装瓶商接受可口可乐的管理理念，支持可口可乐的供应链管理战略。而那些不愿意接受可口可乐所提条件的装瓶商，因得不到可口可乐在融资和管理资源方面的支持，随着市场竞争的加剧而江河日下。

但是，对装瓶商绝对控股的策略，又使得可口可乐提高了公司的资本密集程度，扩大了公司的资产规模,增加了公司的经营风险。这样,改变公司的资本结构,并能控制供应链管理的谋略,又摆在了公司面前。

### 三、持股方式的供应链管理策略

公司的经营目标是股东财富最大化,但供应链中的不同环节,其赢利能力是有差别的,大量资金投入获利能力不强的环节,将导致股东收益的下降。改善公司资本结构、资产结构就成了可口可乐必须做出的抉择。

在供应链管理上,可口可乐可谓游刃有余。为了对付众多曾经为可口可乐开拓市场建立过功勋的小型装瓶商,公司在采用特许权回购的收购战略之后,面临的是如何将"烫手的山芋"转手出去。在经过精心策划和充分准备之后,可口可乐公司成立了装瓶商控股股份公司,由装瓶商控股公司控制装瓶商的经营活动,通过装瓶商控股公司,可口可乐可以实现对整个供应链的战略调控,不过这只是可口可乐剥离绝对控股权的第一步战略计划。

在成立装瓶商控股公司后,可口可乐根据资本市场发展情况,审时度势,抓住有利时机,让装瓶商控股公司上市交易,利用资本市场,将51%的控股权转手出货,保留49%的相对控股权。通过这一系列策略选择,最终实现公司资本结构的改善,资本密集程度的下降。

有了国内供应链管理的成功经验,并成为国内饮料市场的领导者之后,可口可乐修正了它的战略目标,成为全球知名的跨国公司。早在二次世界大战期间,可口可乐就伴随着美军漂洋过海,在欧洲登陆。国际饮料市场的巨大潜力吸引着可口可乐,在这些陌生而又新鲜的市场上,可口可乐有着悠久的历史,只是公司的销售渠道不畅,没有较完善的经营网点而迟迟不能进攻到位。

销售渠道和网点的建设同国内一样,需要大量资金,国际营销环境又不同于国内营销环境,可口可乐意识到,只有融入当地文化和环境中,与当地文化打成一片,才能减少经营风险。穿旧鞋走新路,是再好不过的进攻策略了。就这样,可口可乐又使出了在国内惯用的招数,与国外大型骨干装瓶商密切合作,由可口可乐控制广告宣传和浓缩液的生产,由装瓶商为其所在地区或国家提供可口可乐饮料。随着时间的推移,在全球饮料市场上,可口可乐公司以计划周密,控股或持股收购装瓶商的模式,复制了在国内市场上供应链管理那惊人相似的一幕。

### 四、可口可乐的管理启示

管理供应链的企业要有核心竞争力和秘密武器,否则对供应链的管理和影响就会显得苍白无力,更不会有什么战略构想和调整。可口可乐的核心竞争力就在于它的秘密配方,知名品牌和管理资源的与众不同。

公司不可能在所有环节上都有竞争优势,只有同其他公司实现优势互补,才能在效率和规模经营上取得成效。当可口可乐还处于起步和成长阶段的时候,借助于装瓶商的力量,建立营销渠道,为可口可乐节约了大笔资金。可口可乐控制着广告宣传,实现了规模效应,这两方面的有效结合,使可口可乐以较低成本运行着营销网络。

供应链管理要有接口管理技术,对接口的管理直接关系到公司经营战略设想和实施能否有效实现。针对不同营销环境,可口可乐采用了不同的接口管理策略,在起步与成长阶段,公司以长期合同的方式对接口进行管理;在成熟阶段,则通过收购装瓶商管理接口,根据经营环境的变化,再剥离装瓶商,实现公司的战略意图。

供应链管理调整要始终围绕"以用户为中心"展开。当市场领先地位开始受到威胁时,可口可乐敏锐地感觉到饮料市场的悄然变化。以用户为中心的管理理念要求可口可乐将销售渠道重心由传统的家庭零售店转向大型区域性超级市场连锁店。但这需要大笔资金的投入,装瓶商不愿意这么做,可口可乐采取收购装瓶商的策略,对供应链进行了卓有成效的调整。

合作竞争是供应链管理的主旋律,合作是供应链管理的精髓,是达到双赢的基础。在供应链上,不同的公司要扮演不同的角色,建立彼此间的长期伙伴关系。可口可乐以长期合同、控股或持股的方式管理供应链,就是致力于建立长期的伙伴关系,有了这种长期伙伴关系,就可以提高供应链的生产力和附加价值,改善供应链的获利能力。可口可乐就是通过一套严格的供应链管理制度和服务规范,执行对装瓶商、经销商、零售商各个环节的服务和监控,通过定期审查各经销商和零售商,收集有关产品信息,并根据审查的结果和反馈的情况,指导经销商、零售商的经营服务,实现合作竞争的优势。

(荣少华.可口可乐的供应链管理策略[J].商业时代,2001,11)

讨论题:
1. 结合案例分析供应链管理模式与"纵向一体化"管理模式相比,最大的优势何在。
2. 企业若想做强,在供应链管理上应该考虑的问题是什么?

• 实训项目 •

# 矿泉水供应链调查

● 实训目的

通过让学生实地考察学校周围便利店销售的矿泉水所涉及的供应链,进一步理解供应链的定义和结构模型,并通过分析明确其供应链的类型。

● **实训任务**

(1) 选择某一品牌的矿泉水,采用询问和实地考察等形式调查出其从工厂直到学生手中所涉及的所有环节。

(2) 将所调查的结果绘制成一张矿泉水供应链的结构图,并注明所有节点企业的名称。

(3) 分析并明确矿泉水供应链中的核心企业及所涉及的供应链流,在结构图上标明。

● **实训过程组织**

(1) 将学生分成若干个小组,每个小组有3~5个成员,确定组长,明确分工。

(2) 选择便利店和矿泉水品牌,确定调查时间、形式和方法,拟好调查提纲,做好准备工作。

(3) 调查该矿泉水所涉及的节点企业名称,以及其供应链组织过程中的物流、资金流、信息流的具体运作及管理情况。

(4) 根据调查结果绘制供应链结构图,并注明企业名称和供应链流。

(5) 每个小组在课堂上展示并介绍他们所调查的矿泉水供应链情况。

● **实训说明**

(1) 每个小组所调查的矿泉水品牌尽量与其他的小组不同。

(2) 该实训项目可与本书第三章实训项目合并进行。

(3) 项目结果的评价可从调查的翔实度、供应链结构的完整性、供应链流调查的全面性及团队合作情况等方面进行。

# 第二章　供应链管理的相关理论

**·学习目标·**

1. 掌握价值链的概念,理解价值链理论对企业经营模式的启示;
2. 掌握核心竞争力的概念,了解核心竞争力的特征、构成和培育;
3. 掌握业务外包的概念、种类和主要方式,了解业务外包的实施;
4. 理解扩展企业的目标与特征。

**·引导案例·**

调查显示,90%的中国家电企业不同程度地为世界及国内家电巨头提供生产外包服务。全球目前最大的微波炉制造商——广东格兰仕,六成产品贴的是国外品牌微波炉的商标;上海生产的优质收录机以37美元卖给索尼公司,索尼公司拿去贴上自己的"SONY"商标,转手就以80美元的价钱卖出;美国通用电气向四川长虹下达10万台空调生产外包订单;飞利浦集团在本国停止手机生产,将生产车间移至中国……这种现象在中国南方非常普遍,仅广东顺德就有空调厂家40多个,其中真正在中国知名的屈指可数,其余多数是在为世界名牌或国内名牌"打工"。

为何这么多的企业青睐于业务外包？其中蕴含着怎样的理论基础？

## 第一节　价值链理论

### 一、价值链的概念

哈佛大学商学院教授迈克尔·波特(Michael Porter)于1985年提出价值链的概念,波特认为,"每一个企业都是在设计、生产、销售、发送和辅助其产品的过程中进行种种活动的集合体。所有这些活动可以用一个价值链来表明。"企业的价值创造是通过一系列活动构成的,这些活动可分为基本活动和辅助活动两类,基本活动包括内部后勤、生产作业、外部后勤、市场和销售、服务等;而辅助活动则包括采购、技术开发、人力资源管理和企业基础设施等。这些互不相同但却相互关联的生产经营活动,构成了一个创造价值的动态过程,即价值链,包括价值活动和利润。利润是总价值与从事各种价值活动的总成本之差,如图2-1所示。

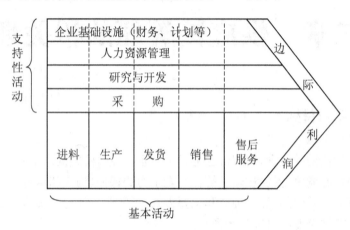

图2-1 基本价值链

价值链在经济活动中是无处不在的,上下游关联的企业与企业之间存在行业价值链,企业内部各业务单元的联系构成了企业的价值链,企业内部各业务单元之间也存在着价值链联结。价值链上的每一项价值活动都会对企业最终能够实现多少价值造成影响。

波特的"价值链"理论揭示,企业与企业的竞争,不只是某个环节的竞争,而是整个价值链的竞争,而整个价值链的综合竞争力决定企业的竞争力。用波特的话来说:"消费者心目中的价值由一连串企业内部物质与技术上的具体活动与利润所构成,当你和其他企业竞争时,其实是内部多项活动在进行竞争,而不是某一项活动的竞争。"

## 二、价值链的特征

1. 价值链是增值链

在价值链上除资金流、物流、信息流外,根本的是要有增值流。客户实质上是在购买商品或服务所带来的价值,各种物料从采购到制造到分销,也是一个不断增加其市场价值或附加值的增值过程。因此价值链的本质是增值链。价值链上每一环节增值与否、增值的大小都会成为影响企业竞争力的关键。所以,要增加企业竞争力,就要求消除一切无效劳动,在价值链上每一环节做到价值增值。价值链除了实现本企业的增值外，还将上下游企业整合成整个产业链，组成了一个动态的、虚拟的网络，真正做到了降低企业的采购成本和物流成本，在整个网络的每一个过程实现最合理的增值。

2. 价值链是电子链

企业间最终客户信息、需求信息、库存状况、订单确认等集成的信息流将使供应链中每一实体及时响应实际的客户需求和调整实际的物流，实时的信息交换还可以大量地节省因手工单据处理而导致的成本费用、时间延迟和管理失误，员工将从不增值的手工处理中脱离出来，专注于在更低成本下创造更高的效益。因此，信息技术不仅仅是价值链构建的工具，更是价值链的基础和重要构件。没有深入和充分地应用信息技术，就无法真正地实现价值链。

3. 价值链是协作链

价值链上任何一个结点的生产和库存决策都会影响链上其他企业的决策，一个企业的生产计划与库存优化控制不但要考虑其内部的业务流程和资源，更要从价值链的整体出发，进行全面的优化与控制。因此，价值链联盟要求所有成员能够消除企业界限，实现协同工作。在传统供应链中，双赢原则在众多企业中仅停留在口号上，企业和渠道伙伴之间以及与供应商伙伴之间真正实行的是赢—输观念，双方都想从对方索取更多的利益。价值链要求企业重新审视渠道机制和客户关系，从交易型向伙伴型转变，经营目标从双赢走向多赢。

4. 价值链是虚拟链

价值链的实质是虚拟公司的扩展供应链。价值链在市场、生产环节与流通环节之间，建立一个业务相关的动态企业联盟（或虚拟公司）。这不仅使每一个企业保持了自己的个体优势，也扩大了其资源利用的范围，使每个企业可以享用联盟中的其他资源。例如配送环节是连接生产制造与流通领域的桥梁，起到重要的纽带作用，以它为核心可使供需连接更为紧密，可实现及时生产、及时配送、及时交付到最终消费者手中，快速实现资本循环和价值链增值。

### 三、价值链理论对企业经营模式的启示

价值链理论认为，在企业的经营活动中，并不是每个经营环节都创造价值或者具有比较优势。企业所创造的价值和比较优势，实际上是来自于企业价值链上某些特定环节的价值活动，这些真正创造价值的、具有比较优势的经营活动，才是最有价值的战略环节。企业的竞争优势，或者说核心竞争力，实质上就是企业在价值链上某一特定的战略环节上所具有的优势，这些战略环节是企业核心竞争力的源泉。只要控制住这些关键的战略环节，也就控制了整个价值链。企业要发展或者保持自己的竞争优势，并不需要在企业价值链的所有环节上都保持优势，关键是发展或者保持那些创造价值同时产生比较优势的战略环节的优势。价值链理论完全颠覆了传

统的"木桶理论"。木桶理论要求企业重点去"补短",以保证企业"滴水不漏",从而获得最大价值。而价值链理论则是干脆拆除企业竞争中的"短板",打破木桶,加长原有的"长板",使之成为竞争的利器。价值链理论对企业经营模式有如下启示:

1. 发展核心能力,建立竞争优势

随着全球经济一体化的出现,国内市场竞争不断加剧。伴随着跨国公司的进入,竞争越来越具有"国内市场国际化"的明显特征。与拥有强大竞争力的跨国公司相比,中国本土企业面临着重建竞争优势,发展企业核心能力的艰巨任务。根据价值链理论,企业在建立竞争优势时,与竞争对手相比,根本没有必要、也不可能建立全面的竞争优势。企业只需要结合自身实际情况,集中企业资源重点发展具有一定优势的战略环节,使其成为企业的核心竞争力,并放弃一些劣势环节,就能获得竞争优势。

2. 实现企业价值链的横向整合,提高运营效率,避免"规模陷阱"

企业发展到一定规模后,随着产品线的延长和人员的增长,会出现效率低下、运营成本增加现象。具体表现在企业收入增长,但利润并没有同步增长,也就是说企业在做大做强的同时,实际盈利能力没有提高,甚至还会出现下降。这就是"规模陷阱",也是"大企业病"的重要症状。出现这种问题的主要原因在于企业的成长只是一种规模的量变过程,企业的竞争力并没有质的提高,企业的规模也是不可能无限增长的。

价值链理论能够使企业在准确分析自身优劣势的基础上,通过虚拟经营、业务外包等手段,主动消减甚至完全去除一些非战略环节,集中优势建立和巩固企业核心能力,从而有效避免企业发展中的"规模瓶颈"以及管理效率低下的"大企业病"。更重要的是,通过价值链发展战略中的战略联盟等手段,还能够使企业实现对产业价值链的"横向一体化"整合,间接实现多元化、寻求新增长点的目的,有效规避多元化陷阱。

3. 以价值链为顾客提升价值,避免价格战陷阱,实现竞争突围

随着市场竞争日益加剧和技术发展,产品同质化倾向越来越明显。仅仅依靠好的产品已不足以差别化企业的竞争优势。此外,目前互联网流行的价格比较网站和一些团购网站使顾客拥有更多的产品选择或价格选择,买方力量不断增强,这种环境变化对于任何企业都是强大的挑战!

价值链战略能够有效降低外部环境变化带来的冲击。一方面它能够最大限度降低企业运营成本,产生成本优势,使企业处于主动地位。其次,价值链上不同企业间的"协同"能够在同等价格上为顾客提供更高的、更长期的价值,赢得顾客忠诚,从而在很大程度上规避了行业价格战,实现竞争突围。例如 NVIDA 公司在推出新一代电脑显卡时,总是联合世界著名的游戏开发商、内存生产商等,同步推出新产品,包括基于新一代显卡的画面更华丽真实的游戏、更高速度的显存等,与联盟企业一

起推动整个产业的升级换代,赢得顾客。

4. 充分利用全球(以及区域)经济一体化机遇

全球经济一体化是企业发展的一次千载难逢的历史机遇。全球经济一体化使企业可以通过虚拟经营、战略联盟等手段在低成本地区寻找合作伙伴,加工产品,在很大程度上避免了本地化投资、高成本运营带来的风险。在某种程度上,"全球经济一体化"与企业"价值链发展战略"是共生共存的。没有全球经济一体化,价值链发展战略就不可能最充分的发挥自己的优势,而跨国公司的价值链发展战略又进一步推动了全球经济一体化的深入发展。

因此,无论是对于一个国家,还是一个企业,能否利用全球(或者区域)经济一体化的历史机遇,建造自己的产业(或企业)价值链,或者成功成为全球产业价值链的重要一环,直接关系着企业的未来前途,否则就面临着被边缘化的危险。中国之所以能够成为"世界工厂",也正是充分利用了全球经济一体化的历史机遇,充分发挥自身的低成本优势,成为境外公司建立的产业价值链上的生产环节,才成就了目前的制造业大国地位。

## 第二节 核心竞争力

### 一、核心竞争力的定义

1990年,美国著名管理学者普拉哈拉德(C. K. Prahalad)和哈默尔(Gary Hamel)提出了核心竞争力的概念。他们认为,随着世界的发展变化,竞争加剧,产品生命周期的缩短以及全球经济一体化的加强,企业的成功不再归功于短暂的或偶然的产品开发或灵机一动的市场战略,而是企业核心竞争力的外在表现。他们对核心竞争力的定义是:"在一个组织内部经过整合了的知识和技能,尤其是关于怎样协调多种生产技能和整合不同技术的知识和技能。"

核心竞争力是一个企业能够长期获得竞争优势的能力,它建立在企业核心资源的基础之上,是企业技术、产品、管理、文化的综合优势在市场上的反映。核心竞争力是一个组织内部具有的一系列互补的技能和知识的结合,既有一项或多项业务达到竞争领域一流水平的能力又为顾客提供某种特殊的利益。它是企业所独有的,且不易被其他企业模仿的一种能力或优势。核心竞争力不仅可以表现在技术上,还可以表现在生产经营、营销和财务上。如苹果电脑的产品设计创新能力,它首开使用鼠标操作电脑的先河,它的麦金托电脑可看可感的设计,极大地促进了个人和家庭电脑市场的发展;宝洁、百事可乐优秀的品牌管理及促销能力;丰田的精益生产能力;戴尔的定制化产品提供能力等。正是由于具有这种独特的能力,使公司取得了成功。

## 二、核心竞争力的特性

1. 核心竞争力的价值性

核心竞争力对于实现顾客所看重的价值能够做出显著的贡献,如降低成本、提高产品质量、提高服务效率、增加顾客的效用等。索尼公司的核心能力是"迷你化",它给顾客的核心利益是好携带;联邦快递的核心能力是极高水准的物流管理,它给顾客的核心利益是即时运送。

2. 核心竞争力的不可模仿性

核心竞争力是企业在经营过程中形成的不易被竞争对手效仿的能带来超额利润的独特的能力。它是企业在生产经营、新产品研发、售后服务等一系列营销过程和各种决策中形成的,具有自己独特优势的技术、文化或机制所决定的巨大的资本能量和经营实力。核心竞争力的不可模仿性保证了企业的竞争优势难以被模仿和超越,始终保持企业所提供的产品和服务的差异性,使企业始终在竞争中处于优势地位。

3. 核心竞争力的延展性

企业在某一方面的核心竞争力一旦形成之后,就能为企业提供一个进入多种产品市场的潜在途径,使企业能在较大范围内满足顾客的需要。如:佳能公司利用其光学镜片成像技术和微处理技术方面的核心竞争力,成功地进入了复印机、激光打印机、照相机、扫描仪以及传真机等 20 多个产品领域;本田公司的核心专长是引擎设计和制造,这支撑了小汽车、摩托车、割草机和方程式赛车的制造。

4. 核心竞争力的叠加性

即两项或多项核心能力一经叠加,可能会派生出一种新的核心能力,而且这种新的核心能力往往不止是原来几项核心能力的简单相加,这类似于经济学中的范围经济和物理学中的共振所体现出来的性质。

## 三、核心竞争力的构成

企业核心竞争力包含多个层面,归纳起来主要包括以下方面:

1. 企业的人力资本

在知识与资本日益对等甚至是知识雇佣资本的时代,人力资本对企业竞争力的作用已毋庸置疑。问题是对于企业的所有者来说,进行怎样的机制设计将人力资本与企业有机地结合在一起,使特殊人才竭力为企业奉献才能。

2. 核心技术

核心技术包括虽然公开但受法律保护的专利技术以及一系列技术秘密。拥有自己的核心技术是企业获得核心竞争力的必要条件,但不是充分条件。关键是拥有持久保持和获得核心技术的能力。

#### 3. 企业声誉

声誉是拥有私人信息的交易方对没有私人信息的交易方的一种承诺。在产品市场上,声誉是卖者对买者做出的不卖假冒伪劣产品的承诺;在资本市场上,声誉是企业家、经营者对投资者(股东、债权人)做出的不滥用资金的承诺。这种承诺通常不具有法律上的可执行性,但如果卖者、企业家不履行这种承诺,就要失去买者的光顾和投资者的青睐。从这个意义上说,我们不应该把声誉理解成一个道德问题,而应该把它理解为一种制度。对于生产复杂产品以至于买者或投资者一时无法判定质量如汽车、房地产以及买者靠承诺购买未来产品或服务的服务业和资本市场,声誉是企业获得核心竞争力甚至生存的根本和生命线。

#### 4. 营销技术

营销技术即企业通过高效的产品、价格、促销和营销渠道整合向顾客提供满足其个性化需求的商品和劳务。营销技术既取决于企业人力资本和经验的积累,技术手段和营销信息系统的应用也起到基础性作用。在网络经济条件下,积极发展以电子商务为核心技术的网络营销技术和实现营销技术的标准化有利于企业在更大的范围拓展销售空间。先进的营销技术是企业竞争力的重要方面,在消费者主权的时代,营销技术甚至是比制造技术更重要的竞争力因素。

#### 5. 营销网络

营销网点是企业推销产品和服务的前沿阵地,其主要功能是产品销售、市场调查、营销宣传、技术支持和市场开拓。营销网络是通过一定的管理技术将配送中心、营销网点、信息体系和信息系统等联系在一起,形成覆盖较大区域市场的营销网络。从企业竞争力的角度分析,企业一旦在消费者中形成了营销网络,将成为后来者进入该市场的壁垒,从而在相当长的时期内获得超额利润;而后来者只有花费大量的投入与先入企业进行广告和销售网的争夺战,才有可能在市场上获得一席之地。

#### 6. 管理能力

管理能力是企业竞争力的核心内容,包括企业获得信息能力、推理能力、决策能力和迅速执行决策的能力,也可以理解为狭义的"企业核心能力"。在一定意义上,企业的管理能力取决于企业是否拥有一支特殊组织才能和企业家才能的经理队伍。由于管理能力至少在高管理层次上并不局限于某种产品,因此管理能力的提高有利于企业更有效率地利用其资产,扩大经营范围,提高在市场中的竞争力。

#### 7. 研究开发能力

原创性研究开发能力是企业竞争力的重要组成部分。研究开发能力可由企业研究人员的数量和素质、研发投入经费总额及研发经费占企业销售收入的比例等指标来表示。研究开发能力是企业获得持久制造技术或专利技术从而获得长期利润的源泉。

8. 企业文化

企业文化实际上是企业经营理念及其具体体现的集合。从概念上看,企业文化非常简单,而通常的难度在于找到适合企业特色的文化理念和具体落实。良好的企业文化是企业整合更大范围资源、迅速提高市场份额的重要利器。

企业核心竞争力的大小最终体现为获利能力、市场份额、企业形象及公众对企业产品和服务的认同等。不同企业由于在某个方面较为突出,在其他方面比较薄弱,但整体竞争力较强,表现出强烈的企业竞争力特色。这也正好可以理解为什么企业核心竞争力是企业所特有的和不易模仿的。

### 四、核心竞争力的培育

培养企业核心竞争力应着重从以下几方面入手。

1. 锁定目标

要想培育独特的核心竞争力,企业必须明确自身努力的方向和目标,只有目标、方向明确,企业的资源配置、使用才能做到有的放矢,加速核心竞争优势的培养壮大。每一个企业都有不同的条件、情况,因此它所设置的目标方向也是不同的。一般来说,选择核心竞争力的目标定位,主要应考虑以下一些因素:

(1) 自身资源状况,以往的知识储备;
(2) 行业现状及特点;
(3) 竞争对手的实力状态及对比情况;
(4) 关联领域的影响;
(5) 潜在竞争者及替代者的演变前景。

由于核心竞争力的形成所花的代价较大,且具有一定的刚性,会影响企业较长时期的经营运作,因此,企业在选择核心竞争力培养方向时都较慎重,常常将目标锁定在最能影响专业发展前景的领域,以使企业掌握更大的竞争主动权。

2. 集中资源

集中资源就是将资源集中于企业选定的一项或某几项目标业务领域,以发挥最大资源效用,增强特定的竞争优势,形成核心竞争力。在市场竞争日益激烈、创新成本与风险越来越大的时代,任何一个企业很难在所有业务活动中都成为世界上最杰出的。

事实上,相对于复杂多变的外部环境而言,任何企业的资源都是有限的,只有将资源集中起来形成合力,才有可能在目标领域取得突破,建立核心竞争力。即使是当今世界著名的许多大企业,它们也大都将资源重点集中于某些关键性业务工作,以求在特定领域达到领先对手的目的。

例如,美国的微软公司,日本的本田公司、索尼公司等著名企业,就分别集中资源致力于软件开发、小型发动机设计和微型电机系统开发工作,从而在各自的行业里取得了明显的竞争优势。对于我国企业来说,由于实力普遍较差,且可利用资源也有限,因此更应该将有限的财力资源集中于适合自身条件的关键领域,建立独特的竞争优势。

3. 动态学习

坚持动态持续地学习、提高知识技能的积累和储备,是培养和增强核心竞争力的关键。企业员工及组织所拥有的知识技能是重要的无形资产,是核心竞争力中的主要因素。这种知识与技能包含两个层次:每个员工个人的知识技能水平与结构和企业员工的整体素质与知识技能结构。

知识技能既包括现代科学技术知识与管理知识,也包括操作技能与实践经验。企业要建立与发展知识技能优势,必须在人力资源开发与管理中将知识技能的学习、扩散、积累与更新放在重要位置上。体现竞争能力的知识技能要具有领先水平,往往需要本企业的员工通过创新实践去发现与创造。因此,创办学习型组织,在实践中创造性地学习,是全面提高职工素质,建立本企业的知识技能优势的一种不可替代的方式。

## 第三节 业务外包

### 一、业务外包的概念

1990 年,美国学者普拉哈拉德(C. K. Prahalad)与哈默尔(Gary Hamel)在《企业的核心竞争力》中首次提出"Outsourcing"这一概念。具体而言,业务外包是指企业整合利用其外部相对优秀的企业资源,将一些非核心的、次要的或辅助性的功能或业务外包给外部的专业服务机构,利用它们的专长和优势来提高企业整体的效率和竞争力,而自身仅专注于那些核心的、主要的功能或业务。通过实施业务外包,企业不仅可以降低经营成本,集中资源发挥自己的核心优势,更好地满足客户需求,增强市场竞争力,而且可以充分利用外部资源,弥补自身能力的不足;同时,业务外包还能使企业保持管理与业务的灵活性和多样性。

### 二、业务外包的种类

1. 根据业务活动的完整性分

(1) 部分外包

部分外包,指企业根据需要将业务各组成部分分别外包给该领域优秀的服务供应商。如企业的人力资源部分外包,企业根据需要将劳资关系、员工聘用、培训和解聘等分别外包给不同的外部供应商。一般来说,部分外包的业务主要是与核心业务无关的辅助性活动,如临时性服务等。当企业的业务量突然增大,现有流程和资源不能完全满足业务的快速扩张时,可以通过部分外包,利用外部资源,不仅获得规模经济优势,提高工作效率,而且可以尽快解决企业业务活动的弹性需求。

(2) 整体外包

整体外包是企业将业务的所有流程,从计划、安排、执行以及业务分析全部外包,由外部供应商管理整个业务流程,并根据企业的需要进行调整。在这种外包模式下,企业必须与承包商签订合同,合约内容应包括产品质量、交货期、技术变动,以及相关设备性能指标的要求。整体外包强调企业之间的长期合作,长期合作关系将在很大程度上抑制机会主义行为的产生,因为一次性的背叛和欺诈在长期合作中将导致针锋相对的报复和惩罚,外包伙伴可能会失去相关业务。

2. 根据业务职能分

(1) 研发外包

研发外包是利用外部资源弥补自己开发能力的不足。企业可以根据需要,有选择的和相关研究院所、大专院校建立合作关系,将重大技术项目"外包"给他们攻关,企业可以到科研机构购买先进的但尚未产业化的技术。多年前,当世界上大多数国家达成协议停止生产氟利昂后,化工巨头杜邦公司,为了能够尽快找到生产氟利昂替代品的最佳方式,将这项开发任务外包给20多个组织。由于这些专门研究机构在相关领域具有超群的能力,在很短的时间内就完成了项目开发工作,为杜邦公司赢得了宝贵的市场机遇。1993年,杜邦公司比国际规定的最后日期提前3年停止氟利昂的生产,同时在5个产品领域开始销售氟利昂替代产品,由于赢得了市场先机,这些产品一面市,就迅速占领了市场。

(2) 生产外包

在日渐成熟的市场和日益激烈的竞争中,企业增加收入的难度加大,想方设法降低成本,已经成为获取利润的关键。在形形色色地降低成本的新方法中,生产外包是最重要的一种。这种外包一般是企业将生产环节安排到劳动力成本较低的国家,以提高生产环节的效率。目前,越来越多拥有名牌产品或商标的企业不再拥有生产厂房和设备,不再在生产过程中扮演过多的角色。他们将自己的资源专注在新产品的开发、设计和销售上,而将生产及生产过程的相关研究"外包"给其他的合同生产企业。著名的计算机网络设备公司Cisco本身就没有任何生产能力,其产品均由东南亚的制造商完成。著名的运动鞋制造商Nike公司也不设工厂,它的7 800名员工专门负责设计、监制和销售,所有产品的生产由分散在世界各地的40多家合同制造商来完成,然后贴上名牌商标"Nike"就行了。

(3) 物流外包

物流外包不仅降低了企业的整体运作成本,更重要的是使买卖过程摆脱了物流过程的束缚,使企业摆脱了现有操作模式和操作能力的束缚,使价值链能够在一夜之间提供前所未有的服务。现在许多公司开始将自己的货物或产品的储存和配送外包给专业性的货物配送公司来完成。如 HP 公司在美国的 11 家工厂,原来各自处理自己的进货和产品的仓储和分配工作,供应路线混乱,协调复杂,经常造成运输车辆空驶,效率低下。1993 年,HP 将上述业务外包给专业从事货物配送的赖德统一物流服务公司,精简了自己的仓库和卡车运输业务。后者把各厂的物流工作统一起来。结果在 1994 年,HP 公司原材料运送到工厂所需的费用,就比过去减少了 10% 以上。由于降低成本的显著效果,外包仓储、配送近年来在制造企业中也成为一种时尚,整个物流服务行业也因需求渐旺而得到发展。

(4) 营销外包

将自己的营销业务外包给承包公司去经营。企业只确定自己的目标市场,销售问题则由专业的销售公司去做,通过业务外包,借助专业公司的中介,使自己与一些技艺高超的销售人员沟通。由于这些专业销售人员既懂得企业销售中存在的问题,也能向它们提供巨大的客户资源,所以,营销业务能顺利开展,使企业取得很好的营销效益。

(5) 脑力资源外包

外包的一个新领域是雇用外界的人力主要是脑力资源,解决本部门解决不了或解决不好的问题。一般要为用户提出一个咨询、诊断、顾问、分析、决策方案,实施管理业务、组织的重组,技术改造,实现改进工作、提高经济效益的目的。脑力资源外包内容主要有:互联网咨询、信息管理、ERP 系统实施应用、管理咨询等。

(6) 应用服务外包

以前,各公司都是自己设计网络、购置硬件和软件,然后再由各供货商分别提供服务,将这些东西拼凑起来。由于这项业务专业性强,技术要求高,所以实施起来难度大,且很难达到先进、合理的要求,况且其成本也是比较高的。随着 Internet 的逐步普及,大量基于 Web 的解决方案不断涌现,这些都使得远程的基于主机的应用方案成为可能。因此,许多企业已经普遍将信息系统业务,在规定的服务水平基础上外包给应用服务提供商(ASP),由其管理并提供用户所需要的信息服务。

3. 根据合作伙伴间的组织形式分

(1) 利用中介服务的外包

在有中介的外包模式中,厂商和外包供应商并不直接接触,双方与中介服务组织签订契约,由中介服务机构去匹配交易信息,中介组织通过收取佣金获利。这种利用中介组织的外包模式可以大大降低厂商和外包供应商的搜索成本,提高交易的效率,如麦当劳在我国许多城市的员工雇佣就是采用这种模式。

(2) 无中介的外包

在无中介的外包模式中,厂商和外包供应商可以借助于互联网络进行,如美国 Cisco 公司将 80% 的产品生产和配送业务通过其"生产在线"网站实行外包,获得 Cisco 授权的供应商可以进入 Cisco 数据库,得到承包供货的信息。

### 三、业务外包的主要方式

1. 临时服务和临时工

一些企业在完全控制他们主产品生产过程的同时,会外包一些诸如自助餐厅、邮件管理、门卫等辅助性、临时性的服务。同时企业更偏向于使用临时工(指合同期短的临时职工),而不是雇佣工(指合同期长的稳定职工)。企业用最少的固定职工,最有效地完成规定的日常工作量,而在有辅助性服务需求的时候雇佣临时工去处理。因为临时工对失业的恐惧或报酬的重视,使他们对委托工作认真负责,从而提高工作效率。

临时性服务在于企业需要有特殊技能的职工而又不需永久拥有,其优势在企业有超额工作时尤为显著。这样企业可以缩减过量的经常性开支,降低固定成本,同时提高劳动力的柔性,提高生产率。

2. 子网

为了夺回以往的竞争优势,大量的企业将控制横向、纵向一体化的企业组织分解为独立的业务部门或公司,形成母公司的子网公司。就理论上而言,这些独立的部门性公司几乎完全脱离母公司,变得更加有柔性、效率和创新性,同时,因为减少了纵向一体化环境下官僚作风的影响,他们能更快地对快速变化的市场环境做出反应。

1980年,IBM公司为了在与苹果公司的竞争中取胜,将公司的7个部门分解出去,创立了7个独立的公司,它的这些子网公司更小、更有柔性,能更有效地适应不稳定的高科技市场,这使得IBM迸发出前所未有的创造性,最终使IBM在PC上取得巨大成功。

3. 与竞争者合作

与竞争者合作使得两个竞争者把自己的资源投入到共同的任务(诸如共同的开发研究)中,这样不仅可以使企业分散开发新产品的风险,同时,也使企业可以获得比单个企业更高的创造性和柔性。

Altera公司与竞争者英特尔(Intel)公司的合作就是一个最好的例证。Altera公司是一个高密CMOS逻辑设备的领头企业,当时它有了一个新的产品设想,但是它没有其中硅片的生产能力,而作为其竞争者的英特尔公司能生产,因此,他们达成一个协议:英特尔公司为Altera公司生产这种硅片,而Altera公司授权英特尔公司生产和出售Altera的新产品。这样两家都通过合作获得了单独所不可能获得的竞争优势,Altera获得了英特尔的生产能力,而英特尔获得了Altera新产品的相关利益。

4. 除核心竞争力之外的完全业务外包

业务外包的另一种方式是转包合同。在通讯行业,新产品寿命周期基本上不超过1年，MCI公司就是靠转包合同而不是靠自己开发新产品在竞争中立于不败之地的。

MCI公司的转包合同每年都在变换，他们有专门的小组负责寻找能为其服务增值的企业，从而使MCI公司能提供最先进的服务。它的通讯软件包都是由其他企业完成的，而它所要做的(也就是它的核心业务)是将所有通讯软件包集成在一起为客户提供最优质的服务。

### 四、企业业务外包的实施

尽管业务外包有很多优势，如降低生产成本、分散经营风险、获取外部稀缺资源等，然而由于制定和实施业务外包过程中会面临许多不确定因素，从而给企业经营带来风险。因此，充分考虑和分析影响业务外包的因素对利用外包优势、规避外包风险至关重要。对任何一方面的疏忽都可能使企业陷于外包风险之中，不仅会使外包收益大打折扣，严重者甚至导致企业业务失控和核心能力的丧失。一个企业要成功实施业务外包，通常需要4个阶段。

1. 明确实现业务外包应具备的基本条件

(1) 外部条件

一是产业要有相当程度的标准化。只有在这种条件下，外包企业提供的产品才能为主包企业所用。

二是信息技术的广泛应用。只有信息技术的广泛应用，主包企业与外包企业之间才能做到信息的充分沟通、共享，才能节省交易费用，提高效率。

(2) 内部条件

一是企业要更新经营理念。企业的经营理念必须与当今开放、民主、协同发展的潮流相适应。这也要求企业的领导层应具有战略眼光和追求变革的决心。

二是企业要进行流程重组。传统企业的作业流程大多是在一贯作业的模式下制订的，已不能适应竞争环境。企业进行流程重组的目的是提高效率，适应外包的需要。

三是企业要进行组织结构的重建。"外包"要求充分发挥各个业务单位的积极性和能动性，使每个业务单位在自己的专精领域不断突破。这就要求建立一种相对分散的、充分授权的组织架构。同时，加大核心界面在整个组织中的地位，强化组织适应外部和与外部进行交易的能力。

2. 企业的内部分析和评估

在这一阶段，企业的高层管理者要确定外包的需求并制定实施的策略。在制订外包的策略时，主要考虑如下问题：

(1) 明确企业的总体战略。

企业的业务外包策略必须与其总体战略相匹配，总体战略是企业制定业务外包的基础,而业务外包是在总体战略安排下的具体战略举措。企业的总体战略不仅决定了企业的自制/外包决策,而且还影响外包对象、外包模式,以及供应商的选择。哈佛商学院的波特教授认为,企业在市场竞争中有三类基本的战略可以采用,即成本领先、差异化和集中战略。追求成本领先战略的企业总是尽力使自己成为行业成本最低,为此,要求通过规模经济以降低成本;而差异化战略通过向用户提供独特产品和服务,由此获得溢价报酬。一般说来,业务外包时,成本领先厂商可能更注重供应商的成本节约优势,而差异化战略厂商更看重供应商资源与企业资源的匹配程度和整合的难易。显而易见,企业的总体战略不同,外包策略也相应有所区别。与企业总体战略不匹配的外包策略不仅会使外包收益大打折扣,相反可能使企业陷于外包风险之中,从而损害其核心竞争力。

(2) 明确需要外包的业务领域。

企业要成功实施业务外包,必须选择正确的外包对象,即要确定哪些业务适合外包,哪些业务必须自制。由于不同业务活动所需投入的资源不同,对企业竞争优势的重要程度也不同,因此,可以据此将企业从事的业务分为核心业务与非核心业务。核心业务(例如软件企业的研发、制造企业的生产制造等)是企业投入资源最多,对企业存亡具有关键性作用的业务;往往也是企业擅长的、能创造高收益、有发展潜力和市场前景的业务活动。而非核心业务围绕核心业务,对企业的战略重要性相对较低。比如,制造企业的财务活动、人力资源业务以及后勤等业务,就属于非核心业务。

理论上,业务的性质越复杂,对企业的竞争战略越重要,出现信息不对称的可能性也就越大,因此,企业越倾向于将其内部化而不是外包。这一观点得到了实证研究的证明,Masten(1991)研究发现,在飞机制造行业,越复杂的零部件,其内部化生产的可能性越大。从核心能力的角度来说,核心业务是企业核心能力的载体,必须保留在企业内部,不当的核心业务外包有可能导致企业核心能力的丧失。而非核心业务对企业竞争优势的影响相对较弱,因而,可以根据需要将这类业务外包,甚至通过市场直接采购,以降低风险,提高企业资源的利用效率。

不仅业务的性质影响外包决策,业务所需投入的资产的性质也制约着外包策略的选择。交易成本理论认为资产专用性程度越高,市场交易费用也越高,因而投资风险也越大。所谓专用资产指投资于支持某项特定交易的资产,它们一旦形成很难另做他用,因此交易双方具有很强的依赖性,一方违约将使另一方产生巨大的交易风险。专用性程度低的资产使用面较广,使用难度不大而且易于获得,对于这类资产,市场交易是理想的选择。对于资产专用性程度中等的产品或业务来说,可以实行外包,利用外部供应商实现规模经济效应。

(3) 与员工进行开诚布公的沟通。

外包势必会涉及一些员工的利益,良好的沟通可以了解到如何满足员工的一些正当要求,而员工的支持和士气对外包能否顺利实施将起到重要的作用。

3. 评估自己的需求并选择服务提供商

业务外包中,厂商和外部供应商间实际上形成一种合作伙伴关系,外包供应商的表现在很大程度上影响制造商对市场的服务水平。因此,外包供应商的选择在制定业务外包策略中占有比较重要的位置。企业的领导层应听取来自内部或外部专家的意见,这支专家队伍至少要覆盖法律、人力资源、财务和外包业务等领域。然后,才可以按照企业的需求去寻找最适合的外包商。

一般来说,选择外包供应商时首先要有明确的目的——是获取资源,还是降低成本?目的不同,对外包供应商的选择依据也不同。当企业决定采用成本节约方案时,希望供应商低价也就不足为奇了。其次还要有科学的评价体系来评价潜在的外包供应商,如可以从投入品质量、成交价格、交货期限、技术能力、服务水平以及满足程度等方面对潜在的外包供应商进行考核。显然,外包供应商能力是企业评价和选择供应商的关键,一味追求低价可能会损害外包业务的质量,并最终影响企业的市场表现。在与外包服务商签订合约时,合同中要规定外包的价格和评测性能的尺度,还要规定服务的级别以及违规的处罚条款。

4. 外包的实施和管理阶段

由于业务外包是一种界于市场交易和纵向一体化的中间形式,厂商和外包供应商之间实际上形成了一种委托-代理关系,外包供应商比厂商拥有更多关于产品和服务的质量、成本等信息,从而导致信息不对称。另外,合作双方理念和文化的差异、无效的沟通机制等因素都可能导致外包的失败。因此,强化对外包过程的管理非常必要,主包方在这一阶段要保持对外包业务性能的实时监测和评估,并及时与承包商交换意见。为此可以通过建立相应的管理协调机构,构建畅通的沟通渠道,解决业务外包过程中的问题和矛盾,防止意外的发生。此外,还可以通过细化外包合同、建立质量保证体系等管理控制手段,强化对外包过程的监督,减少外包过程中因信息不对称造成的风险。在外包实施的初期,还要注意帮助自己公司内部的员工适应这一新的运作方式。

## 第四节 扩展企业

扩展企业(Extended Corporation)也被称为外延企业或延伸企业,它是供应链管理环境下,在业务外包的基础上产生的一种新的企业形式。这种新的企业模式将改变企业的组织结构、管理机制、企业文化。

### 一、扩展企业的产生与定义

通常的企业组织被认为是一种线性的实体,每一个企业都有一条由设计、生产、销售、产品支持与服务等所有活动组成的价值链,供应商和客户在过去被认为是组织外部的事。随着全球市场竞争的日益激烈,以及顾客化生产增加了企业产品在全球范围竞争的压力。同时,产品与工艺的环境保护需求迫使企业在生产过程中考虑产品的整个寿命周期中可能出现的问题,以确保产品出厂后是安全的。这些压力使得企业必须考虑更广泛的问题,不仅仅是局限在考虑企业内部问题,而应是把企业作为供应链的一个部分看待。这样在供应链管理环境下就产生了扩展企业的概念。

扩展企业是指企业打破自身的外部界限,将它的战略、组织结构和业务程序向其他的合作伙伴延伸。扩展企业可以定义为一个概念性的组织单元或系统,它包括采购公司和供应商(一个或多个),通过紧密合作,使得企业与企业之间的职能能够跨越企业的界限得以集成,发挥更大的资源配置优势,从而实现最大化的利润分配。这些企业未必构成整个供应链,但他们是供应链中的主要成员之一。扩展企业的出现使企业之间的竞争转化为供应链与供应链之间的竞争。

## 二、扩展企业的理论模型

### 1. 传统制造模式下的扩展企业模型

图2-2是基于传统制造模式下的扩展企业模型,从图可以看出,企业必须强调在企业与企业之间的合作设计与产品模式、用户驱动的设计、供应链管理、用户订单执行与控制等四个方面的职能,它们也是扩展企业的主要职能领域。而 EDI、现代先进计算机网络等技术使得整个价值链的集成成为可能,扩展企业的概念从而得以提出和发展。

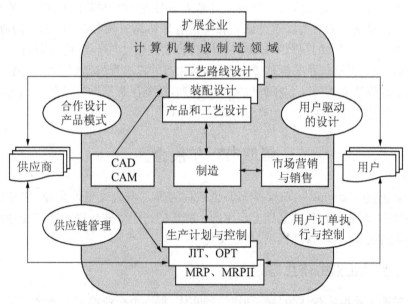

图 2-2　基于传统制造模式下的扩展企业模型

一定程度上而言,扩展企业是基于制造企业在设计、生产计划、市场营销、库存和运输等职能之间在企业与企业之间集成的要求而产生的,这不仅使得企业与企业之间的职能能够跨越企业界限得以集成,从而发挥更大的资源配置优势,同时也使得企业之间的文化、工作经验得到交流,信息和数据传递渠道得以畅通。

(1) 用户驱动的设计

在目前买方市场竞争环境下,开发有市场竞争力的产品,就必须考虑用户的需求。主要形式有:直接根据用户要求(用户直接向制造商提出特殊的产品需求)设计新产品,或者是在用户市场调查的基础上进行新的设计。

(2) 用户订单执行与控制

主要控制制造计划的实施情况和保证交货期协议,以确保实现对用户做出的承诺。其中必然要考虑制造过程中的物流问题。

(3) 供应链管理

扩展企业基于JIT和精细生产原则而运作,供应链管理具有良好的生产计划功能,可以确保物料在不拖延计划的基础上,在准确的时间到达准确的地点(而且包括企业内部和企业之间)。

(4) 合作设计产品模式

扩展企业的运作要求能在产品设计中与原材料供应商等保持紧密的合作,以确保产品尽可能使用最好的、最近的原材料或零部件。

2. 基于供应链管理的扩展企业模型

图2-3为供应链管理环境下的扩展企业模型,由于该模型很像英文字母X,因此简称为X模型。该模型蕴含了集成化供应链管理的哲理,为集成化供应链管理的研究奠定了基础。

(1) 生产系统设计思想

传统的企业生产者在生产系统设计中主要从生产角度考虑,从企业内部因素考虑,没有从集成的角度去考虑物流、信息流。供应、生产、分销没有形成真正有机的整体,而X模型体现了系统工程观点,把三者有机地结合起来。

(2) 产品设计与制造过程设计

为了提高供应的质量(成本,服务,提前期),过去人们只是从企业的内部考虑如何挖掘潜能,没有从市场的角度考虑供应商与制造商之间的合作关系,没有考虑业务外包问题。X模型体现了并行工程的思想,把产品与制造设计工作和供应商、分销商乃至顾客都考虑进去,建立协同的工作环境。

(3) 集成的生产计划与控制模式

传统的企业生产计划是以物料需求为中心来展开的,缺乏和供应商的协调,企业在制订计划时没有考虑供应商以及分销商的实际情况,不确定性对库存和服务水平的影响,库存控制策略也难以发挥作用。在X模型中,供应链上任何一个企业的

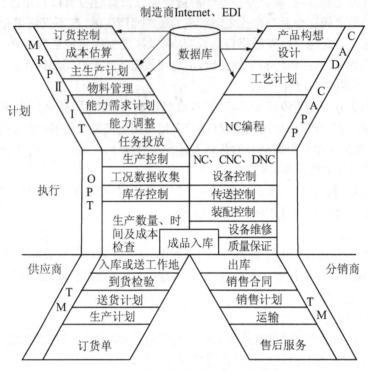

图 2-3 基于供应链的扩展企业模型

生产和库存决策都会影响供应链上其他企业的决策,也就是说,企业的生产计划与库存的优化控制不但要优化内部的业务流程,更要跳出以物料需求为中心的生产制造管理的局限,从供应链的整体出发,进行全面的优化控制,充分了解用户需求并与供应商在经营上协调一致,实现信息的共享与集成,以顾客化的需求驱动顾客化的生产计划,获得柔性敏捷的市场响应能力。

(4) 体现企业间的战略伙伴关系

X模型除了信息的集成、经济利益的联系外,还体现了企业间的一种新型的合作关系—战略伙伴关系,它有利于企业改进生产系统,提高产品质量,降低成本,实现JIT生产,使采购与交货,生产计划与执行在一种透明的方式下完成,并且能基于相互独立又相互促进的各合作伙伴的实际能力或需求,获得供应链的同步化运作。

今天的制造企业面临着比以往更大的竞争,市场全球化、产品需求顾客化和交货及时化对制造商形成巨大的压力。新兴的全球化市场取代了区域性市场,市场体系更加开放、贸易壁垒减少、运输和通信技术不断进步将企业推向全球市场。这种开放式的结构要求企业与供应商和顾客建立更加紧密的联系,建立基于整个价值链的扩展企业,以响应市场的挑战。

## 三、扩展企业的目标与特征

1. 扩展企业的基本目标

扩展企业的概念部分来自于在地理上分布的制造业,他们为了获得竞争优势需要建立正式的合作伙伴关系。这种思想的核心就是要利用外部的资源和服务,而不是去拥有它。这种形式的合作表现为在独立的制造企业间设计、开发、成本控制形成有共同利益的链。扩展企业的另一个特征就是要求信息和物料在合作企业间同步和协调流动。扩展企业合作的目标主要体现在以下几个方面:

(1) 缩短物料加工、信息处理、产品开发、信息基础设施建设的周期。
(2) 提高对产品上市时间的要求,开展基于时间的竞争。
(3) 采用更广泛的产品周期的概念。
(4) 形成更为有效的组织和系统。

2. 扩展企业的主要特征

扩展企业超越了传统组织的界限。它不仅包括了企业的各个职能部门本身,而且相应涵盖了企业与它的顾客、供应商、商业伙伴的关系。扩展企业要对产品整个生命周期负责,从原材料购买和供应管理、产品分销和客户服务,最后直到产品的回收和处理。扩展企业主要具有以下的特征:

(1) 核心企业集中体现核心竞争力的商业活动,对非核心业务通过外包给外部产品供应商和服务提供商。外包能够提高核心企业和供应商的竞争能力,增强相互之间的依赖,实现共同的利益。

(2) 扩展企业的核心企业与供应商和客户建立一种长期、互相信赖的关系,把他们当做合作伙伴而不是竞争对手。

(3) 为了实现供应商—客户在商业和技术信息上的集成,扩展企业采用先进的通信技术和运输手段支持跨组织的商业活动。

杰格夫(H. S. Jagev)和布朗(J. Browne)强调,企业内部各职能部门间的集成,如设计、计划、营销、存储和运输,是组建扩展企业的先决条件。必须提到的是:如果一个企业对别的企业承担某种扩展企业形式的义务,那么该项合作的义务仅限于事先约定的合同条件本身。这并不能限制企业参与其他的合作,如与某供应链以外的其他企业展开类似的合作。

• 练习题 •

1. 价值链理论对企业经营模式有何启示?
2. 什么是核心竞争力?主要由哪些方面构成?
3. 如何培育核心竞争力?

4. 业务外包主要有哪些方式?
5. 什么是扩展企业,扩展企业有什么特征?

• 案例分析 •

案例一

# 供应链管理理论在美特斯·邦威的运用

上海美特斯·邦威服饰股份有限公司是我国休闲服饰行业的龙头企业之一。2009年公司实现营业收入52.18亿元,利润总额6.33亿元。公司能取得如此的成绩,跟公司充分有效地运用供应链管理理论分不开。公司采用"虚拟经营"模式,集中优势资源,专注于服装产业的休闲服饰,在该领域做深、做细、做精。

产品设计开发上,建立并培育了一支具有国际水准的设计师队伍,与法国、意大利、香港等地的知名设计师开展长期合作,每年设计服装新款式1 000多种;

生产供应上,突破了传统模式,充分整合利用社会资源和国内闲置的生产能力,走社会化大生产专业化分工协作的路子,在广东、上海、江苏等地200多家生产厂家为公司定牌生产,形成年产系列休闲服2 000多万件(套)的强大生产基地,专业的品检师对每一道生产工序实施严格的品质检验,严把质量关;

经营上利用品牌效应,吸引加盟商加盟,拓展连锁专卖网络,并对专卖店实行包括物流配送、信息咨询、员工培训在内的各种服务与管理,与加盟商共担风险,共同发展,实现双赢;实施忠诚客户服务工程,不断提升服务质量;

管理上实现电子商务信息网络化,建立了管理、生产、销售等各个环节的计算机终端联网的"信息高速公路",实现了内部资源共享和网络化管理,并利用信息化平台整合社会资源,构建服装产业上下游生态链,全面提升管理。

公司把制衣和销售两个环节外包给其他企业,自己仅留"美特斯·邦威"这个品牌,节约了大量初始生产成本,而且调动了其他企业或加盟者的积极性,以"双赢"作为经营的最大卖点。

在美特斯·邦威实行"外包"的环节中,加盟销售和成衣生产是100%外包。而销售门市分两种:一种为直营店,一种为加盟店。它在全国拥有直营店和加盟店共计2 211家,其中加盟店1 927家,占87%,直营店只有284家。

资料来源:百度百科. 美特斯·邦威[EB/OL].
http://baike.baidu.com/view/5446.html?wtp=tt,2012-3

讨论题：
1. 结合案例分析美特斯·邦威运用了哪些供应链管理理论？
2. 运用相关供应链管理理论给美特斯·邦威带来哪些好处？
3. 在运用相关供应链管理理论时，美特斯·邦威该注意什么？

案例二

# 上海通用汽车的物流外包策略

上海通用汽车是中国目前最大的一个合资企业，是上海汽车集团公司与美国通用汽车公司合资的企业，他们在生产线上基本上做到了零库存。他们是如何外包的？

外包要做到生产零部件JIT直送工位，准点供应。因为汽车制造行业比较特殊，它的零部件比较多，品种规格都比较复杂。如果自己去做采购物流，要费很多的时间，这种外包就是把原材料直接送到生产线上去的一种外包制度。上海中远物流有限公司按照通用汽车要求的时间准点供应。

门到门运输配送使零部件库存放于途中。运输的门到门有很大的优势：第一，包装的成本可以大幅度的下降，因为从供应商的仓库门到用户的仓库门，装一次卸一次就可以了，这比铁路运输要先进的多。第二，除了包装成本以外，库存可以放在运输途中，就是算好时间，货物就准时送到，货物在流通的过程中进行一些调控。

生产线的旁边设立"再配送中心"。货物到位后2个小时以内就用掉了，那么它在这2个小时里就起了一个缓冲的作用，就是传统所说的安全库存。如果没有再配送中心，货物在生产线上流动的时候就没有根据地，就会比较混乱，它能起到集中管理的作用。

每隔2小时"自动"补货到位/蓄水池活水。"自动"补货到位在时间上控制的非常严格，因为这是跟库存量有关联的，库存在流动的过程中加以掌控，动态的管理能够达到降低成本，提高效益的目的。所以再配送中心其实起一个蓄水池的作用，而且这个蓄水池里面的水一定是活水，就是这一头流进来那一头就流出去，一直在流。

上海中远物流有限公司作为中远集团在华东地区最大的直属企业，是很专业的第三方物流公司，通过这样一种强强联合，建立一个战略合作伙伴的关系。这种模式在国内的制造型企业，尤其是做零库存的生产企业，是比较实用的。

资料来源：江西省交通运输与物流协会．上海通用汽车物流外包给中远[EB/OL]．http://www.jxctla.com/News/NewsDetails.aspx? N_ID＝3166，2009－6

讨论题：
1. 上海通用汽车物流是如何外包的？
2. 上海通用汽车的做法对广大企业有什么启示？

## 企业核心竞争力培育与业务外包情况调查

● 实训目的

有利于学生更好地理解供应链管理相关理论,并能在调查的基础上,结合自己的思考分析,给调查对象提出改进的建议,提高学生发现问题、分析问题和解决问题的能力。

● 实训任务

选取知名生产企业或学生所熟悉的企业为调查对象,对企业的核心竞争力培育与业务外包的情况进行调研,总结其成功的经验,发现其可以改善的地方,并总结出企业在供应链管理方面存在的不足。

● 实训过程组织

(1)将学生分成若干个小组,每个小组有3~5个成员,确定组长,明确分工。
(2)选择调查对象,针对不同的被调查企业研讨适用的调查方法和方式。
(3)编写访谈提纲或调查问卷,完成调查准备工作。
(4)实地进行调查,做好调查记录。
(5)以小组为单位撰写调查总结或报告,并制作PPT在课堂上进行交流和互评。

● 实训说明

(1)每个小组可选择1家企业进行深入调查;也可以调查多家企业,从整体上进行概括,描述现状。
(2)项目结果的评价可从调查内容的针对性、调查方法的可行性、调查报告或总结的完整性、PPT的制作情况及团队合作情况等方面进行。
(3)该实训项目可与本书第四章实训项目合并进行。

# 第三章　供应链的设计与构建

**·学习目标·**

1. 能够描述并区分供应链的链状模型和网状模型；
2. 了解供应链设计的内容和评价指标；
3. 理解供应链设计应遵循的原则；
4. 掌握基于产品的供应链设计策略；
5. 能够说明产品生命周期对供应链设计策略的影响；
6. 掌握基于产品的供应链设计应遵循的步骤。

**·引导案例·**

## 雅芳改造供应链

雅芳（AVON）是领先的美容产品直销商，通过390万个独立的销售代表向145个国家的消费者销售。雅芳最初的热点是营销和销售，多年来却一直忽视了供应链的管理。20世纪80年代，在欧洲，雅芳仅仅在6个国家设立了分支机构，每一个分支机构都有独自的工厂和仓库来供应当地的市场。这些分支机构都是独立运作的，有独立的信息系统，没有整体的计划和共同的生产、营销和分销体系。到了20世纪90年代初期，雅芳开始把它的关键品牌进行全球化。

首要面临的问题是公司的销售周期与供应链根本不匹配。在大部分欧洲市场，雅芳每3个星期就会开展一轮新的销售活动——推出新的宣传材料、新的赠品和促销活动。这种短的销售周期是雅芳直销模式的基石。短的销售周期需要一个灵活、反应灵敏的供应链。然而，产品要经过从原材料到生产、再到分销，平均需要12周的时间。

这种时间上的不匹配导致了每一次销售活动都会出现一些仓促的解决方法和低效率现象。随着业务的增长,满足不同市场和精确预测不同产品需求的难度越来越大。自从雅芳开始以每年进入2~3个新市场的速度增长以来,难度就更大了。

由于40%~50%的品种的销售都会超出预期,工厂要经常打断进度表,从生产一种产品转到生产另一种产品,所以紧急补充订单经常破坏生产效率。另外,转换成本很高,因为工厂的设计模式是适应于大批量生产的。由于在每一个销售周期里都会有些产品的销售量小于预测数,所以雅芳积压的商品逐渐增加,存货水平高达150天。

雅芳重新设计了供应链,保留了它在德国的工厂,同时把其他的工厂都集中到了波兰。还在离生产地较近的波兰建立了一个集中的存货中心,在那里给产品贴标签、装货,为公司在欧洲的分支机构服务。

雅芳还努力使它的包装盒标准化,以降低成本,提高效率。过去每一种产品都有不同的包装瓶和形状,现在用瓶盖、颜色和标签来实现产品的差异化。生产会变得更加灵活,供应商现在可以用更有效的高速生产线生产雅芳的包装盒,产品成本也会降低。雅芳优化减少了供应商数量,请供应商帮忙设计一些成本效率最高的新包装瓶。在很多情况下,雅芳调整自己的方法,以便供应商能够以成本效率更高的方式生产。

雅芳计划把协作的概念扩展到整个供应链。公司最近组织了一次协作设计讨论会,参与的有各供应商、一家设计公司以及来自市场营销和供应链的代表。在3天内,这个团队设计出了一个产品方案,它不仅在市场营销和设计方面非常出色,而且能够使供应链的成本降到最低。

## 第一节 常见的几种供应链结构模型

### 一、链状模型

结合供应链的定义,不难得出这样一个简单的供应链模型(如图3-1所示),称其为模型Ⅰ。模型Ⅰ清楚地表明产品的最初来源是自然界,如矿山、油田、橡胶园等,最终去向是用户。产品因用户需求而生产,最终被用户所消费。产品从自然界到用户经历了供应商、制造商和分销商三级传递,被用户消费掉的最终产品仍回到自然界,完成物质循环(如图3-1中的虚线)。

很显然,模型Ⅰ只是一个简单的静态模型,表明供应链的基本组成和轮廓概貌,进一步地可以将其简化成链状模型Ⅱ(如图3-2所示)。模型Ⅱ是对模型Ⅰ的进一步抽象,它把商家都抽象成一个个的点,称为节点,并用字母或数字表示。节点以一

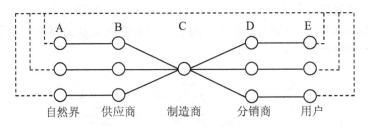

图 3-1 模型Ⅰ:链状模型

定的方式和顺序联结成一串,构成一条供应链。在模型Ⅱ中,若假定 C 为制造商,则 B 为供应商,D 为分销商;同样的,若假定 B 为制造商,则 A 为供应商,C 为分销商。在模型Ⅱ中,产品的最初来源(自然界)、最终去向(用户)以及产品的物质循环过程都被隐含抽象掉了。从供应链研究便利的角度来讲,把自然界和用户放在模型中没有太大的作用。模型Ⅱ着力于供应链中间过程的研究。

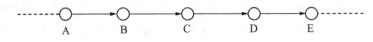

图 3-2 模型Ⅱ:链状模型

### 1. 供应链的方向

在供应链上除了流动着物流(产品流)和信息流外,还存在着资金流。物流的方向一般都是从供应商流向制造商,再流向分销商。在特殊情况下(如产品退货),产品在供应链上的流向与上述方向相反。但由于产品退货属非正常情况,退货的产品也非本书严格定义的产品,所以本书将不予考虑。我们依照物流的方向来定义供应链的方向,以确定供应商、制造商和分销商之间的顺序关系。模型Ⅱ中的箭头方向即表示供应链的物流方向。

### 2. 供应链的级

在模型Ⅱ中,定义 C 为制造商时,可以相应地认为 B 为一级供应商,A 为二级供应商,而且还可递归地定义三级供应商、四级供应商……同样的,可以认为 D 为一级分销商,E 为二级分销商,并递归地定义三级分销商,四级分销商……一般地讲,一个企业应尽可能考虑多级供应商或分销商,这样有利于从整体上了解供应链的运行状态。

## 二、网状模型

事实上,在模型Ⅱ中,C 的供应商可能不止一家,而是有 $B_1,B_2,\cdots B_n$ 等 n 家,分销商也可能有 $D_1,D_2,\cdots D_m$ 等 m 家。动态地考虑,C 也可能有 $C_1,C_2,\cdots C_k$ 等 k 家,这样模型Ⅱ就转变为一个网状模型,即供应链的模型Ⅲ(如图 3-3)。网状模型更能说明现实世界中产品的复杂供应关系。在理论上,网状模型可以涵盖世界上所有厂家,把所有厂家都看做是其上面的一个节点,并认为这些节点存在着联系。当然,这些联系有强有弱,而且在不断地变化着。网状模型对供应关系的描述性很强,适合于从宏观层面把握供应关系。

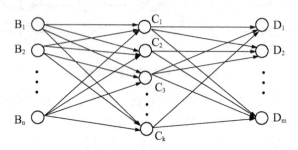

图 3-3　模型Ⅲ:网状模型

**1. 入点和出点**

在网状模型中,物流作有向流动,从一个节点流向另一个节点。这些物流从某些节点补充流入,从某些节点分流流出。我们把这些物流进入的节点称为入点,把物流流出的节点称为出点。入点相当于矿山、油田、橡胶园等原始材料提供商,出点相当于用户。图 3-4 中 A 节点为入点,F 节点为出点。对于有的厂家既为入点又为出点的情况,出于对网链表达的简化,将代表这个厂家的节点一分为二,变成两个节点:一个为入点,一个为出点,并用实线将其框起来。如图 3-5,$A_1$ 为入点,$A_2$ 为出点。

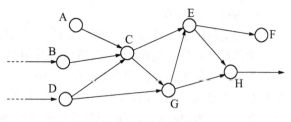

图 3-4　入点和出点

同样的,如有的厂家对于另一厂家既为供应商又为分销商,也可将这个厂家一分为二,甚至一分为三或更多,变成两个节点:一个节点表示供应商,一个节点表示分销商。也用实线将其框起来。如图 3-6,$B_1$ 是 C 的供应商,$B_2$ 是 C 的分销商。

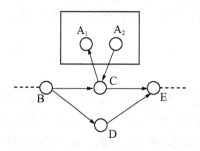

图 3-5　包含入点和出点的厂家

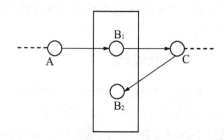

图 3-6　包含供应商和分销商的厂家

## 2. 子网

有些厂家规模非常大，内部结构也非常复杂，与其他厂家相联系的只是其中一个部门，而且内部也存在着产品供应关系，用一个节点来表示这些复杂关系显然不行，这就需要将表示这个厂家的节点分解成很多相互联系的小节点，这些小节点构成一个网，称之为子网（如图3-7）。在引入子网概念后，研究图3-7中C与D的联系时，只需考虑$C_2$与D的联系，而不需要考虑$C_3$与D的联系。

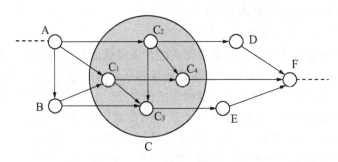

图3-7 子网模型

## 3. 虚拟企业

借助以上对子网模型过程的描述，我们可以把供应链网络中为了完成共同目标、通力合作并实现各自利益的这样一些厂家形象地看成是一个厂家，这就是虚拟企业（如图3-8）。虚拟企业的节点用虚线框起来。虚拟企业是在经济交往中，一些独立企业为了共同的利益和目标在一定时间内结成相互协作的利益共同体。虚拟企业组建和存在的目的就是为了获取相互协作而产生的效益，一旦这个目的已完成或利益不存在，虚拟企业即不复存在。

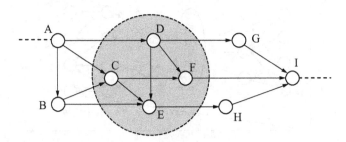

图3-8 虚拟企业的网状模型

## 第二节 供应链设计的内容、原则和评价指标

设计和运行一个有效的供应链对于每一个制造企业都是至关重要的，因为它可以提高企业对用户的服务水平，达到成本和服务之间的有效平衡；使企业具有更高

的柔性,以提高对客户需求的反应能力和速度;开拓进入新的市场,提高企业竞争力;降低库存,提高企业的工作效率。但是也可能因为供应链设计不当而导致浪费和失败。因此,正确设计供应链是实施供应链管理的基础。

## 一、供应链设计的内容

战略层面的供应链设计的主要内容包括:供应链的成员及合作伙伴选择、网络结构设计以及供应链运行基本规则设计等。

1. 供应链的成员及合作伙伴选择

一个供应链是由多个供应链成员组成的。供应链成员包括了为满足客户需求,从原产地到消费地,供应商或客户直接或间接相互作用的所有企业和组织。这样的供应链是非常复杂的。在确定供应链网络结构时,必须分类并确定哪些成员对供应链的成功起着决定作用。参照迈克尔·波特的价值链框架中的基本活动和支持活动的区分方法,供应链成员可以分为基本成员和支持成员。供应链基本成员是指在为顾客提供专项输出的业务流程中,所有能进行价值增值活动的企业和组织;支持成员是指那些简单提供资源、知识以及设施的供应链成员。这样的区分可以简化管理并确定供应链的核心成员,与其建立合作伙伴关系。

2. 网络结构设计

在描述、分析和管理供应链时,有三种最重要的网络结构,分别是水平结构、垂直结构和供应链核心企业的水平位置,由此构成了供应链网络的结构维数,如图 3-9 所示。

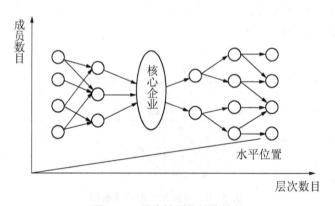

图 3-9 供应链网络结构维数

第一维,水平结构是指供应链范围内的层次数目。供应链可能很长,拥有很多层,或很短,层次很少;第二维,垂直结构是指每一层中供应商或顾客的数目。一个公司可能有很宽的垂直结构,其每一层供应商或顾客很多;第三维,指的是供应链范围内核心企业的水平位置。核心企业能最终被定位在供应源附近、终端顾客附近或供应链终端节点间的某个位置。

供应链中不同的结构变量能够合并。例如,供应商那边是一个窄而长的网络结构,而顾客那边是一个宽而短的网络结构,但却能联系在一起。增加或减少供应商/顾客的数目将会影响供应链的结构。当企业从多家供应商向单一供应商转变时,供应链变得越来越窄,这时通过开放物流、制造、销售以及产品开发活动,则可能改变供应链结构,并影响供应链网络中核心企业的水平位置。

核心企业除了能创造特殊价值,长期控制比竞争对手更擅长的关键性业务工作外,还要协调好整个供应链中从供应商、制造商、分销商直到最终用户之间的关系,控制好整个价值链的运行。为了能够管理好整个供应链,核心企业必然要成为整个供应链的信息集成中心、管理控制中心和物流中心。核心企业要将供应链作为一个不可分割的整体,打破存在于采购、生产和销售之间的障碍,做到供应链的统一和协调。所以,供应链的组织结构应当围绕核心企业来构建。

一般来说,成为核心企业的企业,要么为其他企业提供产品/服务,要么接受它们的产品/服务,要么在供应商与客户之间起连接作用。以核心企业为中心建立的组织结构有以下几种:

(1) 核心企业作为客户企业的组织结构

作为客户企业的核心企业,它本身拥有强大的销售网络和产品设计等优势,销售、客户服务这些功能就由核心企业自己的销售网络来完成。因此,供应链组织结构的构建主要集中在供应商这一部分。供应链管理的中心转到供应商的选择,以及信息网络的设计、生产计划、生产作业计划、跟踪控制、库存管理、供应商与采购管理等方面。

(2) 核心企业作为产品/服务供应者的结构

作为这类核心企业,它本身享有供应和生产的特权,或者享有在制造、供应方面不可替代的优势,比如能源、原材料生产企业。但其在分销、客户服务等方面则不具备竞争优势。因此,在这一模型中,供应链管理主要集中在经销商、客户的选择、信息网络的设计、需求预测的计划与管理、分销渠道管理、客户管理与服务等方面。

(3) 核心企业同时作为产品和服务的供应者和客户

这类核心企业主要具有产品设计、管理等优势,但是,在原材料的供应、产品的销售及各市场客户的服务方面,缺乏足够的力量。因此,它必须通过寻求合适的供应商、制造商、分销商和客户构建成整个供应链。供应链管理主要是协调好采购、生产和销售的关系,如信息网络的设计、计划控制和支持管理、物流管理、信息管理等功能。

(4) 核心企业作为连接组织

这类核心企业往往具有良好的商誉和较大的规模,并且掌握着本行业大量的信息资源,它主要通过在众多中小经销企业和大的供应商之间建立联系,代表中小经销企业的利益取得同大的供应商平等的地位,从而建立起彼此合作的战略伙伴关系。供应链管理主要集中在中小经销企业与大的供应商之间的协调、信息交换和中小经销企业的控制等方面。

3. 供应链运行基本规则设计

供应链上节点企业之间的合作是以信任为基础的。信任关系的建立和维系除了各个节点企业的真诚和行为之外，必须有一个共同平台，即供应链运行的基本规则，其主要内容包括协调机制、信息开放与交互方式、生产物流的计划与控制体系、库存的总体布局、资金结算方式、争议解决机制等。

## 二、供应链设计的原则

在供应链的设计过程中，应遵循一些基本的原则，以保证供应链的设计和重建能满足供应链管理思想得以实施和贯彻的要求。

1. 自顶向下和自底向上相结合的设计原则

自顶向下的设计方法是从全局的宏观规划到局部实现步骤的方法，自底向上的设计方法是从局部的功能实现到全局的功能集成的方法；自上而下是系统分解的过程，而自下而上则是一种集成的过程。在设计供应链系统时，通常是先由高层管理者从企业发展战略规划的角度考虑，根据市场环境的需求和企业发展的现实状况，制定宏观的设计目标，然后由下级实施部门从各个操作环节和流程出发进行供应链流程的设计。在设计过程中，下级设计部门经常就一些问题与高层管理人员进行沟通交流，双方从上、下两个层次对设计目标和设计细节作适当的调整，达成可以继续设计的共识。因此，供应链的设计是自顶向下和自底向上的综合。

2. 简洁性原则

简洁性是供应链设计的一个重要原则，为了能使供应链具有灵活快速响应市场的能力，供应链的每个节点，如作业、资源或节点企业，都应该具有敏捷、简单、活力以及快速实现业务流程组合的特点。所以，在设计或改造供应链时，供应链上的无效作业要尽可能地减少，可以自动化处理的作业尽可能由自动化设备来处理，供应商的选择要少而精，合作伙伴的选择要具有战略性，采购管理要保证能减少采购成本，推动准时生产，推行精益思想。

3. 集优原则

集优原则也称互补性原则。供应链的各个节点的选择应遵循强-强联合的原则，充分实现最大限度地利用外部资源的目的，使每个企业只集中精力致力于各自核心业务的发展，就像企业内部一个独立的作业单元。这些独立的单元化企业具有自我组织、简单优化、面向目标、动态联合、动态运行和充满活力的特点，能够快速联合其他单元企业，有效反应客户需求，从而实现供应链业务的快速运行。

4. 协调性原则

供应链业绩好坏取决于供应链合作伙伴关系是否和谐，取决于供应链动态连接合作伙伴的柔性程度。因此利用协调性原则建立战略伙伴关系的企业模型是实现供应链最佳效能的保证之一。只有充分地发挥系统各成员和子系统的能动性、创造性以及系统与环境的总体协调性,才能保证整体系统发挥最佳的功能,避免各个节点企业产生利益本位主义,动摇组成系统的各个节点企业之间的和谐关系。

5. 动态性(不确定性)原则

不确定性在供应链中随处可见。不确定性容易导致供应链需求信息的扭曲,对供应链运作产生影响。因此,必须减少信息在传递过程中出现的延迟和失真,增加信息透明性,减少业务运行过程中不必要的中间环节,提高信息预测的精度和时效性。

6. 创新性原则

创新是供应链设计需要把握的关键原则。没有创新的设计思维,就不可能有创新的供应链管理模式。要产生一个创新的供应链系统,就要敢于打破各种陈旧的思维框框,用新的角度、新的视野审视原有的管理模式和体系,进行大胆地创新设计。进行创新设计,要注意几点:一是创新必须在企业总体目标和战略的指导下进行,并与战略目标保持一致;二是要从市场需求的角度出发,综合运用企业的能力和优势;三是发挥企业各类人员的创造性,集思广益,并与其他企业共同协作,发挥供应链整体优势;四是建立科学的供应链和项目评价体系及组织管理系统,进行技术经济分析和可行性论证。

7. 战略性原则

从核心企业战略发展的角度设计供应链,有助于建立稳定的供应链体系模型;从供应链战略管理的角度考虑设计供应链,有助于供应链规划发展的长远性和预见性。总之,供应链系统结构的发展是和企业的发展战略规划保持一致的,并在企业战略规划的指导下进行。所以,在设计供应链时,首先必须考虑战略性原则。

### 三、供应链设计的评价指标

评价供应链的设计是否合理的指标有以下几个方面:

1. 柔性

供应链的组织形式就是为了能够更好地适应竞争激烈的市场,提高对用户的服务水平,及时满足用户的要求,如交货期、交货数量、商品质量以及用户对产品的某些特殊要求。为了提高供应链的柔性(灵活性),还需要 Internet、Intranet 和 EDI 等信息技术的支持,以提高链中各企业的响应速度。因此,柔性的高低就成为评价供应链组织结构合理性的一个指标。

2. 稳定

供应链是一种相对稳定的组织结构形式,影响供应链稳定的因素有两个:一个是供应链中的企业,它必须是具有优势的企业,即要有竞争力,因为如果供应链中的企业不能在竞争中长期存在,必然影响到整个供应链的存在;另一个就是供应链的组织结构,如供应链的长度、供应链的环节过多,信息传递中就会存在信息扭曲,造成整个供应链的波动,稳定性就差。

3. 协调

供应链是多个企业的集成网链,每个企业又是独立的利益个体,所以它比企业内部各部门之间的协调更加复杂,更加困难。供应链的协调包括利益协调和管理协调。利益协调必须在供应链组织结构构建时将链中各企业之间的利益分配加以明确。管理协调则是按供应链组织结构要求,借助信息技术的支持,协调物流、信息流的有效流动,以降低整个供应链的运行成本,提高供应链对市场的响应速度。

4. 简洁

供应链是物流链、信息链,也是一条增值链,它的构建不能任意而为。供应链中每一个环节都必须是价值增值的过程。非价值增值过程不仅增加了供应链管理的难度,增加了产品/服务的成本,而且还降低了供应链的柔性,影响供应链中企业的竞争实力。因此,在设计供应链的组织结构时,必须慎重选择链中企业,严格分析每一环节是否存在真正的价值增值活动。

5. 集成

供应链不同于传统的单个企业之间的关系,它是将链中的企业加以集成,使得链中企业的资源能够共享,获得优势互补的整体效益。供应链集成包括信息集成、物资集成、管理集成等。集成度的高低或者说整体优势发挥的大小,关键在于信息集成和管理集成,即需要形成信息中心和管理中心。

## 第三节　基于产品的供应链设计策略

宾夕法尼亚大学沃顿学院的马歇尔·L·费舍尔教授(Marshall L. Fisher)认为供应链的设计要以产品为中心,即供应链的设计首先要明白客户对企业产品的需求是什么,然后要明白不同供应链的特性,再设计出与产品特性相一致的供应链。因而,就产生了基于产品的供应链设计策略(Product-Based Supply Chain Design,简称 PBSCD)。

### 一、产品的类型及特征

在设计供应链时,需要考虑的最重要的因素是企业生产的产品所面临的需求性质。例如,一般的日常生活用品(如洗衣粉、啤酒、饼干等),其需求在一年中各个时期比较稳定,对于销售量的预测相对简单;而一些时尚品(如太阳镜、腰带、服装等),其需求会因季节或其他因素的变化而变化,销售量很难预测。很明显,这两种产品的需求特征不同,日常生活用品的需求是可以预测的,而时尚品的需求是不可预测的。因此,根据产品的需求性质可将产品分为两大类:功能型产品与创新型产品。

功能型产品是指满足基本功能需要的产品,有较为稳定且可预测的市场需求、生命周期较长、不经常更新换代、竞争激烈、利润率低,如一般的日用品等。创新型产品则指增加了特殊功能的产品,或技术与外观上具有创新性的产品,这类产品的需求无法准确预测,生命周期短,利润率高,在市场上易被竞争者模仿,如时尚品等。两者的差别如表3-1所示。

表3-1 功能型产品与创新型产品的比较

|  | 功能型产品 | 创新型产品 |
| --- | --- | --- |
| 产品生命周期 | >2年 | 3个月~1年 |
| 边际贡献率/% | 5~20 | 20~60 |
| 产品多样性 | 低(每一目录10~20个) | 高(每一目录上千个) |
| 平均预测失误率/% | 10 | 40~100 |
| 平均缺货率/% | 1~2 | 10~40 |
| 季末降价率/% | 0 | 10~25 |
| 按订单生产的提前期 | 6个月~1年 | 1天~2周 |

从表3-1可以看出,由于两类产品的不同,需要设计不同类型的供应链系统来满足不同的管理需要。

## 二、基于产品的供应链设计策略

1. 费舍尔供应链匹配模型

对于功能型产品,如果边际贡献率为10%,平均缺货率为1%,则边际利润损失仅为0.1%,这个成本可以忽略,因此,为提高市场反应速度和灵活性而投入巨资是得不偿失的。生产这类产品的企业,主要目标在于尽量减少成本。企业通常只要制定一个合理的产成品的生产计划,并借助相应的管理信息系统协调客户订单、生产及采购,使得链上的库存最小化,提高生产效率,缩短提前期,从而增强竞争力。如宝洁公司的许多产品属于功能型产品,公司采取了供应商管理存货和天天低价的策略,使库存维持在较低水平,降低了成本,公司和顾客都从中受益。

对于创新型产品,如果边际贡献率为40%,平均缺货率为25%,则边际利润损失为10%,这一数字通常超过公司的税前利润,在这一情况下降低缺货率的经济收益很大。因此,此类产品就需要有高度敏捷性的供应链,对多变的市场做出迅速的反应,投资改善供应链的市场反应能力就成为必要之举。例如,欧美、日本等不少发达国家将基本的功能型产品放在低成本的发展中国家生产,而将一些流行性或短生命周期的创新型产品放在本土生产,虽然有可能增加劳动力成本,但通过对市场的快速反应而获得的利润足以抵消这种不利影响。

费舍尔教授的供应链匹配模型将需求的性质和供应链的功能联系在一起。根据产品需求的性质可以把需求分为两类：可以预测的功能型产品的需求和不可预测的创新型产品的需求。而根据供应链功能的侧重点，供应链也可分为两类：追求成本最小化的有效性供应链和追求反应速度最快的反应性供应链。对产品类型与供应链类型进行组合即得到费舍尔供应链匹配模型，如图3-10所示。

利用该矩阵，企业就可以判断其供应链类型与产品类型是否很好地匹配，应该用有效性供应链生产功能型产品，用反应性供应链生产创新型产品。

对于功能型产品来说，有效性供应链是一个很好的搭配。由于需求可以预测，市场协调很容易。

|  | 功能型产品 | 创新型产品 |
| --- | --- | --- |
| 有效性供应链 | 匹配 | 不匹配 |
| 反应性供应链 | 不匹配 | 匹配 |

图3-10　费舍尔供应链匹配模型

企业可以仅集中精力于供应链成本的最小化，采取如精简组织机构、最大限度地利用生产能力、合理规划生产资源、合理安排生产工序和降低库存水平等措施来削减成本。由于供应商、制造商、零售商互相协调，以最小的成本满足市场需求，所以重要的信息流都在供应链内部。

对于创新型产品来说，由于需求的不确定性，对市场做出快速反应是最重要的。为了减少、规避和防范不确定性，企业应该设计尽可能多的通用组件来增强产品模块的可预测性，在适当的环节设置安全库存和超额的生产能力，以及根据速度和灵活性来选择供应商以缩短提前期和提高供应链的柔性等。创新型产品一旦缺货，则损失很大，而且创新性和生命周期短使得产品过时和供应过度的风险很高，在这种情况下，尤为关键的是分析前期的销售和市场信号来做出快速反应。所以重要的信息流不仅来自于供应链内部，而且来自市场，例如消费者以前的购买情况和市场调查机构的情报等。

2. 右上方误区

当一个产品在矩阵中处于右上方或者左下方，意味着在某一方面出了问题。由于出现在左下方不匹配的情况很少见（反应性供应链与功能型产品的不匹配），所以不加以讨论。右上方的情况很常见（企业用有效性供应链提供创新型产品），由于创新型产品具有可观的利润率，尽管竞争日益激烈，越来越多的企业还是不断从生产功能型产品转向生产创新型产品，但其供应链管理的重点仍然放在节约成本上。如一些个人电脑厂商，在提供新产品时，由于采用原有的有效性供应链，过于注重成本，追求库存最小化和较低的采购价格，忽视供货速度和灵活性，担心增加成本而不愿缩短提前期,从而造成交货速度太慢,不能及时响应日益变化的市场需求,缺货损失甚为可观,更糟的是被竞争对手抢先占领了市场,造成无可估量的损失。

那么如何解决这种困境呢？DELL 公司很好地演示了如何从右上方误区走出来,即往下移建立反应性供应链,他们建立了一条反应高速敏捷的定制个人电脑的供应程序。客户可以通过互联网根据自己的喜好定做一台戴尔电脑,在美国的话第二天就可以收到。DELL 公司的做法为走出右上方误区的一种方法,即往下移,使供应链反应敏捷;另一种方法是往左移,重新使产品成为功能型产品,如图 3-11 所示。

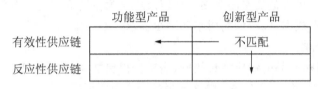

图 3-11 走出右上方误区

在现实中,对于一家拥有不同产品族和供应要求的企业来说,最大的问题是对两种不同类型的产品仅使用一条功能相同的供应链。如果企业能够分开两种不同类型的产品和不同的供应要求,则同时生产功能型产品和创新型产品也可以运作得很好。由于功能型产品生命周期长,并且其市场需求可以较准确地预测,可以在销售之前安全地生产和储存;当要销售创新型产品时,可以迅速地腾出足够的生产能力去生产,然后在创新型产品需求低迷时,又转向生产功能型产品,这样可以最有效地利用工厂的生产能力。

总之,要为企业寻找理想的供应链之前,首先必须确定企业产品的类型和企业供应链的类型,然后找出不匹配,进行更正;最后制订改善的革新措施,从而实现企业产品和供应链的有效组合。

### 三、产品生命周期的供应链策略

对于一种产品来说,特别是功能型产品,从其生产、投放市场直到过时淘汰,一般都要经历引入、成长、成熟、衰退 4 个典型的生命阶段。在产品生命周期的各个阶段,产品有其明显区别于其他阶段的特征,对供应链的要求也有所不同。因而对同一产品在生命周期的不同阶段,要注意控制内容和侧重点,采取相应的供应链策略。

1. **产品生命周期及其风险分析**

对于产品生命周期的理解,可以引入风险性概念。由于新产品刚刚上市,容易使得产品的生产销售与需求失衡,一旦失衡,可导致产品脱销或产品积压,给企业造成损失,此时企业的竞争战略具有高风险性,当然高价值产品比低价值产品的风险还要高;相反,老产品的风险性则较低。

(1) 引入阶段

在产品的引入阶段,产品的需求非常不稳定,边际收益比较高,由于需要及时占领市场,产品的供给能力非常重要,但也可能会面临产品滞销、库存积压的风险。在这一阶段,供应链应根据风险程度采取一种以反应为主的战略,也就是要对不稳定的需求做出快速反应,在一定的前提下考虑成本。

(2) 成长阶段

在成长阶段,产品的销售迅速增长,与此同时,新的竞争者开始进入市场,企业所面临的一个主要问题是需要最大限度地占有市场份额。在这一阶段中,需求基本稳定,风险降低,供应链战略需要逐步从以反应型为主转变成以有效型为主,也就是需要开始降低成本,以较低的成本来满足需求。

(3) 成熟阶段

在成熟阶段,产品的销售增长放慢、需求变得更加确定、市场上竞争对手增多并且竞争日益激烈,价格成为左右顾客选择的一个重要因素。在此阶段,企业需要建立有效性供应链战略,也就是在维持可接受服务水平的同时,使成本最小化。

(4) 衰退阶段

大多数的产品和品牌销售最终会衰退,并可能退出市场。在衰退阶段,销售额下降,产品利润也会降低。在此阶段,企业需要评估形势并对供应链战略进行调整。企业需要对产品进行评估以确定是退出市场,还是继续经营。如果企业决定继续经营,就需要对供应链进行调整以适应市场变化,并需要调整或重构供应链,对供应商、分销商和零售商进行评估和调整,终止与那些不能为供应链增加价值或者增加价值很小的供应商和零售商的合作,将合作伙伴的数量减少到合适的数量,通过调整或重构供应链,在保证一定服务水平的前提下,不断降低供应链总成本。

2. 产品生命周期各阶段供应链策略

表3-2 产品生命周期各阶段的供应链策略

| 产品生命周期 | 特 点 | 供应链策略 |
| --- | --- | --- |
| 引入期 | ● 无法准确预测需求量<br>● 大量的促销活动<br>● 零售商可能在提供销售补贴的情况下才同意储备新产品<br>● 订货频率不稳定且批量小<br>● 缺货使得促销活动大打折扣<br>● 产品未被市场认同而夭折的概率较高 | ● 供应商参与新产品的设计开发<br>● 在产品投放市场前制订完善的供应链支持计划<br>● 原材料、零部件的小批量采购<br>● 高频率小批量的发货<br>● 保证高度的产品可得性和物流灵活性<br>● 避免缺货发生<br>● 避免生产环节和供应链末端的大量储存<br>● 安全追踪系统,及时消除安全隐患或追回问题产品<br>● 供应链各环节信息共享 |

续表

| 产品生命周期 | 特　点 | 供应链策略 |
|---|---|---|
| 成长期 | ● 市场需求稳定增长<br>● 营销渠道简单明确<br>● 竞争性产品开始进入市场 | ● 批量生产,较大批量发货,较多存货,以降低供应链成本<br>● 做出战略性的顾客服务承诺以进一步吸引顾客<br>● 确定主要顾客并提供高水平服务<br>● 通过供应链各方的协作增强竞争力<br>● 服务与成本的合理化 |
| 成熟期 | ● 竞争加剧<br>● 销售增长放缓<br>● 一旦缺货,将被竞争性产品所替代<br>● 市场需求相对稳定,市场预测较为准确 | ● 建立配送中心<br>● 建立网络式销售通路<br>● 利用第三方物流公司降低供应链成本并为顾客增加价值<br>● 通过延迟制造、消费点制造来改善服务<br>● 减少成品库存 |
| 衰退期 | ● 市场需求急剧下降<br>● 价格下降 | ● 对是否提供配送支持及支持力度进行评价<br>● 对供应链进行调整以适应市场的变化,如供应链、分销商、零售商等数量的调整及关系的调整等 |

### 四、基于产品的供应链设计步骤

基于产品的供应链设计步骤可以概括性地归纳为以下10步。

1. 分析核心企业的现状

这个阶段的工作主要侧重于对核心企业的供应、需求管理现状进行分析和总结。如果核心企业已经有了自己的供应链管理体系,则对现有的供应链管理现状进行分析,以便及时发现在供应链的运作过程中存在的问题,或者说哪些方式已出现或可能出现不适应时代发展的端倪,同时挖掘现有供应链的优势。本阶段的目的不在于评价供应链设计策略中哪些更重要和更合适,而是着重于研究供应链设计的方向或者说设计定位,同时将可能影响供应链设计的各种要素分类罗列出来。

2. 分析核心企业所处的市场竞争环境

通过对核心企业现状分析,了解企业内部的情况;通过对市场竞争环境的分析,知道哪些产品的供应链需要开发,现在市场需求的产品是什么,有什么特别的属性,对已有产品和需求产品的服务要求是什么;通过对市场各类主体,如用户、零售商、生产商和竞争对手的专项调查,了解到产品的细分市场情况、竞争对手的实力和市场份额、供应原料的市场行情和供应商的各类状况、零售商的市场拓展能力和服务水准、行业发展的前景,以及诸如宏观政策、市场大环境可能产生的作用和影响等。

这一步的工作成果是有关产品的重要性排列、供应商的优先级排列、生产商的竞争实力排列、用户市场的发展趋势分析以及市场不确定性的分析评价的基础。

3. 明确供应链设计的目标

基于产品的供应链设计的主要目标在于获得高品质的产品、快速有效的用户服务、低成本的库存投资、低单位成本的费用投入等几个目标之间的平衡,最大限度地避免这几个目标之间的冲突。同时,还需要实现以下基本目标:进入新市场;拓展老市场;开发新产品;调整老产品;开发分销渠道;改善售后服务水平;提高用户满意度;建立战略合作伙伴联盟;降低成本;提高工作效率。在这些设计目标中,有些目标很大程度上存在冲突,有些目标是主要目标,有些目标是首要目标,这些目标的实现级次和重要程度随不同企业的具体情况而有所区别。

4. 分析组成供应链的各类资源要素

本阶段要对供应链上的各类资源,如供应商、用户、原材料、产品、市场、合作伙伴与竞争对手的作用、使用情况、发展趋势等进行分析。在这个过程中要把握可能对供应链设计产生影响的主要因素,同时对每一类因素产生的风险进行分析研究,给出风险规避的各种方案,并将这些方案按照所产生作用的大小进行排序。

5. 提出供应链的设计框架

分析供应链的组成,确定供应链上主要的业务流程和管理流程,描绘出供应链物流、信息流、资金流、作业流和价值流的基本流向,提出组成供应链的基本框架。在这个框架中,供应链中各组成成员如制造商、供应商、运输商、分销商、零售商及用户的选择和定位是这个步骤必须解决的问题。另外,组成成员的选择标准和评价指标应该基本上得到完善。

6. 评价供应链设计方案的可行性

供应链设计框架建立之后,需要对供应链设计的技术可行性、功能可行性、运营可行性、管理可行性进行分析和评价。这不仅是供应链设计策略的罗列,而且还是进一步开发供应链结构、实现供应链管理的关键的、首要的一步。在供应链设计的各种可行性分析的基础上,结合核心企业的实际情况以及对产品发展战略的要求,为开发供应链中技术、方法、工具的选择提供支持。同时,这一步还是一个方案决策的过程,如果分析认为方案可行,就可继续进行下面的设计工作;如果分析认为方案不可行,就需要重新进行设计。

7. 调整新的供应链

供应链的设计方案确定以后,下一步可以设计产生与以前有所不同的新供应链。因此,这里需要解决以下关键问题:

(1) 供应链的详细组成,如供应商、设备、作业流程、分销中心的选择与定位、生

产运输计划与控制等;

(2) 原材料的供应情况,如供应商、运输流量、价格、质量、提前期等;

(3) 生产能力的设计,如需求预测、生产运输配送、生产计划、生产作业计划和跟踪控制、库存管理等;

(4) 销售和分销能力设计,如销售/分销网络、运输、价格、销售规则、销售/分销管理、服务等;

(5) 信息化管理系统软、硬平台的设计;

(6) 物流通道和管理系统的设计。

在供应链设计中,需要广泛地应用许多工具和技术,如归纳法、流程图、仿真模拟、管理信息系统等。

8. 检验已产生的供应链

供应链设计完成以后,需要对设计好的供应链进行检测。通过模拟一定的供应链运行环境,借助一些方法、技术对供应链进行测试、检验或试运行。如果模拟测试结果不理想,就返回第5步重新进行设计;如果没有什么问题,就可以实施了。

9. 比较新旧供应链

如果核心企业存在旧的供应链,通过比较新旧供应链的优势和劣势,结合它们运行的现实环境的要求,可能需要暂时保留旧的供应链上某些不科学或不完善的作业流程和管理流程,待整个市场环境逐步完善时再用新供应链上的规范流程来取代。同样的,尽管新的供应链流程采用科学规范的管理,但在有些情况下,它们取代过时的陈旧的流程仍需要一定的过程。所以,比较核心企业的新旧供应链,有利于新供应链的有效运行。

10. 完成供应链的运行

供应链的出现必然带来供应链的管理问题。不同特征的供应链其管理特征、内涵、方法及模式也有所不同。

• 练习题 •

1. 用图说明什么是供应链的链状模型和网状模型。
2. 子网与虚拟企业的区别在哪里?
3. 简述供应链设计的内容和遵循的原则。
4. 论述企业如何基于产品的类型来设计和革新其供应链。
5. 产品生命周期各阶段的供应链策略是什么?
6. 简述基于产品的供应链的设计步骤。

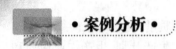

## 惠普台式打印机供应链的构建

### 1. 惠普公司及台式打印机概况

惠普(HP)公司成立于1939年。惠普台式机于1988年开始进入市场,并成为惠普公司的主要成功产品之一。但随着台式机销售量的稳步上升(1990年达到600 000台,销售额达4亿美元),库存的增长也紧随其后。在实施供应链管理之后,这种情况得到改善。

DeskJet打印机是惠普的主要产品之一。该公司有5个位于不同地点的分支机构负责该种打印机的生产、装配和运输。从原材料到最终产品,生产周期为6个月。在以往的生产和管理方式下,各成品厂装配好通用打印机之后直接进行客户化包装,为了保证顾客订单98%的即时满足率,各成品配送中心需要保证大量的安全库存(一般需要7周的库存量)。产品将分别销往美国、欧洲和亚洲。

### 2. 存在的问题

惠普打印机的生产、研究开发节点分布在16个国家,销售服务部门节点分布在110个国家,而其总产品超过22 000类。欧洲和亚洲地区对于台式打印机电源供应(电压110伏和220伏的区别,以及插件的不同)、语言(操作手册)等有不同的要求。以前这些都由温哥华的公司完成,北美、欧洲和亚太地区是它的3个分销中心。这样一种生产组织策略,我们称之为工厂本地化(Factory Localization)。惠普的分销商都希望尽可能降低库存,同时尽可能快地满足客户的需求。这样导致惠普公司感到保证供货及时性的压力很大,从而不得不采用备货生产(Make-To-Stock)的模式以保证对分销商供货准时的高可靠性,因而分销中心成为有大量安全库存的库存点。制造中心是一种拉动式的,计划的生成是为了通过JIT模式满足分销中心的目标安全库存,同时它本身也必须拥有一定的零部件、原材料安全库存。

零部件原材料的交货质量(到货时间推迟、错误到货等问题是否存在)、内部业务流程、需求等的不确定性是影响供应链运作的主要因素。这些因素导致不能及时补充分销中心的库存,需求的不确定性导致库存堆积或者分销中心的重复订货。

需要用大约一个月的时间将产品海运到欧洲和亚太分销中心,这么长的提前期导致分销中心没有足够的时间去对快速变化的市场需求做出反应,而且欧洲和亚太地区就只能以大量的安全库存来保证对用户需求的满足。

占用了大量的流动资金;若某一地区产品缺货,为了应急,可能会将原来为其他地区准备的产品拆开重新包装,造成更大浪费。而提高产品需求预测的准确性也是一个主要难点。

### 3. 任务

减少库存和同时提供高质量的服务成为温哥华惠普公司管理的重点,并着重于供应商管理以降低供应的不确定性,减少机器闲置时间。企业管理者希望在不牺牲顾客服务水平前提下改善这一状况。

### 4. 解决方案

供应商、制造点(温哥华)、分销中心、经销商和消费者组成惠普台式打印机供应链的各个节点,供应链是一个由采购原材料、把它们转化为中间产品和最终产品、最后交到用户手中的过程所组成的网络。重新设计的供应链如图3-12所示。

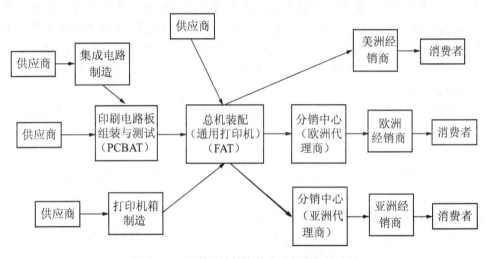

图3-12 重新设计的惠普台式打印机供应链

在这个新的供应链中,主要的生产制造过程由在温哥华的惠普公司完成,包括印刷电路板组装与测试(PCBAT,Printed Circuit Board Assembly and Test)和总机装配(FAT,Final Assembly and Test)。

PCBAT过程中,电子组件(诸如ASICs、ROM和粗印刷电路板)组装成打印头驱动电路板,并进行相关的测试;FAT过程中,电动机、电缆、塑料底盘和外壳、齿轮、印刷电路板总装成打印机,并进行测试。其中的各种零部件原材料由惠普的子公司或分布在世界各地的供应商供应。在温哥华生产通用打印机,通用打印机运输到欧洲和亚洲后,再由当地分销中心或代理商加上与地区需求一致的变压器、电源插头和用当地语言写成的说明书,完成整机包装后由当地经销商送到消费者手中,通过将定制化工作推迟到分销中心进行(延迟策略),实现了根据不同用户需求生产不同型号产品的目的。这样一种生产组织策略,称之为分销中心本地化(DC-Localization)。并且在产品设计上做出了一定变化,电源等客户化需求的部件设计成了即插即用的组件,从而改变了以前由温哥华的总机装配厂生产不同型号的产品,保持大量的库存以满足不同需求的情况。为了达到98%的订货服务目标,原来需要7周的成品库存量现在只需要5周的库存量,一年大约可以节约3 000万美元,电路板组装与总装厂之间也基本实现无库存生产。同时,打印机总装厂对分销中心实施JIT供应,以使分销中心保持目标库存量(预测销售量+安全库存量)。通过供应链管理,惠普公司实现了降低打印机库存量的目标。通过改进供应商管理,减少了因原材料供应而导致的生产不确定性和停工等待时间。

5. 效果

安全库存周期减少为5周,从而减少了库存总投资的18%,仅这一项改进便可以每年节省3 000万美元的存储费用。由于通用打印机的价格低于同类客户化产品,从而又进一步节省了运输、关税等项费用。除了降低成本,客户化延迟使得产品在企业内的生命周期缩短,从而对需求预测不准确性或是外界的需求变化都具有很好的适应性,一旦发现决策错误,可以在不影响顾客利益的情况下以较小的损失较快地加以纠正。

资料来源:马士华,林勇,陈志祥.供应链管理[M].北京:机械工业出版社,2004.1:118-122

讨论题:

应用本章所学知识,分析惠普打印机供应链在构建时所应用到的策略。

· 实训项目 ·

# 矿泉水与品牌服装供应链对比分析

● 实训目的

通过调查矿泉水供应链与品牌服装供应链,使学生了解功能型和创新型产品的特点,以及了解两种产品的企业运作方法有何不同,进一步比较分析两类供应链的管理策略有何不同,从而理解并掌握基于产品的供应链设计的基本理论,提升学生发现问题、分析问题和解决问题的能力。

● 实训任务

(1)选择某一品牌的矿泉水供应链,调查矿泉水制造商到零售店的供应链运作情况,具体包括制造商的生产方式和生产能力等,零售商的市场预测方法、订货策略、提前期、库存管理情况、缺货率、利润率及销售策略等,整个供应链的物流运作情况等。
(2) 选择某一品牌的服装供应链,调查该品牌服装供应链的主要节点企业,如服装设计企业、加工企业、区域代理商及零售店等,了解该品牌服装供应链的运作模式和物流运作情况,以及零售商的市场预测、订货策略、提前期、库存管理情况、缺货率、利润率及销售策略等内容。
(3) 对比分析两种供应链的特点及区别,利用本章所学知识分析两种供应链存在什么问题,如何改进,并总结调查过程及结果。

● 实训过程组织

(1) 将学生分成若干个小组,每个小组有3~5个成员,确定组长,明确分工。
(2) 选择矿泉水品牌和零售店、服装品牌和零售店,确定调查时间、形式和方法,拟好调查提纲,明确职责和分工,做好准备工作。
(3) 按照调查提纲实施调查,做好调查记录。
(4) 整理调查资料,分析调查内容,总结调查结果,撰写调查报告。
(5) 以小组为单位撰写调查总结或报告,并制作PPT在课堂上进行交流和互评。

● 实训说明

(1) 每个小组所调查的矿泉水品牌和服装品牌尽量与其他小组不同。
(2) 该实训项目以本书第一章实训项目为基础。
(3) 项目结果的评价可从调查内容的针对性、调查方法的可行性、调查报告或总结的完整性、PPT的制作情况及团队合作情况等方面进行。

# 第四章　供应链合作伙伴的选择

**·学习目标·**

1. 理解并掌握供应链合作伙伴关系的含义；
2. 了解供应链战略合作伙伴关系形成的演变过程及其与传统供应商关系的区别；
3. 理解建立供应链合作伙伴关系的驱动力和制约因素；
4. 掌握选择供应链合作伙伴的考虑因素、方法和步骤；
5. 理解供应链中的客户关系管理的概念、特征；
6. 理解并掌握客户关系管理的核心理念和主要功能。

**·引导案例·**

## 本田公司(Honda)与其供应商的合作伙伴关系

位于俄亥俄州的本田美国公司,强调与供应商之间的长期战略合作伙伴关系。本田公司总成本的大约80%都是用在向供应商的采购上,这在全球范围是最高的。因为它选择离制造厂近的供应源,所以与供应商能建立更加紧密的合作关系,能更好地保证JIT供货。制造厂库存的平均周转周期不到3小时。1982年,有27个美国供应商为本田美国公司提供价值1 400万美元的零部件,而到了1990年,有175个美国的供应商为它提供超过22亿美元的零部件。大多数供应商与它的总装厂距离不超过150里。在俄亥俄州生产的汽车的零部件本地率达到90%(1997年),只有少数的零部件来自日本。强有力的本地化供应商的支持是本田公司成功的原因之一。在本田公司与供应商之间是一种长期相互信赖的合作关系。如果供应商达到本田公司的业绩标准就可以成为它的终身供应商。本田公司也在以下几个方面提供支持帮助,使供应商成为世界一流的供应商:(1) 2 名员工协助供应商改善员工管理;(2) 40 名工程师在采购部门协助供应商提高生产率和质量;(3) 质量控制部门配备 120 名工程师解决进厂产品和供应商的质量问题;(4) 在塑造技术、焊接、模铸等领域为供应商提供技术支持;(5) 成立特殊小组帮助供应商解决特定的难题;(6) 直接与供应商上层沟通,确保供应商的高质量;(7) 定期检查供应商的运作情况,包括财务和商业计划等;(8) 外派高层领导人到供应商所在地工作,以加深本田公司与供应商相互之间的了解及沟通。本田与 Donnelly 公司的合作关系就是一个很好的例子。本田美国公司从 1986 年开始选择 Donnelly 为它生产全部的内玻璃,当时 Donnelly 的核心能力就是生产车内玻璃,随着合作的加深,相互的关系越来越密切(部分原因是相同的企业文化和价值观),本田公司开始建议 Donnelly 生产外玻璃(这不是 Donnelly 的强项)。在本田公司的帮助下,Donnelly 建立了一个新厂生产本田的外玻璃。他们之间的交易额在第一年为 500 万美元,到 1997 年就达到 6 000 万美元。在俄亥俄州生产的汽车是本田公司在美国销量最好、品牌忠诚度最高的汽车。事实上,它在美国生产的汽车已经部分返销日本。本田公司与供应商之间的合作关系无疑是它成功的关键因素之一。

## 第一节 供应链合作伙伴关系概述

### 一、供应链合作伙伴关系的定义

供应链合作伙伴关系(Supply Chain Partnership,SCP),也就是供应商、制造商、销售商业之间的关系,或者称为卖主—买主关系、供应商关系。供应链合作伙伴关系可以定义为供应商与制造商之间、制造商与销售商之间,在一定时期内的共享信息、共担风险、共同获利的协作关系。

供应链管理的精髓就在于企业间的合作,没有合作就谈不上供应链管理。像通用汽车、雀巢等强大的制造商,沃尔玛、家乐福等占统治地位的零售商,以及大型批发商,都在寻求整个物流与服务流管理的新的合作方式,其战略视野已从单一的组织转向由许多组织建立起伙伴关系。供应链合作伙伴关系形成于供应链中有特定的目标和利益的企业之间,形成的目的通常是为了降低整个供应链总成本、降低库存水平、增强信息共享、改善相互之间的交流、产生更大的竞争优势,以实现供应链节点企业的财务状况、质量、产量、交货期、用户满意度和业绩的改善和提高。

因此,对于供应链合作伙伴关系的理解要把握住以下几点:

首先,供应链合作伙伴之间是长期稳定的合作,强调高度信任和战略合作,而不单是操作层面的合作。因此,相互信任的重要性是不言而喻的。它是构建和维系供应链合作伙伴关系的基础,是伙伴间稳定合作的必要保障。

其次,合作伙伴之间彼此交换的不仅是有形的物质,还包括研发、信息、物流以及技术、生产、管理等方面的相互支持和帮助。供应链合作伙伴之间,不只注重物品的供求及价格问题,更要注重合作后服务水平的提高。因此它意味着合作方要在新产品、新技术的共同研发和数据与信息的共享等方面做出共同努力。

最后,供应链合作伙伴关系建立的目的是双赢(win-win)。企业以追求利润为经营目的,参与到供应链中的根本目的也是提高企业自身利润。因此建立合作伙伴关系要保证合作双方的利益,甚至是合作各方的共同利益,这样才能激发企业合作的积极性。

供应链合作伙伴关系的建立和管理是供应链管理的基础和核心,直接影响着供应链的稳定和整体竞争能力的提高,没有稳定和坚实的合作关系就无法实现供应链的正常运作,也就谈不上供应链的管理。

但供应链合作伙伴关系的潜在效益往往不会在建立之初马上显现出来,而是要在建立后3年左右甚至更长的时间才能转化成实际利润或效益。因此企业只有着眼于供应链管理的整体竞争优势的提高和长期的市场战略,才能从供应链的合作伙伴关系中获得更大效益。

## 二、供应链战略合作伙伴关系的形成

我们可以看到,对供应链管理模式的认识,人们强调得最多的就是企业间的战略伙伴关系,把基于这种新型企业关系的和传统的企业关系的管理模式区别开来,就形成了供应链管理模式,这是近年来企业关系发展的新动向。从历史上看,企业关系大致经历了3个发展阶段,如图4-1所示。

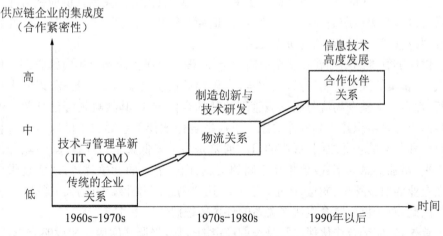

图4-1 供应链合作伙伴关系发展3个阶段

1. 传统的企业关系

20世纪70年代前,企业之间是以传统的产品买卖为特征的短期合同关系,这种企业关系是基于价格的博弈关系,企业之间基本上是处于讨价还价的竞争状态,因此企业之间是竞争关系。在买方市场下,买方可以在卖方之间引起价格的竞争并在卖方之间分配采购数量来对卖方加以控制。而在卖方市场下,卖方利用有限的产品来控制买方。在这一阶段,企业的管理理念是以生产为中心的,供销处于次要的、附属的地位,企业间很少沟通与合作,更谈不上企业间的战略联盟与协作。

2. 物流关系

20世纪70年代到80年代,随着竞争环境和管理技术的不断变化,供应链上企业关系发生了变化,从传统的以生产为中心的企业关系模式向物流关系模式转变。在此阶段,JIT和TQM等管理思想起着催化剂的作用,为了达到生产的均衡化和物流同步化,必须加强部门间、企业间的合作与沟通,但是,基于简单物流关系的企业合作关系,可以认为是一种处于作业层和技术层的合作,以加强基于产品质量和服务的物流关系为特征,物料从供应链上游到下游的转换过程进行集成,注重服务的质量和可靠性,供应商在产品组、柔性、准时等方面的要求较高。

3. 合作伙伴关系

随着竞争的日益激烈,竞争日益表现为供应链与供应链之间的竞争,这就产生了基于战略联盟的伙伴关系的企业模型。到了这一阶段,企业之间在信息共享(透明性)、服务支持(协作性)、并行工程(同步性)、群体决策(集智性)、柔性与敏捷性等方面进行更高层次的合作与集成。具有战略合作伙伴关系的企业体现了企业内外资源集成与优化利用的思想。基于这种企业运作环境的产品制造过程,从产品的研究开发到投放市场,周期大大地缩短了,而且顾客导向化程度更高,模块化、简单化产品、标准化组件的生产模式使企业在多变的市场中柔性和敏捷性显著增强,虚拟制造与动态联盟加强了业务外包这种策略的利用。企业集成即从原来的中低层次的内部业务流程重组(BPR)上升到企业间的协作,这是一种最高级别的企业集成模式。在这种企业关系中,市场竞争的策略最明显的变化就是基于时间的竞争和价值链的价值让渡系统管理,或基于价值的供应链管理,以实现集成化战略合作伙伴关系和以信息共享的网络资源关系为特征。

### 三、供应链合作伙伴关系与传统供应商关系的区别

在新的竞争环境下,供应链合作关系强调直接的、长期的合作,强调共同努力实现共有的计划和解决共同问题,强调相互之间的信任与合作。这与传统的关系模式有着很大的区别。

首先,传统的供应商关系大多局限于制造商与供应商、制造商与分销商、零售商之间;而供应链上的合作伙伴不仅有供应商和制造商,且分销商、零售商、终端客户

甚至第三方物流企业等都属于供应链的组成部分。因此从关系对象上就存在数量上的区别。

其次，企业之间关系也有极大不同，传统供应商关系是建立在买卖基础上的短期或者临时的合同关系，因此双方的主要精力都集中在价格的竞争上；而供应链合作伙伴关系则是建立在长期合作基础上的互相支持、互相扶助以取得双赢局面的关系。

从双方的交换对象上看，传统供应商关系下，双方只是进行有形商品的交换；而供应链合作关系下，双方不仅限于物质的交换，更重要的是信息、服务、研发、技术以及物流等方面的交换。

传统关系下，企业对于供应商的选择标准主要是集中在价格上，在此基础上企业才考虑供货质量和时间的问题；而供应链合作关系下企业选择供应商除了要考虑价格和供货质量外，还要考虑多种因素，包括供应商的供货能力、经营业绩、发展潜力等，以保证与供应商的长期稳定合作。

从供应商数量来看，传统关系下企业供应商数量较多，更换频繁，稳定性差；供应链合作关系下，企业会选择少数甚至是惟一的供应商以建立长期合作，具有较强的稳定性，当然也要认识到单一供应源对于企业是存在着较大风险的。

传统关系下，企业与供应商之间信息不对称，双方都会为了各自的利益隐瞒部分信息；供应链合作关系下，企业之间信息共享程度较高。传统关系下质量控制发生在事后，企业只能通过到货验收掌握；供应链合作关系下企业可以全程参与和监控供应商研发和生产，从而保证质量。

除了以上方面外，供应链合作伙伴关系与传统供应商关系还有在其他方面的区别，详见表4-1。

表4-1 供应链合作伙伴关系与传统供应商关系的区别

| 比较要素 | 传统供应商关系 | 供应链合作关系 |
| --- | --- | --- |
| 相互交换的主体 | 物料 | 物料、服务 |
| 供应商选择标准 | 强调价格 | 多标准并行考虑（交货的质量和可靠性等） |
| 稳定性 | 变化频繁 | 长期、稳定、紧密合作 |
| 合同性质 | 单一 | 开放合同（长期） |
| 供应批量 | 小 | 大 |
| 供应商数量 | 大量 | 少（少而精，可以长期紧密的合作） |
| 供应商规模 | 小 | 大 |
| 供应商的定位 | 当地 | 国内和国外 |

续 表

| 比较要素 | 传统供应商关系 | 供应链合作关系 |
| --- | --- | --- |
| 信息交流 | 信息专有 | 信息共享(电子化连接、共享各种信息) |
| 技术支持 | 不提供 | 提供 |
| 质量控制 | 输入检查控制 | 质量保证(供应商对产品质量负全部责任) |
| 选择范围 | 投标评估 | 广泛评估可增值的供应商 |

### 四、建立供应链合作伙伴关系的驱动力

供应链合作伙伴关系建立的驱动力是指驱动企业寻找合作伙伴构建供应链的内在和外在因素,归根结底,主要在于企业对不断变化的市场需求的响应和竞争的应对。

满足市场需求是企业获得利润的源泉。市场需求在不断发生变化,因此响应日益复杂化的市场需求是企业建立合作伙伴关系的直接动力之一。而企业要想生存并不断壮大就必须具备应对竞争的能力。在愈演愈烈的竞争中要获得一席之地,企业必须具有自己的核心竞争力。为了提升自身的核心竞争力,企业趋向于外包非核心业务,这必然推动企业寻求合作伙伴。

1. 市场需求的变化

市场需求是企业经营活动的驱动源。企业一切经营活动的目的都是为了满足市场需求。而当市场需求变得越来越多样化、复杂化、个性化时,企业就需要在最短的时间内响应市场需求,这样才能提高自身的竞争力并赢得顾客。而要想更快更好的满足市场需求,企业也必须选择恰当的合作伙伴,并通过与合作伙伴的战略合作、信息共享为满足市场需求而共同努力。市场需求的变化表现为顾客期望的不断提高。具体表现在以下方面:

(1) 个性化的产品设计。买方市场的到来,使顾客需求水平不断提高。顾客不再满足产品功能的简单实现,而是越来越注重差别化、个性化的产品。个性化的产品设计由顾客直接确定最终产品的特征,根据顾客的要求修正产品设计。根据顾客的需求量身定做已经成为企业争得市场份额的有效途径之一,但同时它也对企业的柔性化生产提出了更高的要求。

(2) 广阔的产品选择范围。顾客购买商品时希望有更大的选择余地、有更多的比较,以便从中选择到最能满足自己需求的产品。为赢得市场,企业必须努力增加产品研发力度,不断推出新的产品,以满足顾客的需求。但随着科学技术的进步,产品差异化的优势越来越难以持续,这为企业的生产带来了越来越大的压力。

(3) 优异的质量和可靠性。产品的质量和可靠性是产品的最基本要求。如今顾客对于产品的质量和可靠性的关注程度已经越来越高。而质量和可靠性的提高

也是一个系统工程,要从原料的选择、产品的设计、生产工艺以及质量检查等多个环节入手来实现,因此需要供应链上各个环节企业的努力。

(4) 快速满足顾客要求。在产品差异化越来越难以持续的今天,快速满足顾客要求也是赢得市场的最佳方式之一。快捷的反应可以使顾客对产品或服务印象深刻、提高满意度,从而实现差别化。快速响应不但可以更好地满足市场需求,而且可以降低企业投资风险、提高竞争优势,因此为企业带来的好处是显而易见的。但这也要求企业的产品研发设计、生产技术、物流管理等多方面都具备较高的水平。

(5) 高水平的顾客服务。顾客服务是为了满足供应链最终顾客的需求,满足渠道中各成员所有的订单条款、所有的运输、所有的货物、所有的托运、所有的产品维修控制等各项活动的需求,同时获得来自下游企业的必要的信息。顾客在购买商品时,通常不仅注重产品自身,更注重与产品相关的服务,如售前服务、售中服务和售后服务等。因此高水平的顾客服务是提高顾客忠诚度的重要手段。这同样也对企业提出了更高的要求。

市场需求的不断变化为企业经营活动带来了越来越大的压力和挑战,因此也推动了企业寻求合作伙伴来共同化解这些压力和挑战,更好地满足顾客。

2. 应对竞争

企业要应对竞争并在竞争中取胜,必不可少的一件法宝就是核心竞争力。而要强化核心竞争力,企业必须将有限的资源和精力投入到核心业务上,对于非核心业务,企业就需要选择外包。因此应对竞争这一驱动力就进一步分解为核心竞争力的提升和业务外包。

(1) 核心竞争力的培育和提升。在竞争日益激烈的今天,企业核心竞争力的培育和提升是取得竞争胜利的保证,是企业借以在市场竞争中取得并扩大优势的决定性力量。与其他企业建立合作伙伴关系是保持核心竞争力的有效手段,企业的非核心业务由合作伙伴来完成,那么企业就能将有限的资源集中在自身核心竞争力的培养上。因此供应链伙伴关系既是保持和增强自身核心竞争力的需要,也是企业在其他领域利用其他企业核心竞争力从而提高竞争实力的途径。

提升核心竞争力是目标,而实现此目标的手段就是将企业的非核心业务外包,因此外包与核心竞争力的提升是分不开的,它也是建立合作伙伴关系的间接驱动力。

(2) 业务外包。企业要强化自身的核心竞争力,就必然要将自己有限的资源投入到核心优势上,而将不擅长的业务外包出去。因为业务外包可以帮助企业集中优势资源,从而以更低的成本、更快的速度满足顾客。外包是一种长期的、战略的、相互渗透的、互利互惠的业务委托和合约执行方式,可以借助合作方的专业化和规模效应降低企业成本、提高产品和服务质量、增加企业柔性以及有效提升核心竞争力。

在实施业务外包活动中,确定核心竞争力是至关重要的。因为在没有认清什么是自身的核心竞争优势之前,从外包中获得利润几乎是不可能的。核心竞争力首先取决于知识,而不是产品。

### 五、建立供应链合作伙伴关系的制约因素

1. 高层态度

最高管理层的态度在很大程度上决定了供应链合作关系的建立。首先合作双方最高层领导要认同合作伙伴关系建立的必要性,重视合作程度对于维持供应链稳定性的作用,并有意愿在深层次上进行长期合作,建立共同发展、实现"双赢"的战略伙伴关系。其次只有最高层领导赞同合作伙伴,企业之间才能保持良好的沟通,建立相互信任的关系,从而建立稳定、长期、良好的合作关系。

2. 企业战略和文化

战略是企业的神经,文化是企业的灵魂,两者是供应链合作伙伴关系建立过程中不可忽视的因素。企业结构和文化的冲突和矛盾会最终导致合作关系的破裂。因此需要了解相互的企业结构和文化,解决社会、文化和态度之间的障碍,并适当的改变企业的结构和文化,同时在合作伙伴之间建立统一一致的运作模式或体制,解决业务流程和结构上存在的障碍。

3. 合作伙伴能力和兼容性

在合作伙伴的评价和选择阶段,总成本和利润的分配、文化兼容性、财务稳定性、合作伙伴的能力和定位、自然地理位置分布、管理的兼容性等将影响合作关系的建立。只有在以上方面满足企业要求,才能够保证合作关系的建立。因此必须增加与主要合作伙伴以及用户的联系,增进相互之间的了解,相互之间保持一定的一致性。

4. 信任

在供应链战略合作关系建立的实质阶段,相互之间的信任是最关键的,它是维护供应链合作伙伴关系的基础。信任是供应链合作伙伴在理性分析基础上对合作方的肯定、认同和信赖,也是供应链合作伙伴关系成功的基础和关键。合作伙伴之间的相互信任能够使双方实现真正意义上的信息共享,利用他们互补的优势和技能减少交易成本,迅速适应市场的变化。

### 六、建立供应链合作伙伴关系的意义

供应链合作伙伴关系的建立是供应链构建以及供应链管理的重要基础,具有重大意义。

1. 减少不确定因素,降低库存

企业的生存环境中到处充斥着不确定因素,这些因素使企业的经营和管理难度加大。建立供应链合作伙伴关系,可以实现需求与供给信息的共享,能使许多不确

定因素明确,从而减少或消除供需关系上的不确定因素,进一步加强供应链的协调性。不确定性的减少可以缓解供应链上需求变异放大现象("牛鞭效应"),从而降低各环节的库存水平,进而降低供应链的总成本。

2. 快速响应市场

一方面,需求与供应信息的有效共享,可以使供应链上的企业迅速开展新产品的设计和制造,甚至一些环节企业可以实现并行作业,从而使新产品响应市场的时间明显缩短;另一方面,供应链上各企业都集中资源于自身的核心业务,因此实现了优势互补,从而提高供应链整体的响应能力和响应速度。

3. 加强企业的核心竞争力

企业的资源和精力是有限的,因此随着社会分工的不断细化,企业必须将自己有限的资源和精力集中在核心业务上。以战略合作关系为基础的供应链,能使企业将资源集中在核心业务上,而将非核心业务外包给以此为核心业务的合作伙伴,从而使供应链上的各企业都集中力量于自身的核心竞争优势,充分发挥"强强联合"的整体优势,提高供应链整体的竞争实力。

4. 用户满意度增加

在产品设计过程中,通过销售环节企业的信息,制造商可以更准确地把握市场需求,从而研发设计出更符合市场需求的产品。在制造过程中,供应商及时、准确、高质量的供应可以缩短生产周期,提高产品质量,从而以优质的产品更快地响应市场。通过供应链上企业的同心协力,顾客对产品的反馈信息可以及时在企业间共享并得到解决,因此使售后服务得到保证。产品和服务质量的提高,必然增加用户满意度。

## 第二节 供应链合作伙伴的评价与选择

合作伙伴的评价选择是供应链合作关系运行的基础。合作伙伴的业绩在今天对制造企业的影响越来越大,在交货、产品质量、提前期、库存水平、产品设计等方面都影响着制造商的成功与否。传统的供应关系已不再适应激烈的全球竞争和产品需求日新月异的环境,为了实现低成本、高质量、柔性生产、快速反应的目标,企业的业务重构就必须包括对供应商的评价选择。

### 一、供应链合作伙伴的类型

在供应链管理环境下,供应链合作关系的运作需要减少供应源的数量(短期成本最小化的需要,但是供应链合作关系并不意味着单一的供应源),相互的连接变得更专有(紧密合作的需要),并且制造商会在全球市场范围内寻找最杰出的合作伙伴。这样可以把合作伙伴分为两个层次:重要合作伙伴和次要合作伙伴。重要合作伙伴是少而精的,与制造商关系密切的合作伙伴,而次要合作伙伴是相对多的,与制造商关系不很密切的合作伙伴。供应链合作关系的变化主要影响重要合作伙伴,对次要合作伙伴的影响较小。

另外,根据合作伙伴在供应链中的增值作用及其竞争实力,可将合作伙伴分成不同的类别,分类矩阵如图 4-2 所示。图中纵轴代表的是合作伙伴在供应链中增值的作用,对于一个合作伙伴来说,如果他不能对增值做出贡献,他对供应链的其他企业就没有吸引力。横轴代表某个合作伙伴与其他合作伙伴之间的区别,主要是设计能力、特殊工艺能力、柔性、项目管理能力等方面的竞争力的区别。

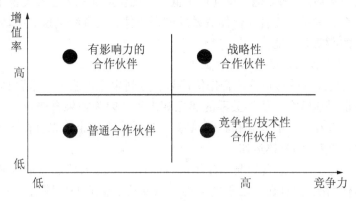

图 4-2 合作伙伴分类矩阵

在实际运作中,应根据不同的目标选择不同类型的合作伙伴。对于长期需求而言,要求合作伙伴能保持较高的竞争力和增值率,因此最好选择战略性合作伙伴;对于短期或某一短暂市场需求而言,只需选择普通合作伙伴满足需求则可,以保证成本最小化;对于中期需求而言,可根据竞争力和增值率对供应链的重要程度的不同,选择不同类型的合作伙伴(有影响力的或竞争性/技术性的合作伙伴)。

## 二、选择合作伙伴考虑的主要因素

随着市场需求不确定性的增强,合作各方要尽可能削弱需求不确定性的影响和风险。因此供应链合作伙伴的选择已不仅局限于企业之间的交易价格本身的考虑,还有很多方面值得双方关注,比如,制造商总是希望他的供应商完善服务,搞好技术创新,实现产品的优化设计等。

1. 供应链合作伙伴选择的基本因素

在选择合作伙伴时首先必须考虑 3 个最基本的因素。

(1) 成本。企业选择合作伙伴的一个关键的目的是要降低成本,因此企业要对各备选合作伙伴的成本进行核算,以保证降低成本、增加利润,即实现供应链总成本最小化,实现多赢的战略目标。这要求伙伴之间具有良好的信任关系,从而降低成本。

(2) 核心竞争力。企业寻找合作伙伴的根本原因是要集中资源培养和提升自身的核心竞争力，同时将自己的非核心业务外包给擅长做这些业务的企业，从而实现优势互补，提升整条供应链的竞争力。因此这就要求合作伙伴必须拥有各自的核心竞争力，同时这种核心竞争力又是企业实施供应链管理所需要的。这是建立合作伙伴关系的必要条件。

(3) 价值观。价值观和战略思想是企业一切经营活动的灵魂和导向，合作伙伴与企业拥有一致的价值观和战略思想才可能建立合作伙伴关系。比如当企业注重的是顾客的服务质量，那么他与单纯追求低成本的供应商就无法实现合作。

以上 3 个因素是建立合作伙伴关系的前提条件。只有满足这 3 条，才有建立合作伙伴关系的必要和可能。

2. 供应链合作伙伴选择的其他因素

(1) 工艺与技术的连贯性。合作伙伴与企业间生产工艺和技术要具有连贯性，这样才能保证供应链合作伙伴关系的建立和维系。因为如果合作伙伴与企业在工艺与技术方面存在较大的差异和断层，必然会制约合作后企业先进技术的引进和运用，最终影响供应链的整体运作。

(2) 企业的业绩和经营状况。合作伙伴的业绩和经营状况可以反映其综合能力和整体运作情况，而且在一定程度上还可以反映出企业的发展潜力和前景，因此是企业的重要参考因素。通过对合作伙伴的业绩和经营状况的了解，企业可以了解合作伙伴的整体运作情况。

(3) 信息交流与共享。供应链管理的有效实施是以信息及时、准确的传递甚至是共享为基础的。因此为了保证供应链上信息的有效传递，在选择合作伙伴时，还要确认其是否有信息交流和共享的意愿以及是否具备相应的信息技术和设备等以满足供应链上信息的有效交流和共享。

(4) 响应速度。企业面对的市场环境在不断发生变化，而供应链管理的一个主要目标就是把握快速变化的市场机会，因此要求各个伙伴企业具有较高的敏捷性，要求对来自供应链核心企业或其他伙伴企业的服务请求具有一定的快速反应能力，从而提高整个链条的反应能力和响应速度。

(5) 风险性。由于供应链自身的结构特征决定了供应链的运营要比单个企业的经营具有更高的风险性。例如市场风险依旧存在，只不过在个体伙伴之间得到了重新分配，因为伙伴企业面临不同的组织结构、技术标准、企业文化和管理观念，所以必须认真考虑如何通过伙伴的选择，尽量回避或减少供应链整体运行风险。

(6) 合作伙伴数量与质量。合作伙伴越多，企业管理难度越大，相应的管理成本也越高，而且不利于合作的稳定性和长期性。因此合作伙伴的选择要注重质量而非数量。尽量选择少数优秀的合作伙伴并建立稳定长期合作，这样可以保证供应链的整体水平。但也要注意避免某一环节上只有一个合作伙伴,因为如果某一环节只有单一供应商,一旦合作伙伴出现问题,那么整条供应链都可能会中断甚至破裂。

3. 我国企业选择合作伙伴考虑的主要因素

华中科技大学管理学院"CIMS-供应链管理"课题组于1997年进行了一次调查,其统计数据显示,我国企业在20世纪90年代选择合作伙伴时,主要的标准是产品质量,这与国际上重视质量的趋势是一致的;其次是价格,92.4%的企业考虑了这个标准;另有69.7%的企业考虑了交货提前期;批量柔性和品种多样性也是企业考虑的因素之一。主要统计数据如图4-3所示。

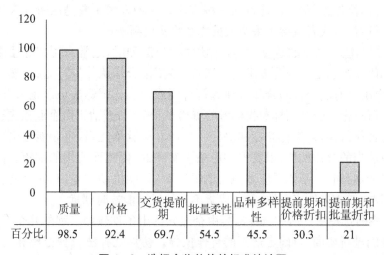

图4-3 选择合作伙伴的标准统计图

从调查数据以及通过与一些企业管理人员的交谈中发现,我国企业评价选择合作伙伴时存在较多问题:一是选择方法不科学,企业在选择合作伙伴时主观的成分过多,有时往往根据企业的印象来确定合作伙伴的选择,选择时还存在一些个人的成分;二是选择的标准不全面,目前企业的选择标准多集中在企业的产品质量、价格、柔性、交货准时性、提前期和批量等方面,没有形成一个全面的综合评价指标体系,不能对企业做出全面、具体、客观的评价。三是选择机制不配套,各个部门各行其是,有时使选择流程流于形式,最终根据个人好恶确定合作伙伴;四是对供应链合作伙伴关系的重要性认识不足,对待合作者的态度恶劣。这些问题影响着企业建立合作伙伴关系的基础,从整个供应链来看是不利的。

### 三、供应链合作伙伴选择的方法

供应链合作伙伴选择方法可以分为定性方法、定量方法、定性与定量相结合三大类。

1. 定性方法

定性方法的基本原理是根据以往的经验和与合作伙伴的关系进行主观判断。这类方法简单易行、费用低,但易产生逆向选择(逆向选择指在合同签订之前,由于信息不对称,占据信息优势的一方很可能利用这种信息优势做出对自己有利,而对另一方不利的事情,客观上导致市场配置的低效率),仅适用于备选者不多时对次要合作伙伴的选择。具体方法主要包括以下几种:

(1) 直观判断法。直观判断法是选择供应链合作伙伴最简单的方法。一般适用于企业非关键性合作伙伴的选择。它是根据征询和调查所得的资料并结合分析判断,对合作伙伴进行分析、评价的一种方法。这种方法主要是倾听和采纳有经验的采购人员意见,或者直接由采购人员凭经验做出判断。

(2) 招标法。当订购数量大,合作伙伴竞争激烈时,通常采用招标法来选择适当的合作伙伴。它是由企业提出招标条件,各招标合作伙伴进行竞标,然后由企业决标,与提出最有利条件的合作伙伴签订合同或协议。招标法可以是公开招标,也可以是邀请招标。公开招标对投标者的资格不予限制;邀请则由企业预先选择若干个可能的合作伙伴,再进行竞标和决标。招标方法竞争性强,企业能在更广泛的范围内选择适当的合作伙伴,以获得供应条件有利的、便宜而适用的物资。但招标法手续较繁杂,时间长,不能适应紧急订购的需要;订购机动性差,有时订购者对投标者了解不够,双方未能充分协商,造成货不对路或不能按时到货。

(3) 协商选择法。协商选择法是由企业先选出条件较为有利的几个合作伙伴,同他们分别进行协商,再确定适当的合作伙伴。协调选择法选择范围相对较小,因此可能选择的合作伙伴不是最优秀的。与招标法相比,协商选择法由于供需双方能充分协商,在物资质量、交货日期和售后服务等方面较有保障。但由于选择范围有限,不一定能得到价格最合理、供应条件最有利的供应来源。当采购时间紧迫、投标单位少、竞争程度小、订购物资规格和技术条件复杂时,协商选择法比招标法更为合适。

2. 定量方法

由于单一的定性方法缺少科学依据因此局限性较大,而定量方法的应用则可以提高合作伙伴选择的合理性和有效性。定量方法主要包括以下几种:

(1) 采购成本比较法。对质量和交货期都能满足要求的合作伙伴,则需要通过计算采购成本来进行比较分析。采购成本一般包括售价、采购费用、运输费用等各项支出的总和。采购成本比较法是通过计算分析针对各个不同合作伙伴的采购成本,选择采购成本较低的合作伙伴的一种方法。

(2) ABC 成本法。20 世纪 90 年代产生了基于活动的成本(Activity Based Costing Approach)分析法,通过计算合作伙伴的总成本来选择合作伙伴,其总成本模型为:

$$S_i^B = (P_i - P_{\min}) \times q + \sum C_j^B \times D_{ij}^B$$

式中：$S_i^B$——第 $i$ 个合作伙伴的成本值；

$P_i$——第 $i$ 个合作伙伴的单位销售价格；

$P_{\min}$——合作伙伴中单位销售价格的最小值；

$q$——采购量；

$C_j^B$——因企业采购相关活动导致的成本因子 $j$ 的单位成本；

$D_{ij}^B$——因合作伙伴 $i$ 导致的在采购企业内部的成本因子 $j$ 的单位成本。

这个成本模型用于分析企业因采购活动而产生的直接和间接的成本的大小，企业将选择总成本值最小的合作伙伴。

3. 定性与定量相结合的方法

面对客观存在的难以定量化的因素，纯粹的定量方法在实际的操作中还存在一定的局限性，因此定性与定量结合的方法更为科学、实用。

(1) 层次分析法。层次分析法是在 20 世纪 70 年代提出的，它的基本原理是根据具有递阶结构的目标、子目标(准则)、约束条件、部门等来评价方案，采用两两比较的方法确定判断矩阵，然后把判断矩阵的最大特征相对应的特征向量的分量作为相应的系数，最后综合给出各方案的权重(优先程度)。由于该方法让评价者对照相对重要性函数表，给出因素两两比较的重要性等级，因而可靠性高、误差小。不足之处是遇到因素众多、规模较大的问题时，该方法容易出现问题，如判断矩阵难以满足一致性要求，往往难于进一步对其分组。它作为一种定性和定量相结合的工具，目前已在许多领域得到了广泛的应用。

(2) 神经网络算法。人工神经网络(Artificial Neural Network, 简称 ANN)是 20 世纪 80 年代后期迅速发展的一门新兴学科。ANN 可以模拟人脑的某些智能行为，如知觉、灵感和形象思维等，具有自学习、自适应和非线形动态处理等特征。这里将 ANN 应用于供应链管理环境下合作伙伴的综合评价选择，意在建立更加接近于人类思维模式的定性与定量相结合的综合评价选择模型。通过对给定样本模式的学习，获取评价专家的知识、经验、主观判断及对目标重要性的倾向，当对合作伙伴做出综合评价时，该方法可再现评价专家的经验、知识和直觉思维，从而实现了定性分析与定量分析的有效结合，也可以较好地保证合作伙伴综合评价结果的客观性。

## 四、合作伙伴综合评价与选择的步骤

合作伙伴综合评价选择可以归纳为以下几个步骤(如图 4-4 所示)，企业必须确定各个步骤的开始时间，每一个步骤对企业来说都是动态的(企业可自行决定先后和开始时间)，并且每一个步骤对于企业来说都是一次改善业务的过程。

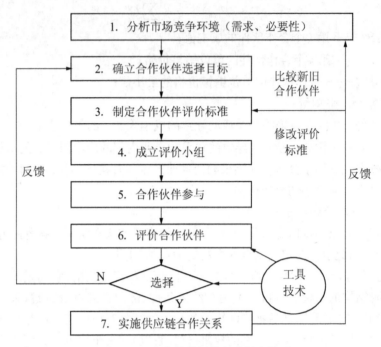

图 4-4 合作伙伴评价与选择步骤图

**1. 分析市场竞争环境(需求、必要性)**

市场需求是企业一切活动的驱动源。建立基于信任、合作、开放性交流的供应链长期合作关系,必须首先分析市场竞争环境。目的在于找到针对哪些产品市场开发供应链合作关系才有效,必须知道现在的产品需求是什么,产品的类型和特征是什么,以确认用户的需求,确认是否有建立供应链合作关系的必要,如果已建立供应链合作关系,则根据需求的变化确认供应链合作关系变化的必要性,从而确认合作伙伴评价选择的必要性。同时分析现有合作伙伴的现状,分析、总结企业存在的问题。

**2. 确立合作伙伴选择目标**

企业必须确定合作伙伴评价程序如何实施、信息流程如何运作、谁负责,而且必须建立实质性的目标。其中降低成本是主要目标之一,合作伙伴评价、选择不仅只是一个简单的评价、选择过程,它本身也是企业自身和企业与企业之间的一次业务流程重构过程,实施得好,它本身就可带来一系列的利益。

**3. 制定合作伙伴评价标准**

合作伙伴综合评价的指标体系是企业对合作伙伴进行综合评价的依据和标准,是反映企业本身和环境所构成的复杂系统不同属性的指标,按隶属关系、层次结构有序组成的集合。根据相应的原则,建立集成化供应链管理环境下合作伙伴的综合评价指标体系,不同行业、企业、产品需求、不同环境下的合作伙伴评价应是不一样的。但不外乎都涉及合作伙伴的业绩、设备管理、人力资源开发、质量控制、成本控制、技术开发、用户满意度、交货协议等可能影响供应链合作关系的方面。

在评价和选择合作伙伴时,应建立有效、全面的综合评价指标体系。综合评价指标体系的设置应遵循以下原则:

(1) 系统全面性原则。评价指标体系必须全面反映供应商企业目前的综合水平,并包括企业发展前景的各方面指标。

(2) 简明科学性原则。评价指标体系的大小也必须适宜,亦即指标体系的设置应有一定的科学性。如果指标体系过大,指标层次过多,指标过细,势必将评价者的注意力吸引到细小的问题上;而指标体系过小,指标层次过少,指标过粗,又不能充分反映供应商的水平。

(3) 稳定可比性原则。评价指标体系的设置应具有一定的稳定性,即不会因评价对象、评价时间等变化而发生较大变动,同时还应考虑到易与国内其他指标体系相比较,且所设计的评价指标体系必须能够在同一企业的不同组织之间进行比较。

(4) 灵活可操作性原则。评价指标体系应具有足够的灵活性,以便企业能根据自己的特点以及实际情况,对指标灵活运用。同时还要具有可操作性,即指标可量化,数据的收集和评价指标的计算方法要有明确规定,便于评价的实施。

根据企业调查研究,影响合作伙伴选择的主要因素可以归纳为4类:企业业绩、业务结构与生产能力、质量系统和企业环境。为了有效地评价、选择合作伙伴,可以框架性地构建三个层次的综合评价指标体系(如图4-5所示,其中第三层略),第一层次是目标层,包含以上四个主要因素,影响合作伙伴选择的具体因素建立在指标体系的第二层,与其相关的细分因素建立在第三层。

4. 成立评价小组

企业必须建立一个小组以控制和实施合作伙伴评价。组员以来自采购、质量、生产、工程等与供应链合作关系密切的部门为主,组员必须有团队合作精神,具有一定的专业技能。评价小组必须同时得到制造商企业和合作伙伴企业最高领导层的支持。

5. 合作伙伴参与

一旦企业决定进行合作伙伴评价,评价小组必须与初步选定的合作伙伴取得联系,以确认他们是否愿意与企业建立供应链合作关系,是否有获得更高业绩水平的愿望。企业应尽可能早地让合作伙伴参与到评价的设计过程中来。然而因为企业的力量和资源是有限的,企业只能与少数的、关键的合作伙伴保持紧密合作,所以参与的合作伙伴不能太多。

6. 评价合作伙伴

评价合作伙伴的一个主要工作是调查、收集有关合作伙伴的生产运作等全方位的信息。在收集合作伙伴信息的基础上,就可以利用一定的工具和技术方法进行合作伙伴的评价了(如前面提出的人工神经网络技术评价)。在评价过程后,有一个决策点,根据一定的技术方法选择合作伙伴,如果选择成功,则可开始实施供应链合作关系,如果没有合适合作伙伴可选,则返回步骤2重新开始评价选择。

7. 实施供应链合作关系

在实施供应链合作关系的过程中,市场需求将不断变化,可以根据实际情况的需要及时修改合作伙伴评价标准,或重新开始合作伙伴评价选择。在重新选择合作伙伴的时候,应给予老合作伙伴以足够的时间适应变化。

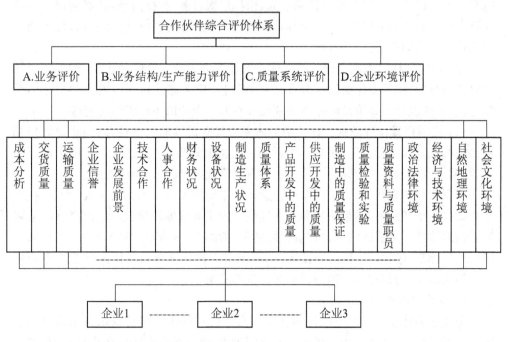

图 4-5 合作伙伴综合评价体系

## 五、选择供应链合作伙伴注意的问题

在选择供应链合作伙伴的过程中,要注意以下问题:

1. 选择合作伙伴不只是选择战略性合作伙伴

从上面的介绍中可知,根据在供应链中的增值作用及其竞争实力,合作伙伴分成普通合作伙伴、有影响力的合作伙伴、竞争性合作伙伴和战略性合作伙伴4种类型。而供应链战略性合作伙伴关系的建立,可以降低供应链总成本、降低供应链上的库存水平、增强信息共享水平、改善相互之间的交流、保持战略伙伴相互之间操作的一贯性,最终产生更大的竞争优势,进而实现供应链节点企业的财务状况、质量、产量、交货、用户满意度以及业绩的改善和提高。因此,许多企业认为只有战略性合作伙伴才是真正的合作伙伴,选择合作伙伴就是选择战略性合作伙伴。然而,不同的供应链目标需要选择不同类型的供应链合作伙伴,而非一概建立或选择战略性合作伙伴,这是一个需要注意的问题。

2. 并非所有的客户都应该成为合作伙伴

供应链合作伙伴关系对供需双方来说具有重要意义,会形成一个双赢的局面,因而,许多企业认为应该与所有的客户都建立合作伙伴关系。事实上,有许多看似不错的合作伙伴关系,最后获得的成效甚至无法弥补建立合作伙伴关系所花费的成本与精力。换言之,当企业关系只涉及非常单纯的产品服务的传递,或者当基本的运送目标非常标准且固定时,合作伙伴关系的缔结就没有任何意义可言。毕竟,建立合作伙伴关系是一种高风险的策略,一旦失败将会导致大量的资源、机会与成本的浪费,比传统的供应商关系更加糟糕。因此,企业必须有选择性地运用合作伙伴关系策略。

3. 合作伙伴不应只包括供应商

在涉及供应链合作伙伴选择的问题时,许多企业只是把供应链的上游企业——供应商列入合作伙伴的范围,而往往忽略了供应链的下游企业——分销商或者第三方物流企业。事实上,分销商更贴近用户,更知道用户的喜好,从而能在新产品的需求定义方面提出更为恰当的建议,使得产品的设计能做到以用户需求来拉动,而不是传统地将产品推向用户。而第三方物流企业是企业原材料和产品流通的重要保障,会直接影响到企业的生产和销售。因此,在选择供应链合作伙伴时,切不可忽视对分销商或第三方物流企业的选择问题。不但如此,还要与分销商建立合适的合作伙伴关系,保证企业的产品有畅通的出口,进而确保供应链的成功。

4. 合作伙伴选择不是一种阶段性行为

供应链合作伙伴关系一般都有很好的延续性和扩展性。这就需要企业在进行供应链合作伙伴选择之前就应该对整个供应链有一个宏观和长期的规划,也就是说要考虑得尽量全面、具体,并要充分照顾到供应链未来的发展以方便合作伙伴关系的升级,这也是企业供应链的可持续发展问题。因为供应链合作伙伴的选择是一项复杂的系统工程,对于可以进一步合作的伙伴简单地弃之不用,不仅会浪费企业的投资,还会造成时间、人工等资源的巨大浪费。因此,基于时间要求、资源利用和发展要求等因素,企业在进行供应链合作伙伴选择时应当首先做好总体规划,然后在此前提下再分步实施,把那些迫切需要加强合作的合作伙伴关系提前建立起来,把可以迟一步考虑的合作伙伴放在以后再建立合作关系。

5. 合作伙伴的数量并非越少越好

有些企业在选择供应商时,趋于采用更少甚至单一供应商,以便更好地管理供应商,与供应商建立长期稳定的供需合作关系。从理论上说,企业通过减少供应商的数量,一方面可以扩大供应商的供货量,从而使供应商获得规模效益,企业和供应商都可以从低成本中受益;另一方面有利于供需双方形成长期稳定的合作关系,质量更有保证。但是,采用更少甚至单一供应商,一方面由于发生意外情况、缺乏竞争意识,供应商可能中断供货,进而耽误企业生产;另一方面由于供应商是独立性较强的商业竞争者以及不愿意成为用户的一个原材料库存点,往往使企业选择单一供应商的愿望落空。因此,企业在选择供应商时,不能简单地认为选择越少(甚至单一供应商)的供应商越好,一定要结合双方的情况而定。

## 第三节 供应链客户关系管理

### 一、客户关系管理的概念

供应链客户关系管理(Customer Relationship Management,CRM)是在供应链环境下提出的强调企业与企业之间的合作关系的一种管理模式。近年来,由于其重要性及巨大的市场需求,客户关系管理已成为供应链管理中发展最为迅速的分支,是企业提高竞争力的法宝。

1. 客户关系管理产生的时代背景

蒸汽机革命使得人类社会从农业经济时代进入工业经济时代,在历时两个多世纪的工业经济时代,整个社会的生产能力严重不足、商品匮乏。随着生产力的不断发展,商品极大地丰富并出现过剩。这样,客户选择空间显著增大,客户的需要开始呈现出个性化、多样化特征。企业管理也不得不从过去的"产品"导向转变为"客户"导向,快速响应并满足客户个性化与市场瞬息万变的需求,企业管理最重要的指标也从"成本"和"利润"转变为"客户服务满意度"。在这种时代背景下,客户关系管理理论不断完善,并随着网络技术的广泛应用而形成客户关系管理软件系统。到20世纪90年代,随着企业业务流程重组和信息技术的高速发展,现代物流与供应链管理理念的引入,以客户为中心的客户关系管理应运而生。

客户关系管理最早源于西方的市场营销理论,是将市场营销的科学管理理念通过信息技术集成了前台和后台办公的一整套应用系统软件。客户关系管理的方法反映出营销体系中各种交叉功能的组合,其重点在于赢得更多客户,其行为活动渗透着市场营销的理念,其本质是一种管理模式。甚至可以理解为一种以客户为导向的供应链营销管理系统,客户关系管理的产生与发展有其客观性,它借助先进的信息技术和管理思想,通过对供应链业务流程的重组来整合客户资源,为客户提供个性化的柔性服务、改进客户价值、满意度、增进客户忠诚度,实现企业利润最大化。

2. 客户关系管理的概念

客户关系管理是一种新型的管理机制,是企业为提高核心竞争力,树立以客户为中心的发展战略,并在此基础上开展的诸如判断、选择、争取、发展和保持客户所需实施的全部商业过程。客户关系是客户与企业发生的所有关系的综合,是公司与客户之间建立的一种相互有益的关系。客户关系管理的根本是一种以客户为中心的管理模式,从而优化企业流程、提高效率、构建企业核心竞争力的先进优秀的供应链管理。这种管理模式包括的领域非常广,但归根结底是由客户、关系和管理这三个要素组成。他主要包括六个领域:理念、战略、战术、技术、技能、业务过程,其中,理念是 CRM 成功的关键,它是 CRM 实施应用的基础和土壤,正确的战略是 CRM 实施的指导,信息系统、IT 技术是 CRM 成功实施的手段和方法。

## 二、客户关系管理的主要功能

客户关系管理主要包括市场、销售和服务三大领域,是一种以客户为核心的管理理念,它以信息技术为手段,以留住老客户、吸引新客户、提高客户利润为目的。从管理学的角度来考察,CRM 源于市场营销理论,把企业市场营销、销售管理、客户服务等经营流程信息化,实现客户资源的有效利用。客户关系管理的功能主要分为 5 大部分,概述如下:

1. 客户信息管理

整合记录企业各部门、每个人所接触的客户基本信息,进行统一管理,包括客户资料管理、客户联系人管理、客户跟进管理、客户提醒管理、客户状态管理、合同文档管理等。

2. 市场营销管理

分析客户数据,制定市场推广计划,提供个性化的市场信息,执行和管理多样的、多渠道的营销活动;对各种营销渠道(比如传统营销、市场促销、网上营销等)所接触的客户进行记录、分类和辨识,提供对潜在客户的管理;并对各种市场营销活动进行评估。其本质是需求管理。

3. 销售管理

销售管理功能的目标是为了提高销售过程的自动化和销售效果。它包括对销售人员(如额度管理、销售队伍管理、地域管理)、现场销售(如机会管理、联系人、日程安排、佣金预测、报价等)、销售佣金(如销售人员的奖励、销售业绩)等进行管理。为现场销售人员设计,促进企业客户资源的透明化。进一步扩展的功能还包括帮助建立网上商店、支持网上结算等。

4. 客户服务管理

客户服务管理是提高对客户服务的关怀,完成现场服务分配、现有客户管理、客户生命周期管理、服务人员档案等。还包括产品安装档案、服务请求、服务内容、服务网点等服务的全过程,支持与供应商一起为客户提供现场服务,提升客户管理质量,实现客户关怀。

5. 分析决策管理

分析决策管理包括销售分析、服务分析、采购分析、存货分析、产品分析、客户分析、伙伴分析、员工分析等,是站在整个客户关系管理角度来进行的分析与决策。尽管 CRM 旨在提高、改进与客户交流的业务流程,但强有力的商业情报和分析决策能力对 CRM 也十分重要。客户关系管理涉及大量关于客户和潜在客户的信息,企业应该充分利用这些信息,对其进行深入分析,使得决策者所掌握的信息更全面、更深刻,从而能更及时、更准确地做出决策。这样企业才能把利润创造过程和费用联系起来,争取到更多的利益。

### 三、客户关系管理的特征

客户关系管理是一种新型的企业战略和管理手段,其在开拓市场、吸引客户、减少销售环节、降低销售成本、提高企业运行效率等方面将会带来更大的效益。它包括企业识别、挑选、获取、发展、保持客户的整个价值管理过程。其主要特征如下:

1. 提供全视角的客户信息,建立个性化档案

通过提供全视角的客户信息、提供更完善的客户分析、将数据转化为洞察力,更准确地对客户进行营销。对于市场变化、客户群体分布、客户的人口统计资料等数据,企业需要将这些分散、杂乱的客户数据分析和归纳成一个能够反映客户群特征和要求的背景资料,建立关于客户的具体需求的客户档案,体现以客户为中心的管理理念。

2. 找出企业的真正客户,挖掘和利用潜在价值

客户是企业的一项重要资产,但是并不是每位客户都是同等重要的企业资产。在市场资源条件的约束下,只有那些"为企业带来利润并向潜在客户推荐而使企业获得额外利润"的客户才是企业真正意义上的客户。也就是说,在众多的客户中,那些经常重复购买企业产品和服务、满意度高的客户更应该得到企业更多的附加服务或关怀。企业要通过分析客户的整体资料包括与客户的交易、与客户的交流、为客户服务的历史记录、客户的特点、客户的偏好、客户的地理位置、客户的心理活动、企业整体发展战略等来获得信息。利用这些信息进一步稳固和拓展企业客户。

3. 注重联系人管理,为客户提供柔性化的服务

在客户关系管理中,重点引入了联系人概念。联系人是营销、销售和客户接触的直接对象,注重联系人管理有利于维护客户关系,跟进特定的服务方式,是客户管理中重要的一环。在当今这个个性化、多元化的时代,统一、模式化的服务方式已经不能满足客户的需求,企业要为客户提供互动、个性化的柔性服务才能提高供应链效率,增强客户对企业的信任。客户关系管理的战略目标是通过包括生产组织、销售、服务在内的面向客户的活动来实现的,一个成功实施的客户关系是注重联系人管理,并能让客户惊讶于企业对客户需求的全面了解。

#### 四、客户关系管理的核心理念

客户关系管理通过对客户深入分析来完善客户服务,其核心管理思想主要包括以下几个方面:

**1. 客户是企业发展的一项重要资产**

企业要发展需要对自己的资产进行有效的组织与计划。随着人类社会的发展,企业资产从早期的有形资产,包括土地、设备、厂房、原材料、资金等到无形资产,包括品牌、商标、专利、知识产权等,再到后来,人们认识到"人"才是企业发展最重要的要素。无论是哪种资产认识论都只注重企业能够得以实现价值的部分条件,而不是完全条件,其缺少的部分就是产品实现其价值的最后阶段,同时也是最重要的阶段,而这个阶段的主导者就是客户——企业发展的重要资产。提倡并且树立客户是企业资产的理念,在当今以产品为中心的商业模式向以客户为中心的商业模式转化过程中,是尤为关键的。客户的选择决定着一个企业的命运,而客户又是一个企业最终实现交易并获得现金流入的惟一入口,是实现企业利润的惟一来源。企业如果没有客户这一重要资产,其产品就不能实现交换,那么企业的一切活动都将是无效活动。显然客户已成为当今企业最重要的资产之一。

客户关系管理在对客户信息的整合与管理中突出客户是企业的重要资产。在很多行业中,完整的客户档案或数据库就是一个企业颇具价值的资产,通过对客户资料的深入分析、并应用于客户或潜在客户身上,寻求扩展业务所需要的新市场和新渠道,改进客户满意度、忠诚度来改善企业市场行为的有效性,提高企业业绩。目前,众多企业已经开始将客户视为重要资产之一,采取多种方式开发客户资产。例如:"想客户所想"、"客户就是上帝"、"客户的利益至高无上"、"客户永远是对的"等等。

**2. 客户关系管理的中心是加强客户关怀,提高客户满意度**

客户关系管理是以客户为中心展开的管理理念,其实施的每一个步骤都以客户为根本出发点。客户关怀活动贯穿整个购买行为,包含在客户从购买前、购买到购买后的全部过程中。购买前的客户关怀为公司与客户之间关系的建立打开了一扇大门,购买期间的客户关怀则与公司提供的产品或服务紧紧的联系在一起,购买后的客户关怀活动则集中于人性化的跟进和成功完成产品售后的相关步骤。客户关怀主要包括如下方面:客户服务(向客户提供产品信息及建议)、客户感受(关注客户对企业营销方式的生理和心理反应)、产品质量(符合标准、适合客户使用、安全可靠)、服务质量(客户在与企业接触中的整体感受)和售后服务(服务查询、投诉、维修)。当前,客户关怀的发展都同质量的提高和改进紧密地联系在一起,贯穿始终。

客户满意是指客户通过对产品或服务的可感知的效果与期望值相比较后,所形成的一种愉悦或失望的感觉状态。如果可感知效果低于期望值,客户就会不满意;

如果可感知效果与期望值相匹配,客户就满意;如果可感知效果超过期望值,客户就会高度满意。企业的目标就是不断追求客户的高度满意,原因就在于一般满意的客户,对产品的忠诚度还不强,一旦他们发现更好或者更便宜的产品后,会很快的更换。只有那些高度满意的客户才一般不会更换供应商,客户的高度满意和愉悦的购买使用情感创造了一种对产品品牌在情绪上的共鸣,这个部分的客户会经常性地重复购买企业的产品,同时还会愿意接受企业提供的其他产品和服务,而且还会为企业树口碑做宣传,是企业非常重要的客户。当然这部分的客户是比较少的,他们也应该得到企业更多的关怀。综上所述,企业必须加强对客户的关怀,提高客户的满意度。

3. 对企业与客户发生的各种关系进行全面管理

客户关系管理要通过对企业与客户间发生的各种关系进行全面管理,来赢得新客户,巩固和保留既有客户,并提高客户满意度。而企业与客户之间发生的关系,不仅包括单纯的销售过程所发生的业务关系,如合同签订、订单处理、发货、收款等,还包括在企业营销及售后服务过程中发生的各种关系,如企业在市场活动、市场推广过程中与潜在客户发生的关系;在与目标客户接触过程中,内部销售人员的行为、各项活动及其与客户接触全过程所发生的多对多的关系;还包括售后服务过程中,企业服务人员对客户提供关怀活动、各种服务活动、服务内容、服务效果的记录等,都是企业与客户的关系,都需要进行全面的管理,任何一部分出现失误,都有可能影响到整个供应链。

对企业与客户间可能发生的各种关系进行全面管理,将会显著提升企业营销能力、市场适应能力;降低营销成本、控制营销过程中可能导致客户抱怨的各种行为,是客户关系管理系统中的另一个重要管理思想。

4. 进一步延伸企业供应链管理

20世纪90年代提出的ERP系统,原来是为了满足企业的供应链管理需要,但ERP系统的实际应用并没有达到企业供应链管理的目标,这既有ERP系统本身功能方面的局限性,也有IT技术发展阶段的局限性。CRM系统作为ERP系统中销售管理的延伸,是以客户关系的建立、发展和维持为主要目的的,借助网络技术,它突破了供应链上企业间的地域边界和不同企业之间信息交流的组织边界,建立起企业自己的客户网络营销模式,使客户和合作伙伴可以更直接地沟通,并且分享更多的信息。CRM与ERP系统的集成运行才真正解决了供应链中的下游链管理问题,全面提升企业的管理水平和方法,将客户、经销商、企业销售部整合到一起,改变企业的内部管理积弊现状,实现企业对客户个性化需求的快速响应。通过新的扁平化营销体系,缩短响应时间,降低销售成本,让企业的利益实现最大化、长久化,使投资回报率最高。

• 练习题 •

1. 供应链合作伙伴关系的定义是什么？它的形成经历了哪几个发展阶段？
2. 讨论供应链合作伙伴关系与传统供应商关系的区别，及供应链战略合作伙伴关系对于企业的益处。
3. 简述供应链合作伙伴选择的步骤和方法。
4. 建立供应链合作伙伴关系的制约因素有哪些？如何降低这些因素的影响？
5. 客户关系管理的理念及主要功能是什么？

• 案例分析 •

## 揭秘通讯行业供应链合作伙伴的选择

**一、英国电信集团公司如何挑选设备供应商？**

英国电信集团公司是一家上市公司，是世界顶尖的电信运营商。该公司的主要业务包括英国本土长途业务以及国际电信服务、Internet 服务，已经提供了 2 800 万条交换线路，同时也向其他的注册运营商提供网络服务。

作为世界级老牌电信运营商，英国电信集团公司对战略合作伙伴设定了极高的门槛，并要经过严格的认定。在挑选设备供应商时，英国电信将供应商分成四类：普通投标者、供应商、战略供应商以及战略合作伙伴。每一层次的供应商都有数据或衡量指标来评估关系的好坏。除了产品质量的好坏和性价比，英国电信非常注重对方的后续服务能力。该公司认为，选择长期的合作伙伴是一个长远的考虑，越是长远的合作，越需要资格认证。没有通过认证的厂家，都被英国电信看做是没有可信度、没有建立品牌的厂家。

在涉及重大项目时，英国电信的审查更为严格，只对进入战略供应商、战略合作伙伴的"短名单"上的厂商发标。而要想进入英国电信的重要潜在战略供应商级别，需通过 40 个小时的认证；战略合作伙伴则必须接受 200 个小时的全面彻底认证。到目前为止，英国电信在全球只有三个战略合作伙伴。

2002 年，深圳华为公司在申请成为英国电信集团公司的战略合作伙伴时，就经历了一次全方位的认证和考察。在为期 4 天的认证中，英国电信采购认证团对华为进行了一次全面细致的"体检"。此次认证涉及业务管理的 12 个方面，覆盖了从商业计划、客户关系管理到企业内部沟通的纵向管理过程和从需求获得、研制生产到安装的全过程。英国电信甚至还与华为采购经理一起走访华为的外协厂，对华为的供应商进行评估。

与其他传统固网运营商相同,英国电信集团公司目前也正在向综合信息服务提供商的方向转型。为达到这一目标,英国电信决心建设"21世纪网络",即一个效率更高的、以 Internet 技术为基础的骨干网络。在建设过程中,朗讯和瞻博(Juniper)成为该项目的首选厂商,其中最重要的原因也在于双方能携手为英国电信提供创新的、赢利的最佳解决方案,并由朗讯全球服务部(LWS)提供安装和维护服务。

## 二、沃达丰(Vodafone)如何挑选外资伙伴?

作为全球最大的移动运营商,沃达丰(Vodafone)近年在拓展海外市场方面不遗余力。其在挑选战略合作伙伴时也有自身的标准,那就是选择与目标市场中实力最强的领军级运营商建立同盟关系,这一点非常值得借鉴。

譬如,在进入印度市场时,沃达丰于 2005 年 10 月,斥资 8.2 亿英镑收购了印度移动运营商 BTVL10% 的股权,并与 BTVL 结成战略合作伙伴关系。而 BTVL 是印度领先的移动通信运营商,截至 2005 年 9 月 30 日,用户数高达 1410 万。通过这种参股+结盟的方式,沃达丰可以实现快速切入市场的目的。对此,沃达丰首席执行官 Arun Sarin 说得非常明确:"我们将借此合作机会成为印度市场上更高水平的领先者。此次交易与我们在成熟市场上扩大全球影响力的战略相一致,在这些市场中我们可以为股东创造价值。"此外,战略合作伙伴也能从这种方式中受益,提升自身的品牌价值。BTVL 董事长在评价与沃达丰结盟时就表示:"我们十分高兴沃达丰能够成为我们进一步拓展印度电信市场的新合作伙伴,与沃达丰的合作关系将有助于我们实现将 Airtel(BTVL 旗下的一个移动品牌)发展成印度备受推崇的品牌的理想。"

在中国市场,沃达丰的做法如出一辙,其与国内实力最强的运营商—中国移动建立了战略合作伙伴关系,并购入了中国移动 3.3% 的股权。近期,沃达丰还表示,将会继续加强与中国移动的战略合作,与中国移动在新技术及设备、终端采购方面进行更有效的合作。分析人士指出,尽管受制于政策管制,沃达丰在中国还不能有更大的作为,但将来一旦市场变得更为开放,沃达丰将率先从中受益。

## 三、NTT DoCoMo 如何挑选供应链合作者?

NTTDoCoMo 是日本最大的移动运营商,也是目前全球所有 3G 运营商中比较有实力的。NTT DoCoMo 在拓展 3G 业务时,也与众多厂商,特别是本国厂商结成了战略合作伙伴关系,而这些厂商都能与 NTT DoCoMo 实现优势互补,进而推动整个供应链的良性发展。

从时间上看,NTTDoCoMo 于 2001 年 10 月 1 日推出商用 3G 业务,成为全球第一个 3G 运营商,并以此为基础提供各种丰富的 3G 数据业务,成为 3G 商用业务的领头羊。NTT DoCoMo 在此过程中充分发挥了产业链主导者的作用,这使得相关的网络设备商、终端制造商,以及 ICP(网络内容服务商)和 ISP(互联网服务提供商),都通过推广3G服务和产品获得了发展机遇。在网络建设上,NTT DoCoMo更多选择本国制造商作为战略合作伙伴。以FOMA(自由移动的多媒体接入)基站为例,其主要供应商有四家,其中:松下MCI占30%,NGN公司占30%,富士通占30%,而爱立信只占10%。在手机方面,NTT DoCoMo选择的制造商同样大部分是日本企业,比如:NEC、松下、三洋等。这种选择一方面可扶持本国制造业,实现本地化;另一方面,可得到更多、更实际、更方便的技术及服务支持,还可节约成本和提升竞争力。

通过这种合作,NTTDoCoMo与设备供应商实现了优势互补。一方面,NTT DoCoMo根据市场需要向制造商提出业务规范要求,由制造商考虑技术实现和产品生产。另一方面,制造商根据技术创新提出业务方案,供NTT DoCoMo选择。双方通过密切合作,为市场提供了终端用户需要的手机及便携装置,对抢占市场起到了极大的推动作用。

在众多的SP(移动互联网应用服务的直接提供者)中,NTT DoCoMo只选出一部分作为核心战略合作伙伴,提供各种最有优势的内容并且收费,而其他SP只能提供免费服务。这在相当程度上保护了核心战略合作伙伴的利益,真正实现了双赢。而在整个3G产业链中,NTT DoCoMo不仅是作为运营商出现,更重要的是充当了一个调控者的角色。通过选择合适的战略伙伴,NTT DoCoMo增强了在3G价值链中的影响和地位,其选择的战略合作伙伴也在密切合作的过程中,充分发挥了各自优势,使整个产业链得以健康发展。

资料来源:王冀.揭秘英国电信挑选伙伴:全球仅3个战略合作伙伴[EB/OL].http://tech.tom.com,2006-04-21

讨论题:
1. 结合案例分析英国电信集团公司选择合作伙伴时所考虑的因素有哪些?与我国企业选择合作伙伴的标准是否一致?
2. 3家通讯业务运营商在选择合作伙伴时有何异同?

 • 实训项目 • 

## 企业合作伙伴关系状况调查

● 实训目的

通过让学生调查企业供应链合作伙伴关系的现状,加深对合作伙伴关系的认识和理解。

● **实训任务**

选取知名企业或学生所熟悉的企业为调查对象,对企业的合作伙伴(供应商、分销商、服务商等)关系管理的情况进行调研,总结其在合作伙伴选择、评价、关系的建立等方面的做法,发现问题,并能根据本章所学知识提出改进意见。

● **实训过程组织**

(1) 将学生分成若干个小组,每个小组有 3~5 个成员,确定组长,明确分工。
(2) 选择调查对象,针对不同的被调查企业研讨适用的调查方法和方式。
(3) 编写访谈提纲或调查问卷,完成调查准备工作。
(4) 实地进行调查,做好调查记录。
(5) 以小组为单位撰写调查总结或报告,并制作 PPT 在课堂上进行交流和互评。

● **实训说明**

(1) 每个小组可选择 1 家企业进行深入调查;也可以调查多家企业,从整体上进行概括,描述现状。
(2) 项目结果的评价可从调查内容的针对性、调查方法的可行性、调查报告或总结的完整性、PPT 的制作情况及团队合作情况等方面进行。
(3) 该实训项目可与本书第二章实训项目合并进行。

# 第五章　供应链采购管理

•学习目标•

1. 理解并掌握传统采购模式与供应链采购的特点；
2. 理解并能够描述供应链采购与传统采购的不同之处；
3. 掌握供应链环境下准时采购的思想与原理、特点、实施条件和步骤；
4. 了解供应商关系管理的发展轨迹，及供应商关系管理的内容；
5. 掌握供应商关系管理的概念及其实施过程，了解双赢关系管理的内容。

•引导案例•

## 海尔供应链的采购管理

与大型国有企业相比，一些已经克服了体制问题、全面融入国际市场竞争的企业，较容易接受全新的采购理念，这类型的企业中，海尔走在最前沿。

海尔采取的采购策略是利用全球化网络集中购买。以规模优势降低采购成本，同时精简供应商队伍。据统计，海尔的全球供应商数量由原先的 2 336 家降至 840 家，其中国际化供应商的比例达到了 71%，目前世界前 500 强企业中有 44 家是海尔的供应商。

对于供应商关系的管理方面，海尔采用的是 SBD(Suburban Business District)模式：共同发展供应业务。海尔有很多产品的设计方案直接交给厂商来做，很多零部件是由供应商提供今后两个月市场的产品预测并将待开发产品形成图纸，这样一来，供应商就真正成为了海尔的设计部和工厂，加快开发速度。许多供应商的厂房和海尔的仓库之间甚至不需要汽车运输，工厂的叉车直接开到海尔的仓库，大大节约运输成本。海尔本身则侧重于核心的买卖和结算业务。这与传统的企业与供应商关系的不同在于，它从供需双方简单的买卖关系，成功转型为战略合作伙伴关系，是一种共同发展的双赢策略。

网上采购平台的应用是海尔优化供应链环节的主要手段之一。① 网上订单管理平台：100％采购订单由网上下达，实现采购计划和订单的同步管理，使采购周期由原来的10天减少到3天。同时，供应商可以在网上查询库存，根据订单和库存的情况及时补货。② 网上支付平台：支付准确率和及时率达到100％，为供应商节省近1 000万元的差旅费，有效降低了供应链管理成本，目前网上支付已达到总支付额的80％。③ 网上招标竞价平台：通过网上招标，不仅是竞价、价格信息管理准确化，且防止暗箱操作，降低了供应商管理成本。④ 在网上可与供应商进行信息互动交流，实现信息共享，强化合作伙伴关系。

1999年海尔的采购成本为5个亿，由于业务的发展，到2000年，采购成本为7个亿，但通过对供应链管理优化整合，2002年海尔的采购成本预计将控制在4个亿左右。可见，利益的获得是一切企业行为的原动力，成本降低、与供应商双赢关系的稳定发展带来的经济效益，促使众多企业以积极的态度引进和探索先进、合理的采购管理方式。

## 第一节　供应链管理环境下的采购管理

### 一、传统的采购模式

传统采购是企业一种常规的业务活动过程，即企业根据生产需要，首先由各需求单位在月末、季末或年末，编制需要采购物资的申请计划；然后由物资采购供应部门汇总成企业物资采购计划表，报经主管领导审批后，组织具体实施；最后，所需物资采购回来后验收入库，组织供应，以满足企业生产的需要。传统采购存在市场信息不灵、库存量大、资金占用多、库存风险大的不足，经常可能出现供不应求，影响企业生产经营活动正常进行，或者库存积压、成本居高不下，影响企业的经济效益。传统采购模式如图5-1所示。

图5-1为传统的一般采购原理示意图。传统采购的重点放在如何和供应商进行商业交易的活动上，特点是比较重视交易过程中供应商的价格比较，通过供应商的多头竞争，从中选择价格最低的作为合作者。虽然质量、交货期也是采购过程中的重要考虑因素，但在传统的采购方式下，质量、交货期等都是通过事后把关的办法进行控制，如到货验收等，而交易过程的重点放在价格的谈判上。因此在供应商与采购部门之间经常要进行报价、询价、还价等来回的谈判，并且多头进行，最后从多个供应商中选择一个价格最低的供应商签订合同，确立订单。

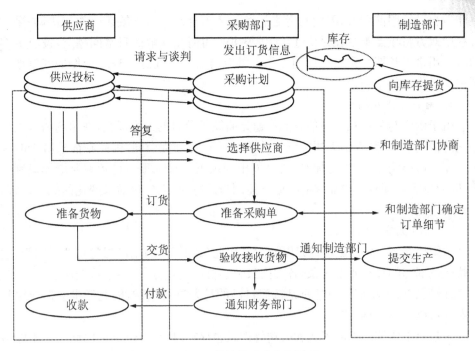

图 5-1 传统的采购业务原理

## 二、传统采购模式的主要特点

传统采购模式的主要特点表现在如下几个方面:

1. 传统采购过程是典型的非信息对称博弈过程

在传统的采购活动中供应方与采购方都是为了追求自身的利益最大化而进行决策的。采购方为了能够从多个竞争性的供应方中选择一个最佳的供应方,往往会保留私有信息,因为如果给供应方提供的信息越多,供应方的竞争筹码就越大,这样对采购方不利。而供应方为了在竞争中胜出,也会隐瞒对自己不利的一些信息。这样,采购、供应双方都不进行有效的信息沟通,这就是非信息对称的博弈过程。博弈结果对于双方而言必定不是最优的。

2. 验收检查是采购部门的一个重要的事后把关工作,质量控制的难度大

除了价格,质量与交货期是采购一方要考虑的另外两个重要因素。但是在传统的采购模式下,质量和交货期控制是在采购行为之后,即收到购买的货物时才能进行,因此存在滞后现象。而且采购一方很难参与供应商的生产组织过程和有关质量控制活动,相互的工作是不透明的。因此需要通过各种有关标准如国际标准、国家标准等进行检查验收。缺乏合作的质量控制会导致部门对采购物品质量控制的难度增加。

3. 供需关系是临时的或短时期的合作关系,而且竞争多于合作

在传统的采购模式中,买卖双方的供求关系是临时性或者短期性的合作,双方

更注重自己的眼前利益,因此两者之间竞争多于合作。由于缺乏合作与协调,采购过程中双方将重点集中在讨价还价上,很多时间消耗在解决日常问题上,没有更多的时间用来做长期性预测与计划工作。供应与需求之间这种缺乏合作的气氛增加了许多运作中的不确定性。

4. 用户需求响应迟钝

由于供应与采购双方在信息的沟通方面缺乏及时的信息反馈,在市场需求发生变化的情况下,采购方也无法按照变化修改已有的订货合同,因此在需求减少时采购方库存可能增加,需求增加时,又可能出现供不应求。重新订货需要增加谈判过程,因此供需之间对用户需求的响应不能同步进行,缺乏应付需求变化的能力,从而导致响应迟钝。

5. 部门脱节,库存积压

传统模式下,企业架构多按职能划分,因此采购部门与生产部门是两个部门,这样就造成部门间存在脱节现象,各部门只关心自己的业务,而不会从全局进行计划。在这种情况下,采购部门通常只是按照自己的计划进行采购,因此经常会造成原材料库存积压,占用企业资金。

正是由于传统的采购模式和采购管理思想存在以上诸多问题,因此已经不能适应企业所处的市场环境的变化。供应链管理思想的产生和发展给采购管理提供了一个新的理论平台。

### 三、供应链管理环境下的采购

供应链管理环境下的采购是指供应链内部企业之间的采购。供应链内部的需求企业向供应企业采购订货,供应企业将货物供应给需求企业。供应链管理环境下的采购管理是以采购的过程为管理对象,通过对过程中的资金流、物流和信息流的统一控制,以达到采购总成本和总效率的最优匹配。

1. 供应链管理环境下采购的地位与作用

一般来说,生产型的企业至少要用销售额的50%来进行原材料、零部件的采购。采购成本的高低和质量的好坏会直接影响到企业最终产品的定价情况和质量,进而影响整个供应链的最终获利情况。采购的速度、效率、订单的执行情况会直接影响到本企业是否能够快速灵活地满足下游客户的需求,在一定意义上是企业的成本之源、质量之源和效率之源,将来也必将成为企业的创新之源。

供应链管理环境下,采购的地位发生了巨大的变化。在供应链上,企业既是需求者,又是供应者。处于供应链上的企业都是通过满足最终用户的需求而获得利润。而采购处于企业与供应商的连接界面,它在供应链上的企业之间,为原材料、半成品和产成品的生产合作交流架起一座桥梁,沟通生产需求和物资供应的联系,是提高供应链上企业同步化运作效率的关键环节,同时也是与其他供应链竞争的重要途径和手段。为使供应链系统能够实现无缝连接,并提高同步化运作效率,就必须加强采购管理。

供应链环境下的采购模式对供应和采购双方是典型的"双赢",对于采购方来说,可以降低采购成本,在获得稳定且具有竞争力的价格的同时,提高产品质量和降低库存水平,还能获得更好的产品设计和对产品变化更快的反应速度;对于供应方来说,在保证有稳定的市场需求的同时,由于同采购方的长期合作伙伴关系,能更好地了解采购方的需求,改善产品生产流程,提高运作质量,降低生产成本,获得比传统模式下更高的利润。

2. 供应链环境下采购的特点

供应链管理思想下,采购的驱动力、管理的对象以及与供应方的关系都出现了新的特点,具体表面在以下几方面。

(1) 订单驱动采购。在传统的采购模式下,采购的目的很简单,就是为补充库存,即为库存而采购。采购部门并不关心企业的生产过程,不了解生产的进度和产品需求的变化,因此采购过程缺乏主动性,采购部门制定的采购计划很难适应制造需求的变化。在供应链管理模式下采购活动是以订单驱动方式进行的,制造订单是在用户订单的驱动下产生的,然后,制造订单驱动采购订单,采购订单再驱动供应商,如图5-2所示。这种准时化的订单驱动模式,使供应链系统得以准时响应用户的需求,从而降低了库存成本,提高了物流的速度和库存周转率。

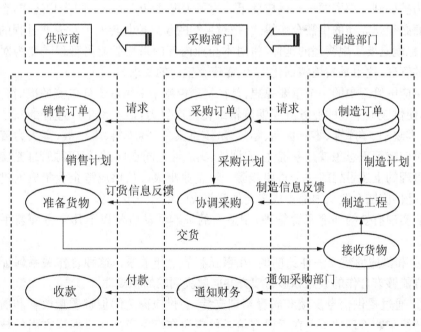

图 5-2 订单驱动的采购业务原理

订单驱动的采购方式有如下特点：

① 由于供应商与制造商建立了战略合作伙伴关系，签订供应合同的手续大大简化，不再需要双方的询价和报价的反复协商，交易成本也因此大为降低。

② 在同步化供应链计划的协调下，制造计划、采购计划、供应计划能够并行制定，缩短了用户响应时间，实现了供应链的同步化运作。采购与供应的重点在于协调各种计划的执行。

③ 采购物资直接进入制造部门，减少采购部门的工作压力和不增加价值的活动过程，实现供应链精细化运作。

④ 信息传递方式发生了变化。在传统采购方式中，供应商对制造过程的信息不了解，也无须关心制造商的生产活动。但在供应链管理环境下，供应商能共享制造部门的信息，提高了供应商应变能力，减少信息失真。同时在订货过程中不断进行信息反馈，修正订货计划，使订货与需求保持同步。

⑤ 实现了向面向过程的作业管理模式的转变。订单驱动的采购方式简化了采购工作流程，采购部门的作用主要是沟通供应与制造部门之间的联系，协调供应与制造的关系，为实现精细采购提供基础保障。

（2）外部资源管理。传统的采购管理由于与供应商缺乏信任和合作，导致采购行为缺乏柔性和快速的响应能力，采购企业和供应商的业务不能实现无缝对接。供应链管理思想下采购已经不再是去市场简单购买所需的原料，而是把一个组织的制造能力扩展到外部资源——供应商上。为了实现供应链企业的同步化运作，企业和供应商必须建立新的供需合作模式，把对采购的事后控制转变为对采购过程的事中控制，也就是要实现管理的延伸，将对本企业内部的采购职能的管理转变为对外部资源的管理，这也是实施精细化生产、零库存生产的要求。

供应链管理中的一个重要思想，是在生产控制中采用基于订单流的准时化生产模式，使供应链企业的业务流程朝着精细化生产努力，即实现生产过程的几个零化管理：零缺陷、零库存、零交货期、零故障、零纸文件、零废料、零事故、零人力资源浪费。供应链管理思想就是系统性、协调性、集成性和同步性，外部资源管理是实现供应链管理的上述思想的一个重要步骤——企业集成。从供应链企业集成的过程来看，它是供应链企业从内部集成走向外部集成的重要一步。

要实现有效的外部资源管理，制造商的采购活动应从以下几个方面着手进行改进。

① 和供应商建立一种长期的、互惠互利的合作关系。这种合作关系保证了供需双方能够有合作的诚意和参与双方共同解决问题的积极性。

② 通过提供信息反馈和教育培训支持，在供应商之间促进质量改善和质量保证。传统采购管理的不足在于没有给予供应商在有关产品质量保证方面的技术支持和信息反馈。在顾客化需求的今天，产品的质量是由顾客的要求决定的，而不是

简单地通过事后把关所能解决的。因此在这样的情况下,质量管理的工作需要下游企业提供相关质量要求的同时,应及时把供应商的产品质量问题及时反馈给供应商,以便其及时改进。对个性化的产品质量要提供有关技术培训,使供应商能够按照要求提供合格的产品和服务。

③ 参与供应商的产品设计和产品质量控制过程。同步化运营是供应链管理的一个重要思想。通过同步化的供应链计划使供应链各企业在响应需求方面取得一致性的行动,增加供应链的敏捷性。实现同步化运营的措施是并行工程。制造商企业应该参与供应商的产品设计和质量控制过程,共同制定有关产品质量标准等,使需求信息能很好地在供应商的业务活动中体现出来。

④ 协调供应商的计划。一个供应商有可能同时参与多条供应链的业务活动,在资源有限的情况下必然会造成多方需求争夺供应商资源的局面。在这种情况下,下游企业的采购部门应主动参与供应商的协调计划。在资源共享的前提下,保证供应商不至于因为资源分配不公或出现供应商互相抬杠的矛盾,保证供应链的正常供应关系,维护企业的利益。

⑤ 建立一种新的、有不同层次的供应商网络,并通过逐步减少供应商的数量,致力于与供应商建立合作伙伴关系。在供应商的数量方面,一般而言,供应商越少越有利于双方的合作。但是,企业的产品对零部件或原材料的需求是多样的,因此不同的企业供应商的数目不同,企业应该根据自己的情况选择适当数量的供应商,建立供应商网络,并逐步减少供应商的数量,致力于和少数供应商建立战略伙伴关系。

(3) 战略协作伙伴关系的建立。供应链管理模式下采购管理的第三个特点,是供应与需求的关系从简单的买卖关系向双方建立战略协作伙伴关系转变。在传统的采购模式中,供应商与需求企业之间是一种简单的买卖关系,因此无法解决一些涉及全局性、战略性的供应链问题,而基于战略伙伴关系的采购方式为解决这些问题创造了条件。这些问题如下:

① 库存问题。在传统的采购模式下,供应链的各级企业都无法共享库存信息,各级节点企业都独立地采用订货点技术进行库存决策,不可避免地产生需求信息的扭曲现象,因此供应链的整体效率得不到充分提高。但在供应链管理模式下,通过双方的合作伙伴关系,供应与需求双方可以共享库存数据,因此采购的决策过程变得透明多了,减少了需求信息的失真现象。

② 风险问题。供需双方通过战略性合作伙伴关系,可以降低由于不可预测的需求变化带来的风险,比如运输过程的风险、信用的风险、产品质量的风险等。

③ 采购流程问题。通过合作伙伴关系,双方可以为制定战略性的采购供应计划共同协商,不必为日常琐事消耗时间和精力,使双方从简化的采购供应流程中受益,从繁琐的事务性工作中解放出来,集中力量制定战略性的采购供应计划。

④ 采购成本问题。通过合作伙伴关系,供需双方都从降低交易成本中获得好

处。由于避免了许多不必要的手续和谈判过程,降低了采购过程中的交易成本。同时信息的共享避免了信息不对称决策可能造成的成本损失,从而进一步降低了采购成本。

⑤ 组织障碍问题。战略性的伙伴关系消除了供应过程的组织障碍,为实现准时化采购创造了条件。

## 四、供应链采购与传统采购的比较

供应链采购与传统的采购相比,物资供需关系没变,采购的概念没变,但是由于供应链各个企业之间是一种战略伙伴关系,采购是在一种非常友好合作的环境中进行的,所以采购的观念和采购的操作都发生了很大变化。

### 1. 从采购性质来看

供应链管理环境下的采购是一种基于需求的采购:需要多少就采购多少,什么时候需要就什么时候采购。采购回来的货物直接送入需求点进行消费。而传统的采购则是基于库存的采购,采购回来的货物直接进入仓库,等待消费。

供应链管理环境下的采购又是一种供应商主动型采购。由于供应链需求方的需求信息随时传送给供应商,所以供应商能够随时掌握用户需求信息、需求状况和变化趋势,从而及时调整生产计划,及时补充货物,主动跟踪用户需求,主动适时适量地满足用户需要。由于双方是一种友好合作的利益共同体,如果需求方的产品质量不好、销售不出去的话,供应商自己也会遭受损失,所以供应商会主动关心产品质量,自觉把好质量关,保证需求方的产品质量。因此,需求方完全可以不用操心采购的事情,只要到时候支付货款就行了。对需求方来说,这是一种无采购操作的采购方式。而传统的采购则必须靠用户自己主动承担全部采购任务。因为用户的需求信息供应商不知道,供应商的信息用户也不知道,所以用户必须自己主动去采购。这要在调查供应商、产品和价格上花费很多时间,然后再选择供应商,和供应商洽谈,签订合同,最后还要联系进货,费时费力进行严格的货检。对需求方来讲,这是一种全采购操作的采购方式,而供应商则完全处于一种被动、无关的地位。

供应链管理环境下的采购还是一种合作型采购。双方为了产品能在市场上占有一席之地及获得更大的经济效益,从不同的角度互相配合、各尽其力,所以在采购上也是互相协调配合,提高采购工作的效率,最大限度地降低采购成本,最好地保证供应。而传统采购是一种对抗性采购。由于双方是一种对抗性竞争关系,所以贸易双方互相保密,只顾自己获取利益,甚至还互相算计对方,因此贸易谈判、货物检验等方面难度都很大。双方不是互相配合,而是相互不负责任,甚至是相互坑害,供应商常常以次充好、低价高卖,赚一笔是一笔。所以需求方必须时时小心、处处小心,有时甚至防不胜防。这样一来,花在采购上的人员、时间、精力和费用相当可观。

### 2. 从采购环境来看

供应链管理环境下的采购是在一种友好合作的氛围中,而传统采购则处于一种利益互斥、对抗性竞争的环境中。这是两种采购制度的根本区别。由于采购环境不同,导致许多观念上、操作上的不同,才形成了各自的优点和缺点。供应链采购的根本特征就是在一种友好合作的采购环境中进行,这是它根本的特点,也是它最大的优点。

3. 从信息情况来看

供应链管理环境下采购的一个重要的特点就是供应链企业之间实现了信息连通、信息共享。供应商能随时掌握用户的需求信息,能够根据用户需求情况和需求变化情况主动调整自己的生产计划和送货计划。供应链各节点企业可以通过计算机网络进行信息沟通和业务活动。这样,足不出户就可以很方便地开展协调活动,进行相互之间的业务处理活动,如发送订货单、发送发货单和支付货款等。

当然,信息传输、信息共享,首先要求每个企业内部的业务数据要信息化、电子化,也就是要用计算机处理各种业务数据、存储业务数据。没有企业内部的信息网络,也就不可能实现企业之间的数据传递和数据共享。因此,供应链采购的基础就是要实现企业的信息化和企业间接的信息共享,也就是要建立企业内部网络 Intranet 和企业外部网络 Extranet,并且和互联网连通,建立起企业管理信息系统。

4. 从库存情况来看

供应链管理环境下的采购是由供应商管理用户的库存,用户没有库存,即零库存。这意味着无需关心库存。这样做的好处是:一是用户零库存可以节省费用,降低成本,专心致志地搞好工作,发挥核心竞争力,提高效率,因而可以提高企业的经济效益,也可以提高供应链的整体效益。二是供应商掌握库存自主权,可以根据需求变动情况,适时地调整生产计划和送货计划,既避免盲目生产造成的浪费,也可以避免库存积压、库存过高所造成的浪费以及风险。同时由于这种机制把供应商的责任(产品质量好坏)与利益(销售利润的多少)相联系,因此加强了供应商的责任心,自觉提高用户满意水平和服务水平,供需双方都获得了效益。而传统的采购由于卖方设置仓库、管理库存,很容易一方面造成库存过多积压,另一方面又可能缺货,不能保证供应,同时还造成精力分散、工作效率低,服务水平和经济效益都会受到严重影响。

5. 从送货情况来看

供应链管理环境下的采购是由供应商负责送货,而且是连续小批量多频次地送货。这种送货机制可以大大降低库存,实现零库存。因为它送货的目的是直接满足用户的需要,需要多少就送多少,什么时候需要就什么时候送,不多送,也不早送,这样就没有多余的库存。这样既可以降低库存费用,又能够满足需要,不发生缺货。同时,由于可以根据需求的变化随时调整生产计划,不多生产,不早生产,因而节省了原材料费用和加工费用。此外,由于紧紧跟踪市场需求的变化,所以能够灵活适应市场变化,避免库存风险。而传统采购是大批量少频次地订货进货,所以库存量大、费用高而且风险大。

**6. 从双方关系来看**

供应链管理环境下的采购,买方企业和卖方企业是一种友好合作的战略伙伴关系,它们互相协调、互相配合、互相支持,所以有利于各个方面工作的顺利开展,提高工作效率,实现双赢。而传统采购中,买方和卖方是一种对抗性的买卖关系,一个赢,另一个必然输,所以互相防备、互相封锁、互相不信任、不配合甚至互相坑害,办起事情很困难,工作效率也很低。

**7. 从货检情况来看**

传统采购由于供需双方之间是一种对抗关系,以次充好、低价高卖甚至伪劣假冒、缺斤少两的现象时有发生,所以买方进行货检的力度大,工作量大,成本高。而供应链管理环境下的采购,由于双方的利益是一致的,所以供应商能自我约束,保证质量,货物可以免检。这样就大大节约了费用,降低了成本。

从以上的对比可以看出,供应链管理环境下的采购与传统的采购相比,无论在观念上还是做法上都有很大的区别,有革命性的变化和显著的优越性。供应链采购模式与传统采购模式的主要区别,如表5-1所示。

表5-1 供应链采购模式与传统采购模式的主要区别

| 项 目 | 传统采购管理 | 供应链采购管理 |
| --- | --- | --- |
| 供需双方关系 | 相互对立 | 合作伙伴 |
| 合作关系 | 可变 | 长期 |
| 合同期限 | 短 | 长 |
| 采购数量 | 大批量 | 小批量 |
| 运输策略 | 单一品种整车发送 | 多品种整车发送 |
| 质量问题 | 检验/再检验 | 无需入库检验 |
| 供需双方的信息沟通 | 采购订单 | 网络 |
| 信息沟通频率 | 离散的 | 连续的 |
| 对库存的认识 | 资产 | 祸害 |
| 供应商数量 | 多,越多越好 | 少,甚至只有一个 |
| 设计流程 | 先设计产品后询价 | 供应商参与产品设计 |
| 产量 | 大量 | 少量 |
| 交货时间安排 | 每月 | 每周或每天 |
| 供应商地理分布 | 很广的区域 | 尽可能靠近制造商 |
| 仓库 | 大,自动化 | 小,灵活 |

供应链环境下的采购管理是近些年来为适应新型企业经营市场特征而产生的。新市场特征下,竞争已不仅是企业与企业间的竞争,而是供应链与供应链间的竞争。通过前馈的信息流和反馈的物料流及信息流,将供应商、制造商、分销商、零售商直至最终用户连成一个整体的供应链管理模式,已被越来越多的企业所接受和运用。采购管理,作为供应链管理的基础环节,对于供应链的成功构建与实施,起到至关重要的作用。如何在供应链管理思想指导下,选择合适的供应商,建立双赢的合作伙伴关系,完善管理和评估体系,保持信息的沟通与共享,提高流程运行的质量和效率,加强系统综合成本的分析,将是供应链环境下企业采购管理重点考虑的问题。

## 第二节 供应链管理环境下的准时采购策略

### 一、准时采购的思想与原理

1. 准时采购的思想

准时采购也叫 JIT(Just In Time)采购法,是一种先进的采购模式,是一种管理哲学。它的基本思想是:把合适数量、合适质量的物品,在合适的时间供应到合适的地点,最好地满足用户需要;即将必要的零件以必要的数量在必要的时间送到生产线,并且只将所需要的零件、只以所需要的数量、只在正好需要的时间送到生产线。这是为适应 20 世纪 60 年代消费需要变得多样化、个性化而建立的一种生产体系及为此生产体系服务的物流体系。

准时采购是从准时生产发展而来的,它不但能够最好地满足用户需要,而且可以极大地消除库存、最大限度地消除浪费,从而极大地降低企业的采购成本和经营成本,提高企业的竞争力。要进行准时生产必须有准时的供应,因此准时采购是准时生产管理模式的必然要求。它和传统的采购方法在质量控制、供需关系、供应商的数目、交货期的管理等方面有许多不同,其中关于供应商的选择(数量与关系)、质量控制是其核心内容。准时采购包括供应商的支持与合作以及制造过程、货物运输系统等一系列的内容。准时采购不但可以减少库存,还可以加快库存周转、缩短提前期、提高产品的质量、获得满意交货等效果。

2. 准时采购的原理

与传统采购面向库存不同,准时采购是一种直接面向需求的采购模式,它的采购送货是直接送到需求点上。其原理主要表现在以下几个方面:

① 用户需要什么就送什么,品种规格符合客户需要。
② 用户需要什么质量就送什么质量,质量符合客户需要,拒绝次品和废品。
③ 用户需要多少就送多少,不少送,也不多送。

④ 用户什么时候需要就什么时候送货，不晚送，也不早送，非常准时。

⑤ 用户在什么地点需要就送到什么地点。

以上几条，即是 JIT 采购的原理，它既做到了很好地满足企业对物资的需求，又使得企业的库存量最小，只需在生产线边有一点临时的存放，一天工作完，这些临时存放就消失了，库存完全为零。依据 JIT 采购的原理，一个企业中的所有活动只有当需要进行的时候接受服务，才是最合算的。

## 二、准时采购对供应链管理的意义

准时采购（JIT 采购）对于供应链管理思想的贯彻实施有重要的意义，具体如下：

1. 减少原材料和外购件的库存

根据国外实施准时采购战略的一些企业资料统计，准时采购可以使原材料和外购件的库存降低 40% 以上。原材料和外购件库存的降低，有利于减少流动资金的占用，加速流动资金的周转，同时也有利于节省原材料和外购件库存占用的空间，从而降低库存成本。

2. 提高原材料和外购件的质量

据统计，实施准时采购，可以使购买的原材料和外购件的质量提高两倍以上，而且原材料和外购件质量的提高，又能降低质量成本。据估计，推行准时采购可以使企业的质量成本减少 25% 以上。

3. 降低原材料和外购件的价格

由于供应商和制造商的密切合作以及规模经济效应，加之消除了采购过程中的一些浪费（如订货手续、装卸环节、检验手续等等），使得原材料和外购件的采购价格得以降低。例如，生产感光化学制品的美国柯达公司，通过实施准时采购战略，使其采购物资的价格下降了 20% 以上。此外，推行准时采购战略，不仅缩短了交货时间，节省了采购过程中人力财力物力的消耗，而且提高了企业的劳动生产率，增强了企业的适应能力。

4. 保证供应链的协同运作

供应链环境下的采购模式与传统采购模式的不同之处，在于前者采用了订单驱动的方式。订单驱动使供应与需求双方都围绕订单运作，从而实现了准时化、同步化运作。要实现同步化运作，采购模式就必须是并行的，当采购部门产生一个订单时，供应商就开始着手物资的准备工作。与此同时，采购部门编制详细采购计划，制造部门也进行生产的准备工作。当采购部门将详细的采购单提交给供应商时，供应商就能很快将物资在较短时间内交付给用户。当用户需求发生改变时，制造订单又驱动采购订单发生改变，因此准时采购提高了供应链的敏捷性和柔性。

### 三、准时采购的特点

**1. 采用较少的供应商,甚至单源供应**

传统的采购模式一般是多头采购,供应商的数目相对较多。从理论上讲,采用单供应源比多供应源好,一方面,管理供应商比较方便,也有利于降低采购成本;另一方面,有利于供需之间建立长期稳定的合作关系,质量上比较保证。但是,采用单一的供应源也有风险,比如供应商可能因意外原因中断交货,以及供应商缺乏竞争意识等。

**2. 综合评估、选择供应商**

在传统的采购模式中,供应商是通过价格竞争而选择的,供应商与用户的关系是短期的合作关系,当发现供应商不合适时,可以通过市场竞标的方式重新选择供应商。但在准时化采购模式中,由于供应商和用户是长期的合作关系,供应商的合作能力将影响企业的长期经济利益,因此对供应商的要求就比较高。在选择供应商时,需要对供应商进行综合的评估,在评价供应商时价格不是主要的因素,质量是最重要的标准,这种质量不单指产品的质量,还包括工作质量、交货质量、技术质量等多方面内容。高质量的供应商有利于建立长期的合作关系。

**3. 交货准时性要求高**

准时采购的一个重要特点是要求交货准时,这是实施精细生产的前提条件。交货准时取决于供应商的生产与运输条件。作为供应商来说,要使交货准时,可从以下几个方面着手:一是不断改进企业的生产条件,提高生产的可靠性和稳定性,减少延迟交货或误点现象。作为准时化供应链管理的一部分,供应商同样应该采用准时化的生产管理模式,以提高生产过程的准时性。另一方面,为了提高交货准时性,运输问题不可忽视。在物流管理中,运输问题是一个很重要的问题,它决定准时交货的可能性。特别是全球的供应链系统,运输过程长,而且可能要先后经过不同的运输工具,需要中转运输等,因此要进行有效的运输计划与管理,使运输过程准确无误。

**4. 信息交流要求准确、及时**

准时采购要求供应与需求双方信息高度共享,保证供应与需求信息的准确性和实时性。由于双方的战略合作关系,企业在生产计划、库存、质量等各方面的信息都可以及时进行交流,以便出现问题时能够及时处理。

**5. 小批量采购策略**

小批量采购是准时采购的一个基本特征。准时采购和传统的采购模式的一个重要不同之处在于,准时化生产需要减少生产批量,直至实现"一个流生产",因此采购的物资也应采用小批量办法。当然,小批量采购自然增加运输次数和成本,对供应商来说,这是很为难的事情,特别是供应商在国外等远距离的情形下,实施准时采购的难度就更大。解决的办法可以通过混合运输、代理运输等方式,或尽量使供应商靠近用户等。

### 四、供应链管理下准时采购的实施

1. 供应链管理下准时采购的实施条件

(1) 距离越近越好

准时采购要求在客户要求的时间准时将货物送达目的地,因此距离越近就越有助于实现供应商及时、多频次地供货,从而实现真正意义上的准时采购。

(2) 制造商和供应商建立互补合作的战略伙伴关系

JIT采购策略的推行,有赖于制造商和供应商之间建立起长期的、互利合作的新型关系,相互信任,相互支持,共同获益。

(3) 基础设施的建设

良好的交通运输和通信条件是实施JIT采购策略的重要保证,企业间通用标准的采用对JIT采购的推行也至关重要。所以,要想成功实施JIT采购策略,制造商和供应商都应注重基础设施的建设。诚然,这些条件的改善,不仅取决于制造商和供应商的努力,各级政府也须加大投入。

(4) 供应商的积极参与

JIT采购不只是企业物资采购部门的事,它离不开供应商的积极参与。供应商的参与不仅体现在准时、按质按量供应制造商所需的原材料和外购件上,而且体现在积极参与制造商的产品开发设计过程中。与此同时,制造商有义务帮助供应商改善产品质量,提高劳动生产率,降低供货成本。

(5) 建立实施JIT采购策略的组织

企业领导必须从战略高度来认识JIT采购的意义,并建立相应的企业组织来保证该采购策略的成功实施。这些组织的构成,不仅应有企业的物资采购部门,还应包括产品设计部门、生产部门、质量部门、财务部门等。其任务是提出实施方案,具体组织实施,对实施效果进行评价,并进行连续不断的改进。

(6) 制造商向供应商提供综合的、稳定的生产计划和作业数据

综合的、稳定的生产计划和作业数据可以使供应商及早准备,精心安排其生产,确保准时、按质按量交货。否则,供应商就不得不求助于缓冲库存,从而增加其供货成本。有些供应商在制造商工厂附近建立仓库以满足制造商的JIT采购要求,实质上这不是真正的JIT采购,而只是负担的转移。

(7) 重视教育与培训

通过教育和培训,使制造商和供应商充分认识到实施JIT采购的意义,并使他们掌握JIT采购的技术和标准,以便对JIT采购进行不断的改进。

(8) 加强信息技术的应用

JIT采购是建立在有效信息交换的基础上的,信息技术的应用可以保证制造商和供应商之间的信息交换。因此,制造商和供应商都必须加强对信息技术,特别是EDI、ERP技术的应用投资,以更加有效地推行JIT采购策略。

2. 供应链管理下准时采购的实施步骤

供应链管理下准时采购要按照以下步骤实施:

(1) 创建准时采购班组

世界一流企业的专业采购人员有3个责任:寻找货源、商定价格、发展与供应商的协作关系并不断改进。因此专业化的高素质采购队伍对实施准时化采购至关重要。为此,首先应成立两个班组,一个是专门处理供应商事务的班组,该班组的任务是认定和评估供应商的信誉、能力,或与供应商谈判签订准时化订货合同,向供应商发放免检签证等,同时要负责供应商的培训与教育。另外一个班组是专门从事消除采购过程中浪费的班组。这个班组人员对准时采购的方法应有充分的了解和认识,必要时要进行培训,如果这些人员本身对准时化采购的认识和了解都不彻底,就不可能指望供应商的合作了。

(2) 制订计划

确保准时采购策略有计划、有步骤地实施。要制定采购策略,改进当前的采购方式,减少供应商的数量、正确评价供应商、向供应商发放签证等内容。在这个过程中,要与供应商一起商定准时采购的目标和有关措施,保持经常性的信息沟通。

(3) 精选少数供应商,建立伙伴关系

选择供应商应从这几个方面考虑:产品质量、供货情况、应变能力、地理位置、企业规模、财务状况、技术能力、价格、与其他供应商的可替代性等。

(4) 进行试点工作

先从某种产品或某条生产线试点开始,进行零部件或原材料的准时化供应试点。在试点过程中,取得企业各个部门的支持是很重要的,特别是生产部门的支持。通过试点,总结经验,为正式实施准时采购打下基础。

(5) 搞好供应商的培训,确定共同目标

准时采购是供需双方共同的业务活动,单靠采购部门的努力是不够的,需要供应商的配合。只有供应商也对准时采购的策略和运作方法有了认识和理解,才能获得供应商的支持和配合,因此需要对供应商进行教育培训。通过培训,大家取得一致的目标,相互之间就能够很好地协调,做好采购的准时化工作。

(6) 向供应商颁发产品免检合格证书

准时采购和传统的采购方式的不同之处在于买方不需要对采购产品进行比较多的检验手续。要做到这一点,需要供应商做到提供百分之百的合格产品,当其做到这一要求时,即发给免检证书。

(7) 实现配合准时化生产的交货方式

准时采购的最终目标是实现企业的生产准时化,为此,要实现从预测的交货方式向准时化适时交货方式转变。

(8) 继续改进,扩大成果

准时采购是一个不断完善和改进的过程,需要在实施过程中不断总结经验教训,从降低运输成本、提高交货的准确性和产品的质量、降低供应商库存等各个方面进行改进,不断提高准时采购的运作绩效。

3. 供应链管理下准时采购的实施要点

要实施准时采购,以下3点是十分重要的。

(1) 选择最佳的供应商,并对供应商进行有效的管理是准时采购成功的基石。"好"的合作伙伴是影响准时采购的重要因素,如何选择合适的供应商、选择的是否合适就成了影响准时采购的重要条件。在传统的采购模式下,企业之间的关系不稳定,具有风险性,影响了合作目标的实现。供应链管理模式下的企业是协作性战略伙伴,因此为准时采购奠定了基础。

(2) 供应商与用户的紧密合作是准时采购成功的钥匙。因为准时采购成功的关键是与供应商的关系,而最困难的问题也是缺乏供应商的合作。供应链管理所倡导的战略伙伴关系为实施准时采购提供了基础性条件,因此在供应链环境下实施准时采购比传统管理模式下实施准时采购更加具有现实意义和可能性。但是在实际运作中要保证供应商与企业的合作,成功实施准时采购,必须建立完善、有效的供应商激励机制,使供应商和用户一起分享准时采购的好处。

(3) 卓有成效的采购过程质量控制是准时采购成功的保证。产品的质量问题关乎企业的生命,而其中采购环节的质量控制是关键一步,它是准时采购的质量保证。这包括了企业按照双方协定的标准和程序对供应商质量保证能力的监控、对供应物资定期不定期的抽查检验以及建立相应的奖惩机制激励和约束供应商等。

因此可见,准时采购不单是采购部门的事情,企业的各部门要实现准时生产,首先要为准时采购创造有利的条件,为实施准时采购共同努力。选择最佳的供应商并对其进行有效的管理是基础,与供应商紧密合作是关键,卓有成效的采购过程、严格控制质量是保证,只有这样才能真正确保准时采购的成功实施。

### 五、准时采购带来的问题及其解决办法

1. 小批量采购带来的问题及其解决办法

小批量采购必然增加运输次数和运输成本,对供应商来说,这是很为难的事情,特别是供应商在国外等远距离的情形下更是如此。解决这一问题的方法有四种:① 使供应商在地理位置上靠近制造商,如日本汽车制造商扩展到哪里,其供应商就跟到哪里。② 供应商在制造商附近建立临时仓库。实质上,这只是将负担转嫁给了供应商,而未从根本上解决问题。③ 由一个专门的承包运输商或第三方物流企

业负责送货,按照事先达成的协议,搜集分布在不同地方的供应商的小批量物料,即时按量送到制造商的生产线上。④让一个供应商负责供应多种原材料和外购件。

2. 采用单源供应带来的风险

单源供应带来的风险包括:供应商有可能因意外原因中断交货,单源供应使企业不能得到竞争性的采购价格,对供应商的依赖过大等。因此,制造商必须与供应商建立长期互利合作的新型伙伴关系。在日本,尽管98%的JIT企业名义上采取单源供应的办法,但实际上,一些企业常采用同一原材料或外购件由两个供应商供货的方法,其中一个供应商为主,另一个供应商为辅。许多企业也不是很愿意成为单一供应商,原因很简单,一方面供应商是独立性较强的商业竞争者,不愿意把自己的成本数据披露给用户;另一方面是供应商不愿意为用户储存产品。实施JIT采购,需要减少库存,但库存成本原先是在用户一边,现在要转移给供应商。

## 第三节 供应商关系管理

### 一、供应商关系管理概述

1. 供应商关系管理的发展轨迹

供应商关系管理的萌芽是与采购管理联系在一起的,它的理论研究发展轨迹如图5-3所示。从采购管理发展到供应管理和供应商管理,从供应商管理发展到供应商关系管理。

图5-3 供应商关系管理的发展轨迹

2. 供应商管理向供应商关系管理的发展

供应商管理是采购环节中很重要的一环。特别是对于生产企业来说,供应商的优劣直接影响到生产产品的成本、质量和交货。只有供应商的成本控制得当,企业生产的产品价格才更具有市场竞争力;只有供应商有完善的质量控制体系,才能生产出质量稳定的产品;只有供应商有最佳的生产能力,才能保证及时稳定的供货。在近60年间,随着经济环境的变化,不断地出现新的内容。从传统的供应商管理发展到现代供应商管理,企业在供应商管理方面有了很大的创新。在对物流管理越来越重视的今天,优秀的企业将供应商管理提高到战略高度,并且在实践中不断寻求更好的方法。

供应商管理大致经历了四个发展阶段：传统的供应商管理行为、新兴的供应商管理行为、先进的供应商管理行为以及世界级供应商管理行为，如表5-2所示。

表5-2 供应商管理发展的四个阶段

| 阶段名称 | 特　　点 |
| --- | --- |
| 传统供应商管理行为 | 大量、分散的供应商<br>几乎没有建立特定关系<br>认为供应商之间是充分竞争的，可互相代替<br>没有正式的供应商评估<br>以价格和质量为主要的选择标准，但还是更突出价格因素 |
| 新兴的供应商管理行为 | 偏爱数量有限的关键供应商<br>有供应商评估系统和双向大量沟通<br>突出供应质量<br>巡视现场<br>调查供应商<br>与供应商有限地合作 |
| 先进供应商管理行为 | 正式的供应商认证<br>制定服务协议<br>包括行为规范和正式评估<br>理解供应商成本构成 |
| 世界级供应商管理行为 | 供应商自我认证<br>关键供应商账户管理<br>战略性配合<br>系统化的评估反馈<br>同步双向沟通<br>和供应商一起优化供应链 |

从表5-2可以看出，传统的供应商管理内容非常单一，主要停留在供应商选择上。而供应商选择的首要目标是最低价格。供应商管理行为往往表现为双方的讨价还价，双方之间是一种对抗性的竞争关系。新兴的供应商管理行为较之传统的供应商管理有了观念上的转变，最主要的方面体现在与供应商之间有了初步的沟通与交流，打破了传统供应商管理理念中"临时性"的特点。先进的供应商管理的行为在新兴供应商管理的基础上加强了对供应商的认证及评估的要求。世界级供应商管理的行为充分体现了供应商关系管理的特点，与供应商长期合作、建立紧密的伙伴关系。

可见，供应商关系管理是供应商管理理念与思想不断扩充、发展的产物，它经历了最初的为单纯地强调供应、忽视合作的传统模式的供应商管理，到加强了初步合作的新兴供应商管理，再到加强评估和认证的先进供应商管理，最后发展成为互利共赢的、基于供应链体系的世界级供应商管理。总而言之，供应链体系环境下的供应商关系策略是要整合供应商,建立相对稳定的战略利益同盟,集中选择更有优势、更有实力的供应商作为合作伙伴,保证更优秀、更有效率的供应。

3. 供应商关系管理的概念

供应商关系管理(Supplier Relationship Management,SRM)是一种致力于实现与供应链上游供应商建立和维持长久、紧密伙伴关系的管理思想,通过对双方资源和竞争优势的整合来共同开拓市场,降低产品前期的高额成本,实现双赢的企业管理模式。它以多种信息技术为支持和手段,在对企业的供方(包括原料供应商、设备及其他资源供应商、服务供应商等)以及供应信息完整有效的管理与运用的基础上,考虑如何对供应商、产品或服务、沟通、信息交流、合同、资金、合作关系、合作项目以及相关的业务决策等进行全面的优化管理与支持。这种对合作关系的"主动管理",可以更好地理解供应商,反过来又帮助公司确定最好的供应商,改进供应链整体业绩。

## 二、供应商关系管理的内容

一般的供应商关系管理的内容有:

(1) 评估采购战略:确定更有效的货源、制订采购和产品开发战略。

(2) 供应商评估:更可靠、更迅速地发现与评估供应商,降低供应风险,减少存货。

(3) 供应商选择:通过多种拍卖与招标等技术将供应商的能力与业务需求进行匹配,从而缩短购货周期。

(4) 合同谈判与管理:在线开展合同谈判,发挥战略协作优势,确保版本控制、隐私和安全。

(5) 内容管理:供应商与产品数据等内容有效共享,供应商的创新信息及时融合到供应战略中,以增强竞争优势。

(6) 可行的购货计划:全面审查所有与采购申请相关的信息,包括替代材料、经批准的销售商列表和可选供应商的信息。

## 三、企业供应商关系管理的实施

供应商关系管理的实施是一项系统工程,它涉及企业管理的方方面面,不仅需要充分的资金资源,还需要企业管理者的高度重视,最重要的是企业信用。供应商关系管理的成功实施首先要基于对信息技术的应用,MRP Ⅱ、ERP、SCM、SRM 等管理软件的应用是企业实施供应商关系管理的技术基础;其次,企业要对供应商的关系进行准确的、科学的定位分析,区分出供应商的层次等级;最后,对定位为不同关系类型的供应商应采取有针对性的关系管理策略,并开展相应的供应商关系管理活动。

企业对供应商关系管理的实施具体需要以下过程:

1. 分析企业市场竞争环境

市场需求是企业一切活动的驱动源。企业必须首先分析市场竞争环境,确定现在的产品需求是什么,需求的类型和特征是什么,以确认用户的需求,从而为目前企业产品进行市场定位。通过对市场竞争环境的了解和分析,针对目前企业的供应商关系现状,确认企业供应链合作关系是否有变化的必要性。

2. 采购物料重要性分析和供应市场风险分析,确定战略物资

企业生产产品的过程中,不可能自己生产所需的全部原材料、零部件。为实现最大的效益,必须把非核心竞争力的部分外包出去,即企业必须采购大量的原材料、零部件及各种辅助物料。由于企业不可能对这些需要购买的所有物料都建立战略伙伴关系,因此需要对采购物资的重要性和供应市场的风险进行分析,其中最关键的目的是要确定那些战略性物资,并与相应的供应商建立战略伙伴关系。

3. 建立专家小组

企业必须建立专家小组,以控制和实施供应商关系管理。组员以来自采购、质量、生产、技术、研发等与供应商有联系的部门为主。需要注意的是,建立战略合作伙伴关系是一个双方互相选择的过程,既是采购企业选择供应商,又是供应商选择其客户的过程,所以,专家小组需要得到双方最高领导层的支持。

4. 供应商选择

供应商选择包括战略供应商和其他类型供应商。供应商选择过程是一个多层次、反复的过程,除了调查、收集供应商相关信息外,还需要借助很多工具和方法,对大量的影响因素进行筛选、分析。

5. 跟踪评价供应商

供应商关系管理是一个动态过程,不能仅仅停留在供应商的定位与选择上,还需要对它进行长期维护。供应商关系会随着市场的变化而发生变化,而且供应商的供应情况也是一个变量,因此需要采购企业对战略合作伙伴进行跟踪评价,并对其进行改善。

总的来说,在实施供应商战略合作伙伴关系过程中,随着市场需求的不断变化,需要根据实际情况及时修改合作伙伴的评价标准,或者重新开始合作伙伴的评价选择过程。

## 四、双赢关系管理

1. 两种供应关系模式

在供应商与制造商关系中,存在两种典型的关系模式:传统的竞争关系和合作性关系,或者叫双赢关系(Win-Win)。两种关系模式的采购特征有所不同。

竞争关系模式是价格驱动。这种关系的采购策略表现为:

(1) 买方同时向若干供应商购货,通过供应商之间的竞争获得价格好处,同时

也保证供应的连续性；

（2）买方通过在供应商之间分配采购数量对供应商加以控制；

（3）买方与供应商保持的是一种短期合同关系。

双赢关系模式是一种合作的关系，这种供需关系最先是在日本企业中采用。它强调在合作的供应商和生产商之间共同分享信息，通过合作和协商协调相互的行为。这种关系的采购策略表现为：

（1）制造商对供应商给予协助，帮助供应商降低成本、改进质量、加快产品开发进度；

（2）通过建立相互信任的关系提高效率，降低交易/管理成本；

（3）长期的信任合作取代短期的合同；

（4）比较多的信息交流。

2. 双赢供应关系管理

双赢关系已经成为供应链企业之间合作的典范，因此，要在采购管理中体现供应链的思想，对供应商的管理就应集中在如何和供应商建立双赢关系以及维护和保持双赢关系上。

（1）信息交流与共享机制

信息交流有助于减少投机行为，有助于促进重要生产信息的自由流动。为加强供应商与制造商的信息交流，可以从以下几个方面着手：

① 在供应商与制造商之间经常进行有关成本、作业计划、质量控制信息的交流与沟通，保持信息的一致性和准确性。

② 实施并行工程。制造商在产品设计阶段让供应商参与进来，这样供应商可以在原材料和零部件的性能和功能方面提供有关信息，为实施 QFD（质量功能配置）的产品开发方法创造条件，把用户的价值需求及时地转化为供应商的原材料和零部件的质量与功能要求。

③ 建立联合的任务小组解决共同关心的问题。在供应商与制造商之间应建立一种基于团队的工作小组，双方的有关人员共同解决供应过程以及制造过程中遇到的各种问题。

④ 供应商和制造商经常互访。供应商与制造商采购部门应经常性地互访，及时发现和解决各自在合作活动过程中出现的问题和困难，建立良好的合作气氛。

⑤ 使用电子数据交换（EDI）和因特网技术进行快速的数据传输。

（2）供应商的激励机制

要保持长期的双赢关系，对供应商的激励是非常重要的，没有有效的激励机制，就不可能维持良好的供应关系。在激励机制的设计上，要体现公平、一致的原则。给予供应商价格折扣、柔性合同以及采用赠送股权等，使供应商和制造商分享成功，同时也使供应商从合作中体会到双赢机制的好处。

（3）合理的供应商评价方法和手段

要实施供应商的激励机制,就必须对供应商的业绩进行评价,使供应商不断改进。没有合理的评价方法,就不可能对供应商的合作效果进行评价,将大大挫伤供应商的合作积极性和合作的稳定性。对供应商的评价要抓住主要指标或问题,比如交货质量是否改善了,提前期是否缩短了,交货的准时率是否提高了等。通过评价,把结果反馈给供应商,和供应商一起共同探讨问题产生的根源,并采取相应的措施予以改进。

(4) 与供应商制定长期供应契约

供应链采购管理的过程控制是基于长期契约来进行的。这种长期契约与传统合同所起的约束功能不同,它是维持供应链的一条"纽带",是企业与供应商合作的基础。它提供一个行为规范,这个规范不但供应商应该遵守,企业自己也必须遵守。它包含以下内容:

① 损害双方合作的行为的判定标准,以及此行为要受到的惩罚。企业与供应商的长期合作是实现基于供应链采购管理的基础。任何有损于合作的行为都是有害的,不管此行为是供应商引起的还是企业自身引起的。因此对这种行为的判定和惩罚是契约的必要组成部分。

② 激励条款。对供应商的激励是能否使供应商参与供应链的一个重要条件。为供应商提供只有参与此供应链才能得到的利益是激励条款必须表现的。此外激励条款应包含激励供应商提高包括质量控制水平、供货及时水平和供货成本水平等业务水平的内容,因为供应商业务水平的提高意味着采购过程更加稳定可靠,而且费用也随之降低。

③ 与质量控制的相关条款。在基于供应链的采购管理中,质量控制主要是由供应商进行的,企业只在必要时对质量进行抽查。因此,关于质量控制的条款应明确质量职责,还应激励供应商提高其质量控制水平。对供应商实行免检,是对供应商质量控制水平的最高评价。契约中应指出实行免检的标准,和对免检供应商的额外奖励,以激励供应商提高其质量控制水平。

④ 对信息交流的规定。供应链企业之间任何有意隐瞒信息的行为都是有害的,充分的信息交流是基于供应链的采购管理良好运作的保证。因此,契约应对信息交流提出保障措施。

此外,还应强调的是,契约应是合作双方共同制定的,双方在制定契约时处于相互平等的地位。契约在实行一段时间后应考虑进行修改,因为实际环境会不断变化,而且契约在制订初期也会有需要调整的地方,一定的修改和增减是必要的。

## 五、供应链环境下供应商关系管理的意义

随着采购管理向供应管理的转变,供应商对企业的作用也越来越突出,供应商的交货期、产品质量好坏、产品成本高低对采购方的建设工期、运营成本、安全生产

等都有着重要影响。供应商关系管理能在以下三方面帮助企业提高竞争优势。

1. 巨大的成本节约

供应商的成本竞争力在一定程度上就是企业的成本竞争力。企业许多产品最终成本中的70％以上都是受供应商控制的,企业必须加强与供应商合作,以确保他们高效可靠地提供低成本的产品和服务。发展与供应商之间的合作关系的重要目的,是通过更深层次的合作与联动来联合降低采购成本,而不再仅仅单方面要求供应商降低成本。激烈的全球竞争,要求企业对市场做出快速反应并且精于核心业务,与来自不同的供应商网络的供应网络集成,做出迅速而精确的决策,这使得供应商关系管理在新时期更显重要。因为与有实力的供应商合作能为企业提供充足数量、可靠质量和低成本的物资,从而形成竞争优势。

2. 对市场需求的更快速、更灵活的反应

供应商的产品质量可靠性、持续供应能力等对企业的生产经营持续进行和风险控制关系重大。随着竞争的不断加剧,供应商与需求企业作为同一供应链上高度关联的成员,彼此依存度将不断增加,采购方与供应商将共同分享更多的资源,占主导地位的供应商对需求企业的影响将越来越大。

3. 信息与资源的更快循环

供应商的功能正在由单纯的供应功能拓展为参与新产品开发设计、存货管理服务、供应服务等多项综合功能,其对企业生产建设的运作效果、市场竞争优势的取得显得越来越重要。供应的交货及时性会对采购成本乃至总成本产生巨大的影响。虽然从采购的角度来看,交货期基本上是由供应商决定而非客户随意指定。但是,采购部门完全能够通过有效的管理方法来影响整个交货期的长短,特别是相对稳定的供应商关系联盟的建立,采购方与供应商之间的信息快速传递和共享以及供应商在物资需求产生时的早期介入等是非常重要的。

除此以外,供应商关系管理也是解决企业的库存、产品质量控制、风险等问题的有效措施之一。总之,供应商关系已经成为企业参与竞争并确保获得竞争优势的强有力武器和宝贵资源,企业的成本和风险控制与供应商的关系管理日益密不可分。

• 练习题 •

1. 传统的采购模式有哪些特点?
2. 简述供应链管理环境下采购的特点,并分析供应链采购与传统采购的区别在哪里?
3. 简述准时采购的思想和特点。
4. 简述供应链环境下准时采购的实施条件和步骤。
5. 简述供应商关系管理的概念及其实施过程。
6. 供应链企业成员应如何进行双赢关系管理?

### •案例分析•

## 联想公司的供应链策略与采购战略管理

### 一、行业背景

联想集团作为我国在IT行业的领头企业,其供应链以及采购环节有一些主要的特点,这些特点与整个IT市场相关。

第一,IT产品价格的波动风险非常大,影响因素也非常复杂,难以准确地预测,当市场发生变化的时候,需要快速地调整才能够满足客户的需要,并且要避免库存带来的风险。

第二,IT行业部件更新换代非常快也非常频繁。按照联想的统计,基本上每2天就有一个机型发生大的或者是小的改动,产品的降价速度也非常快,需要准确的预测市场的需求,才能满足客户的订单,这就要求不能有太多的库存。

第三,客户差异化的需求日益强烈,而IT企业在生产上又需要保证一定的标准化,二者之间的矛盾需要很好地解决,要做到既要保证标准化,又要很好地满足客户差异化的需求。

第四,很多物料的价格大部分是来自于上一个供应商,而上一个供应商利益驱动的情况是非常明显的,并且很多供应商具有寡头垄断或者是少数寡头的特点,所以供应商对整个行业的影响非常大,这是联想在供应链和采购方面的一些基本状况。那么,对于这种格局,联想是如何做的呢?

### 二、联想公司在供应链管理和采购方面的做法

首先,在供应链管理和采购方面,联想公司采取一体化的运作体系,通过把采购、生产、分销以及物流整合成一个统一的系统,来从战略层和执行层上对整个集团制定一个统一的方针,进行统一的协调。

其次,从联想的供应链来看,联想有300多家供应商,整个国内的客户渠道有5 000多家。在联想内部,分布有北京、上海和惠阳三个工厂,目前生产的主要产品除了台式电脑、笔记本、服务器之外,还有MP3等其他的数码产品,应该说是一个非常复杂的供应链体系。联想的物料主要分为国际性采购的物料和国内采购的物料,国际性的物料,基本上都是通过香港,然后分别转到国内的惠阳、上海和北京,在国内的物料会直接发到各个工厂,然后由各个工厂制作成成品,最后发到代理商和最终的用户。这是联想的供应链双链的模型,通过接收链和交互链很好的协同,来达到更好地适应供应的变化以及满足客户需求的效果。

最后,联想在运作模式上,目前还并不是一个完全按订单生产的企业,这与面对

的客户群有关。联想目前主要的客户60%～70%来自于个人和中小型企业。所以，联想的运作模式也是采取一种安全库存结合按订单生产的方式，它会有1～2天成品的安全库存，更多的是根据用户的订单来快速响应客户的需求。

### 三、主要问题及应对策略

在这样的供应链管理模式之下主要是解决四个方面的问题：① 怎么样保证准确的预测；② 怎么样保证在预测出现偏差的时候，能够快速调整；③ 怎么样满足客户差异化的需求或怎么样满足客户定制的需求；④ 怎么样很好地完成供应商在采购方面的协同。这四个问题也是很多企业在当今需要面对的主要问题。联想公司在这四个方面的应对策略如下：

1. 准确预测

联想在预测方面主要基于历史数据，联想从市场和代理商当中积累了大量的历史数据，通过对销售的历史数据分析发现产品的销量跟很多的实践因子相关，比如市场自然的增长、季节的因素、联想做的一些优惠活动、新产品的推出等等，都会影响市场的销量。通过对这些因子进行线性的评估来确定在运算方面的模型。通过这种预测模式再加上对代理商和区域市场对客户的预测，可以同时得出联想在短期和长期以及其产品对整个市场多维度的预测。之所以说这个预测是一个多维度的，是因为它包括了对产品在不同区域、不同时期、不同渠道的预测，而且归结为一个顾及很多因素、很多事件影响的数字模型。最后，通过上述的销售预测体系，公司在预测方面的准确度提高了30%。

2. 快速调整

在预测出现偏差的时候，怎么样进行快速调整。预测偏差的调整涉及以下两个方面，一个方面是采购计划方面怎么样快速调整；另外一方面是在生产计划方面怎么样进行快速调整。

首先介绍一下在采购计划方面的调整。采购计划的调整，除了刚才讲到的需要根据预测的调整之外，还要受到采购的提前期、安全库存的策略以及采购批量等等的影响，另外还要根据联想在国内多个工厂、多个库存地的实时的计划，从而确定采购计划应该怎么样进行调整和改变。通过供应商的系统可以更好地和供应商实现交货的计划和采购订单和预测等方面信息的协同，从而可以保证从客户端一直到联想内部的系统和供应商端实现整体的信息协同和同步。当销售发生调整或者供应商的状况发生变化的时候，联想可以做到在几个小时之内，把几十种产品、几千种物料、面对几百家供应商的计划调整完毕，这样就加快了对市场反应的变化和应对的能力。

其次，生产计划调整方面，目前联想通过电子商务与主要的代理伙伴、代理商和分销商进行合作，基本上每年会有2 000多张订单进入联想，联想也是通过这种生产计划系统来快速完成生产计划的制订，并且可以很快根据这种生产计划提供给供应商比较准确的送料计划来达到和供应商的协同。另外，通过生产计划系统，还能看到在产能方面的状况,当产能不足时,可以通过调整、加班等一些方式满足客户的订单需求。

3. 满足定制需求

对于客户定制,客户可以根据他自己的选择,自动地进行配置,系统可以自动地提供报价,这样客户就可以在网上选择产品,并且可以得到时时的价格以及供货的时间。联想以快速的调整及订单的模式来满足客户的需求。

4. 供应商协同

在供应商的协同方面有两点:一点是做到全程协同,在产品研发过程当中就要和供应商进行同步开发,在品质和供应弹性以及成本方面,需要进行一个持续的改善;另外一点,在采购价格方面需要供应商能够保持最佳的竞争力,采取全程紧密的策略,首先在供应商端会实现优胜劣汰,寻找有竞争力的合作伙伴,其次在供应商端会设立相应的采购平台,加强日常的管理。对于突发问题的解决以及持续改善项目的推进,联想进行供应商协同一个主要的目的,就是要确保在业界自由的供应商争夺以及采购资源的争夺中,能够保持一种有利的战略位置。因为当前的竞争已经不单纯是一个企业和企业之间的竞争,而是企业和企业之间供应链的竞争。

在供应商协同方面主要有以下 7 部分工作。首先,要确定供应商的总体策略,包括价格成本以及采购比例的控制;其次,引入淘汰机制,以及框架协议的签署;第三,定期和供应商进行互惠活动,更好地推进相互之间的合作;第四,要对新品供应商以及重要零部件上游供应商进行掌控;第五,定期对供应商工厂生产线进行一些审核工作;第六,管理供应商供应能力等方面的一些事宜;第七,对供应商服务方面的管理,主要涉及在索赔和维修服务方面的支持的管控、对供应商财务状况的分析,以及对物料控制方面的管理等。

基于供应商协同的理念,联想会定期地调整采购策略,制定整体的采购策略,并且根据采购策略的情况确定是否需要导入新的供应商,进行供应商策略的调整。另外,会定期评估供应商的日常管理情况和绩效,评估主要是从研发、质量、服务、供应及成本五个方面来进行。根据评估结果和日常的采购管理,可以实现对供应商管理的规范化和流程化,从而更好地做到对供应商状况的考评。

联想根据采购金额和物料的风险确定了 4 大类的策略:战略型、杠杆型、关键型和策略型,针对不同类型的供应商、不同的物料采取不同的策略,从而达到在不同情况下采购资源的最大化。在采购策略方面联想希望和供应商之间采取双赢的策略,采取非常紧密的战略,引入优胜劣汰的机制。联想的采购组织除了目前的采购本部是在北京,另外上海、香港、深圳和台北,在IT这个行业供应商比较集中的工厂所在地,也建立了相应的采购平台,从而加强对供应商本地的监控、相应的日常管理以及出现问题时项目的推进和改进的工作。

资料来源:根据禚春磊(联想集团策略采购部总经理)在"2003 年第二届中国企

业采购国际论坛"上的讲话改编。

讨论题：
1. 结合案例和本章内容谈谈联想集团的供应商管理情况。
2. 联想集团在供应链环境下的采购活动主要是从哪几个方面展开的？它是否需要实施准时采购？

• 实训项目 •

# 供应链中不同成员采购模式策略对比

● 实训目的

在学习并掌握供应链采购基本知识的基础上，了解供应链中不同成员（生产商、零售商等）的采购模式或策略，并分析各成员所用采购模式或策略是否与在供应链中所处位置有关，以加深对供应链环境下采购知识的理解掌握。

● 实训任务

(1) 借助网络、图书以及实地企业调研等途径，分别收集生产企业、零售企业的采购管理方面的资料；
(2) 整理分析所收集到的资料，对各企业不同的采购模式或策略进行总结对比，探讨采购模式是否与企业所处供应链中的角色有关，并形成书面报告。

● 实训过程组织

(1) 将学生分成若干小组，每组要求 3～5 人，确定组长；
(2) 小组成员明确分工收集不同类型企业采购管理的相关资料；
(3) 小组成员通过网络、图书或调研，搜集相关资料；
(4) 总结分析所收集到的采购管理资料，并形成书面报告；
(5) 集中时间，由每组派一名代表陈述本组的调研、资料分析过程和结果。

● 实训说明

(1) 每个小组所调查或搜集的企业资料须不同于其他的小组；
(2) 采用教师评判和各组互评相结合的方法，对每组的分析结果进行评分。

# 第六章　供应链生产管理

• 学习目标 •

1. 掌握供应链管理环境下的生产计划与控制系统模型、生产组织计划模式；
2. 理解供应链管理环境下生产计划的特点及生产控制的特点；
3. 掌握延迟制造的概念和思想；
4. 掌握精益生产的概念和主要思想，了解其起源的背景、特点、实施策略等内容；
5. 掌握敏捷制造的概念及特点，了解其产生的背景、主要要素及与精益生产的区别。

• 引导案例 •

## 丰田式生产管理原则

杜绝浪费任何一点材料、人力、时间、空间、能量和运输等资源，是丰田生产方式最基本的概念。随着日本经济的低迷，日本汽车市场也陷于长期衰退之中，然而丰田汽车却在日益激烈的竞争中继续保持利润增长，更提出"世界第一"的宣言，宣称要达到全世界汽车销售总量的15％，显示了其迈向世界顶点的决心。经研究以为，丰田继续保持利润增长的关键，不是着重于降低生产成本，而是更强调如何提高整体竞争力。诸如美国三大汽车制造商，越来越依赖于折扣来维持销售，对于丰田而言，这可能是短视而无利润的做法。他们提出了"UMR 计划"(United Manufacturing Reform Plan)，用来强化汽车基于零件的设计开发能力，提高效率。丰田投入百亿日元预算开发引擎设计软件，目的是使生产引擎设备小型化、作业工程简单化，并且贯彻生产一体化，在工厂透过中心看板就可以掌握所有汽车制造进度。由于丰田追求高效率的制造和汽车开发能力,其零件成本只占汽车总成本的1/20,而销售一台5 000美元的汽车,成本只需2 000美元,无形中大大提升了利润。丰田保持增长的基础是变革的决心、讲究效率的意志力,是丰田汽车领导者如名誉会长丰田章一郎等人所倡导的企业文化。2003年,丰田社长张富士夫(Fujio Cho)获选为美国《商业周刊》(2003/1/13期)世界15位最杰出经理人之一,因为丰田是日本首家税前盈余超过1兆日元(87.4亿美元,2001/4～2002/3)的企业。在日本经济被人形容为"处在黑洞犹看不见曙光"之际,张富士夫能获选,具有相当典范的意义与价值。张富士夫认为,日本要脱离困境,惟一的良方就是打破传统产业藩篱,引进"丰田式的生产管理"。那么,丰田生产管理的关键原则是什么呢?现特别归纳如下:

(1) 建立看板体系。就是重新改造流程,改变由经营者主导生产数量的传统,转而重视顾客的需求,由后面的工程人员通过看板告诉前一项工程人员的需求(比方需要多少零件、何时补货等等),亦即逆向控制生产数量的供应链模式。这种方式不仅能节省库存成本(达到零库存),更重要的是能提高流程的效率。

(2) 强调实时存货。依据顾客的需求,生产必要的东西,在必要的时候,生产必要的量,这种丰田独创的生产管理概念,在20世纪80年代就已经为美国企业所用,并有很多成功案例。

(3) 标准作业彻底化。丰田对生产的内容、顺序、时间控制和结果等所有工作细节都制定了严格的规范,比如装轮胎和引擎需要几分几秒等等。但这并不是说标准是一成不变的,只要工作人员发现了更好更有效率的方法,就可以变更标准作业。

(4) 杜绝浪费和模糊。杜绝浪费任何一点材料、人力、时间、空间、能量、运输等资源,是丰田生产方式最基本的概念。丰田要求每个员工在每一项作业环节里,都要重复问为什么(Why),然后想如何做(How),即"5W1H",并确认自己以严谨的态度打造完美的制造任务。

(5) 生产平准化。平准化指的是"取量均值性"。假如后一个工程生产作业的取量变化大,则前一个作业工程必须准备最高量,由此造成库存浪费。丰田要求各生产工程的取量尽可能达到平均值,也就是前后一致,为的是将需求与供应达成平准,降低库存与生产浪费。

(6) 活人、活空间。在对流程进行不断改善的过程中,丰田发现,在生产量不变的情况下,生产空间却可精简许多,而这些剩余的空间可以做灵活的运用。人员也是一样,假如一个生产线上有6个人,在组装时抽掉1个人,则那个人的工作空间自动缩小,空间空出来而工作由6个人变成5个人,原来那个人的工作被其他5人取代。这样灵活的工作体系,丰田称为"活人、活空间",即鼓励员工都成为"多能工",以创造最高价值。

(7) 养成自动化习惯。这里的自动化不仅仅包括机器,还包括人的自动化,也就是养成良好的工作习惯,不断学习创新,这也是企业的责任。即由生产现场教育训练的不断改进与激励,成立丰田学院(Toyota Institute),让人员的素质越来越高,反应越来越快,动作越来越精确。

# 第一节 供应链管理环境下的生产计划与控制

## 一、传统的生产计划体系

企业生产计划是企业生产运作管理的依据,也是生产运作管理的核心内容。在现代企业生产经营活动中,企业内部分工精细,相互协作,任何一部分活动都不可能离开其他部分而单独进行。尤其是生产运作活动,它需要调配多种资源,在需要的时候,按需要的数量和质量提供产品或服务,这样就更离不开周密的计划。所以,计划是生产运作管理中的一个重要组成部分。

生产计划是根据需求预测和优化决策,对企业的产出品种、产出质量、产出速度、产出时间、劳动力和设备的配置以及库存水平等问题所预先进行的考虑和安排,将企业的生产任务同各生产要素进行反复的综合平衡,从时间和空间上对生产任务做出总体安排,并进一步对生产任务进行层层分解,落实到车间、班组,以保证计划任务的实现。无论是制造业还是服务业,均存在生产运作计划问题,但相比之下,制造企业的生产计划更为复杂。

制造企业的生产计划体系一般由三部分构成:综合生产计划、主生产计划和物料需求计划。三者之间的关系如图 6-1 所示。

1. 综合生产计划

综合生产计划(Aggregate Production Plan,APP)是对企业未来较长一段时间内资源和需求之间的平衡所作的概括性设想,是根据企业所拥有的生产能力和需求预测,对企业未来较长一段时间内的产出内容、产出量、劳动力水平等问题的决策性描述。

综合生产计划并不具体制订每一品种的生产数量、生产时间、每一车间和人员的具体工作任务,而是按照以下方式对产品、时间和人员作综合安排:

(1) 产品。按照产品的需求特征、加工特征、所需人员和设备的相似性等,将产品综合为几大系列,根据产品系列来制订综合生产计划。

(2) 时间。综合生产计划的计划期通常是 1 年(有些生产周期较长的产品,如大型机床等,可能是 2 年、3 年或 5 年),因此有些企业也把综合生产计划称为年度生产计划或年度生产大纲。在该计划期内,使用的计划时间单位是月、双月或季。在采用滚动式计划方式的企业,还有可能近期 3 个月的计划时间单位是月,其他未来 9 个月的计划单位是季等。

(3) 人员。综合生产计划可用几种不同方式来考虑人员安排问题,如按照产品

# 第六章 供应链生产管理

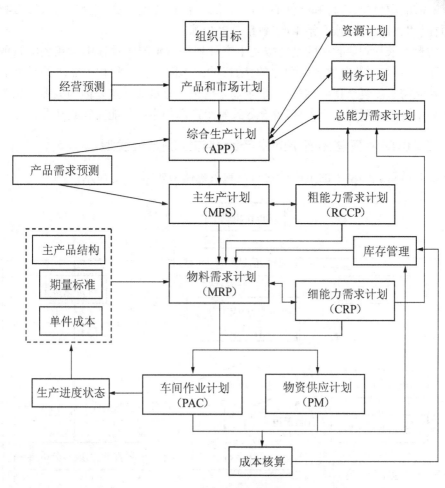

图 6-1 传统的生产计划体系

系列分别考虑生产各系列产品对人员的要求;或将人员根据产品的工艺特点和人员所需的技能水平分组等。综合生产计划中对人员的考虑还包括因产品需求变化引起的人员需求数量变动时,决定是采取加班还是扩大聘用等策略。

2. 主生产计划

主生产计划(Master Production Schedule,MPS)确定每一具体的最终产品在每一具体时间段内的生产数量。这里的最终产品,是指对于企业来说最终完成、要出厂的产成品,它可以是直接用于消费的消费产品,也可以是其他企业使用的部件或配件。主生产计划通常以周为单位,在有些情况下,也可能是旬、月或天。

3. 物料需求计划(Material Requirement Planning,MRP)

在主生产计划确定之后,为了能顺利实施,就要确保计划产量所需的全部物料(原材料、零件、部件等)以及其他资源在需要的时候能供应上。物料需求计划就是生产所需的原材料、零件和部件的生产和采购计划：外购什么、生产什么、什么物料必须在什么时候订货或开始生产、数量是多少等。

物料需求计划要解决的是在按主生产计划进行生产的过程中对相关物料的需求问题，而不是对这些物料的独立的、随机的需求问题。这种相关需求的计划和管理比独立需求要复杂得多，对于一个企业来说也十分重要。这是因为只要在物料需求计划中漏掉或延误一个零件，就会导致整个产品的生产不能完成或延误。

### 二、供应链管理环境下的生产计划与控制系统模型

供应链管理环境下的生产计划与控制系统模型如图 6-2 所示。

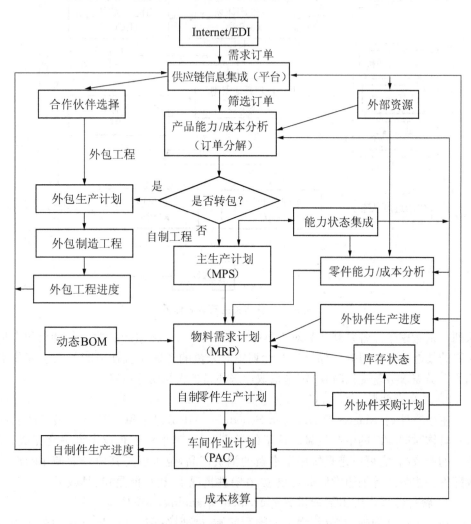

图 6-2　供应链管理环境下的生产计划与控制系统模型

本模型首次在 MRPⅡ 系统中提出了基于业务外包和资源外用的生产决策策略,使生产计划与控制系统更适应以顾客需求为导向的多变的市场环境的需要。生产计划系统更具柔性,更能适应订货型企业(MTO 企业)的需要。

传统的 MRPⅡ 系统中虽然有成本核算模块,但仅仅用于事后结算和分析,并没有真正起到成本的计划与控制作用。本模型把成本分析纳入了生产作业计划决策过程中,真正体现以成本为核心的生产经营思想。这是对 MRPⅡ 系统的一个改进。

基于该模型的生产计划与控制系统充分体现了供应链管理思想,即基于价值增值与用户满意的供应链管理模式。

### 三、供应链管理环境下的生产组织计划模式

从供应链的角度来看,制造过程是将原料转化为产品的过程,企业的利润来源于制造过程中产品的增值,而产品的增值主要是依靠科学的管理,包括生产计划、生产管理和生产控制。制造业传统采用 MRPⅡ(制造资源计划)或 JIT(准时制)进行生产计划的组织和控制。MRPⅡ 是西方生产管理的核心,因为它是根据企业现有资源制订未来生产计划,因此又称推式管理。它一般按经济批量来组织生产,为了保证生产的顺利平滑进行和减少生产与需求之间的不平衡,采用保持原材料、零部件、半成品和成品的安全库存量。其库存必然占用一定资金,增加产品成本。JIT 是日本丰田公司创造的一种生产管理模式,因为它是根据落实的订单按照总装配—部件装配—零件加工的反工艺路线次序安排生产,所以又称为拉式管理。它的基本思想是只在需要的时候,按需要的量生产所需的产品。其核心是追求一种零库存生产系统或使库存达到最小的生产系统。JIT 不允许在生产中存在瓶颈,而采用增加生产能力和培养多面手来保证生产的均衡化和同步化,而增加生产能力容易造成生产能力的浪费,使产品成本上升。由于 MRPⅡ 与 JIT 各有长短,所以结合 MRPⅡ 与 JIT 优点的 MRPⅡ/JIT 生产管理模式得到了广泛的应用,以该生产管理模式为基础,提出 Internet/Intranet 平台上的面向供应链生产组织计划模式。

MRPⅡ/JIT 生产管理模式应用 MRPⅡ 推式管理的生产计划思想:企业按照市场需求预测和客户订单来制订生产计划,根据主生产计划来制订装配计划,根据装配进度制订各外包企业的物料交货日期;各外包企业根据交货日期来实行 JIT 方式拉动生产,生产进度控制由外包企业制造执行系统来完成。即在生产计划和物料需求方面采用 MRPⅡ,在生产过程控制方面采用 JIT 方式。同样,在外包企业与本制造企业内部,外包企业根据物料需求计划编制车间生产计划,各车间根据车间物料交货日期来实行拉动生产。另外,计划执行过程中,系统可以通过 Internet/Intranet 监控外包企业及协作企业生产计划的执行情况,对有可能推迟交货的物料及零部件提前给出异常信息,从而能快速修正生产计划,使供应链中处于该节点下游的各个节点能够迅速地做出反应,避免生产的波动。该模式的实施,可以减少生产波动、降

低产品成本、缩短反应时间,从而提高企业的敏捷性与竞争力。

该模式体现了"事前计划、事中控制"的总体指导思想,体现了纵向和横向信息的集成。该模式的生产计划系统实施可分为计划制定、计划执行、计划控制和计划考核四个主要阶段。

1. 计划制定

面向供应链的生产组织计划模式的实施过程突破了企业的限制。

(1) 以销定产,建立主生产计划

主生产计划是企业销售计划和生产日程计划连接的纽带。主生产计划要将销售计划具体化,是以产品数量和日期表示的生产计划,把产品的市场需求转化为对企业生产的实际需求,实现销售计划与生产计划的同步,做到以销定产。主生产计划的对象是最终销售产品和相关需求的产品。根据销售计划计算出主生产计划数量以后,需要根据主生产计划历史数据和销售统计数据来判断该计划是否合理,并提出初步意见,然后根据供应链上企业资源情况进行粗能力平衡,同时对供应链上配套厂家的配套系统进行相应平衡和协调,以避免出现盲目生产的现象。

企业进行粗能力平衡后,进行外包决策,并制定外包工程计划,在执行过程中对外包生产进度进行分析和控制。企业在编制主生产计划时所面临的订单,在两种情况下可能转向外包:一是企业本身或其上游企业的生产能力无法承受需求波动所带来的负荷;二是所承接的订单通过外包所获得利润大于企业自己进行生产的利润。无论在何种情况下,都需要承接外包的企业的基本数据来支持企业的获利分析,以确定是否外包。

(2) 编制日装配计划,将生产任务细化到日

日装配计划主要是用来保证企业每月均衡生产、零部件按日配套而设立的。日装配计划是按装配线生产能力将主生产计划分解到各日,在编制日装配计划时需要考虑装配线的生产能力及配套件生产的衔接,还要考虑上游供应商企业的承接订单的能力及生产进度,并进行生产进度分析,上、下游企业的生产进度信息一起作为滚动编制计划的依据,以便保证产品装配之前有所需的零部件、配套件。

(3) 制定物料需求计划,保证零部件配套

根据产品装配计划,进行企业能力需求分析,即细能力平衡,考虑企业物料库存,生成物料需求计划,并以订单的形式向各外包企业及供应商下达。另外,为了保证零部件按优先级供应、配套及时到位、装配供应协调,可以在各外包企业设立监控点,控制上游企业、零部件供应商按物料需求按时、按量向下游企业送料。这样既保证了整个供应链网络的正常生产,又保证了供应链上各外包企业、供应商适时适量按需生产。企业物料需求计划的作用是给各个外包企业提出具体需求的时间和数量,各外包企业根据企业物料需求计划生成外包生产计划。

(4) 计划修正

物料需求计划是在经过企业能力平衡的前提下制定的,在生成物料需求计划后,需要将供应链订单下发到各个外包企业和供应商征求意见,计划部门根据各个外包企业和供应商的反馈意见对主生产计划、装配计划、物料需求计划进行调整。在各外包企业和零部件供应商根据自己的能力都能保障按时按量交货后,计划就正式开始实行。

2. 计划执行

企业订单下达到供应链上各外包企业和零部件供应商后,各外包企业进一步进行细能力平衡,制定外包生产计划。计划开始执行后,需要对生产计划的执行情况进行实时监控,分析将来可能出现的生产问题。在系统中采取以下方法来保证计划的顺利执行。

(1) 依靠计算机网络,全面了解生产信息

企业的各种生产决策都离不开准确的信息,为了实现生产信息共享,需要建立一个能覆盖整个供应链的计算机网络。可以采用 Intranet 技术来建立企业内部网络。采用 Intranet 的优点是它既具备传统局域网的特点,又具备互联网的开放性和灵活性,可以与互联网无缝连接,在提供企业内部应用服务的同时,又能对外部进行信息发布。设立 Internet/Intranet 网上电子看板,供应链网络上的每一企业可以通过互联网访问上游企业的电子看板上的生产指令信息,从而制定自己的详细进度计划。

(2) 建立在线分析处理系统,实现生产异常预报

系统可以通过企业 Intranet 网和数据复制技术来达到企业内部各部门之间的数据同步,利用 Intranet 提供的 Web、E-mail、FTP 等服务来为各供应商、客户提供各种生产信息,了解配套件生产情况和市场信息。在了解各方面生产信息的基础上,系统建立基于企业 Intranet 的在线分析处理系统,可以分析企业的生产状况、物料使用情况和库存情况,及时报告生产异常,预防生产问题的出现,保证生产的顺利进行。

(3) 制定信息录入制度,确保信息的准确性

信息管理系统所有工作的出发点是信息准确无误、及时,为了防止系统出现信息"垃圾进、垃圾出"的现象,企业必须制定一套完善信息录入制度,确保信息录入及时、准确。针对各个部门录入的信息,系统应提供多方位的审计功能,对于部门之间信息不一致的现象和可能出现的生产问题及时给出警报。

3. 计划控制

供应链环境下的企业生产控制和传统的企业生产控制模式不同,它需要更多的协调机制(企业内部和企业之间的协调),体现了供应链的战略伙伴关系原则。供应链环境下的生产协调控制的内容包括:

(1) 生产异常控制

企业的生产是一个闭环系统。生产计划人员需要在预计生产异常和确定现有生产问题的基础上,对这些生产异常和生产问题进行分析,找出问题产生的原因。在确定问题产生的原因后,计划人员需要向有关责任单位提出建议,变事后补救为事前控制。针对无法克服的生产问题,计划人员需要在考虑各方因素后重新修订生产计划。

(2) 生产进度控制

生产进度控制,又称生产作业控制,是在生产计划执行过程中,对有关产品生产的数量和期限的控制。其主要目的是保证完成生产作业计划所规定的产品产量和交货期限指标。生产进度控制是生产控制的基本方面,狭义的生产控制就是指生产进度控制。

生产进度控制的基本内容包括投入进度控制、工序进度控制和出产进度控制。投入进度控制是对产成品的投入日期、数量及对原材料、零部件投入提前期的控制;工序进度控制是生产中在每道工序上的加工进度的控制;出产进度控制是对成品的出产日期、出产数量及对产品的配套性和品种出产均衡性的控制。生产进度控制的基本过程包括分配作业、测定差距、处理差距和提出报告等。

生产进度控制贯穿整个生产过程,从生产技术准备开始到产成品入库为止的全部生产活动都与生产进度有关。习惯上人们将生产进度等同于出产进度,这是因为客户关心的是能否按时得到成品,所以企业也就把注意力放在产成品的完工进度上,即出产进度。

4. 计划考核

计划执行只有监控而没有考核,监控将流于形式。企业计划主管部门必须制定严格的计划考核制度,计划考核必须与责任人员直接利益挂钩,可以根据实际情况奖励计划执行情况好的单位和个人,对于计划执行情况差,严重影响企业生产进度的单位和个人必须给予处分。

### 四、供应链管理环境下生产计划的特点

1. 具有纵向和横向的信息集成过程

这里的纵向指供应链由下游向上游的信息集成,而横向指生产相同或类似产品的企业之间的信息共享。在生产计划过程中上游企业的生产能力信息在生产计划的能力分析中独立发挥作用。通过在主生产计划和物料需求计划中分别进行的粗、细能力平衡,上游企业承接订单的能力和意愿都反映到了下游企业的生产计划中。同时,上游企业的生产进度信息也和下游企业的生产进度信息一道作为滚动编制计划的依据,其目的在于保持上下游企业间生产活动的同步。外包决策和外包生产进度分析是集中体现供应链横向集成的环节。在外包中所涉及的企业都能够生产相同或类似的产品,或者说在供应链网络上是属于同一产品级别的企业。

## 2. 丰富了能力平衡在计划中的作用

在通常的概念中,能力平衡只是一种分析生产任务与生产能力之间差距的手段,再根据能力平衡的结果对计划进行修正。在供应链管理下制订生产计划过程中,能力平衡发挥了以下作用:

(1) 为修正主生产计划和物料需求计划提供依据,这也是能力平衡的传统作用;

(2) 能力平衡是进行外包决策和零部件(原材料)急件外购的决策依据;

(3) 在主生产计划和物料需求计划中所使用的上游企业能力数据,反映了其在合作中所愿意承担的生产负荷,可以为供应链管理的高效运作提供保证;

(4) 在信息技术的支持下,对本企业和上游企业的能力状态的实时更新使生产计划具有较高的可行性。

## 3. 计划的循环过程突破了企业的限制

在企业独立运行生产计划系统时,一般有三个信息流的闭环,而且都在企业内部:

(1) 主生产计划—粗能力需求计划—主生产计划

(2) 物料需求计划—细能力需求计划—物料需求计划

(3) 物料需求计划—车间作业计划—生产进度状态—物料需求计划

在供应链管理下生产计划的信息流跨越了企业,从而增添了新的内容:

(1) 主生产计划—供应链企业粗能力平衡—主生产计划

(2) 主生产计划—外包工程计划—外包工程进度—主生产计划

(3) 外包工程计划—主生产计划—供应链企业生产能力平衡—外包工程计划

(4) 物料需求计划—供应链企业能力需求分析(细能力平衡)—物料需求计划

(5) 物料需求计划—上游企业生产进度分析—物料需求计划

(6) 物料需求计划—车间作业计划—生产进度状态—物料需求计划

需要说明的是,以上各循环中的信息流都只是各自循环所必需的信息流的一部分,但可对计划的某个方面起决定性的作用。

### 五、供应链管理环境下生产控制的特点

#### 1. 生产进度控制难度增大

生产进度控制的目的在于依据生产作业计划,检查零部件的投入和出产数量、出产时间和配套性,保证产品能准时装配出厂。供应链环境下的进度控制与传统生产模式的进度控制不同,因为许多产品是协作生产和转包的业务,和传统的企业内部的进度控制比较来说,其控制的难度更大,必须建立一种有效的跟踪机制进行生产进度信息的跟踪和反馈。生产进度控制在供应链管理中有重要作用,因此必须研究解决供应链企业之间的信息跟踪机制和快速反应机制。

### 2. 生产节奏控制更为严格

供应链的同步化计划需要解决供应链企业之间的生产同步化问题,只有各供应链企业之间以及企业内部各部门之间保持步调一致时,供应链的同步化才能实现。供应链形成的准时生产系统,要求上游企业准时为下游企业提供必需的零部件。如果供应链中任何一个企业不能准时交货,都会导致供应链不稳定或中断,导致供应链对用户的响应性下降,因此严格控制供应链的生产节奏对供应链的敏捷性是十分重要的。

### 3. 提前期管理影响更大

基于时间的竞争是 20 世纪 90 年代一种新的竞争策略,具体到企业的运作层,主要体现为提前期的管理,这是实现 QR(快速反应)、ECR(有效顾客响应)策略的重要内容。在供应链环境下的生产控制中,提前期管理是实现快速响应用户需求的有效途径。缩小提前期,提高交货期的准时性是保证供应链获得柔性和敏捷性的关键。缺乏对供应商不确定性的有效控制是供应链提前期管理中的一大难点,因此,建立有效的供应链提前期的管理模式和交货期的设置系统是供应链提前期管理中值得研究的问题。

### 4. 采用库存管理新模式

库存在应付需求不确定性时有其积极的作用,但是库存又是一种资源浪费。在供应链管理模式下,实施多级、多点、多方管理库存的策略,对提高供应链环境下的库存管理水平、降低制造成本有着重要意义。这种库存管理模式涉及的部门不仅仅是企业内部。基于 JIT 的供应与采购、供应商管理库存(VMI)、联合库存管理(JMI)等是供应链库存管理的新方法,对降低库存都有重要作用。因此,建立供应链管理环境下的库存控制体系和运作模式对提高供应链的库存管理水平有重要作用,是供应链企业生产控制的重要手段。

## 六、供应链生产管理决策环境的特点

### 1. 决策信息多源化

生产计划的制定要依据一定的决策信息,即基础数据。在传统的生产计划决策模式中,计划决策的信息来自两个方面,一方面是需求信息,另一方面是资源信息。需求信息又来自两个方面,一个是用户订单,另一个是需求预测。通过对这两方面信息的综合,得到制订生产计划所需要的需求信息。资源信息则是指生产计划决策的约束条件。信息多源化是供应链管理环境下的主要特征,多源信息是供应链环境下生产计划的特点。在供应链环境下资源信息不仅仅来自企业内部,还来自供应商、分销商和用户。约束条件放宽了,资源的扩展使生产计划的优化空间扩大了。

### 2. 群体决策

传统的生产计划决策模式是一种集中式决策,而供应链管理环境下的决策模式是分布式的、群体的决策过程。基于多代理的供应链系统是立体的网络,各个节点企业间具有相同的地位,有本地数据库和领域知识库,在形成供应链时,各节点企业拥有暂时性的监视权和决策权,每个节点企业的生产计划决策都受到其他企业生产计划决策的影响,需要一种协调机制和冲突解决机制。当一个企业的生产计划发生改变时需要其他企业的计划也做出相应的改变,这样供应链才能获得同步化的响应。

3. 信息反馈机制多样性

企业的计划能否得到很好的贯彻执行,需要有效的监督控制机制作为保证。要进行有效的监督控制必须建立一种信息反馈机制。传统的企业生产计划的信息反馈机制是一种链式反馈机制,也就是说,信息反馈是企业内部从一个部门到另一个部门的直线性的传递,由于递阶组织结构的特点,信息的传递一般是从底层向高层信息处理中心(权力中心)反馈,形成和组织结构平行的信息递阶的传递模式。

供应链管理环境下企业信息的传递模式和传统企业的信息传递模式不同。以团队工作为特征的多代理组织模式使供应链具有网络化结构特征,因此供应链管理模式不是递阶管理,也不是矩阵管理,而是网络化管理。生产计划信息的传递不是沿着企业内部的递阶结构(权力结构),而是沿着供应链不同的节点方向(网络结构)传递。为了做到供应链的同步化运作,供应链企业之间信息的交互频率也比传统企业信息传递的频率大得多,因此应采用并行化信息传递模式。

4. 计划运行的动态环境

供应链管理的目的是使企业能够适应剧烈多变的市场环境需要。复杂多变的环境,增加了企业生产计划运行的不确定性和动态性因素。供应链管理环境下的生产计划是在不稳定的运行环境下进行的,因此要求生产计划与控制系统具有更高的柔性和敏捷性,比如提前期的柔性,生产批量的柔性等。传统的 MRPII 就缺乏柔性,因为它以固定的环境约束变量应付不确定的市场环境,这显然是不行的。供应链管理环境下的生产计划涉及的多是订单化生产,这种生产模式动态性更强。因此生产计划与控制要更多地考虑不确定性和动态性因素,使生产计划具有更高的柔性和敏捷性,使企业能对市场变化做出快速反应。

## 第二节 延迟制造

### 一、延迟策略的概念

美国的 Alderson 在 1950 年就提出了延迟策略的概念。随着时间的推进,延迟策略在美国、日本等发达国家的研究越来越深入,应用范围越来越广泛,一些国际著名的公司像德州仪器(Texas Instruments)、戴尔(DELL)等已实施该策略,并取得了巨大效益。延迟策略已经在我国的海尔集团、神龙汽车有限公司、上汽集团等企业推行。

所谓供应链管理的延迟策略是指尽量延迟产品的生产和最终产品的组装时间，也就是尽量延长产品的一般性，推迟其个性化的时间。这种技术基于这样一个事实：一般情况下，随着预测点与需求发生点的接近，对需求量的预测就会越准确。这是因为随着时间的延迟，我们可以获得更多关于实际需求的信息，从而降低不确定性，提高预测精度，减少不必要的库存积压或缺货。

延迟策略也可以减少物流预测的风险。在传统物流的运作安排中，运输和储存是通过对未来业务量的预测来进行的，如果将产品的最后制造和配送延迟到收到客户订单后再进行，那么，由于预测风险带来的库存就可以减少或消除。在用户需求多样化的今天，如果想满足用户的需求，就必须采用产品多样化策略。但是产品多样化必然带来库存的增加。在过去的物流管理系统中，分销中心的任务是仓储和分销。当增加产品品种时，库存也随之增加，这对企业来说是一笔很大的投资，相应的成本增加可能会削弱产品多样化策略的优势。为此，人们提出了延迟策略。在延迟策略中，地区性顾客化产品是到达用户所在地之后以模块化方式组装的，分销中心没有必要储备所有的最终产品，只储备产品的通用组件，库存成本大为降低。这样一来，分销中心的功能也发生了转变。为实现延迟策略，物流系统中的运输方式也必须跟着发生变化，如采用比较有代表性的交接运输（Cross Docking）方式。交接运输是指不将仓库或分销中心接到的货物作为存货，而是为紧接着的下一次货物发送做准备。

## 二、延迟制造的思想

延迟制造的核心思想是制造商只生产通用化、模块化的产品，尽量使产品保持中间状态，以实现规模化生产，并且通过集中库存减少库存成本，从而缩短提前期，使顾客化活动更接近顾客，增强应对个性化需求的灵活性。其目标是使适当的产品在适当的时间到达适当的位置。

延迟制造是由制造商事先生产中间产品或可模块化的部件，等最终用户对产品的功能、外观、数量等提出具体要求后才完成生产与包装的最后环节。如IBM公司事先生产出不同型号的硬盘、键盘等各种计算机配件，在接到订单后再按客户要求进行装配。在很多企业，最终的制造活动被放在离顾客很近的地方进行，如由配送中心或第三方物流中心完成，在时间和地点上都与大规模的中间产品或部件生产相分离，这样企业就能以最快的响应速度来满足顾客的要求。

延迟制造包括形式延迟（成型延迟）、时间延迟和地点延迟三种类型延迟的综合。形式延迟是指推迟形成最终产品的过程，在获知客户的确切要求和购买意向之前，仅制造基础产品或模块化的部件，在收到客户的订单后，才按客户的具体要求从事最终产品的生产。或者简单地说,形式延迟是对产品的形式或功能进行顾客化。时间延迟是指延迟供应链中的前向物品运输,直到收到顾客的订单后才实施有关的活动。地点延迟是指通过在中心制造或配送运作中延迟商品的前向或下游的活动,维持商品在渠道的中央位置(或者说库存定位)。在后两种延迟制造的形式中,时间和地点延迟一般是相关联的,时间延迟和地点延迟相结合即是物流延迟。

传统的延迟制造只体现在时间和地点上的延迟。它与全球化供应链及物流支持系统相联系,是企业物流服务的一种拓展。近年来,国外学者提出了形式延迟(成型延迟),即采用模块化设计、参数化设计等方法来推迟产品的生产作业,直到接到顾客订单,它是对产品制造全过程的改革。惠普公司的打印机生产就是一个很好的应用实例。它采用模块化设计制造,首先完成标准部分的生产,将电源、插头、说明书、相关软件等设计制造作业实施时间地点的延迟,然后根据各国的应用情况,在输入国或附近地区生产,以适应各国顾客的需求。延迟制造的应用较好地解决了企业产品生产与市场顾客需求之间的矛盾,因为不必根据市场预测来维持成品的库存,减少了预测的不准确性和市场不确定性带来的风险,从而降低了生产及库存的成本,实现了产品的顾客化生产,提高了企业效益。惠普的打印机在模块化设计制造的基础上实施延迟生产以来,物流处理的生产率增加187%,库存空间下降47%,取得了非常显著的效果。

### 三、延迟制造的分离点

我们通常将供应链结构划分为推动式和拉动式两种,推动式供应链企业根据对顾客需求的预测进行生产,然后将产品推向下游经销商,再由经销商逐级推向市场。在推动式供应链中,分销商和零售商处于被动接受的地位,企业间信息沟通少、协调性差、提前期长、快速响应市场的能力弱、库存量大,且往往会产生供应链中的存货数量逐级放大的牛鞭效应,但推动式供应链能利用制造和运输的规模效应为供应链上的企业带来规模经济的效益,还能利用库存来平衡供需之间的不平衡现象。

拉动式供应链模式通常按订单进行生产,由顾客需求来激发最终产品的供给,制造部门可以根据用户需求来生产定制化的产品,降低了库存量,缩短了提前期,能更好地满足顾客的个性化需求,可有效地提高服务水平和市场占有率。但其缺点是生产批量小、作业更换频繁、设备的利用率不高、管理复杂程度高、难以获得规模经济。

延迟制造是上述两种供应链模式的整合,通过两种模式的结合运用,扬长避短。运用延迟制造的生产过程可分为推动阶段和拉动阶段,通过对产品的设计与生产采用标准化、模块化和通用化的技术,产品可以由具有兼容性和统一性的不同模块组合而成。在推动阶段,制造商根据预测大规模生产半成品或通用化的各种模块,获得大量生产的规模效应。在拉动阶段,产品才能实现差别化,根据订单需要,将各种模块进行有效的组合,或将通用化的半成品根据要求进行进一步加工,从而实现定制化的服务。

我们将推动阶段和拉动阶段的分界点称为顾客需求切入点(The Customer Order Decoupling Point,CODP,也称为分离点)。在分离点之前,是由需求预测驱动的推动式的大规模的活动,一般面向全球性市场,产品标准化、中性化,实行大批量、规模化生产,生产效率高。分离点之后的活动由顾客订单驱动,一般面向地区性市场,且产品具有个性化、柔性化的特点,实行小批量加工,单位产品的加工成本较高,如图6-3所示。

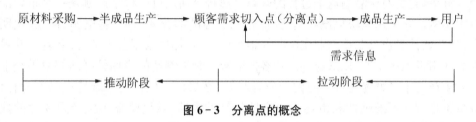

图6-3 分离点的概念

分离点的定位与延迟活动的规模、延迟类型、顾客化方式均有密切关系。如表6-1所示。分离点位置越靠近顾客,延迟活动规模越小,顾客化活动复杂程度越低,因而快速响应能力越强,但由于顾客化程度低,产品品种较少,企业柔性较小,应对个性化需求的能力不强。在需求多样化趋势明显增强的今天,产品柔性是决定企业生存和发展的关键因素,因此分离点及延迟化策略定位必须把企业柔性放到极为重要的位置。

表6-1 分离点的影响

| 相关因素<br>分离点位置 | 延迟活动规模 | 延迟类型 | 顾客化方式 |
| --- | --- | --- | --- |
| 制造商 | 大 | 延迟制造　延迟组装 | 通用件顾客化 |
| 分销商 | 中 | 延迟包装 | 配送服务顾客化 |
| 零售商 | 小 | 时间延迟 | 零售渠道调整 |

## 四、延迟制造的适用范围

延迟制造生产模式虽然有诸多优势,但它并不适用于所有行业,一般说来,要采用延迟制造模式,生产与制造过程应当具备以下先决条件:

1. 可分离性

制造过程能被分离为中间产品生产阶段和最终产品加工阶段,这样才有可能将最终产品的加工成型阶段延迟。

## 2. 可模块化

产品应能分解为有限的模块,这些模块经组合后能形成多样化的最终产品,或产品由通用化的基础产品构成,基础产品经加工后,能提供给顾客更多的选择范围。

## 3. 最终加工过程的易执行性

延迟制造将中间产品生产与最终产品生产分离开来,最终产品的生产很可能被放在离顾客很近的地方执行,这就要求最终的加工过程的技术复杂性和加工范围应当有限,易于执行,加工时间短,无需耗费过多的人力。

## 4. 产品的重量、体积和品种在最终加工中的增加程度大

延迟制造会增加产品的制造成本,除非延迟制造的收益能弥补增加的成本,否则延迟制造没有执行的必要。如果产品的重量、体积和品种在最终加工中增加很多,推迟最终的产品加工成型工作能节省大量的运输成本和减少库存产品的成本,简化管理工作,降低物流故障,这会有利于延迟制造的进行。

## 5. 适当的交货提前期

通常来说,过短的提前期不利于延迟制造,因为延迟制造要求给最终的生产与加工过程留有一定的时间余地。过长的提前期则无需延迟制造。

## 6. 市场的不确定性高

细分市场多,顾客的需求难以预测,产品的销售量、配置、规格、包装尺寸不能事先确定,采用延迟制造有利于减少市场风险。

# 第三节 精益生产

## 一、精益生产的起源

精益生产(Lean Production,LP)方式是 JIT 的一种延续。它起源于日本,后由美国的麻省理工学院在 20 世纪 90 年代初总结出一种较完整的生产管理理论。

第二次世界大战后,日本的汽车制造厂在考察了美国的汽车生产技术后,并没有简单地全盘照搬其生产模式和技术,而是根据自己国家的具体情况和特点,如社会文化背景、企业文化、严格的上下级关系、团队精神等,经过反复的探索和实验,研究和发展了一套日本式的生产方式,建立了一整套新的生产管理体制。首先是 JIT,随后又综合了单件生产和大量生产两者的优点,避免了单件生产的高费用和大量生产的高刚性,逐渐发展为精益生产方式。

最初,丰田汽车发现了一个惊人的事实,某些小批量生产的成本甚至比大批量生产更低,经过分析其原因有两个:一是小批量生产不需要大批量生产那样多的库存、设备和人员;二是在装配前,只有少量的零件被生产,发现错误可以立即更正。而在大批量生产中,零件总是被提前很多时间大批量地制造好,零件的错误只有到

最后装配时才会发现,造成大量的报废或返修。

丰田汽车据此得出了一个结论:产品的库存时间应控制在2个小时以内(JIT生产和零库存的起源)。而为了实现这个目标,必须有高度熟练的和高度责任感的工人组成的工作小组。但是,如果工人不能及时发现问题并随时解决,整个工厂的运行就会变得一团糟。随后,丰田人在这个发现的基础上创建了精益生产的雏形,并不断地完善发展成一整套新的生产管理体制。采用精益生产方式组织和管理生产,使丰田汽车的质量、产量和效益都跃上一个新台阶,变成世界汽车之王。与此同时,其他的汽车公司和别的行业也纷纷仿效采用这种组织管理方式,从而使日本经济得到飞速发展。

日本制造业在20世纪70~80年代的崛起,借助于精益企业体制,日本汽车生产商已赢得了美国市场30%的份额,直接威胁着美国的大公司和欧洲进口商,以至麻省理工学院在1990年关于日本精益生产的调查报告对美国制造业形成了很大的震动。麻省理工学院在该报告中将美国汽车制造业所采用的生产方式称为"大量生产方式",而与之相对的是"单件生产方式"。报告认为日本的汽车工业综合了"单件生产方式"和"大量生产方式"的优点,并将其取名为"精益生产方式"。这个概念的出现在世界范围内掀起了一股研究先进制造模式的高潮。之后,美国为了吸收先进的日本生产制造方式、并伺机夺回制造业霸主的地位,对以JIT和LP方式为代表的日本式生产方式进行了全面的研究,在这种危急关头,美国的制造商也获得了前所未有的推动力以实现迅速的改革。美国的员工通过合资企业,获得学习精益生产的机会,如通用和丰田合资的新联合汽车制造公司(NUMMI),加拿大通用和铃木的加拿大汽车生产公司(CAMI,简称凯米)或福特/马自达以及克莱斯勒/三菱汽车厂等。紧接着它又被德国的汽车生产商所接受,并传入欧洲的制造业。

## 二、精益生产的概况

### 1. 精益生产的概念

精益生产是一套新的生产方式和理论方法体系,它是准时制生产的发展和延续。精益生产又称精良生产。精益生产的"精"表示精良、精确、精美,"益"表示利益、效益等,该生产方式要求企业在产品上"尽善尽美"、"精益求精"。

我国北京航空航天大学杨光京教授认为:"精益生产是通过系统结构、人员组织、运行方式和市场供求等方面的变革,使生产系统能很快适应用户需求不断变化,并使生产过程中一切无用、多余的东西被精简,最终达到包括市场供销在内的生产的各方面最好的结果。"与大量生产不同,LP的一切都是"精简"的。与大量生产相比,它只需要较少的劳动强度、较少的制造空间、较少的设备投资和产品开发时间,并能实现库存、废品的大量减少和品种的大量增加。两者的最大区别在于它们的最终目标上,大量生产强调"足够"好的质量,因此总是存在着缺陷;而精益生产则追求完美性(不断降低价格、零缺陷、零库存和无限多的品种)。

精益生产的原则使企业可以按需求交货,使库存最小化,尽可能多使用掌握多门技能的员工,使管理结构扁平化,并把资源集中于需要它们的地方。精益生产的目标是,在适当的时间(或第一时间)使适当的东西到达适当的地点,同时使浪费最小化和适应变化。精益生产的内容范围不仅只是生产系统内部的运营、管理方法,而是包括从市场预测、产品开发、生产制造管理(其中包括生产计划与控制、生产组织、质量管理、设备保全、库存管理、成本控制等多项内容)、零部件供应系统直至营销与售后服务等企业的一系列活动。这种扩大了的生产管理、生产方式的概念和理论,是在当今世界生产与经营一体化、制造与管理一体化的趋势越来越强的背景下应运而生的。

**2. 精益生产的支撑技术**

精益生产体系有三大支柱,即准时制(JIT)生产、成组技术(GT)和全面质量管理(TQM)。

JIT生产方式以准时生产为出发点,首先暴露出生产过量和其他方面的浪费,然后对设备、人员等进行淘汰、调整,达到降低成本、简化计划和提高控制的目的。在生产现场控制技术方面,JIT的基本原则是在正确的时间生产正确的零件或产品。它将传统生产过程中前道工序向后道工序送货,改为后道工序根据"看板"向前道工序取货,看板系统是JIT生产现场控制的核心,但JIT不仅仅是看板管理。

成组技术是实现多品种、小批量、低成本、高柔性、按客户订单组织生产的技术手段。根据加工对象的结构、加工工艺和生产组织等方面的相似性,以叠加批量等方式扩大生产过程的规模。成组技术的具体形式有成组加工中心、成组生产线和成组流水线等。

全面质量管理的核心思想是企业的一切活动都围绕着质量来开展。它强调包括产品质量、工程质量和工作质量在内的全面质量:要求用优秀的工作质量保障工程质量,即把影响质量的人、机器设备、材料、工艺、检测手段和环境等全部纳入控制范畴;强调用优秀的工程质量和工作质量保障产品与服务质量;强调全员应用一切可以运用的方法进行质量管理活动,通过全过程质量控制,最终使客户满意。

**3. 精益生产的主要思想**

精益生产的基本思想是通过发挥人的创造能力,不断地寻找并消除企业生产活动中各种浪费的原因,包括员工关系、供应商关系、技术水平和原材料、库存的管理等方面的因素,以越来越少的投入(包括人力、设备、时间和场地等)创造出尽可能多的价值,同时也越来越接近用户,为他们提供需要的东西。其主要思想有:

(1) 人本主义

精益生产强调人力资源的重要性,把员工的智慧和创造力视为企业的宝贵财富和未来发展的原动力。其具体特点表现为：

① 彼此尊重。精益生产方式要求把企业的每一位职工放在平等的地位；将雇员看作企业的合伙人，而不是可以随意替换的零件；鼓励职工参与决策，为员工发挥才能创造机会；尊重员工的建议和意见，注重上下级的交流和沟通；领导人员和操作人员彼此尊重、信任等。

② 重视培训。企业的经营能力依赖于组织的活力，而这种活力来自于员工的努力。只有不断提高员工的素质，并为他们提供良好的工作环境和富于挑战性的工作，才能充分发挥他们各自的能力。精益生产的成功同样依赖于高素质的技术人才和管理人才。它要求员工不仅掌握操作技能，而且具备分析问题和解决问题的能力，从而使生产过程中的问题得到及时的发现和解决。因此，精益生产重视对职工的培训，以挖掘他们的潜力。

③ 共同协作。精益生产要求职工在明确企业发展目标的前提下加强相互间的协作，而具体的工作内容和划分是相对模糊的。协作的范围涉及操作人员之间，也涉及部门和部门、领导人员和操作人员之间。这种协作打破了原有的组织障碍，通过相互交流和合作解决跨部门、跨层次的问题，减少扯皮现象，消除彼此的指责和抱怨，在相互理解的前提下共同完成企业目标。常用的方法有项目管理法和小组工作法等，前者多用于跨部门间的协作，而后者一般应用于团队内部。

(2) 库存是"祸根"

高库存是大量生产方式的特征之一。由于设备运行的不稳定、工序安排的不合理、较高的废品率和生产的不均衡等原因，常常出现供货不及时的现象，库存被看做是必不可少的"缓冲剂"。但精益生产则认为库存是企业的"祸害"，其主要理由如下：

① 库存提高了经营的成本。库存是积压的资金，并以物的形式存在，因而是无息资金。它不仅仅没有增加产出，反而造成许多费用，并损失了货币资金的利息收入，从而使企业的经营成本上升。

② 库存掩盖了企业的问题。传统的管理思想把库存看做是生产顺利进行的保障，当生产发生问题时，总可以用库存来缓解，库存越高，问题越容易得到解决。因此，高库存成为大批量生产方式的重要特征，超量超前生产被看做是高效率的表现。精益生产的思想认为，恰恰是因为库存的存在，掩盖了企业中的问题，使企业意识不到改进的需要，阻碍了经营管理的改善。

③ 库存阻碍了改进的动力。解决出现的问题需要一定的时间，在这段时间内生产无法继续进行，为了避免因此而带来的损失，大量生产方式采取高库存的方法使问题得以"解决"，事实上这些问题还是存在，并将反复出现。精益生产则采用逆向的思维方式，从产生库存的原因出发，通过降低库存的方法使问题暴露出来，从而促使企业及时采取解决问题的有效措施，使问题得到根本解决，不再重复出现。如

此反复的从暴露问题到解决问题的过程使生产流程不断完善,从而改进了企业的管理水平和经营能力。

(3) 永不满足

精益生产将"无止境地追求完美"作为经营目标,追求在产品质量、成本和服务等方面的不断完善。这一思想是精益生产走向成功的精神动力。准时化生产方式和不断改进流程是精益生产追求完美的思想体现。其主要思想有:

① 消除一切无效劳动和浪费。用精益生产的眼光去观察、分析生产过程,我们会发现生产现场的种种无效劳动和浪费。精益生产是把生产过程划分为增加价值的过程和不增加价值的过程,前者也称创值过程,后者则称为浪费。精益生产方式从分析浪费出发,找到改进的潜力,利用员工的积极性和创造力,对工艺、装备、操作、管理等方面进行不断改进,逐步消除各种浪费,使企业无限接近完美的境界。

② 追求理想化的目标。和大量生产厂家相比,精益生产厂家的生产指标没有明确的定量,而往往以最佳状态作为目标,如"零缺陷"、"零库存"、"零抱怨"、"零故障"等。可以说,要达到这些理想化的目标是不可能的,但它们能使员工产生一种向"极限"挑战的动力,树立永不满足的进取精神,极大限度地发挥他们潜在的智慧。

③ 追求准时和灵活。物流和信息流的准确、准时是精益生产对生产过程的要求,通过采用看板生产和适时供货,使生产所需的材料、零部件、辅助材料等准时到达所需地点,并满足所需的质量要求和数量。这里"准时"不同于"及时",及时供应可通过高库存来实现,而准时供应是指在没有库存的前提下也能达到及时。准时和准确的信息流是实现这一目标的前提和保障,因此,精益生产方式的成功依赖于其独特的生产信息管理系统——看板系统。

市场需求越来越趋向于多品种,而且人们对个性的追求使产品的批量越来越小,因此,多品种小批量生产是企业必将面临的挑战。灵活的生产系统是精益生产实现多品种小批量生产的前提条件,而现代高科技技术的发展为建立灵活生产系统提供了可能。

(4) 企业内外环境的和谐统一

精益生产方式成功的关键是把企业的内部活动和外部市场(顾客)需求和谐地统一于企业的发展目标。

当前,人们对于产品的需求越来越多样化和个性化,产品设计个性化的要求使产品的生命周期越来越短,更新换代加快。这种变化促使企业必须改变经营和生产方式,精益生产方式是灵活适应市场变化的最佳手段,其根本思想是把顾客需求放在企业经营的出发点,崇尚"用户第一"的理念,把用户的抱怨看作改善产品设计和生产的推动力,从而使产品的质量、成本和服务得到不断的改善,并最终提高企业的竞争力和经营业绩。

由此可见,精益生产成功的一个秘诀是:通过满足顾客需求提高企业经营利润,把顾客利益和企业利益统一于企业目标;精益生产成功的另一个秘诀是:和供应商保持紧密协作关系,通过适时供货和系统供货的方式使双方的利益共同增长。

综上所述,精益生产是一种全新管理思想和方法体系,并在实践中得到了充分的认证。它的成功并不是运用一二种新管理方法的结果,而是一系列的精益生产方法。但企业在推行和应用这些方法之前,必须对本企业的内外环境、企业文化、产品属性和市场状况等作深入的分析和研究,努力为引入精益生产方式创造前提。

4. 精益生产的特点

(1) 拉动式准时化生产

以最终用户的需求为生产起点,强调物流平衡,追求零库存,要求上一道工序加工完的零件立即可以进入下一道工序。

组织生产线依靠一种称为看板(Kanban)的形式。即由看板传递下道工序向上道工序需求的信息(看板的形式不限,关键在于能够传递信息)。生产中的节拍可由人工干预、控制,但重在保证生产中的物流平衡(对于每一道工序来说,即为保证对后续工序供应的准时化)。由于采用拉动式生产,生产中的计划与调度实质上是由各个生产单元自己完成,在形式上不采用集中计划,但操作过程中生产单元之间的协调则极为必要。

(2) 全面质量管理

强调质量是生产出来而非检验出来的,由生产中的质量管理来保证最终质量。生产过程中对质量的检验与控制在每一道工序都进行。重在培养每位员工的质量意识,在每一道工序进行时注意质量的检测与控制,保证及时发现质量问题。如果在生产过程中发现质量问题,根据情况,可以立即停止生产,直至解决问题,从而保证不出现对不合格品的无效加工。

对于出现的质量问题,一般是组织相关的技术与生产人员作为一个小组,一起协作,尽快解决。

(3) 团队工作法

每位员工在工作中不仅是执行上级的命令,更重要的是积极地参与,起到决策与辅助决策的作用。组织团队的原则并不完全按行政组织来划分,而主要是根据业务的关系来划分。团队成员强调一专多能,要求能够比较熟悉团队内其他工作人员的工作,保证工作协调的顺利进行。团队人员工作业绩的评定受团队内部评价的影响(这与日本独特的人事制度关系较大)。团队工作的基本氛围是信任,以一种长期的监督控制为主,而避免对每一步工作的稽核,提高工作效率。团队的组织是变动的,针对不同的事物,建立不同的团队,同一个人可能属于不同的团队。

(4) 并行工程

在产品的设计开发期间,将概念设计、结构设计、工艺设计、最终需求等结合起来,保证以最快的速度按要求的质量完成。各项工作由与此相关的项目小组完成。

进程中小组成员各自安排自身的工作,但可以定期或随时反馈信息并对出现的问题协调解决。依据适当的信息系统工具,反馈与协调整个项目的进程。利用现代 CIM(计算机集成制造)技术,在产品的研制与开发期间,辅助项目进程的并行化。

### 三、精益生产的实施策略

1. 调整生产流程以建立精益生产单元

调整生产流程的目的是消除多余过程,使生产流程最合理、简洁、搬运动作和所用人员最少。具体包括:绘制生产流程图;借助生产流程图找出多余的过程,分析是否可以消除,并绘制新的生产流程图;根据新的生产流程图调整生产流程。

2. 采用先进的管理技术来提高效率

提高工作效率关键在于消除生产中时间的浪费,为此应采用先进的管理技术:快速换模技术——为满足用户的个性化需求,一条生产线或一台设备往往需要生产多种产品;消除停机时间——全面生产维修是消除停机时间最有力的措施,包括例行维修、预测性维修、预防性维修和立即维修;先进的管理技术能大幅度提高工作效率。

3. 建立高效有强烈信任感的团队

团队工作法是精益生产方式人员组织方面的一个重要特征,灵活地根据工作需要随时组建团队,能充分利用企业的人力资源,最大限度地减少人员的使用。团队工作的基础是:职工素质(高度信任、一专多能);下放计划功能和控制功能;责任和权利的统一。

4. 将产品检验做成工序而非岗位

精益生产对产品质量的追求是零缺陷,尽量减少制造废次品及返工、返修带来的浪费,所以它强调100%全数检验。要达到这样的目标,就要求人人都是检验员,检验是工序的一部分而不是独立岗位。对于工人无法自检的项目要设立专门的工序和检验工具进行检验。

5. 建立战略供应商网络

精益生产强调和供应商的双赢关系,建立战略供应商网络的原则有以下几个方面:

(1) 零部件只有少量甚至一家供应商;

(2) 供应商专业化生产,保证质量优先;

(3) 保持供应商的合理利润,支撑供应商竞争力;

(4) 尽可能使用近距离的供应商,使运输费用最低;

(5) 投标竞争仅限于新的零部件;

(6) 要求供应商实行精益生产方式并提供培训,确保在同行中的成本优势;

(7) 实施准时采购,要求供应商在适当的时间提供适当数量的产品,真正做到采购件零库存。

## 第四节 敏捷制造

### 一、敏捷制造产生的背景

20世纪80年代末,由于日本的JIT生产方式取得了巨大的成功,使得日本的制造业在世界范围内获得了很强的竞争优势,并使得美国的制造业产生了危机感。但是在90年代初,美国的信息技术飞速发展,走在了世界的最前列,远远超过了日本,给制造业改变生产方式提供了技术支持,也为美国借此技术优势重新夺回80年代被日本、德国所夺去的、在制造领域的领先地位提供了强有力的支持。因此,一种面向21世纪的新型生产方式——敏捷制造就在这种背景下出现了。

敏捷制造(Agile Manufacturing, AM)是美国国防部为了支持21世纪制造业发展而进行的一项研究计划。该计划始于1991年,有100多家公司参加,由通用汽车公司、波音公司、IBM、德州仪器公司、AT&T、摩托罗拉等15家著名大公司和国防部代表共20人组成了核心研究队伍。此项研究历时3年,于1994年底提出了《21世纪制造企业战略》。在这份报告中,提出了既能体现国防部与工业界各自的特殊利益,又能获取他们共同利益的一种新的生产方式,即敏捷制造。由于该计划进展顺利,1994年美国国防部决定继续支持该计划500万美元,美国本土支持该计划的大公司也发展到了200多家,随着应用的不断推广,敏捷制造形成了它独特的方式和体系。

"敏捷"作为先进制造系统的标志性特征已成为人们的共识,如何寻求制造系统全生命周期内全方位的"敏捷"亦是制造企业求得生存和发展的惟一手段。在敏捷制造的大趋势下,众多新的制造理念层出不穷,如虚拟制造、精益生产、动态联盟等,不管它们侧重点有何不同,焦点都在于尽可能提高系统响应市场和客户的能力,以谋得"敏捷"。

### 二、敏捷制造的概念及特点

1. 敏捷制造的概念

美国Agility Forum(敏捷制造的研究组织)将敏捷制造AM定义为:能在不可预测的持续变化的竞争环境中使企业繁荣和成长,并具有面对由顾客需求的产品和服务驱动的市场做出迅速响应的能力。

2. 敏捷制造的特点

(1) 从产品开发到产品生产周期的全过程满足要求

敏捷制造采用柔性化、模块化的产品设计方法和可重组的工艺设备,使产品的功能和性能可根据用户的具体需要进行改变,并借助仿真技术可让用户很方便地参与设计,从而很快地生产出满足用户需要的产品。它对产品质量的概念是,保证在整个产品生产周期内达到用户满意;企业的质量跟踪将持续到产品报废,甚至直到产品的更新换代。

(2) 采用多变的动态组织结构

21世纪衡量竞争优势的准则在于企业对市场反应的速度和满足用户的能力。而要提高这种速度和能力,必须以最快的速度把企业内部的优势和企业外部不同企业的优势集中在一起,组成灵活的经营实体,即虚拟企业。

所谓虚拟企业,是一种利用信息技术打破时空阻隔的新型企业组织形式。它一般是某个企业为完成一定任务项目而与供货商、销售商、设计单位或设计师,甚至与用户所组成的企业联合体。选择这些合作伙伴的依据是他们的专长、竞争能力和商誉。这样,虚拟企业能把与任务项目有关的各领域的精华力量集中起来,形成单个企业所无法比拟的绝对优势。当既定任务一旦完成,企业即行解体。当出现新的市场机会时,再重新组建新的虚拟企业。

虚拟企业这种动态组织结构,大大缩短了产品上市时间,加速产品的改进发展,使产品质量不断提高,也能大大降低企业开支,增加收益。虚拟企业已被认为是企业重新建造自己生产经营过程的一个步骤,预计10年到20年以后,虚拟企业的数目会急剧增加。

(3) 战略着眼点在于长期获取经济效益

传统的大批量生产企业,其竞争优势在于规模生产,即依靠大量生产同一产品,减少每个产品所分摊的制造费用和人工费用,来降低产品的成本。敏捷制造是采用先进制造技术和具有高度柔性的设备进行生产,这些具有高柔性、可重组的设备可用于多种产品,不需要像大批量生产那样要求在短期内回收专用设备及工本等费用。而且变换容易,可在一段较长的时间内获取经济效益,所以它可以使生产成本与批量无关,做到完全按订单生产,充分把握市场中的每一个获利时机,使企业长期获取经济效益。

(4) 建立新型的标准基础结构,实现技术、管理和人的集成

敏捷制造企业需要充分利用分布在各地的各种资源,要把这些资源集中在一起,以及把企业中的生产技术、管理和人集成到一个相互协调的系统中。为此,必须建立新的标准结构来支持这一集成。这些标准结构包括大范围的通讯基础结构、信息交换标准等的硬件和软件。

(5) 最大限度地调动、发挥人的作用

敏捷制造提倡以"人"为中心的管理。强调用分散决策代替集中控制,用协商机制代替递阶控制机制。它的基础组织是"多学科群体"(Multi-Decision Team),是以任务为中心的一种动态组合。也就是把权力下放到项目组,提倡"基于统观全局的管理"模式,要求各个项目组都能了解全局的远景,胸怀企业全局,明确工作目标和任务的时间要求,但完成任务的中间过程则由项目组自主决定。以此来发挥人的主动性和积极性。

显然,敏捷制造方式把企业的生产与管理的集成提高到一个更高的发展阶段。它把有关生产过程的各种功能和信息集成扩展到企业与企业之间的不同系统的集成。当然,这种集成将在很大程度上依赖于国家和全球信息基础设施。

### 三、敏捷制造的要素

敏捷制造主要包括三个要素:生产技术、管理技术、人力资源。敏捷制造的目的可概括为:"将柔性生产技术,有技术、有知识的劳动力与能够促进企业内部和企业之间合作的灵活管理(三要素)集成在一起,通过所建立的共同基础结构,对迅速改变的市场需求和市场实际做出快速响应"。从这一目标中可以看出,敏捷制造实际上主要包括三个要素:生产技术、管理和人力资源。

1. 敏捷制造的生产技术

敏捷性是通过将技术、管理和人员三种资源集成为一个协调的、相互关联的系统来实现的。首先,具有高度柔性的生产设备是创建敏捷制造企业的必要条件(但不是充分条件)。这些设备具有结构可改变性(柔性)、可量测性、智能性和程序可控性。例如,"智能"制造过程控制装置,用传感器、采样器、分析仪与智能诊断软件相配合组成的制造过程闭环监视系统,等等。

其次,在产品开发和制造过程中,采用并行工程的方法,能在运用计算机设计复杂产品的同时,同步实现可靠地模拟产品的特性和状态,并精确地模拟产品制造过程。即同时开发新产品,编制生产工艺规程,进行产品销售。

再次,敏捷制造企业是一种高度集成的组织。信息在制造、工程、市场研究、采购、财务、仓储、销售、研究等部门之间连续地流动,而且还要在敏捷制造企业与其供应厂家之间连续流动。在敏捷制造系统中,用户和供应商在产品设计和开发中都应起到积极作用。

最后,把企业中分散的各个部门集中在一起,靠的是严密的通用数据交换标准、坚固的"组件"(许多人能够同时使用同一文件的软件)、宽带通信渠道(传递需要交换的大量信息)。把所有这些技术综合到现有的企业集成软件和硬件中去,这标志着敏捷制造时代的开始。

2. 敏捷制造的管理技术

首先,敏捷制造在管理上所提出的最创新思想之一是"虚拟企业"。敏捷制造认为,新产品投放市场的速度是当今最重要的竞争优势。推出新产品最快的办法是利用不同企业的资源,使分布在不同企业内的人力资源和物资资源能随意互换,然后把它们综合成靠电子手段联系的虚拟企业。虚拟企业就像专门完成特定计划的企业一样,只要市场机会存在,它就存在;市场机会消失了,它就解体。快速形成虚拟企业的能力将是企业 21 世纪强有力的竞争武器。

其次,敏捷制造企业应具有组织上的柔性。因为,产品及服务的激烈竞争环境已经开始形成,越来越多的产品要投入瞬息万变的世界市场上去参与竞争。产品的设计、生产、分销、服务将用分布在世界各地的资源(企业、人才、设备、物料等)来完成。在这种环境中,采用传统的纵向集成形式,企图"关起门来"什么都自己做,是注定要失败的,必须采用具有高度柔性的动态组织结构。根据工作任务的不同,可以采取内部多功能团队形式、与其他企业合作的形式及虚拟企业形式,有效地运用这些手段,就能充分利用企业的资源。

3. 敏捷制造的人力资源

敏捷制造在人力资源上的基本思想是,在动态竞争的环境中,关键的因素是人员。柔性生产技术和柔性管理要使敏捷制造企业的人员能够实现他们自己提出的发明和合理化建议。实现这一目标惟一可行的长期指导原则,是提供必要的物质资源和组织资源,支持人员的创造性和主动性。

### 四、精益生产与敏捷制造的区别

敏捷制造型企业强调与用户建立一种崭新的"战略依存关系",强调用户参与制造的全过程。表6-2列出了精益生产、敏捷制造的主要特征,归类了产品类型和产品生命周期下的生产特点。

表6-2 精益生产和敏捷制造的特点比较

| 要求特性 | 精益生产 | 敏捷制造 |
| --- | --- | --- |
| 产品范围 | 标准产品 | 新产品 |
| 制造方法 | 精益生产技术 | 敏捷制造、精益制造的扩张 |
| 集成 | 制造、购买、质量和供应 | 市场、分销和信息系统 |
| 生产计划 | 订单确定 | 不同客户大规模定制 |
| 产品生命周期 | 大于2年 | 3个月到1年 |
| 市场 | 当前市场 | 新市场 |
| 组织结构 | 静态的、低层次的 | 虚拟组织、战略联盟 |
| 供应商选择 | 低成本、高质量 | 速度、柔性和质量 |
| 存货策略 | 高周转、低存货 | 以客户需求而定 |
| 产品设计策略 | 最大化业绩、最小化成本 | 满足个性客户 |
| 人力资源 | 职能部门工作团队 | 分散决策、跨职能团队 |
| 集成供应链 | 主要 | 主要 |
| 消除浪费 | 主要 | 次要 |
| 快速重构供应链 | 次要 | 主要 |

1. 相同特征

精益和敏捷制造模式都强调利用市场知识、集成供应链和缩短产品交货期,这三个特征都是精益生产和敏捷制造的基础。供应链中的所有业务都针对最终用户,最终用户直接影响哪种生产模式更适合于供应链或供应链的局部。不管采用哪一种生产模式,业务流程必须协同工作以形成集成供应链,以便能够满足最终用户的需求。精益生产通过消除对产品或服务不增值的任何东西,缩短产品交货期。敏捷制造需要一个快速响应的供应链,通过信息流和物料流来缩短交货期。

2. 相似特征

重要程度比较接近的两个特征是消除浪费和供应链的快速重构。精益生产要求消除一切浪费;而敏捷制造意味着生产过程能够对市场信息的变化做出快速响应,强调对生产过程的快速重构。

3. 不同特征

敏捷制造商必须能忍受各种变化和干扰,利用需求波动使利润达到最大化;而精益生产通过市场知识和信息、前推计划使需求稳定。采用精益或敏捷的主要决定因素是产品品种的多样性(或变型程度)和生产批量。

• 练习题 •

1. 供应链管理环境下的生产计划与控制体系与传统的生产计划体系有哪些不同?
2. 简述供应链管理环境下的生产组织计划模式。
3. 简述供应链管理环境下生产计划及生产控制的特点。
4. 什么是延迟策略?延迟制造的思想及类型是什么?
5. 如何确定延迟制造的分离点?
6. 简述精益生产的概念及其思想。
7. 简述敏捷制造的概念及其特点,以及与精益生产的区别。

• 案例分析 •

## 戴尔(DELL)的"零式供应链"模式及敏捷制造

戴尔(DELL)的核心竞争力是什么?品牌、直销的营运方式,还有戴尔资本。同时,戴尔是一个真正的 Lean Enterprise(零式企业),它非常现代地把所有的资源组合在一起,以链主的身份打造了一条成功的 Lean(零式)供应链。

一、7 小时库存

"整个供应链最关键的地方在于对生产和制造过程的控制,包括物流。"一位戴尔的员工这样告诉记者。戴尔供应链高度集成，上游或下游联系紧密，成为捆绑的联合体。不同于IBM（注意力横跨整个设计、制造、分销和市场的全过程），戴尔在装配和市场上做足了工夫。IT行业有它的特殊性，"电脑配件放在仓库里1个月，价格就要下降1到2个百分点"。如果没有一个很好的供应链管理和生产控制，电脑的利润只会更低。

戴尔的营运方式是直销，在业界号称"零库存高周转"。在直销模式下，公司接到订货单后，将电脑部件组装成整机，而不是像很多企业那样，根据对市场预测制订生产计划，批量制成成品。真正按顾客需求定制生产，这需要在极短的时间内完成，速度和精度是考验戴尔的两大难题。戴尔的做法是，利用信息技术全面管理生产过程。通过互联网，戴尔公司和其上游配件制造商能迅速对客户订单做出反应：当订单传至戴尔的控制中心，控制中心把订单分解为子任务，并通过网络分派给各独立配件制造商进行排产。各制造商按戴尔的电子订单进行生产组装，并按戴尔控制中心的时间表来供货。戴尔所需要做的只是在成品车间完成组装和系统测试，剩下的就是客户服务中心的事情了。

"经过优化后，戴尔供应链每20秒钟汇集一次订单。"通过各种途径获得的订单被汇总后，供应链系统软件会自动地分析出所需原材料，同时比较公司现有库存和供应商库存，创建一个供应商材料清单。而戴尔的供应商仅需要90分钟的时间用来准备所需要的原材料并将它们运送到戴尔的工厂，戴尔再花30分钟时间卸载货物，并严格按照制造订单的要求将原材料放到组装线上。由于戴尔仅需要准备手头订单所需要的原材料，因此工厂的库存时间仅有7个小时。这一切取决于戴尔的雄厚技术基础——装配线由计算机控制，条形码使工厂可以跟踪每一个部件和产品。在戴尔内部，信息流通过自己开发的信息系统，和企业的运营过程及资金流同步，信息极为通畅。

Lean（零式）的直接结果是用户的体验，一位戴尔员工说："我们跟用户说的不是'机器可能周二或者周三到你们那里'，我们说的是'周二上午9点到'。"厦门工厂已经成为全球6家工厂里最让戴尔感到自豪的一家——日本的订单也会从厦门供货，它供货的范围还将继续扩大。

**二、服务外包**

与传统供应链相比，戴尔供应链中的一个明显特点是，其下游链条里没有分销商、批发商和零售商这样的传统角色，戴尔直接把产品卖给了顾客。戴尔通过电话、面对面交流、互联网订购直接拿到客户的订单，客户的准确需求直接反馈到设计、制造等整个营运过程里。而传统的渠道所提供的订货信息往往含混不清。可以说，直销成为戴尔整合供应商的必要条件。

在戴尔的供应链蓝图上，还有一个特别之处，即多出了"代理服务商"这一环节。这些代理服务商并不是向顾客提供产品，而是提供服务和支持，这意味着戴尔把服务也外包了。采用外包的服务策略使得戴尔既能够提供售后服务支持，又避免了公司组织结构"过度庞大"的后果。2001年,戴尔在中国近1 700个城市建立了售后服务中心。他们把服务外包给合作伙伴。用户70%的问题可以用电话从厦门的客户服务中心工程师那里得到解决(这样比较节省客户的时间);剩下30%,通过合作伙伴在当地的工程师解决。这一点同样离不开直销模式。"我们对客户的要求非常清楚,直销和CRM配合得很好。"一位售后支持工程师说。直销的好处在于每一台电脑是直接到用户手里的,戴尔记录了产品的每一个环节,服务和质量很容易控制。而这一点单依靠代理商是做不到的。

### 三、虚拟整合:建立信息伙伴关系

1999年11月,在底特律经济俱乐部发表的《在互联网经济中赢得竞争优势》的演讲中,戴尔告诫说,如今对价值的界定已经发生了基本的变化。以前是以存货来界定价值,现在则是以信息来界定。戴尔的库存是6天,而竞争者是60天,这使戴尔能向客户提供最新的技术,而且价格更便宜。"你拥有的信息质量与你需要的库存量之间是相互关联的,如果以客户为驱动,就能使资产更有效。换句话说,有形的资产正在被智力资产所取代,封闭的商业系统将让位于合作。"在这个过程中,网络无疑会发挥核心作用。到1998年,戴尔公司每天在网络上的销售额已经超过了1 200万美元。我们现在在网上的交易量是每天3 500万美元,在中国,每个季度有40%的营业额是通过网址来实现的。因特网不但是许多公司开展业务时的涡轮动力,也促使传统的市场整合模式根本改观,这就是以信息资产为核心的虚拟整合开始取代依赖于实体资产的垂直整合。

戴尔公司试图建立起一种可以整合所有功能的组织,对顾客、员工及供应商的单向整合对他们各有好处,然而,只有当这三者整合到一起时,这一模式才会真正发挥威力,这正是直接交易的终极力量之所在,而其动力就是因特网。戴尔说:"必须利用网络的优点,与供应商和顾客建立信息伙伴关系。若能做到,便有潜力在全球竞争中成为骨干力量,并重新定义提供给顾客和股东的价值。其结果,可以说是革命性的。我相信,网络时代所需要的恰当的商业模式,我们都有。我们天生想有消弭不必要步骤的梦想。"

戴尔认为,虚拟整合的最终目标是要改善整体的顾客体验。他的目标并不仅仅局限于电脑业,他说:"我们希望可以像诺德斯特罗姆百货公司和联邦快递一样跻身全球服务最优异的公司之列。我们不但追求和电脑公司竞争,也和其他产业中最善于提供绝佳顾客体验的大公司竞争。"而那需要的可能就是另外一种节奏了。

资料来源:智库•百科.戴尔的"零式供应链"模式及敏捷制造[EB/OL]. http://wiki.mbalib.com/wiki,2008-08

讨论题:
1. 结合案例分析戴尔取得快速发展和成功的主要原因有哪些?
2. 结合案例分析戴尔是如何实现敏捷制造和"零库存"生产的。

# 第七章　供应链库存管理

• 学习目标 •

1. 掌握供应链库存管理的含义、特点及与传统库存管理的区别；
2. 正确理解供应链管理环境下的库存管理问题，以及牛鞭效应对库存的影响；
3. 重点掌握供应商管理库存的基本思想和实施策略、形式；
4. 理解并掌握联合库存管理的基本思想和实施策略。

• 引导案例 •

## 美的零库存运动：VMI 双向挤压供应链成本

### 一、零库存梦想

美的（Media）虽多年名列空调产业的"三甲"之位，但是不无一朝城门失守之忧。近年来，在降低市场费用、裁员、压低采购价格等方面，美的频繁变招，其路数始终围绕着成本与效率。在供应链这条维系着空调企业的生死线上，美的更是动作不断。长期以来，美的空调一直自认为成绩不错，但是依然有最少5～7天的零部件库存和几十万台的成品库存。在强敌如云的市场中，这一数字仍然不能让美的高枕无忧。相对其他产业的优秀标杆们，这一存货水准甚至有些让其"汗颜"。例如，戴尔（DELL）等跨国公司的供应链管理就让美的大为心仪。在厦门设厂的戴尔，自身并没有零部件仓库和成品仓库。零部件实行供应商管理库存（VMI）；成品则完全是订单式的，用户下单，戴尔就组织送货。"戴尔的供应链管理和物流管理世界一流"，美的空调的流程总监匡光政不由地叹服。而实行 VMI 的，并不仅仅限于戴尔等国际厂商和台湾 IT 企业。海尔等国内家电公司已先饮头啖汤。有了戴尔的标杆和海尔的压力,美的在2002销售年度开始,也开始导入供应商管理库存(VMI)。美的作为供应链里面的"链主"(通常也叫核心企业),供应商则追求及时供货(JIT)。

对于美的来说,较为稳定的供应商共有300多家,零配件(出口、内销产品)加起来一共有3万多种。但是,60%的供货商是在美的总部顺德周围,还有部分供应商是车程3天以内的地方,如广东的清远一带。因此,只有15%的供应商距离美的较远。在这个现有的供应链之上,美的实现VMI的难度并不大。对于这15%的远程供应商,美的在顺德总部(美的出口机型都在顺德生产)建立了很多仓库,然后把仓库分成很多片。运输距离长(运货时间3~5天)的外地供应商一般都会在美的这个仓库里租赁一个片区(仓库所有权归美的),并把零配件放到片区里面储备。在美的需要用到这些零配件的时候,就会通知供应商,然后进行资金划拨、取货等工作。这时,零配件的产权才由供应商转移到美的手上——在此之前,所有的库存成本都由供应商承担。此外,美的在Oracle的ERP(企业资源计划系统)基础上与供应商建立了直接的交货平台。供应商在自己的办公地点,就能看到美的的订单内容:品种、型号、数量和交货时间等。供应商不用也安装一整套Oracle的ERP系统,而是通过互联网的方式,登录到美的公司的页面上。原来供应商与美的每次采购交易要签订的协议非常多,而现在进行大量的简化——美的在每年年初时确定供货商,并签下一揽子的总协议。当价格确定下来以后,美的就在网上发布每次的采购信息,然后由供应商确认信息,一张采购订单就已经合法化。

实施VMI后,供应商不需要像以前一样疲于应付美的的订单,做一些适当的库存即可。美的有比较强的ERP系统,可以提前预告供货的情况,告诉供应商需要的品种和数量。供应商不用备很多货,一般满足3天的需求即可。实施VMI以后,美的零部件库存周转率在2002年上升到70至80次每年。零部件库存也由原来平均的5天至7天存货水平大幅降低为3天左右,而且这3天的库存也是由供应商管理并承担相应成本。库存周转率提高后,一系列相关的财务"风向标"也随之"由阴转晴",让美的"欣喜不已":资金占用降低、资金利用效率提高、资金风险下降、库存成本直线下降——近一年来,美的的材料成本大幅下降。

**二、消解分销链存货**

在业务链后端的供应体系进行优化的同时,美的也在加紧对前端销售体系的管理渗透。在前端销售环节,宝洁等公司则成为美的的新"标杆"。宝洁为全国几大区域总代理都安装了软件,每一套软件据说价值不下于五六百万。这样区域经销商的销售、库存情况宝洁能了然于心,并自动做到配送,"每个地方需要多少洗发水宝洁很清楚"。这种管理模式启发了美的管理思路的新变革,未来的经销商管理模式也将走向供应商管理库存。也就是说,美的作为经销商的供应商,为经销商管理库存。理想的模式是,经销商不用备货了,"即使备也是5台10台这种概念"——不存在以后的淡季打折。经销商缺货,美的立刻就会自动送过去,而不需经销商提醒。经销商的库存"实际是我们自己的库存"。这种存货管理上的前移,被认为是提高服务水平和服务质量的重要一步和家电业可能的发展趋势。这样做,美的可以有效地削减和精准地控制销售渠道上昂贵的存货,而不是任其堵塞在渠道中,占用经销商的大量资金。面对很多经销商自己没有信息系统这一现状,美的下一步要做的是订单集成和系统集成。直接掌握每个经销商每个品种的存货量,并实现网上直接下订单。这种集成有点像DRP(分销资源计划),但以前的DRP限于企业内部的物流和货源分布,现在则更体现加强与经销商的互动和信息共享。为推动经销商的信息化,美的悄然在广东进行东大金算盘进销存软件的安装试点。对于有兴趣的经销商,美的与经销商各分担一半费用,并由美的协助实施。而美的与金算盘的付费方式是试点的——经销商用一套美的就购买一套。目前,试点的经销商一般是中小型的直销型经销商,在全国有1 000家。在此基础之上,美的准备大规模推进这套系统。尽管这一系统成本很高,但考虑到能提高供应链的配套能力和协同能力,就很值得了。库存周转率提高一次,可以直接为美的空调节省超过2 000万元人民币的费用。由于采取了一系列措施,美的已经在库存上尝到了甜头——2002年度,美的销售量同比2001年度增长50%~60%,但成品库存降低了9万台,保证了在激烈的市场竞争下维持相当的利润。

## 第一节 供应链库存管理的基本理论

### 一、供应链库存管理的含义及特点

1. 供应链库存管理的含义

供应链库存管理即供应链管理模式下的库存管理,它的最高理想是实现供应链上企业的无缝链接,清除供应链之间的高库存现象。在传统企业生产中,企业为了各自利益相互封闭物质及信息资源,造成信息沟通障碍,以致企业无法意识到外界供需的变化情况,必须保有库存以维持生产正常运行。企业设置库存的目的是防止由于物资短缺而造成生产、销售终止或相应损失。除此之外,设置库存还具有保持生产的连续性、分摊订货费用、快速满足客户订货需求等方面的作用。

2. 供应链库存管理的特点

供应链管理环境下的库存管理不再是维持生产和销售的措施,而是一种供应链的平衡机制。企业通过供应链库存管理消除管理中的薄弱环节,实现供应链的总体平衡。概括地说,供应链管理环境下的库存管理具有以下特点:

(1) 供应链库存管理的目标是追求整体最优。供应链管理环境下的库存管理的目标是追求供应链全局库存的最优化。由供应链的整体性和系统性可知,供应链管理追求的是整个供应链的整体利益。因此,库存管理不应只追求各节点企业单个库存点的成本最低,而是应该协调各个节点企业的库存活动,使整个供应链的库存成本最小化。

(2) 供应链库存管理需要信息技术做手段。信息共享为供应链库存控制提供了强有力的支持手段,现代信息技术的发展使供应链库存控制更为有效。要使供应链的库存控制取得整体上的效果,需要增加供应链的信息共享程度,使供应链的各个部门都共享统一的市场信息。建立在 Internet 和 EDI 技术基础上的全球供应链信息系统,为企业间的快速信息传递提供了保证。

(3) 供应链库存控制策略和库存模型将更加复杂。传统的库存策略及库存模型,均是只考虑单一库存点即单个企业的效益,而不是从供应链的整体角度分析,因此,就没有体现供应链的中心化、系统化控制的思想。传统库存策略和库存模型的有关参数的确定和供应链环境下的库存参数有所不同,供应链库存控制策略及库存模型将更加复杂化。

(4) 供应链成员之间的关系更加复杂化。供应链上各节点企业间不仅仅是供需关系,而是一种战略协作关系,供应链各成员之间要高度信任,更要用具有法律效用的合同来保证这种协作关系。因此,库存管理中的合同模型研究也具有十分重要的作用。

### 二、供应链库存管理与传统库存管理的区别

库存管理是供应链管理中的重要环节,是物流研究中的一个重要领域。传统的库存管理只是针对单个企业而言,侧重于优化单一的库存成本,从存储成本和订货成本出发确定经济订货量和订货点。从单一的库存角度看,这种库存管理方法有一定的适用性,但是从供应链整体的角度看,单一企业库存管理的方法显然是不够的。供应链库存管理强调各节点企业间的长期合作,某一节点企业的成本直接制约着供应链的综合成本、整体性能和竞争优势,因此,供应链库存管理的重点是建立起各种协调机制,使供应链上各企业长期保持这种由协调带来的竞争优势。供应链管理把供应链中所有节点企业看做是一个整体,它涵盖整个物流活动中从供应商到最终用户的采购、制造、分销、零售等职能领域和过程。供应链管理环境下的库存问题和传统的企业库存问题有许多不同之处,这些不同点体现出供应链管理思想对库存的影响。具体来说,供应链库存管理与传统库存管理具有以下几点区别:

1. 管理范围不同

传统库存管理是只对本企业的库存进行管理,企业往往各自为政,采用自己的库存控制策略,且库存信息与上、下游企业相互封闭;供应链库存管理是为了整个链条上的库存结构及所占资本最优,要求对供应链中所有节点企业库存进行计划和协调。

2. 管理目标不同

传统库存管理是为了保证本企业的生产、销售等环节顺利进行；供应链库存管理不再将库存当做维持生产、销售等的措施，而是作为一种平衡供应链的机制，并通过库存控制获取用户服务与利润的优化。

3. 管理方式不同

传统库存管理只是基于单纯的交易层次、由订单驱动、静态、单级管理库存，忽略了上、下游企业间的协同策略；供应链库存不再属于链条中的某一企业，库存的控制权由供应链整体协同计划决定，以保证链条中各存在主体有系统协作的观念，从而使整体库存成本消减。

### 三、供应链环境下的库存管理问题

供应链环境下的库存问题和传统的企业库存问题有许多不同之处，这些不同点体现出供应链管理思想对库存的影响。目前，供应链管理环境下的库存控制存在的主要问题有三大类：信息类问题；供应链的运作问题；供应链的战略与规划问题。这些问题可综合成以下几个方面的内容：

1. 没有供应链的整体观念

虽然供应链的整体绩效取决于各个供应链的节点绩效，但是各个部门都是各自独立的单元，都有各自独立的目标与使命。有些目标和供应链的整体目标是不相干的，更有可能是冲突的。因此，这种各行其道的山头主义行为必然导致供应链的整体效率的低下。

比如，某计算机制造商电路板组装作业采用每笔订货费作为其压倒一切的绩效评价指标，该企业集中精力放在减少订货成本上。这种做法本身并没有不妥，但是它没有考虑这样做对整体供应链的其他制造商和分销商的影响，结果该企业维持过高的库存以保证大批量订货生产。而一家汽车制造配件厂却在大量压缩库存，因为它的绩效评价是由库存决定的。结果，它到组装厂与零配件分销中心的响应时间变得更长和波动不定。组装厂与分销中心为了满足顾客的服务要求不得不维持较高的库存。这两个例子说明，供应链库存的决定是各自为政的，没有考虑整体的效能。

一般的供应链系统都没有针对全局供应链的绩效评价指标，这是普遍存在的问题。有些企业采用库存周转率作为供应链库存管理的绩效评价指标，但是没有考虑对用户的反应时间与服务水平，用户满意应该成为供应链库存管理的一项重要指标。

2. 对用户服务的理解与定义不恰当

供应链管理的绩效好坏应该由用户来评价，或者用对用户的反应能力来评价。但是，对用户的服务的理解与定义各不相同，导致对用户服务水平的差异。许多企业采用订货满足率来评估用户服务水平,这是一种比较好的用户服务考核指标。但是用户满足率本身并不保证运作问题,比如一家计算机工作站的制造商要满足一份包含多产品的订单要求,产品来自各供应商,用户要求一次性交货,制造商却要把各个供应商的产品都到齐后才一次性装运给用户,这时,用总的用户满足率来评价制造商的用户服务水平是恰当的,但是,这种评价指标并不能帮助制造商发现是哪家供应商的交货迟了或早了。

传统的订货满足率评价指标也不能评价订货的延迟水平。两家同样具有90%的订货满足率的供应链,在如何迅速补给余下的10%订货要求方面差别是很大的。其他的服务指标也常常被忽视了,如总订货周转时间、平均回头订货、平均延迟时间、提前或延迟交货时间等。

### 3. 不准确的交货状态数据

当客户下订单时,他们总是想知道什么时候能交货。在等待交货过程中,也可能会对订单交货状态进行修改,特别是当交货被延迟以后。我们并不否定一次性交货的重要性,但我们必须看到,许多企业并没有及时而准确地把推迟的订单交货的修改数据提供给用户,其结果当然是用户的不满和良好愿望的损失。如一家计算机公司花了1周的时间通知用户交货日期,有一家公司30%的订单是在承诺交货日期之后交货的,40%的实际交货日期比承诺交货日期偏差10天之久,而且交货日期修改过几次。交货状态数据不及时、不准确的主要原因是信息传递系统的问题,这就是下面要谈的另外一个问题。

### 4. 低效率的信息传递系统

在供应链中,各个供应链节点企业之间的需求预测、库存状态、生产计划等都是供应链管理的重要数据,这些数据分布在不同的供应链组织之间,要做到有效地快速响应用户需求,必须实时地传递,为此需要对供应链的信息系统模型做相应的改变,通过系统集成的办法,使供应链中的库存数据能够实时、快速地传递。但是目前许多企业的信息系统并没有很好地集成起来,当供应商需要了解用户的需求信息时,常常得到的是延迟的信息和不准确的信息。由于延迟引起误差和影响库存量的精确度,短期生产计划的实施也会遇到困难。例如企业为了制定一个生产计划,需要获得关于需求预测、当前库存状态、运输能力、生产能力等信息,这些信息需要从供应链的不同节点企业数据库获得,数据调用的工作量很大。数据整理完后制定主生产计划(MPS),然后运用相关管理软件制定物料需求计划(MRP),这样一个过程一般需要很长时间。时间越长,预测误差越大,制造商对最新订货信息的有效反应能力也就越小,生产出过时的产品和造成过高的库存也就不奇怪了。

### 5. 忽视不确定性对库存的影响

供应链运作中存在诸多的不确定因素,如订货提前期、货物运输状况、原材料的质量、生产过程的时间、运输时间、需求的变化等。为减少不确定性对供应链的影响,首先应了解不确定性的来源和影响程度。很多公司并没有认真研究和跟踪其不确定性的来源和影响,错误估计供应链中物料的流动时间(提前期),造成有的物品库存增加,而有的物品库存不足的现象。

6. 库存控制策略简单化

无论是生产型企业还是流通型企业,库存控制目的都是为了保证供应链运行的连续性和应付不确定性的需求。了解和跟踪不确定性状态的因素是第一步,第二步是要利用跟踪到的信息去制定相应的库存控制策略。这是一个动态的过程,因为不确定性也在不断地变化。有些供应商在交货与质量方面可靠性好,而有些则相对差些;有些物品的需求可预测性大,而有些物品的可预测性小一些;库存控制策略应能反映这种情况。

许多公司对所有的物品采用统一的库存控制策略,物品的分类没有反映供应与需求中的不确定性。在传统的库存控制策略中,多数是面向单一企业的,采用的信息基本上来自企业内部,其库存控制没有体现供应链管理的思想。因此,如何建立有效的库存控制方法、并能体现供应链管理的思想,是供应链库存管理的重要内容。

7. 缺乏合作与协调性

供应链是一个整体,需要协调各方活动,才能取得最佳的运作效果。协调的目的是使满足一定服务质量要求的信息可以无缝地、流畅地在供应链中传递,从而使整个供应链能够根据用户的要求步调一致,形成更为合理的供需关系,适应复杂多变的市场环境。例如,当用户的订货由多种产品组成,而各产品又是不同的供应商提供时,如用户要求所有的商品都一次性交货,这时企业必须对来自不同供应商的交货期进行协调。如果组织间缺乏协调与合作,会导致交货期延迟和服务水平下降,同时库存水平也由此而增加。

供应链的各个节点企业为了应付不确定性,都设有一定的安全库存,正如前面提到的,设置安全库存是企业采取的一种应急措施。问题在于,多厂商特别是全球化的供应链中,组织的协调涉及更多的利益群体,相互之间的信息透明度不高。在这样的情况下,企业不得不维持一个较高的安全库存,为此付出了较高的代价。

组织之间存在的障碍有可能使库存控制变得更为困难,因为各自都有不同的目标、绩效评价尺度、不同的仓库,也不愿意与其他组织共享资源。在分布式的组织体系中,组织之间的障碍对库存集中控制的阻力更大。

要进行有效的合作与协调,组织之间需要一种有效的激励机制。在企业内部一般有各种各样的激励机制加强部门之间的合作与协调,但是当涉及企业之间的激励时,困难就大得多。问题还不止如此,信任风险的存在更加深了问题的严重性,相互之间缺乏有效的监督机制和激励机制是供应链企业之间合作性不稳固的原因。

8. 产品的过程设计没有考虑供应链上库存的影响

现代产品设计与先进制造技术的出现,使产品的生产效率大幅度提高,而且具有较高的成本效益,但是供应链库存的复杂性常常被忽视了。结果所有节省下来的成本都被供应链上的分销与库存成本给抵消了。同样,在引进新产品时,如果不进行供应链的规划,也会产生如运输时间过长、库存成本高等原因而无法获得成功。如美国的一家计算机外围设备制造商,为世界各国分销商生产打印机,打印机有一些具有销售所在国特色的配件,如电源、说明书等。美国工厂按需求预测生产,但是随着时间的推移,当打印机到达各地区分销中心时,需求已经发生了改变。因为打印机是为特定国家而生产的,分销商没有办法来应付需求的变化,也就是说,这样的供应链缺乏柔性,其结果是造成产品积压,产生了高库存。后来,重新设计了供应链结构,主要对打印机的装配过程进行了改变,工厂只生产打印机的通用组件,让分销中心再根据所在国家的需求特点加入相应的特色组件,这样大量的库存就减少了,同时供应链也具有了柔性。这就是产品"为供应链管理而设计"的思想。在这里,分销中心参与了产品装配设计这样的设计活动,这里面涉及组织之间的协调与合作问题,因此合作关系很重要。

另一方面,在供应链的结构设计中,同样需要考虑库存的影响。要在一条供应链中增加或关闭一个工厂或分销中心,一般是先考虑固定成本与相关的物流成本,至于网络变化对运作的影响因素,如库存投资、订单的响应时间等常常是放在第二位的。但是这些因素对供应链的影响是不可低估的。如美国一家 IC 芯片制造商的供应链结构是这样的:在美国加工晶片后运到新加坡检验,再运回美国生产地作最后的测试,包装后运到用户手中。供应链所以这样设计是因为考虑了新加坡的检验技术先进、劳动力素质高和税收低等因素。但是这样显然对库存和周转时间的考虑是欠缺的,因为从美国到新加坡的来回至少要 2 周,而且还有海关手续时间,这就延长了制造周期,增加了库存成本。

### 四、供应链中的"牛鞭效应"与库存波动

1. "牛鞭效应"现象描述及思想

"牛鞭效应"最先由宝洁(P&G)公司调查发现。1995 年,宝洁公司在考察该公司最畅销的产品——婴儿一次性纸尿裤的订货规律时,发现零售商销售的波动性并不大,但当他们考察分销中心向宝洁公司的订货时,吃惊地发现波动性明显增大了,有趣的是,他们进一步考察宝洁公司向其供应商,如 3M 公司的订货时,他们发现其订货的变化更大。除了宝洁公司,其他公司如惠普、通用、福特和克莱斯勒等也发现这种供应链上最终用户的需求沿供应链向上游前进过程中波动程度逐级放大的现象。这种信息扭曲的放大作用在图形显示上很像一根甩起的牛鞭,最下游的客户端相当于鞭子的根部,而最上游的供应商端相当于鞭子的梢部,在根部的一端只要有一个轻微的抖动,传递到末梢端就会出现很大的波动,因此被形象地称为"牛鞭效应",也即需求变异放大现象。在供应链上,这种效应越往上游,变化越大,距终端客

户越远,影响就越大。据统计,通常客户端10%的市场需求变化会导致零部件供应商订单量200%的变化。

1994、1997年美国斯坦福大学著名的供应链管理专家李效良教授(Hau Lee)对需求放大现象进行了深入的研究,确定其基本思想是:当供应链的各节点企业只根据来自其相邻的下级企业的需求信息进行生产或供应决策时,需求信息的不真实性会沿着供应链逆流而上,产生逐级放大的现象,达到最源头的供应商时,其获得的需求信息和实际消费市场中的顾客需求信息发生了很大的偏差,需求变异系数比分销商和零售商的需求变异系数大得多。由于这种需求放大效应的影响,上游供应商往往维持比下游供应商更高的库存水平。"牛鞭效应"扭曲了供应链上的市场需求信息,每个环节对于需求的估计不同,因此导致了供应链的失调。"牛鞭效应"示意图如图7-1所示。

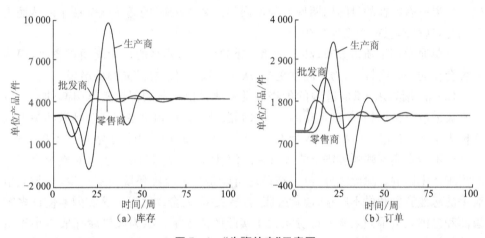

图7-1 "牛鞭效应"示意图

2. "牛鞭效应"产生的原因

"牛鞭效应"是需求信息扭曲的结果。许多实证研究与企业调查发现,这种现象广泛存在于制造业的供应链结构中。具体分析,把其产生的原因归纳为以下几个方面:

(1)需求预测修正。供应链上的企业都依据自己拥有的历史信息和经验对未来做出需求预测。这种信息孤岛导致他们所做的预测与真实的市场环境吻合的几率较低。而且,供应链上每个企业采用不同的预测模型做各自的预测,每个企业都向其上游订货,当供应链的成员采用其直接的下游订货数据作为市场需求信息时,就会产生需求放大。举一个简单的例子,当你作为库存管理人员,需要决定向供应商订货量时,你可以采用一些简单的需求预测方法,如指数平滑法。在指数平滑法中,未来的需求被连续修正,这样,送到供应商的需求订单反映的是经过修正的未来库存补给量,这样产生了需求的虚增。需求预测修正正是引发"牛鞭效应"的直接原因。

（2）订货批量决策。在供应链中，每个企业都会向上游企业订货，并且会对库存进行一定程度的监控。由于企业从订单下达到收到原材料供应之间有一定时间的提前期，即入库的物料在耗尽以后，企业不能马上从其供应商那里获得补给，因此，企业经常都会进行批量订购，在再次发出订购之前保持一定的存货。另外运输费用很高是阻碍企业频繁订货的障碍之一。卡车满负荷载重时，单位产品运输成本最低，因此当企业向供应商订购时，他们都会倾向于大批量订货以降低单位运输成本。这就必然会造成供应链上的"牛鞭效应"。

通常供应商难以处理频繁的订购，因为处理这些订货所消耗的时间与成本相当大。宝洁公司估计，由于订购、结算和运送系统需要人手运作，处理每笔订货的成本在 35～75 美元之间。若企业的顾客都采用定期订购模型，则会导致"牛鞭效应"产生。如果所有顾客的订购周期均匀分布，那么"牛鞭效应"的影响就会最小。然而不幸的是，这种理想状态极少存在。

订单通常都是随机分布，甚至是相互重叠的。当顾客的订货周期重叠时，很多顾客会在同一时间订货，需求高度集中，从而导致"牛鞭效应"高峰的出现。

（3）价格波动。供应链中的价格波动一般是由企业的促销策略引起的。企业经常会采取价格折扣、数量折扣的方式来刺激销售。折扣价格往往会刺激购买者以低价大量购入产品，而这个购入量大于实际的需求量，因此引发了需求的不确定性，当这个不能真实反映顾客需求购买行为的信息沿供应链上溯时，就会对整个供应链的需求产生影响。除此之外，价格波动还可能是由于经济环境突变产生，如与竞争对手的恶性竞争和供不应求、通货膨胀、自然灾害、社会动荡等。这类因素使许多零售商和推销人员预先采购的订货量大于实际的需求量。因为如果库存成本小于由于价格折扣所获得的利益，销售人员当然愿意预先多买，这样订货没有真实反映需求的变化，从而产生需求放大现象。

（4）短缺博弈。当供应链上的企业间出现供不应求的情况时，博弈行为就会发生。比如当某种商品出现短缺时，制造商往往进行配额限量供应，下游销售商为了保证对顾客需求的满足，会有意识地夸大市场需求，扩大订货量，从而造成需求信息扭曲，而上游企业无法区分这些增长中有多少是由于市场的真正需求而增加的，有多少是零售商害怕限量而虚增的，这种博弈行为导致需求信息的扭曲最终引发"牛鞭效应"。当需求大于供应时，理性的决策是按照用户的订货量比例分配现有的库存供应量，比如，总的供应量只有订货量的 50%，合理的配给办法是所有的用户获得其订货的 50%。此时，用户就为了获得更大份额的配给量，故意地夸大其订货需求是在所难免的，当需求降温时，订货又突然消失。这种由于短缺博弈导致的需求信息的扭曲最终导致"牛鞭效应"。

（5）库存责任失衡。库存责任失衡加剧了订货需求放大。在营销操作上，通常的做法是供应商先补货,待销售商销售完成后再结算。这种体制导致的结果是供应商需要在销售商(批发商、零售商)结算之前按照销售商的订货量负责将货物运至销售商指定的地方,而销售商并不承担货物搬运费用;在发生货物损毁或者供给过剩时,供应商还需承担调换、退货及其他相关损失,这样,库存责任自然转移到供应商,从而使销售商处于有利地位。同时在销售商资金周转不畅时,由于有大量存货可作为资产使用,所以销售商会利用这些存货与其他供应商易货,或者不顾供应商的价格规定,低价出货,加速资金回笼,从而缓解资金周转的困境;再者,销售商掌握大量的库存也可以作为与供应商进行博弈的筹码。因此,销售商普遍倾向于加大订货量掌握主动权,这样也必然会导致"牛鞭效应"。

(6)供应链的结构。供应链越长,处于同一节点的企业越少,供应商离消费者越远,对需求的预测越不准确。因此,"牛鞭效应"随着供应链层次的增多而增强。过多的层次将会加剧信息传递过程中的扭曲程度,相对于扁平结构的供应链,狭长结构型的供应链中"牛鞭效应"会更加显著。

在这里解释需求放大现象的本质特征,目的就是想说明供应链管理中库存波动的渊源和库存管理的新特点。采用传统的库存管理模式不可能解决诸如需求放大现象这样一些新的库存问题。因此探讨适应供应链管理环境的库存管理模式对供应链管理思想的实施起着关键作用。

## 第二节　供应商管理库存

### 一、供应商管理库存的基本思想及原则

长期以来,企业生产过程中的库存管理是各自为政的。整个流程各个环节中的每一个企业及部门都是各自管理自己的库存,零售商、批发商、供应商都有各自的库存,各个供应链环节都有自己的库存控制策略。由于各自的库存控制策略不同,因此不可避免地产生需求的扭曲现象,即所谓的"牛鞭效应",使企业无法快速地响应用户的需求。在供应链管理环境下,供应链各个环节的活动都应该是同步进行的,而传统的库存控制方法无法满足这一要求。随着供应链管理思想的不断深化,在20世纪末期,出现了一种新的供应链库存管理方法——供应商管理用户库存(Vendor Managed Inventory,VMI),这种库存管理策略打破了传统的各自为政的库存管理模式,体现了供应链的集成化管理思想,适应市场变化的要求,是一种有代表性的库存管理思想。

在过去的企业管理中,库存是由库存拥有者管理的。因为无法确切知道用户需求与供应的匹配状态,所以需要库存,库存设置与管理是由同一组织完成的。这种库存管理模式并不总是最优的。例如,一个供应商用库存来应付不可预测的或某一

用户不稳定的（这里的用户不是指最终用户，而是分销商或批发商）需求，用户也设立库存来应付不稳定的内部需求或供应链的不确定性。虽然供应链中每一个组织独立地寻求保护其各自在供应链的利益不受意外干扰是可以理解的，但不可取，因为这样做的结果影响了供应链的优化运行。供应链的各个不同组织根据各自的需要独立运作，导致重复建立库存，因而无法达到供应链全局的最低成本，整个供应链系统的库存会随着供应链长度的增加而发生需求扭曲。VMI库存管理系统能够突破传统的条块分割的库存管理模式，以系统的、集成的管理思想进行库存管理，使供应链系统能够获得同步化的运作。

VMI是一种很好的供应链库存管理策略。关于VMI的定义，我国物流术语中说明：供应商管理库存（VMI）是按照双方达成的协议，由供应链的上游企业根据下游企业的物料需求计划、销售信息和库存量，主动对下游企业的库存进行管理和控制的供应链库存管理方式。美国生产与库存控制协会（American Production and Inventory Control Society，APICS）提出：VMI是供应商通过获取其用户的库存数据和负责维持用户的库存水平来优化供应链的运作绩效的，它的一个重要措施就是供应商有规律地定期检查用户的库存，并快速完成补给任务，从而获得较高的用户满意度。国外还有学者认为：VMI是一种在用户和供应商之间的合作性策略，以对双方来说都是最低的成本优化产品的可获性，在一个相互同意的目标框架下由供应商管理库存，这样的目标框架被经常性监督和修正，以产生一种连续改进的环境。

尽管对VMI的定义有所不同，但其核心思想基本一致，都体现了如下几个原则：

（1）合作精神（合作性原则）。在实施该策略时，相互信任与信息透明是很重要的，供应商和用户（零售商）都要有较好的合作精神，才能够相互保持较好的合作。

（2）使双方成本最小（互惠原则）。VMI不是关于成本如何分配或谁来支付的问题，而是关于减少成本的问题。通过该策略使双方的成本都获得减少。

（3）框架协议（目标一致性原则）。双方都明白各自的责任，观念上达成一致的目标。如库存放在哪里，什么时候支付，是否要管理费，要花费多少等问题都要回答，并且体现在框架协议中。

（4）总体优化原则。使供需双方能共享利益和消除浪费。

VMI的主要思想是供应商在用户的允许下设立库存，确定库存水平和补给策略，拥有库存控制权。VMI是由供应商来为客户管理库存，为它们制订库存策略和补货计划，根据客户的生产或销售信息和库存水平为客户进行补货的一种库存管理策略和管理模式。它是供应链上成员间达成紧密合作伙伴关系后的一种结果，既是一种有效的供应链管理优化方法，也是供应链上企业联盟的一种库存管理策略。VMI作为一种目前国际前沿的供应链库存管理模式对整个供应链的形成和发展都产生了影响。VMI帮助供应商等上游企业通过信息手段掌握其下游客户的生产和库存信息,并对下游客户的库存调节做出快速反应,降低供需双方的库存成本。目前许多跨国巨头和国内知名制造企业都在实施 VMI,并享受着由它带来的丰盛果实——提高库存周转率,降低库存成本,消灭库存冰山,实现供应链的整体优化。

## 二、供应商管理库存的实施

一般来说,在以下的情况下适合实施 VMI:零售商或批发商没有 IT 系统或基础设施来有效管理他们的库存;供应商或制造商实力雄厚,信息技术能力强,可以通过共享信息系统比零售商掌握更大的市场信息量;供应商或制造商有较高的直接交货能力和服务水平,能够有效规划运输和配送服务。

1. VMI 的实施策略

(1) 建立基于标准的托付订单处理模式。实施 VMI 策略,要改变订单的处理方式。首先,供应商和下游企业一起确定供应商的订单业务处理过程中所需要的信息和库存控制参数,然后建立一种订单的处理标准模式,如 EDI 标准报文,最后把订货、交货和票据处理各个业务功能集成在供应商这边,或交由第三方协助管理。

(2) 建立网络化快速信息反馈和信息共享系统。库存状态透明性和准确性(对供应商)是实施供应商管理用户库存的关键。供应商能够随时跟踪和检查到下游企业的库存状态,从而快速响应市场的需求变化,对企业的生产(供应)状态做出相应的调整。为此需要建立一种能够使供应商和用户(分销商、批发商)的库存信息系统准确连接的方法。

(3) 建立顾客情报信息系统。若供应商的下游企业是分销商或批发商,供应商要有效地管理销售库存,就必须能够获得顾客的有关信息。通过建立顾客的信息库,供应商能够掌握需求变化的有关情况,把由批发商(分销商)进行的需求预测与分析功能集成到供应商的系统中来。

(4) 建立销售网络管理系统。供应商要很好地管理库存,必须建立起完善的销售网络管理系统,保证自己的产品需求信息和物流畅通。为此,必须做到:保证自己产品条码的可读性和惟一性;解决产品分类、编码的标准化问题;解决商品存储运输过程中的识别问题。目前许多企业采用的 MRPⅡ 或 ERP 系统都集成了销售管理的功能,通过对这些功能的扩展,可以建立完善的销售网络管理系统。

(5) 建立供应商与下游企业的合作框架协议。供应商和下游企业一起通过协商,确定订单处理的业务流程以及库存控制的有关参数(如订货点、最低库存水平等)、库存信息的传递方式(如 EDI 或 Internet)等。

(6) 组织机构的变革。因为 VMI 策略改变了供应商的组织模式,引入 VMI 之前由会计经理处理与下游企业有关的事情;引入 VMI 策略后,在订货部门产生了一个新的职能负责控制下游企业的库存、库存补给和服务水平。

(7) 交由第三方物流企业实施。为了有效降低供应链综合成本,避免多个供应商各自设厂(或供应点),将各个供应商的库存集中交由第三方物流企业管理就成为最佳选择。货物或商品存放在距离客户较近的第三方物流配送中心,供应商拥有存货所有权,一旦客户有需求时,存货所有权才发生转移。

2. VMI 的实施方式

(1) 供应商提供包括所有产品的软件进行库存决策,用户使用软件执行库存决策,用户拥有存货所有权,管理库存;

(2) 供应商在用户的所在地,代表用户执行库存决策,管理库存,但是存货的所有权归用户;

(3) 供应商在用户的所在地,代表用户执行库存决策,管理库存,拥有存货所有权;

(4) 供应商不在用户的所在地,但是定期派人代表用户执行库存决策,管理库存,供应商拥有存货的所有权;

(5) 委托第三方物流企业,执行库存决策,管理库存,供应商拥有存货的所有权。

3. 实施 VMI 的几种形式

(1)"制造商—零售商"VMI 模式

这种模式通常存在于制造商作为供应链的上游企业的情形中,制造商对其客户(如零售商)实施 VMI,如图 7-2 所示。图中的制造商是 VMI 的主导者,负责对零售商的供货系统进行检查和补充,这种模式多出现在制造商是一个比较大的产品制造者的情况下,制造商具有相当的规模和实力,完全能够承担起管理 VMI 的责任。如美国的宝洁(P&G)就发起并主导了对国内大型零售商的 VMI 管理模式的实施。

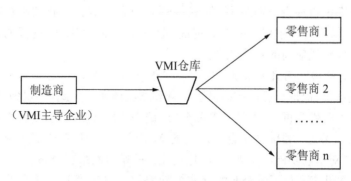

图 7-2 "制造商—零售商"VMI 系统

(2)"供应商—制造商"VMI 模式

这种模式通常存在于制造商是供应链上实施 VMI 的下游企业的情况中,制造商要求其供应商按照 VMI 的方式向其补充库存,如图 7-3 所示。此时,VMI 的主导者可能还是制造商,但它是 VMI 的接受者,而不是管理者,此时的 VMI 管理者是该制造商的上游的众多供应商。例如在汽车制造业,这种情况比较多见。一般来说,汽车制造商是这一供应链上的核心企业,为了应对激烈的市场竞争,它会要求它的零部件供应商为其实施 VMI 的库存管理方式。由于很多零部件供应商的规模很小、实力很弱,完全由这些中小供应商完成 VMI 可能比较困难。另外,由于制造商要求供应商按照 JIT 的方式供货,所以,供应商不得不在制造商的周边建立自己的仓库。这样,会导致供应链上的库存管理资源重复配置。表面上看,这些库存管理成本是由供应商支付的,但是实际上仍然会分摊到供货价格里面去,最终对制造商也是不利的。所以,近几年来这种形式的 VMI 模式越来越少了。

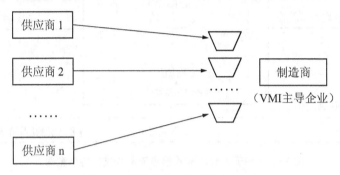

图 7-3 "供应商—制造商"VMI 系统

(3)"供应商—3PL—制造商"VMI 模式

为了克服第二种模式的弊端,人们创造出了新的方式:"供应商—3PL—制造商"VMI 模式。这种模式是引入了一个第三方物流(3PL)企业,由其提供一个统一的物流和信息流管理平台,统一执行和管理各个供应商的零部件库存控制指令,负责完成向制造商生产线上配送零部件的工作,而供应商则根据 3PL 的出库单与制造商按时结算,如图 7-4 所示。

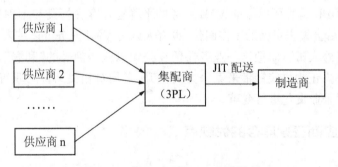

图 7-4 基于 3PL 的 VMI 实施模式

由 3PL 运作的 VMI 仓库可以合并多个供应商交付的货物,采用了物流集中管理的方式,因此形成了规模效应,降低了库存管理的总成本。这一模式的信息流和物流流程如图 7-5 所示。

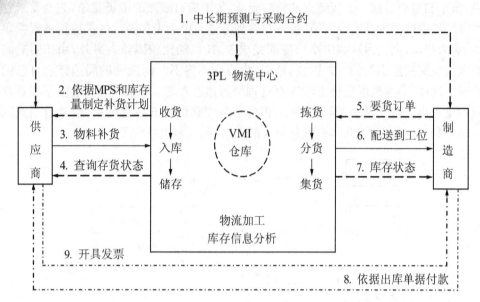

图 7-5 基于 3PL 的 VMI 信息流和物流传递示意图

这一模式的优点还有：3PL 推动了合作三方（供应商、制造商、3PL）之间的信息交换和整合；3PL 提供的信息是中立的，根据预先达成的框架协议，物料的转移标志了物权的转移；3PL 能够提供库存管理、拆包、配料、排序和交付，还可以代表制造商向供应商下达采购订单。由于供应商的物料提前集中在由 3PL 运营的仓库中，使得上游的众多供应商省去了仓储管理及末端配送的成本，从而大大地提高了供应链的响应性并同时降低了成本，因此，也有人将这种 VMI 的实施模式称为 VMI-HUB。

将 VMI 业务外包给 3PL，最大的阻力还是来自制造商企业内部。制造企业的管理人员对 3PL 是否可以保证 VMI 业务的平稳运作存在怀疑和不理解，也有人担心引入 3PL 后会失去自己的工作岗位，也有人认为 VMI 业务可以带来利润，因此希望"肥水不流外人田"，而把这一业务保留在公司以获得额外的"利润"。因此，为了使 VMI 能够真正为供应链带来竞争力的提升，必须对相关岗位的职责进行重新组织，甚至是对企业文化进行变革。

### 三、供应商管理库存的优缺点

1. 优点

总体分析，实施 VMI 的好处主要体现在两方面：一是成本的缩减，二是服务水平的改善。成本缩减表现在 VMI 缓和了需求的不确定性，解决了库存水平与顾客服务水平的冲突，同时提高了补货频率，降低了运输成本，从而使供需双方都受益。服务改善表现在为多用户补货、递送间的协调，而且使产品更新更加方便。

具体分析,对于供应方而言,通过信息共享,能够更准确了解需求市场信息,简化了配送预测工作,可以实现及时补货以避免缺货,同时结合需求信息进行有效的预测可以使生产商更好的安排生产计划。对于需求方而言,VMI 的实施提高了供货速度,减少了缺货;将计划和订货工作转移给供应方,降低了运营费用;在恰当的时间适量补货,提升了总体物流绩效。除此之外 VMI 还为双方带来了共同利益,如通过计算机互联通讯,减少了数据差错;提高了整体供应链处理速度;从各自角度,各方更专注于提供更优质的用户服务,使所有供应链成员受益;真正意义上的供应链合作伙伴关系得以确立等。

2. 缺点

VMI 尽管可以为供需双方带来成本缩减、服务改善的优势,但在实施中,它也存在许多局限。

(1) VMI 中供应商和零售商协作水平有限。作为独立的经济个体,供应商和零售商的合作原则还是基于自身利益的最大化,因此在 VMI 实施过程中,双方的协作水平会受限制。

(2) VMI 对于企业间的信任要求较高。要真正实施 VMI,就要求供需双方充分信任,从而实现信息共享、密切合作。但在现实中,这种充分的信任是很难实现的。

(3) VMI 中的框架协议虽然是双方协定,但 VMI 是将需方库存决策权代理给供应商,因此供应商是处于主导地位的。在决策过程中如果缺乏足够的协调,很容易造成失误。

(4) VMI 的实施减少了库存总费用,但在 VMI 系统中,库存费用、运输费用和意外损失(如物品毁坏)不是由用户承担,而是由供应商承担。由此可见,VMI 实际上是对传统库存控制策略进行"责任倒置"的一种库存管理方法,这无疑加大了供应商的风险。

## 第三节 联合库存管理

通过前面的学习可知,VMI 是一种供应链集成化运作的决策代理模式,它把用户的库存决策权代理给供应商,由供应商代理分销商或零售商行使库存决策的权力。这可以为供需双方带来许多利益,但在具体实施过程中,VMI 也存在着诸多局限性,因此为了克服 VMI 系统的局限性和规避传统库存控制中的"牛鞭效应",联合库存管理模式随之而出。

### 一、联合库存管理的基本思想

联合库存管理(Joint Managed Inventory, JMI)是一种风险分担的库存管理模式,它是指供应链成员企业共同制定库存计划,并实施库存控制的供应链库存管理方式。

联合库存管理的思想可以从分销中心的联合库存功能谈起。地区分销中心体现了一种简单的联合库存管理思想。传统的分销模式是,每个分销商根据市场需求直接向制造商订货,比如汽车分销商(或批发商),根据用户对车型、款式、颜色、价格等的不同需求,向汽车制造厂订的货,由于存在提前期,需要经过一段较长时间才能送到分销商手中,因为顾客不想等待这么久的时间,因此各个分销商不得不通过设立库存来尽快满足客户的需求。但是由于有些产品的配件价格昂贵,费用较大,库存过多使分销商难以承受,以至于破产。据估计,在美国,通用汽车公司销售 500 万辆轿车和卡车,平均价格是 18 500 美元,分销商维持 60 天的库存,库存费用是车价值的 22%,一年总的库存费用达到 3.4 亿美元。而采用地区分销中心,就大大减缓了库存浪费的现象。图 7-6 为传统的分销模式,每个销售商直接向工厂订货,每个销售商都有自己的库存,而图 7-7 为采用分销中心后的销售方式,各个销售商只需要少量的库存,大量的库存由地区分销中心储备,也就是各个销售商把其库存的一部分交给地区分销中心负责,从而减轻了各个销售商的库存压力。分销中心就起到了联合库存管理的功能,分销中心既是一个商品的联合库存中心,同时也是需求信息的交流与传递枢纽。

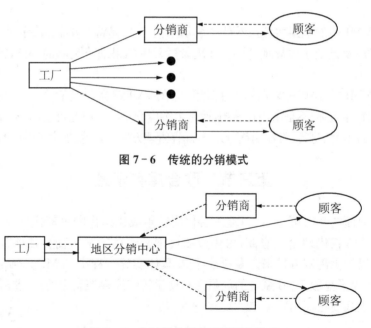

图 7-6 传统的分销模式

图 7-7 有地区分销中心的销售模式

从分销中心的功能得到启发,对现有的供应链库存管理模式进行了拓展和重构,提出了联合库存管理模式——基于协调中心的联合库存管理系统。

近年来,在供应链企业之间的合作关系中,更加强调双方的互利合作关系,联合库存管理就体现了战略供应商联盟的新型企业合作关系。

传统的库存管理,把库存分为独立需求和相关需求两种库存模式来进行管理。相关需求库存问题采用物料需求计划(MRP)处理,独立需求问题采用订货点办法处理。一般来说,产成品库存管理为独立需求库存问题,而在制品和零部件以及原材料的库存控制问题为相关需求库存问题。如图7-8所示为传统的供应链活动过程模型,在整个供应链过程中,从供应商、制造商到分销商,各个供应链节点企业都有自己的库存。供应商作为独立的企业,其库存(即其产品库存)为独立需求库存。制造商的原材料、半成品库存为相关需求库存,而产品库存为独立的需求库存。分销商为了应付顾客需求的不确定性也需要库存,其库存也为独立需求库存。

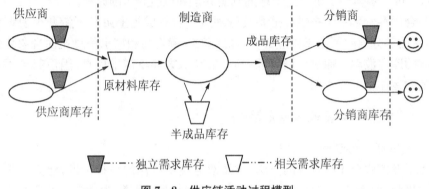

图7-8 供应链活动过程模型

联合库存管理是解决供应链系统中由于各节点企业的相互独立库存运作模式导致的需求放大现象、提高供应链同步化程度的一种有效方法。联合库存管理和供应商管理库存不同,它强调双方同时参与,共同制定库存计划,使供应链过程中的每个库存管理者(供应商、制造商、分销商)都从相互之间的协调性考虑,保持供应链相邻的两个节点之间的库存管理者对需求的预期保持一致,从而消除了需求变异放大现象。任何相邻节点需求的确定都是供需双方协调的结果,库存管理不再是各自为政的独立运作过程,而是供需连接的纽带和协调中心。

图7-9为基于协调中心联合库存管理的供应链系统模型。基于协调中心的库存管理和传统的库存管理模式相比,有如下几个方面的优点。

(1) 为实现供应链的同步化运作提供了条件和保证。

(2) 减少了供应链中的需求扭曲现象,降低了库存的不确定性,提高了供应链的稳定性。

(3) 库存作为供需双方的信息交流和协调的纽带,可以暴露供应链管理中的缺陷,为改进供应链管理水平提供依据。

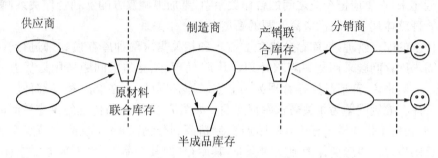

图 7-9 基于协调中心联合库存管理的供应链系统模型

(4) 为实现零库存管理、准时采购以及精细供应链管理创造了条件。

(5) 进一步体现了供应链管理的资源共享和风险分担的原则。

联合库存管理系统把供应链系统管理进一步集成为上游和下游两个协调管理中心,从而部分消除了由于供应链环节之间的不确定性和需求信息扭曲现象导致的供应链的库存波动。通过协调管理中心,供需双方共享需求信息,因而起到了提高供应链的运作稳定性作用。

## 二、联合库存管理的实施策略

### 1. 建立供需协调管理机制

为了发挥联合库存管理的作用,供需双方应从合作的精神出发,建立供需协调管理的机制,明确各自的目标和责任,建立合作沟通的渠道,为供应链的联合库存管理提供有效的机制,图 7-10 为供应商与分销商协调管理机制模型。没有一个协调的管理机制,就不可能进行有效的联合库存管理。

建立供需协调管理机制,要从以下几个方面着手。

(1) 建立共同合作目标。要建立联合库存管理模式,首先供需双方必须本着互惠互利的原则,建立共同的合作目标。为此,要理解供需双方在市场目标中的共同之处和冲突点,通过协商形成共同的目标,如用户满意度、利润的共同增长和风险的减少等。

(2) 建立联合库存的协调控制方法。联合库存管理中心担负着协调供需双方利益的角色,起协调控制器的作用,因此需要对库存优化的方法进行明确确定。这些内容包括库存如何在多个需求商之间调节与分配,库存的最大量和最低库存水平、安全库存的确定,需求的预测等等。

(3) 建立一种信息沟通的渠道或系统。信息共享是供应链管理的特色之一。为了提高整个供应链的需求信息的一致性和稳定性,减少由于多重预测导致的需求信息扭曲,应增加供应链各方对需求信息获得的及时性和透明性。为此应建立一种信息沟通的渠道或系统,以保证需求信息在供应链中的畅通和准确性。要将条码技术、扫描技术、POS 系统和 EDI 集成起来,并且要充分利用因特网的优势,在供需双方之间建立一个畅通的信息沟通桥梁和联系纽带。

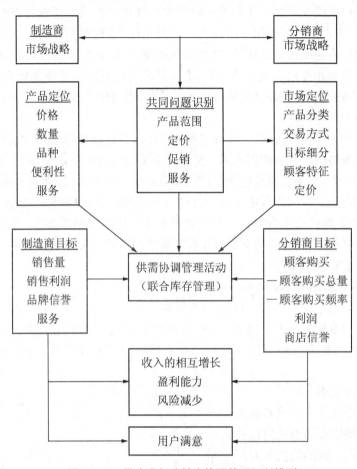

图 7-10 供应商与分销商协调管理机制模型

(4) 建立利益的分配、激励机制。要有效运行基于协调中心的库存管理,必须建立一种公平的利益分配制度,并对参与协调库存管理中心的各个企业(供应商、制造商、分销商或批发商)进行有效的激励,防止机会主义行为,增加协作性和协调性。

2. 发挥两种资源计划系统的作用

为了发挥联合库存管理的作用,在供应链库存管理中应充分利用目前比较成熟的两种资源管理系统制造资源计划系统(MRPII)和分销资源计划系统(DRP)。原材料库存协调管理中心应采用 MRPII,而在产品联合库存协调管理中心则应采用 DRP。这样在供应链系统中把两种资源计划系统很好地结合起来。

3. 建立快速反应(QR)系统

快速反应系统是在 20 世纪 80 年代末由美国服装行业发展起来的一种供应链

管理策略，目的在于减少供应链中从原材料到用户过程的时间和库存，最大限度地提高供应链的运作效率。

快速反应系统在美国等西方国家的供应链管理中被认为是一种有效的管理策略，经历了三个发展阶段。第一阶段为商品条码化，通过对商品的标准化识别处理加快订单的传输速度；第二阶段是内部业务处理的自动化，采用自动补货与EDI数据交换系统提高业务自动化水平；第三阶段是采用更有效的企业间的合作，消除供应链组织之间的障碍，提高供应链的整体效率，如通过供需双方合作，确定库存水平和销售策略等。

目前在欧美等西方国家，快速反应系统应用已到达第三阶段，通过联合计划、预测与补货等策略进行有效的用户需求反应。美国的克特·萨尔蒙（Kurt Salmon）协会调查分析认为，实施快速反应系统后供应链效率大有提高：缺货大大减少，通过供应商与零售商的联合协作保证24小时供货；库存周转速度提高1~2倍；通过敏捷制造技术，企业的产品中有20%~30%是根据用户的需求而制造的。快速反应系统需要供需双方的密切合作，因此协调库存管理中心的建立为快速反应系统发挥更大的作用创造了有利的条件。

4. 发挥第三方物流系统的作用

第三方物流系统（3PL或TPL）是供应链集成的一种技术手段。把库存管理的部分功能代理给第三方物流系统管理，可以使企业更加集中精力于自己的核心业务，第三方物流系统起到了供应商和用户之间联系的桥梁作用，为企业获得诸多好处：

（1）减少成本；

（2）使企业集中于核心业务；

（3）获得更多的市场信息；

（4）获得一流的物流咨询；

（5）改进服务质量；

（6）快速进入国际市场。

面向协调中心的第三方物流系统使供应与需求双方都取消了各自独立的库存，增加了供应链的敏捷性和协调性，并且能够大大改善供应链的用户服务水平和运作效率。

### 三、联合库存管理的模式

在联合库存管理下，供应商企业将取消自己的产成品库存，而将库存直接设置到核心企业的原材料仓库中，或者直接送到核心企业的生产线上。

1. 集中库存控制模式

各个供应商的零部件都直接存入核心企业的原材料库中，即变各个供应商的分散库存为核心企业的集中库存。

集中库存要求供应商的运作方式是:按核心企业的订单或订货看板组织生产,产品完成时,立即实行小批量、多频次的配送方式直接送到核心企业的仓库中补充库存。在这种模式下,库存管理的重点在于核心企业根据生产的需要,保持合理的库存量,既能满足需要,又能使库存总成本最小。

集中库存控制模式有以下几方面的优点:

(1) 由于所有供应商的库存都转移到了核心企业的原材料仓库中,所以供应链系统的库存控制问题实际上就转化成了普通企业的库存量控制问题,而且通过对核心企业库存量的控制,能够达到对整个供应链的库存量进行控制。

(2) 从供应链整体看,联合库存管理减少了库存点和相应的仓库设立费及仓储作业费,从而降低了供应链系统总的库存费用。

(3) 在减少物流环节、降低物流成本的同时,提高了供应链的整体工作效率。

(4) 供应商的库存直接存放在核心企业的仓库中,不但保障核心企业的零部件供应、取用方便,而且核心企业可以统一调度、统一使用管理、统一进行库存控制,为核心企业快速高效的生产运作提供了强有力的保障条件。

(5) 核心企业通过对各个供应商的原材料库存量的控制,实际上也就控制了各个供应商的生产和配送运作,从而达到整个供应链优化运作的目的。

(6) 这种库存控制方式也为其他科学的供应链物流管理如连续补充货物(CRP)、快速反应(QR)、准时化配送等创造了条件。

集中库存模式在实施中也受到许多限制。例如,供需双方要建立长期互相信任的关系;核心企业与供应商之间需要建立协调机制和信息沟通渠道,对集中库存进行快速反应和共同控制;供应商还必须能满足在适当成本控制下的小批量多频次的供货方式。

2. 无库存模式

供应商和核心企业都不设立库存,核心企业实行无库存的生产方式。此时供应商直接向核心企业的生产线上进行连续小批量多频次的补充货物,并与之实行同步生产、同步供货,从而实现"在需要的时候把所需要品种和数量的原材料送到需要的地点"的操作模式。这种准时化供货模式,由于完全取消了库存,所以效率最高、成本最低。但是对供应商和核心企业的运作标准化、配合程度、协作精神要求也高,操作过程要求也严格,而且二者的空间距离不能太远。

JMI 是一种基于供应链协调中心的库存管理方法,它在供应商与客户之间建立起了合理的库存成本、运输成本及意外损失的分担机制,将 VMI 系统中供应商的全责转化为各个客户的部分责任,从而使双方成本和风险共担,利益共享,有利于成本与效益的平衡。

### • 练习题 •

1. 简述供应链库存管理的特点及与传统库存管理的区别。
2. 目前供应链管理环境下存在的库存管理问题有哪些?
3. 什么是供应链中的"牛鞭效应"? 其产生的主要原因有哪些?
4. 简述供应商管理库存的基本思想,如何实施 VMI?
5. 简述联合库存管理的基本思想,如何实施 JMI?

### • 案例分析 •

## 台湾雀巢与家乐福的供应商管理库存系统

### 一、背景

雀巢公司为世界最大的食品公司,建立于 1867 年,总部位于瑞士威伟市(Vevey),行销全球超过 81 国,200 多家子公司,超过 500 座工厂,员工总数全球约有 22 万名,主要产品涵盖婴幼儿食品、营养品类、饮料类、冷冻食品及厨房调理食品类、糖果类、宠物食品类等。台湾雀巢成立于 1983 年,为岛内最大的外商食品公司,产品种类包括奶粉乳制品、咖啡、即溶饮料、巧克力及糖果与宠物食品等。台湾雀巢的销售渠道主要包括零售商店、专业经销商以及非专业经销商(如餐饮业者)等。

家乐福公司为世界第二大的连锁零售集团,成立于 1959 年,全球有 9 061 家店,24 万名员工。台湾家乐福拥有 23 家连锁店。

雀巢与家乐福公司在全球均为龙头企业,积极致力于 ECR 方面的推动工作。台湾雀巢在 2000 年 10 月积极开始与家乐福公司合作,制定建立供应商管理库存系统的计划,目标是要提高商品的供货率,降低家乐福库存持有天数,缩短订货前置期以及降低双方物流作业的成本。

就雀巢与家乐福既有的关系而言,只是单纯的买卖关系,惟一特别的是家乐福对雀巢来说是一个重要的客户。买卖方式是家乐福具有决定权,决定向雀巢订货的产品与数量。在系统方面,双方各自有独立的内部 ERP 系统,彼此不兼容,在推动 VMI 计划的同时,家乐福以 EDI 的方式与雀巢进行信息交换。

### 二、实施

雀巢与家乐福计划在一年内建立一套 VMI 系统并运行。具体而言,分为系统与合作模式建立阶段以及实际实施与提高阶段,第一个阶段约占半年的时间,包括确立双方投入资源、建立评估指标、分析并讨论系统的要求、确立系统运作方式以及系统设置。第二个阶段为后续的半年,以先导测试方式不断修正使系统与运作方式趋于稳定,并根据评估指标不断发现并解决问题,直至不需人工介入为止。

具体来讲可细分至五个子计划阶段:(1)评估双方的运作方式与系统,探讨合作的可行性:合作前双方评估各自的运作能力、系统整合、信息实时程度、彼此配合的步调是否一致等,来判定合作的可行性。(2)高层主管承诺与团队建立:双方在最高主管的认可下,由部门主管出面协议细节并做出内部投入的承诺,确定初步合作的范围,开始进行合作。(3)密切的沟通与系统建立:双方人员每周至少集会一次讨论具体细节,并且逐步确立合作方式与系统。包括补货依据、时间、决定方式、建立评分表、系统选择与配置等。(4)同步化系统与自动化流程:不断的测试,使双方系统与作业方式及程序趋于稳定,成为每日例行性工作,并针对特定问题做出处理。(5)持续性训练与改进:回到合作计划的本身,除了使相关作业人员熟练作业方式和不断改进作业程序外,还要不断思考库存管理与策略问题以求改进,长期不断进行下去,进一步研究针对促销品的策略。

在人力投入方面,雀巢与家乐福双方分别设有专人负责,其他包括如物流、业务或采购、信息等部门则是以协助的方式参与,并逐步转变物流对物流、业务对采购以及信息对信息的团队运作方式。经费的投入上,在家乐福方面主要是在 EDI 系统的花费,雀巢方面除了 EDI 外,还引进了一套 VMI 的系统,花费约 250 万新台币。

### 三、计划目标

计划目标除了建立一套可行的 VMI 运作模式及系统之外,具体而言还要达到:雀巢对家乐福物流中心产品到货率达 90%,家乐福物流中心对零售店面产品到货率达 95%,家乐福物流中心库存持有天数下降至预计标准,以及家乐福对雀巢建议性订单的修改率下降至 10% 等。另外雀巢也期望将新建立的模式扩展至其他渠道上,特别是对其占有重大销售比率的渠道,以加强掌控能力并获得更大规模的效益。相对地,家乐福也会持续与更多的主要供应商进行相关的合作。

在系统建设方面,对于数据传输部分,雀巢与家乐福公司双方采用 EDI 增值网络的方式,而在雀巢公司的 VMI 管理系统部分,则是采取外购产品的方式来建立。考虑家乐福的推荐、法国及其他国家雀巢公司的建议以及对系统的具体要求等,雀巢选用 Infule 的 EWR 的产品。

### 四、运作

目前整个 VMI 运作方式分为五个步骤:(1)每日 9:30 前家乐福用 EDI 方式传送库存与出货信息至雀巢公司。(2)9:30~10:30 雀巢公司将收到的资料合并至其销售数据库系统中,产生预估的补货需求并将之写入后端的 ERP 系统中,根据实际库存量计算出可行的订货量,产生所谓的建议订单。(3)10:30 前雀巢公司以 EDI 方式传送建议订单给家乐福。(4)10:30~11:00 家乐福公司在确认订单并进行必要的修改(量与品种)后回传至雀巢公司。(5)11:00~11:30 雀巢公司依照确认后的订单备货并出货。

### 五、收获

在成果上,除建立了一套 VMI 运作系统与方式外,也达到了具体目标,雀巢对家乐福物流中心产品到货率由原来的 80% 左右提升至 95%(超越目标值),家乐福物流中心对零售店面产品到货率也由 70% 左右提升至 90% 左右,而且仍在继续改善中,库存天数由原来的 25 天左右下降至目标值以下,在订单修改率方面也由 60%~70% 的修改率下降至现在的 10% 以下。除此之外,对雀巢来说最大的收获却是在与家乐福合作的关系上,过去与家乐福是单向的买卖关系,顾客要什么就给他什么,甚至是尽可能的推销产品,彼此都忽略了真正的市场需求,导致卖得好的商品经常缺货,而不畅销的商品却有很高的库存量,经过这次合作让双方更为相互了解,也愿意共同解决问题,并暴露了原来问题的症结点,有利于供应链效率的根本改进。另一方面雀巢也开始将 VMI 系统推广到其他销售渠道,在原来与家乐福的 VMI 计划上进一步考虑针对各店降低缺货率,以及促销合作等计划的可行性。

资源来源:台湾雀巢与家乐福的供应商管理库存系统,[EB/OL].
http://www.ccfa.org.cn/viewElarticle.do? method = viewElarticle&id = 402881e41e551aa9011e551ccdf600ba,2004 - 12

讨论题:
1. 结合案例分析雀巢与家乐福推行 VMI 策略成功的关键在哪里。
2. 结合案例分析企业若想实施 VMI,需具备哪些条件,应从哪些方面入手。

• 实训项目 •

# 企业的供应链协作——啤酒游戏

● 实训目的

使学生明白站在单个企业的角度,即便看起来企业各方面已经达到最好,但不一定没有改进的余地,通过供应链管理往往可进一步对其进行优化。

● 实训任务

(1) 通过啤酒游戏,比较最后每个小组的总成本,选出两部分中总成本最低的小组,并由小组成员总结原因。
(2) 体会单环节库存优化和通过供应链协作整体优化库存的不同之处,从而总结供应链管理的优势和特点。

## 第七章 供应链库存管理

● **实训过程组织**

(1) 将学生分成两部分,每部分若干小组,每个小组有10个成员,他们分别代表供应链中的生产商、批发商和零售商。其中,每个小组有1家生产商,由2个成员扮演;有2家批发商,各有2个成员扮演;每一家批发商的下游有2家零售商,每家零售商各有1个成员来扮演。同时,实训老师扮演客户。

(2) 每个成员将根据本期从各个下游成员收到的订单发出货物,并以此为依据参考销售的历史记录预测未来需求的变化,结合本期期末库存量向上游的成员发出订单。任意2个成员之间的订单传递需要2个经营周期,货物的运送也需要2个经营周期,换句话讲,每个成员从发出订单到得到该订单的订货需要4个经营周期。

(3) 总的经营周期是50周。

(4) 利润的计算,单件销售毛利润为5元,每次订货的费用为1元,单位库存费用也为1元,单位缺货(有效库存为负值)罚金为2元。总利润最大的小组获胜。第一部分小组中成员之间不允许互相交流库存和订单信息。在第二部分小组中,通过零售商公布真实的需求信息来模拟供应链中需求信息的共享。

● **实训说明**

(1) 为了使结果更具有可比性,两个部分小组的零售商接受的客户的订购数量的变化都是相同的,变化幅度为0.68。

(2) 具体实训过程的组织请参照附录。

# 第八章　供应链信息管理

• 学习目标 •

1. 理解并掌握供应链中信息的概念及其特点、供应链信息分类；
2. 了解供应链中的不同类型的信息技术，掌握供应链管理中常见的信息技术，包括条形码技术、射频识别技术、GPS 技术、GIS 技术及 EDI 技术；
3. 理解并掌握基于 Internet/Intranet 的供应链信息支撑体系的主要内容。

• 引导案例 •

## 宝供物流的供应链信息管理系统

宝供物流企业集团有限公司创建于 1994 年，是中国最早运用现代物流理念为客户提供物流一体化服务的专业公司，也是目前我国最具规模、最具影响力、最领先的第三方物流企业。该公司已在全国 65 个城市设有 7 个分公司、8 个子公司和 50 多个办事处，形成了一个覆盖全国并开始向美国、澳大利亚、泰国、香港等地延伸的国际化物流运作网络和信息网络，与国内外近百家著名企业结成战略联盟，为其提供商品以及原辅材料、零部件的采购、储存、分销、加工、包装、配送、信息处理、信息服务、系统规划设计等供应链一体化的综合物流服务。在宝供物流的发展中，深刻地认识到信息化及信息技术的有效应用，在其中发挥的重要作用。

1997 年，宝供物流开创性地建设了国内物流行业首家基于 Internet 的供应链物流信息管理系统。2001 年，宝供物流和某跨国公司进行双方系统 EDI 电子对接，实现了订单信息无纸化传递。到 2004 年已基本建成宝供第三方物流信息集成平台，在该平台中核心模块包括：平面仓库管理系统（SMS）、立体仓库管理系统（WMS）、全程订单管理系统(TOM)、运输管理系统(TMS)、多元化多门户数据平台(EDI)、ERP财务系统(FMS)、客户关系管理系统(CRM)等,各模块动态集成,实现信息共享和协同处理。

通过12年的建设,到2009年,宝供物流信息化平台中实现了:

1. 以EDI平台与客户的信息系统实时连接,接收客户物流运作指令,并通过接口返回相关运作信息与数据。EDI平台成功替代了传统的电话、传真或实单传递的下单方式,极大地提高了订单处理的效率、准确性和订单反应速度,并且通过接口及时反馈运作状态,增强了客户对运作情况的监控管理,改善了与客户的沟通效率和效果。

2. 以订单管理系统(TOM)管理客户运作指令,实现对订单的高效处理和对运作情况的实时管理。通过查询和报表,可对客户指令和运作现场情况进行合理的工作安排和资源调配,并且对运作的效率和质量进行分析和改善。

3. 以运输配送管理系统(TMS)对运输业务进行整合调度,根据预设调度规则和策略合理安排运输车辆装载和计划运输路线,有效地整合运输资源、降低成本;另外还实现了对运输业务的在途跟踪,及时反馈作业状态和异常事故,加强对在途过程的控制;通过系统管理到达签收作业结果和对运作质量进行统计分析。

4. 以仓库管理系统(WMS/SMS)对客户库存产品进行高效的进出库管理,通过强大的库存分析、储位优化和快速拣选等功能,为客户减少产品在库时间,节省存储成本,提高进出库效率。

5. 以财务系统(FMS)面向企业财务核算及管理人员,对企业的财务进行全面管理,在完全满足财务基础核算的基础上,实现集团层面的财务集中、全面预算、资金管理、财务报告的全面统一,帮助企业财务管理从会计核算型向经营决策型转变,最终实现企业价值最大化。财务管理系统各模块可独立使用,同时可与业务系统无缝集成,构成财务与业务集成化的企业应用解决方案。

6. 以客户关系管理系统(CRM)对运作的关键绩效指标(KPI)和异常情况进行动态管理,通过系统报告运作情况,分享业务信息和寻求资源支持。

因此,可以看出对于供应链的有效运作必须在信息有效处理和管理的基础上才能成功。

## 第一节　供应链中的信息

### 一、供应链中的信息及特点

1. 供应链中的信息

一般来讲,大多数学者认为,信息是指能够反映事物内涵的知识、资料、情报、图像、数据、文件、语言、声音等,信息是事物内容、形式及其发展变化的反映。信息普遍存在于人类社会和自然界中,它是物质形态及其运动形式的体现。在科学技术高速发展的今天,信息的开发和利用越来越成为经济发展和企业竞争的关键,成为人类社会不可或缺的资源之一。人们对信息及时、准确、完整掌握和处理的程度会直接影响到其行为作用的大小,尤其是现代信息技术和计算机的普遍应用,使得经济、教育、企业管理等方法发生了巨大的变化。

在信息社会中,信息已经成为供应链管理的最重要资源,为了有效地在市场竞争中获得更有利的地位,企业必须做到信息是企业的生命的经营思想。供应链中节点企业之间是多层次多系统的结构,信息是供应链中不同企业、不同系统、不同成员之间密切配合和协作的"黏合剂"。图8-1是供应链中信息层次结构。为了实现供应链的目标,必须通过信息的不断传递,一方面进行纵向的上下信息传递,把不同层次的经济行为协调起来;另一方面进行横向的信息传递,把各部门的经济行为协调起来,通过信息技术处理人、财、物和产、供、销之间的复杂关系,因此在供应链中要求信息的共享和集成。

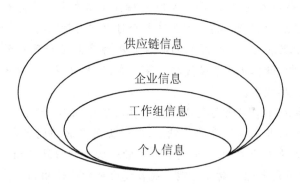

图 8-1 供应链中信息层次结构

随着市场竞争愈发激烈和消费者需求不断地更新和提高,供应链协同已成为企业共识。高水平的协同需要高水平的信息共享,缺乏信息共享供应链就无法运作。随着供应链协同程度的加深,信息共享的深度与广度都有所加强。企业间的共享信息不再只局限于交易数据,更包括了计划信息、预测信息、战略信息的全面共享。基于全面信息共享的协同方式能使供应链中的各节点单位都可更快更有效地运营,更利于供应链企业共同计划最佳的方法和采用更有效的手段来满足彼此和用户的需求,同时减除了重复建设和重复运作中人、财、物等资源的浪费,排除或减少了市场运作中与存货投机密切相关的风险。供应链中要求上、下游企业之间共享信息,共享的信息除了包括上、下游企业各自合作伙伴提供的需与对方同享的信息,还包括了销售信息、库存水平、需求预测、订单状态、生产计划与能力信息及多个供应链基本成员对第三方物流企业的评估反馈。

2. 供应链中信息的特点

在供应链中由于处于不同位置的节点企业之间是彼此独立的个体,因此为了有效协调各节点企业就要求保证信息的通畅和有效,因此在供应链中的信息除了具有准确性、时效性、共享性和不对称性等一般信息具有的特点之外,还具有以下特点:

(1) 动态性

由于供应链活动本身的复杂性以及供应链中涉及的节点企业和用户的多样性,决定了供应链信息将随着供应链活动的不同而不同,出现动态变化的状态,这就要求我们在处理供应链信息的时候必须具备动态的信息捕获和揭示能力,比如供应链中利用各种信息技术,及时的获知终端的销售数据,并准确的保证及时地将数据进行传输。

(2) 分布覆盖的范围广

供应链中的信息覆盖了从供应商、制造商到分销商再到零售商等供应链中的所有环节。其信息流分为需求信息流和供应信息流,这是两个不同流向的信息流。当需求信息(如客户订单、生产计划、采购合同等)从需方向供方流动时,便引发物流。同时供应信息(如入库单、完工报告单、库存记录、可供销售量、提货发运单等)又同物料一起沿着供应链从供方向需方流动。单个企业下的信息流则主要限定在企业内部的进销存记录。

(3) 获取途径多

由于供应链中的企业是一种协作关系和利益共同体,因而供应链中的信息获取渠道众多,对于需求信息来说既有来自顾客也有来自分销商和零售商的;供应信息则来自于各供应商,这些信息通过供应链信息系统在所有的企业里流动与分享。对于单个企业情况来说,由于没有与上下游企业形成利益共同体,上下游企业也就没有为它提供信息的责任和动力,因此单个企业的信息获取则完全依赖于自己的收集。

(4) 对信息的传递和管理要求增加

由于供应链是由不同的企业因某种目的而组合在一起,不论形成了什么合作伙伴关系,但是从根本上讲供应链上的企业之间往往是独立的个体,在这些独立的个体之间有各自的需求,因此在供应链中必须建立有效的信息共享和协同机制,这样就对供应链中的信息提出了更高的传递和管理要求,从而能够一方面保证供应链中信息的有效传递,另一方面也要求保证节点企业的根本利益。

## 二、供应链信息分类

根据不同的使用条件和状况,供应链信息有不同的分类方式。因此,根据不同的研究视角,供应链信息通常有以下几种分类方式,如表 8-1 所示。

表 8-1 供应链信息分类

| 分类依据 | 分类 | 适用范围 | 缺 点 |
|---|---|---|---|
| 服务职能对象 | 生产信息<br>采购信息<br>销售信息<br>研发信息<br>计划信息<br>预测信息<br>…… | 简单明了,信息适用范围清晰、最常用的一种分类方法,在建立功能性的信息系统时便于划分系统边界 | 数据冗余、重复、多头输入、多头维护;标准不统一,易产生歧义,跨部门理解困难,不利于系统集成 |
| 管理层次 | 战略层信息<br>战术层信息<br>操作层信息 | 注重横向的、同一层面上的信息流动,适合不同管理层次的需要,易于理解与管理 | 忽视了纵向层面上的信息流动 |
| 时效性 | 历史信息<br>现实信息<br>未来信息 | 利于对数据进行统计分析、数据挖掘等处理,采取适当的操作与存储方式 | 时点划分的困难性 |
| 信息来源 | 上游信息<br>内部信息<br>下游信息<br>环境信息 | 利于识别信息的来源,确定信息提供方,明确信息获取、维护、共享职责 | 划分过于粗略 |

### 三、供应链中的信息管理

针对供应链中信息的特点,不难看出供应链中信息管理要求较高,信息有效的流动和管理是供应链管理中的关键因素,如何有效地管理信息是供应链中必须要解决的问题。供应链管理中利用信息技术实现信息的及时互通,借此做出准确的预测和决策,从而缩短订货提前期、降低库存水平、提高搬运和运输效率、减少递送时间、提高订货和发货的精度以及回答顾客的各种信息咨询和诉求,获得竞争优势,提高供应链的整体竞争力。目前企业之间的竞争已经转化为供应链之间的竞争,而供应链竞争中信息获取速度完全由信息技术来控制,因此不断在供应链中应用和集成先进适用的信息技术,是提高客户服务水平和整个供应链的竞争能力的重要手段,有效的信息管理才能保证供应链的有效运作。供应链作为一种"扩展"的企业,其信息流动和获取方式不同于单个企业的情况,在一个由网络信息系统组成的信息社会里,各种各样的企业在发展中相互依赖,形成一个共生共存的企业环境,每一条供应链好像一条食物链。整个供应链上的信息能够共享,必须建立面向供应链管理的新的信息系统,这种系统与每个企业原有的基于单个企业的信息系统是不一样的,这需要对信息的组织模式和规划进行重新设计。

现在,每天在全球范围内发生数以百万计的交易,每一笔交易的背后都伴随着产品流动(物流)、资金的流动(资金流)、信息的流动(信息流),供应链上的贸易伙伴都需要这些信息以便完成对产品的发送、跟踪、分拣、接受、提货、存储等。随着信息数量的增加,供应链上贸易伙伴的组织费用、数据处理以及管理费用都在大幅增加,因此在供应链中必须实现有效的信息管理,对信息进行精确、可靠及快速的采集和传输。

## 第二节 供应链管理中的信息技术

### 一、供应链管理中应用的信息技术

供应链管理几乎涉及了目前所有的信息技术。供应链管理中应用到的信息技术分为核心信息技术与信息系统。核心信息技术是指那些最为基础的单元信息技术,如条码技术、自动识别与数据采集技术、电子数据交换技术;而信息系统是指那些以计算机为核心的集成系统或产品,如企业资源计划(ERP)、计算机集成配送、自动补货系统、财务系统等。当然信息系统一般包括多种核心信息技术的应用。例如POS 系统不仅包括产品编码技术,还包括条码与扫描技术;又如自动补货技术包括条码技术、EDI 技术等。

关于具体的信息技术在供应链管理中的应用很多学者持有不同的观点,胡双增在《物流一体化理论和方法的研究》一书中,将供应链信息技术的应用划分为 39 种,如表 8-2 所示。

表 8-2 供应链信息技术的种类

| 序号 | 技 术 名 称 | 序号 | 技 术 名 称 |
| --- | --- | --- | --- |
| 1 | 电子邮件系统(Electronic Mail) | 10 | 广域网(Wide Area Network) |
| 2 | 专家系统(Expert System) | 11 | 局域网(Local Area Network) |
| 3 | 电话会议(Teleconference Technique) | 12 | 可视技术(Imagine Technique) |
| 4 | 电子数据交换(EDI) | 13 | 互联网(Internet) |
| 5 | 行政信息系统(EDS) | 14 | 电子商务(Electronic Business) |
| 6 | 计算机辅助软件工程(CASE) | 15 | 决策支持系统(DSS) |
| 7 | 面向对象的编程系统(OOT) | 16 | 地理信息系统(GIS) |
| 8 | 客户/服务器(Client/Server) | 17 | 全球定位系统(GPS) |
| 9 | 数据库管理信息系统(DBMS) | 18 | 射频技术(Radio Frequency) |

续 表

| 序号 | 技 术 名 称 | 序号 | 技 术 名 称 |
|---|---|---|---|
| 19 | www 技术 | 29 | 信息高速公路(Information Super Way) |
| 20 | Extranet/Intranet | 30 | 工作流自动化(Work Flow Automation) |
| 21 | 条形码和扫描技术(Bar Cord) | 31 | 多媒体技术(Multimedia Technology) |
| 22 | 计算机辅助合作网(Computer Added Net) | 32 | 物料需求计划(MRP) |
| 23 | 卫星通信技术(Satellite Communication) | 33 | 制造资源计划(MRPⅡ) |
| 24 | 增值网络(Value-Added Network) | 34 | 及时供应系统(JITS) |
| 25 | 企业虚拟工作间(Corporate Virtual Workspace) | 35 | 高级及时供应系统(JITSII) |
| | | 36 | 分销资源计划(DRP) |
| 26 | 图像处理技术(Image Processing) | 37 | 企业资源计划(ERP) |
| 27 | 并行系统(Parallel System) | 38 | 跨组织信息系统(IOIS) |
| 28 | 神经网络(Neural Network) | 39 | 供应链管理信息系统(SCMIS) |

上表列出的信息技术中,有一些信息是目前在供应链管理中应用比较普遍的。下面对条形码技术、射频技术、全球定位系统、地理信息系统、EDI 技术做一些介绍。

## 二、条码技术

条码技术是条形码自动识别技术的简称,它是在当代信息技术基础上产生和发展起来的符号自动识别技术。它将符号编码、数据采集、自动识别、自动录入、存储信息等功能融为一体,能够有效解决物流过程中大量数据的采集与自动录入问题,为供应链管理提供了有力的支持。

1. 条码的定义

条码(Bar Code)是由一组规则排列的条、空及其对应字符组成的编码符号,用以表示一定的字符、数字以及组成的信息。"条"指对光线反射率较低的部分(一般表现为黑色),"空"指对光线反射率较高的部分(一般表现为白色),这些条和空组成的符号,能够用特定的设备(如光电扫描器等)识读,以标识物品的各种信息,如名称、单价、规格等。如果某个这种条码的条或空标记模糊或被磨损,则条码上的对应字符可供人直接识读或通过键盘向计算机输入数据进行使用。

通常对于某一种物品,它的编码是惟一的,对于普通的一维条码来说,还要通过数据库建立条码与商品信息的对应关系,当条码的数据传到计算机上时,由计算机上的应用程序对数据进行操作和处理。因此,普通的一维条码在使用过程中仅作为识别信息,它的意义是通过在计算机系统的数据库中提取相应的信息而实现的,如图8-2所示为一维条码示意图。

2. 条码标准

时至今日,一维条码已成为商业自动化不可缺少的基本条件。世界上约有225种以上的一维条码,每种一维条码都有自己的一套编码规格,规定每个字符、数字或符号信息是由几个线条及几个空白组成及排列规则。国际上公认的用于供应链管理和物流中的条码标准主要有三种:通用商品条码、储运单元条码和贸易单元128码。

图8-2 一维条码示意图

(1) 通用商品条码

商品条码是按照国际物品编码协会(EAN)统一规则编制的,EAN码的字符编号结构是长度固定的、连续型的数字式码制,其字符集是数字0~9。它采用四种元素宽度,每个条或空是1、2、3或4倍单位元素宽度。EAN码有两种类型,即标准版EAN-13码(由13位数字及相应的条码符号组成结构为$X_{13}X_{12}X_{11}X_{10}X_9X_8X_7X_6X_5X_4X_3X_2X_1$)和缩短版EAN-8码(由8位数字及相应的条码符号组成,结构为$X_8X_7X_6X_5X_4X_3X_2X_1$)。其主要组成如下:

① 前缀码。由前三位数字组成,是国家的代码,即EAN-13码中$X_{13}X_{12}X_{11}$,EAN-8码中$X_8X_7X_6$。国际物品编码协会分配给我国内陆地区的前缀码为"690,691,692,693,694,695",香港地区的前缀码为489,台湾地区的前缀码为471。

② 制造厂商识别代码。我国物品编码中心统一分配并统一注册,一厂一码。EAN-13码中为$X_{10}X_9X_8X_7X_6$,EAN-8码中没有厂商识别代码。

③ 商品项目代码。表示每个制造厂商的商品,由厂商确定,EAN-13码中为$X_5X_4X_3X_2$,EAN-8码中为$X_5X_4X_3X_2$,可标识10万种商品。

④ 校验码。由最后1位数字组成,用以校验前面各码的正误。

(2) 储运单元条码

储运单元条码是专门表示储运单元编码的一种条码,这种条码常见于搬运、仓储、订货和运输过程中,一般由消费单元组成的商品包装单元构成。在储运单元条码中,又分为定量储运单元(由定量消费单元组成的储运单元)和变量储运单元(由变量消费单元组成的储运单元)。

① 当定量储运单元同时又是定量消费单元时,应按定量消费单元进行编码,如电冰箱等家用电器,其定量消费单元的编码等同于通用商品编码。即结构为$X_{13}X_{12}X_{11}X_{10}X_9X_8X_7X_6X_5X_4X_3X_2X_1$。当包含相同种类的定量消费单元组成定量储运单元时,可给每一定量储运单元分配一个区别于它所包含的消费单元代码的13位

数字代码,也可用14位数字进行编码。结构为 $VX_{12}X_{11}X_{10}X_9X_8X_7X_6X_5X_4X_3X_2X_1C$,定量储运单元包装指示符(V)用于指示定量储运单元的不同包装,取值范围为 V=1,2,…8。$X_{12}X_{11}X_{10}X_9X_8X_7X_6X_5X_4X_3X_2X_1$ 是定量消费单元代码去掉校验字符后的12位数字代码,即不含校验码的 EAN13 码,C 为新生成的校验码。当包含不同种类的定量消费单元组成定量储运单元时,可给储运单元分配一个与包装内所含消费单元13位数字代码有区别的标示代码,可用14位交叉25条码(ITF-14)标识定量储运单元。

② 变量储运单元条码:变量储运单元是指由按基本计量单位计价,以随机数量销售的商品组成的储运单元,如水果、蔬菜、肉类、乳酪、绳索、布料、一卷地毯等。变量储运单元条码由14位数字的主代码和6位数字的附加代码组成,其代码结构为 $L_1\ X_{12}X_{11}X_{10}X_9X_8X_7X_6X_5X_4X_3X_2X_1C_1Q_1Q_2Q_3Q_4Q_5C_2$,$L_1$ 指示在主代码后面有附加代码,取值为 $L_1=9$,附加代码 $Q_1\sim Q_5$ 是指包含在变量储运单元内,按确定的基本计量单位(如公斤、米等)计量取得的商品数量。变量储运单元的主代码用 ITF-14 条码标识,附加代码用 ITF-6(6位交叉25条码)标识。变量储运单元的主代码和附加代码也可用 EAN-128 条码标识。

(3) 贸易单元128码(EAN-128码)

通用商品条码与储运单元条码都不携带商品的相关信息,如果在物流过程中需要将生产日期、有效期、运输包装序号、重量、尺寸、体积、送出地址、送达地址等重要信息条码化,以便扫描输入,则可以使用贸易单元128条码(EAN-128)。贸易单元128条码是一种可变长度的连续型条码,可携带大量信息。其印刷要求较为宽松,在许多粗糙、不规则的包装上部可以印刷,128码的识别要比 EAN-13 码和交叉25码的识别容易得多。EAN-128 条码的应用领域非常广泛,包括制造业的生产流程、仓储管理、车辆调配、货物追踪、血液样本管理、药品的控制追踪等。我国制定的 GB/T 15425-1994《贸易单元128条码》国家标准等级采用了 EAN/UCC-128 条码。EAN/UCC-128 条码是由国际物品编码协会、美国统一代码委员会和自动识别制造商协会共同设计而成的。贸易单元128条码是物流条码实施的关键,其样式如图8-3所示。

图8-3 EAN128码

3. 二维条码

二维条码是用某种特定的几何图形按一定规律在平面(二维方向)上分布的黑白相间的图形来记录数据符号信息的条码,如图8-4所示。它在代码编制上巧妙地利用构成计算机内部逻辑基础的0、1比特流的概念,使用若干个

图8-4 二维条码

与二进制相对应的几何形体来表示文字数值信息,通过图像输入设备或光电扫描设备自动识读以实现信息的自动处理。它具有条码技术的一些共性:每种码制有其特定的字符集;每个字符占有一定的宽度,具有一定的校验功能等。同时,它还具有对不同信息的自动识别功能及可以处理图形旋转变化等特点。

4. 条码技术的应用

(1) 商业自动化系统。条码技术是现代商品系统中非常重要的快速信息采集技术,是适应现代市场上大量化和高速化的商品要求,大幅度提高市场商品销售和运输效率的技术,在 POS 中以条码为手段、计算机为中心,实现对商店的进销存管理,快速反馈进、销、存各个环节的信息,为经营决策提供依据。

(2) 条码技术在物流管理方面起到重要的作用。如在仓储管理中的应用:立体仓库是现代工业生产中的一个重要组成部分,利用条码技术,可以完成仓库货物的导向、定位、入库操作,提高识别速度,减少人为差错,从而提高仓库管理水平。在国际运输协会已做出规定,货物运输中,物品的包装箱上必须做上条码符号,以便对所运物品进行自动化统计管理。此外,铁路、公路的旅客车船票自动化售票及检票系统,公路收票站的自动化,货运仓库、货栈的物流自动化管理等,都须利用条码技术来实时采集数据。

(3) 条码技术作为数据标识和数据自动输入的一种手段还广泛地应用于各行各业中。例如在工业领域可以说具有很大的潜在市场。企业管理中,条码识别设备是数据采集的有力手段。比如企业的人事管理(如考勤管理、工资管理、档案管理)、物资管理(如仓库自动化管理系统)、生产管理(如产品生产中的工耗、能耗、材耗、加工进度等)。此外,在生产过程的自动化控制系统中,条码技术更是重要的数据采集手段。比如在汽车制造的自动化组装流水线中,部件和整机的代码信息,就可以采用条码技术来实现。

## 三、射频技术(RFID)

1. 射频技术概述

射频识别技术(Radio Frequency Identification, RFID)是一项利用射频信号通过空间耦合(交变磁场或电磁场)实现无接触信息传递并通过所传递的信息达到识别目的的技术。简单地说,RFID 是利用无线电波进行数据信息读写的一种自动识别技术或者说是无线电技术在自动识别领域中的应用。

RFID 是 20 世纪 90 年代开始兴起的,是一种非接触式自动识别技术,它通过射频信号自动识别目标对象并获取相关数据信息,识别工作无须人工干预,可工作于各种恶劣环境(如油渍、灰尘污染等)。RFID 系统不局限于视线,识别距离比光学系统远,可达几十米以上(如用于自动收费或识别车辆身份等)。RFID 技术可识别高速运动物体并可同时识别多个标签,操作快捷方便。RFID 识别卡具有读写能力、可携带大量数据、具有难以伪造和智能化等特性,具有极高的保密性。

射频识别技术是对条码及扫描技术的补充和发展,它规避了条码技术的一些局限性,为大量信息的存储、改写和远距离识别奠定了基础。如我国香港的自动识别系统——驾易通,采用的主要技术就是射频识别技术。装有电子标签的车辆通过装有射频扫描器的专用隧道、停车场或高速公路路口时,无须停车缴费,大大提高了行车速度,提高了效率。

2. RFID 系统组成

(1) 标签

标签(Tag)即射频卡,由耦合元件及芯片组成,每个标签具有惟一的电子编码,附着在物体上标识目标对象。它相当于条码技术中的条码符号,用来存储需要识别的信息。有别于条码的是射频卡必须自动或在外力作用下将信息发射出去。

按照不同的方式,射频卡有以下几种分类。

① 按供电方式分为有源卡和无源卡。有源是指卡内有电池提供电源,有源卡的特点是作用距离较远,但寿命有限、体积较大、成本高,不适合在恶劣的环境下工作。无源卡内无电池,它利用波束供电技术将接收到的射频能量转换为直流电源为卡内电路供电,特点是寿命长且对工作环境要求不高,但作用距离相对有源射频卡较短。

② 按载波频率分低频卡、中频卡和高频卡。低频射频卡主要有 125 kHz 和 134.2 kHz,中频射频卡频率主要为 13.56 MHz,高频射频卡频率为 433 MHz、915 MHz、2.45 GHz、5.8 GHz 等。低频卡主要用于短距离、低成本的应用中,如多数的门禁控制、校园卡、动物监管、货物跟踪等。中频卡用于门禁控制和需传送大量数据的应用系统。高频卡应用于需要较长的读写距离和高速读写的场合,天线波束方向较窄且价格较高,在火车监控、高速公路收费等系统中应用。

③ 按调制方式的不同可分为主动式和被动式。主动式射频卡内部自带电池,用自身的射频能量主动地发送数据给阅读器,其电能充足信号传递远;被动式射频卡使用调制散射方式发射数据,它必须利用阅读器的载波来调制自己的信号,该类技术适合用在门禁或者交通应用中。因为阅读器可以确保只激活一定范围之内的射频卡。在有障碍物的情况下,用调制散射的方式,阅读器的能量必须来去穿过障碍物 2 次。而主动方式的射频卡发射的信号仅穿过障碍物 1 次,因此主动方式工作的射频卡主要用于有障碍物的应用中。

④ 按芯片分为只读卡和可读可写卡。只读卡内部只有缓冲存储器、只读存储器和随机存储器。可读可写卡除此之外,还有非活动可编程记忆存储器。

(2) 阅读器

阅读器是读取标签信息的设备,可设计为手持式或固定式。

(3) 天线

天线是在标签和阅读器间传递射频信号。

3. 射频技术的应用

由于射频识别技术具有非接触采集信息、读写能力强、正确率高等优点,因而它应用于很多行业中。以下只是列举了目前射频识别技术的部分应用,随着射频识别技术的进一步成熟与完善,它的前景将十分广阔。

(1) 高速公路的自动收费系统

高速公路上的人工收费站由于效率低下而成为交通瓶颈。如果将 RFID 技术应用在高速公路自动收费上,就能够充分体现它非接触识别的优势,让车辆在高速通过收费站的同时自动完成收费。据测试,采用这种自动收费方式,车辆通过自动收费卡口时车速可保持在 40 km/h,与停车领卡交费相比,行车可节省时间 30%~70%。

(2) 交通督导和电子地图

利用 RFID 技术可以进行车辆的实时跟踪,通过交通控制中心的网络在各个路段向司机报告交通状况,指挥车辆绕开堵塞路段,并用电子地图实时显示交通状况,使交通流量均匀,大大提高道路利用率。通过实时跟踪,还可以自动查处违章车辆,记录违章情况。另外,在公共汽车站,通过实时跟踪可以指示公共汽车到站时间及自动显示乘客信息,带给乘客方便。

(3) 停车场智能化管理系统

系统可以自动识别车辆的合法性,无须停车即可完成放行(禁止)、记录等管理功能,从而节约进出场的时间,提高工作效率,杜绝管理费的流失。

(4) 邮政包裹管理系统

在邮政领域,如果在邮票和包裹标签中贴上 RFID 芯片,不仅可以实现分拣过程的全自动化,而且当包裹到达某个地方时,标签信息就会被自动读入管理系统,并融入"物联网"供顾客和企业查询。

(5) 铁路货运编组调度系统

火车按既定路线运行,读写器安装在铁路沿线,就可得到火车的实时信息及车厢内所装物品的信息。通过读到的数据,能够了解火车的情况、监控火车的完整性,以防止遗漏在铁轨上的车厢发生撞车事故,同时可以在车站将车厢重新编组。

(6) 集装箱识别系统

将记录有集装箱位置、物品类别、数量等数据的标签安装在集装箱上,借助射频识别技术,就可以确定集装箱在货场内的确切位置,在移动时可以将更新的数据写入射频卡。系统还可以识别未被允许的集装箱移动,有利于管理和安全。

(7) RFID 库存跟踪系统

将 RFID 标签贴在托盘、包装箱或元器件上,无须打开产品的外包装,系统就可以对其成箱或成包地进行识别,实现对商品从原材料、半成品、成品、运输、仓储、配送、上架到最终销售甚至退货处理等所有环节进行实时监控,极大地提高自动化程度,大幅降低差错率,提高供应链的透明度和管理效率。

(8) 生产物流的自动化及过程控制

用 RFID 技术在生产流水线上实现自动控制、监视,可提高生产率,改进生产方式,节约成本。如德国宝马汽车公司在装配流水线上应用射频卡以便尽可能大量地生产用户定制的汽车。宝马汽车的生产是基于用户提出的要求式样而生产的,用户可以从上万种内部和外部选项中选定自己所需要的颜色、引擎型号及轮胎式样等。这样一来,汽车装配流水线上就得装配上百种式样的宝马汽车,如果没有一个高度组织的、复杂的控制系统,是很难完成这样复杂的任务的。宝马公司就在其装配流水线上配有 RFID 系统,使用可重复使用的射频卡,该射频卡带有详细的装配汽车的所有要求。在每个工作点处都有阅读器,这样可以保证汽车在各个流水线位置处能毫不出错地完成装配任务。

### 四、全球卫星定位系统(GPS)

1. 全球卫星定位系统的概念

全球卫星定位系统(Global Positioning System GPS)是一种结合卫星及通讯发展的技术,利用导航卫星进行测时和测距。全球卫星定位系统(GPS)是美国从 20 世纪 70 年代开始研制,历时 20 余年,耗资 200 亿美元,于 1994 年全面建成,具有海陆空全方位实时三维导航与定位能力的新一代卫星导航与定位系统。经过近十年我国测绘等部门的使用表明,全球卫星定位系统以全天候、高精度、自动化、高效益等特点,成功地应用于大地测量、工程测量、航空摄影、运载工具导航和管制、地壳运动测量、工程变形测量、资源勘察、地球动力学等多种学科,取得了好的经济效益和社会效益。

现有的卫星导航定位系统有美国的全球卫星定位系统(GPS)、俄罗斯的全球卫星定位系统( Global Navigation Satellite System,GLONASS)、中国北斗星以及欧洲伽利略。GPS 的工作原理是基于卫星的距离修正。用户通过测量到太空各可视卫星的距离来计算用户的当前位置,卫星相当于精确的已知参考点。每颗 GPS 卫星时刻发布其位置和时间数据信号,用户接收机可以测量每颗卫星信号到接收机的时间延迟,根据信号传输的速度就可以计算出接收机到不同卫星的距离。同时收集到至少 4 颗卫星的数据时就可以解算出三维坐标、速度和时间。

GPS 的出现标志着电子导航技术发展到了一个更加辉煌的时代。GPS 系统与其他导航系统相比,其主要特点是:

(1) 全球地面连续覆盖。由于 GPS 卫星数目较多且分布合理,所以在地球上任何地点均可连续同步地观测到至少 4 颗卫星,从而保障了全球、全天候连续实时导航与定位的需要,并不受恶劣气候的影响。

(2) 实时定位速度快。随着 GPS 系统的不断完善,软件的不断更新,实时定位速度不断加快。目前 GPS 接收机的一次定位和测速工作在 1 秒甚至更短的时间内便可完成,这对高动态用户来讲尤其重要。

(3) 功能多、精度高。GPS 可为用户连续提供高精度的三维位置、三维速度和时间信息。在应用实践中,GPS 相对定位精度在 50 km 以内可达 $1/10^6$,$100\sim500$ km 可达到 $1/10^7$,1 000 km 可达 $1/10^9$。

(4) 抗干扰性能好、保密性强。由于 GPS 采用扩频技术和伪码技术,用户只接收而不必发射信号,因而 GPS 卫星所发送的信号具有良好的抗干扰性和保密性。

GPS 是在子午仪卫星导航系统的基础上发展起来的,它采纳了子午仪系统的成功经验。和子午仪系统一样,全球定位系统由空间部分、地面监控系统和 GPS 信号接收机三大部分组成。

2. 全球卫星定位系统的应用

目前,GPS 技术备受人们关注,GPS 技术的诸多功能对于供应链信息的有效管理可以起到重要的作用。GPS 技术在车、货运行中的主要应用有:配送车辆的自定位、跟踪调度、陆地救援;内河及远洋轮船的最佳航程和安全航线的测定,航向的实时调度、监测及水上救援;航空的空中交通管理、精密进场着陆、航路导航和监视等。尤其是在货物配送领域中,对可能涉及的货物的运输、仓储、装卸、递送等处理环节,对各个环节涉及的问题如运输路线的选择、仓库位置的选择、仓库的容量设置、合理装卸策略、运输车辆的调度和投递路线的选择,都可以通过运用 GPS 技术的导航功能及车辆跟踪、信息查询等功能有效管理和决策分析,这无疑能够有效完成供应链节点企业之间有效的资源利用、降低消耗。具体应用表现为:

(1) 导航功能

三维导航既是 GPS 的首要功能,也是它最基本的功能,其他功能都要在导航功能的基础上才能完全发挥作用。飞机、船舶、地面车辆以及步行者都可利用 GPS 导航接收器进行导航。汽车导航系统就是在 GPS 的基础上发展起来的一门新技术,它由 GPS 导航系统、自律导航系统、微处理器、车速传感器、陀螺传感器、CD-ROM 驱动器、LCD 显示器组成。导航系统将成为未来 GPS 应用的主要领域之一。

(2) 车辆跟踪功能

GPS 导航系统与 GIS 技术、无线移动通信技术(GSM)及计算机车辆管理信息系统相结合,可以实现车辆跟踪功能。利用 GPS 和 GIS 技术可以实时显示出车辆的实际位置,并可任意放大、缩小、换图;GPS 可以随目标移动,使目标始终保持在屏幕上;GPS 还可实现多窗口、多车辆、多屏幕同时跟踪,利用该功能可对重要车辆和货物进行运输跟踪管理。

(3) 双向通信功能

GPS用户可借助于通信设备和车载终端,与货运司机和监控调度中心进行实时双向通信。例如,用户可使用GSM的语音功能与司机进行通话或使用本系统安装在运输工具上的移动设备的汉字液晶显示终端进行汉字消息收发对话。驾驶员通过按下相应的功能按键,将通话信息反馈到网络GPS设备中,质量监督员即可在网络GPS工作站的显示屏上确认其工作的正确性,了解并控制整个运输作业的准确性(发车时间、到货时间、卸货时间、返回时间等)。

(4) 动态调度功能

调度人员能在任意时刻通过调度中心发出文字调度指令,并得到确认信息。可进行运输工具待命计划管理,操作人员通过在途信息的反馈,使运输工具未返回车队前即做好待命计划,可提前下达运输任务,减少等待时间,加快运输工具的周转速度。运能管理,即将运输工具的运能信息、维修记录信息、车辆运行状况登记信息、司机人员信息、运输工具的在途信息等多种信息提供给调度部门决策,以提高荷载率,尽量减少空车时间和空车距离,充分利用运输工具的运输能力。

(5) 线路规划

自动线路规划:由驾驶员确定起点和终点,由计算机软件按照要求自动设计最佳行驶路线,包括最快的路线、最简单的路线、通过高速公路路段次数最少的路线等。人工线路设计:由驾驶员根据自己的目的地设计起点、终点和途经点等,自动建立线路库。线路规划完毕后,显示器能够在电子地图上显示设计线路,并同时显示汽车运行路径和运行方法。

(6) 紧急援助

通过GPS定位和监控管理系统可以对遇有险情或发生事故的车辆进行紧急援助。监控台的电子地图可显示求助信息和报警目标,规划出最优援助方案,并以报警声、光提醒值班人员进行应急处理。

## 五、地理信息系统(GIS)

### 1. GIS 的概念

地理信息系统(Geographical Information System,GIS)是20世纪60年代开始迅速发展起来的地理学研究技术,是多种学科交叉的产物。地理信息系统是以地理空间数据库为基础,采用地理模型分析方法,适时提供多种空间的和动态的地理信息。它是为地理研究和地理决策服务的计算机技术系统,具有以下三个方面的特征:

(1) 具有采集、管理、分析和输出多种地理空间信息的能力,具有空间性和动态性;

(2) 以地理研究和地理决策为目的,以地理模型方法为手段,具有区域空间分析、多要素综合分析和动态预测能力,产生高层次的地理信息;

(3) 由计算机系统支持进行空间地理数据管理,并由计算机程序模拟常规的或专门的地理分析方法,作用于空间数据,产生有用信息,完成人类难以完成的任务。

GIS由五个主要的元素所构成,即硬件、软件、数据、人员和方法。

GIS的功能主要有数据的操作与处理、制图、空间查询与分析、地形分析等。

2. 供应链管理中的主要应用模型

供应链管理中的应用模型主要有以下几种:

(1) 车辆路线模型。用于解决一个起始点、多个终点的货物运输中如何降低物流作业费用,并保证服务质量的问题,包括决定使用多少辆车,每辆车的路线等。

(2) 网络物流模型。用于解决寻求最有效的分配货物路径问题,也就是物流网点布局问题。如将货物从N个仓库运往M个商店,每个商店都有固定的需求量,因此需要确定由哪个仓库提货送给哪个商店,所耗的运输代价最小。

(3) 分配集合模型。可以根据各个要素的相似点,把同一层上的所有或部分要素分为几个组,用以解决确定服务范围和销售市场范围等问题。如某一公司要设立X个分销点,要求这些分销点要覆盖某一地区,而且要使每个分销点的顾客数目大致相等。

(4) 设施定位模型。用于确定一个或多个设施的位置。在物流系统中,仓库和运输线共同组成了物流网络,仓库处于网络的节点上,节点决定着线路。如何根据供求的实际需要并结合经济效益等原则,在既定区域内设立若干个仓库,每个仓库的位置、规模以及仓库之间的物流关系等问题,运用此模型均能很容易地得到解决。

3. GIS在供应链管理中的应用

GIS能为物流管理企业对分区进行科学、规范地管理,并且可以优化车辆与人员的调度,最大限度地利用人力、物力资源,使货物配送达到最优化。对于物流中的许多重要决策问题,如配送中心的选址、货物组配方案、运输的最佳路径、最优库存控制等方面,都可以得到更好的解决。

(1) 对客户分区。企业基于属性数据和图形数据结合自己的实际情况,将地理信息管理系统区域划分为若干个责任管辖区域,以实现快速响应客户的需求,缩短满足请求的时间,提高满足请求的质量,动态安排和优化运送作业,及时反馈配送的状态,完成应急处理,保证客户的到货时间,提高客户满意度,充分利用运力资源,控制减少成本,分析老客户的消费行为和模式,准确预测和把握客户的需求。

(2) 客户定位。在已分完区域的地理地图信息中,由于地理地图已具有了地理坐标,通过对地理坐标的描述,可以在地图上对新客户进行地理位置的确定或者修改老客户的地理位置,从而在地理地图坐标中最终确立客户的地理位置。使用GIS对某个城市或地区按管理的要求建立电子地图,准确地反映出街道、道路等情况,从而使企业能精确地确定配送点和客户的位置。

(3) 需求优先级。不同的客户,对产品的需求量不同,等待服务的时间点和时间段各不相同,分配不同的优先级,可以使客户满意程度最大化。

(4) 路径最优化。根据实际的需求分布,优化具体运行路径,使资源消耗最小化。根据服务区域和特点,划分工作组、责任区,并根据客户分布和需求量合理安排工作路线和顺序。

(5) 动态模糊分区。对已经按地理位置分区的多个工作组,根据具体情况,动态地分配它们的服务区,特别是交叉地段,从而协调各组的工作量和服务质量。

## 六、电子数据交换技术(EDI)

### 1. EDI 定义

EDI 是英文 Electronic Data Interchange 的缩写,中文译为"电子数据交换",它是一种在公司之间传输订单、发票等作业文件的电子化手段。它通过 EDI 网络将贸易、运输、保险、银行和海关等行业信息,用一种国际公认的标准格式,实现各有关部门或公司与企业之间的数据交换与处理,并完成以贸易为中心的全部过程。国际标准化组织(ISO)于 1994 年确认 EDI 的定义:"将贸易(商业)或行政事务处理按照一个公认的标准变成结构化的事务处理或信息数据格式,从计算机到计算机的电子数据传输"。而国际电信联盟远程通信标准化组织(ITU-T)将 EDI 定义为"从计算机到计算机之间的结构化的事务数据互换"。又由于使用 EDI 可以减少甚至消除贸易过程中的纸面文件,因此 EDI 又被人们通俗地称为"无纸贸易"。

### 2. EDI 系统的构成

电子数据交换系统包括软件、硬件及通信网络三大要素。EDI 具有一定的通用性。EDI 通信网络一般是专用网,具有安全可靠、价格昂贵的特点。随着现代网络技术的发展,EDI 通信网络除了专用网络外,还出现了一些新的网络技术,如电子商务虚拟专用网,具有网络安全与价格便宜的优点,解决了专线的缺陷。EDI 软件将用户数据库系统中的信息译成 EDI 的标准格式以供传输交换。EDI 标准具有足够的灵活性,以适应不同行业的众多需求。但是每个公司有其自己规定的信息格式,因此当需要发送 EDI 电文时,必须用某种方法从公司的专有数据库中提取信息,并把它翻译成 EDI 标准格式并进行传输,这就需要 EDI 相关软件的帮助。EDI 相关软件包括:转换软件、翻译软件和通信软件。在有 EDI 增值服务的条件下,这个过程分为以下 6 个步骤,如图 8-5 所示。

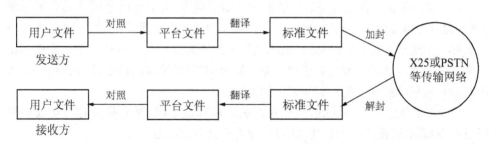

图 8-5 EDI 运作流程

(1) 发送方将要发送的数据从信息系统数据库提出，转换成平台文件（亦称中间文件）；

(2) 将平台文件翻译成标准的 EDI 报文；

(3) 发送 EDI 信件；

(4) 接收方从 EDI 信箱中收取信件；

(5) EDI 信件拆开并翻译成平台文件；

(6) 将平台文件转换并送到接收方信息系统中进行处理。

该过程是个可逆过程，接收方同发送方发送 EDI 报文与发送方向接收方发送 EDI 报文的过程和原理是一致的。

3. EDI 标准

EDI 的标准有很多，被广泛应用的有 ANSI X12(American National Standards Institute)和 UN/EDIFACT(EDI for Administration Commerce and Transport)，其中 ANSI X12 是由美国国家标准委员会制定并颁布实施的，而 UN/EDIFACT 是由欧洲贸易委员会制定并颁布实施的。目前，ANSI X12 和 EDIFACT 两标准已经被合并成为一套世界通用的 EDI 标准。

EDI 标准是整个 EDI 最关键的部分，由于 EDI 以事先商定的报文格式进行数据传输和信息交换，因此，制定统一的 EDI 标准至关重要。EDI 标准主要分为以下八个方面：基础标准、代码标准、报文标准、单证标准、管理标准、应用标准、通信标准、安全保密标准。

在这些标准中，首先要实现单证标准化，包括单证格式的标准化、信息内容的标准化以及信息描述的标准化。单证格式的标准化是指按照国际贸易基本单证格式设计各种商务往来的单证样式。在单证上利用代码表示信息时，代码所处位置也应标准化。目前，中国已制定的单证标准有：中华人民共和国进出口许可证、原产地证书、装箱单、装运声明。信息内容的标准化包括单证上的哪些内容是必须记载的，哪些内容是不必记载的。在不同的业务领域，同样的单证上所记载的内容项目是不完全一致的。

4. EDI 在供应链管理中的应用

EDI 是一种信息管理和处理的有效手段，它是对供应链上的信息流进行有效运作的方法。EDI 的目的是充分利用现有计算机及通信网络资源，提高贸易伙伴间通信的效益，降低成本。EDI 主要应用于以下行业：

(1) 制造业：JIT 的即时响应，以减少库存量及生产线待料时间，降低生产成本。

(2) 贸易运输业：快速通关报检、经济适用运输资源，以降低贸易运输的空间、成本与时间的浪费。

(3) 流通业：应用快速响应策略，以减少商场库存量与空架率，加速商品资金周转，降低成本。通过建立物资配送体系，来完成产、存、运、销一体化的供应链管理。

(4) 金融业：电子转账支付（EFT），以减少金融单位与其用户间交通往返的时间与现金流动风险，并缩短资金流动所需的处理时间，提高用户资金调度的弹性。在跨行服务方面，更可使用户享受到不同金融单位所提供的服务，以提高金融业的服务品质。

EDI 应用，获益最大的是零售业、制造业和配送业，在这些行业的供应链中应用 EDI 技术可使传输发票、订单过程的效率大大提高，而这些业务恰恰代表了它们的核心业务活动——采购和销售。EDI 在密切贸易伙伴关系方面有潜在的优势。

鉴于我国目前企业的条件和信息基础条件，对我国绝大多数企业来说，实现企业之间商贸业务的电子化的最直接、最快速的途径是进入当今全球共有的信息高速公路——Internet。通过 Internet 实现如中国技术进出口总公司提出的 4E 战略，即电子沟通(E-communication)、电子贸易(E-trade)、电子调研(E-research)和电子促销(E-marketing)。因此，研究适合中国国情的集成化供应链技术支持工具应建立在 Internet/Intranet 基础上，研究以 Internet/Intranet 为工具的企业信息的集成，使 MRPⅡ等信息支持系统不再是仅限于企业内部，而是能够通过 Internet 和相关的企业进行信息的共享，实现集成化供应链管理下的信息共享的目的。

## 第三节　基于 Internet/Intranet 的供应链信息组织模式

### 一、Internet/Intranet 概述

Internet/Intranet 是供应链信息平台的基础平台，把地理上分散的通信设备、终端及各种物流技术设备连接在一起，实现相互通信和资源、信息共享。

1. Internet 及其服务

20 世纪 90 年代，Internet 从一个科研应用的计算机网络系统发展为全面商业化的全球信息网，是由许多不同的计算机网络用 TCP/IP 协议连接而成的一个巨型网。Internet 是一组全球信息资源的总汇，以相互交流信息资源为目的，基于一些共同的协议，并通过许多路由器和公共互联网而形成，它是一个信息资源和资源共享的集合。

Internet 所有的服务由服务器提供，访问存取由客户软件完成。Internet 的服务主要有电子邮件服务、文件传输服务、远程登录服务和 WWW 服务等。Web 是建立在客户机/服务器模型之上，以 HTML 语言和 HTTP 协议为基础，能够提供面向各种 Internet 服务的、一致的用户界面的信息浏览系统。利用 Internet 可把位于全球的供应链的上、下游企业连接在一起，组成一个巨大的虚拟企业。

2. Intranet

Intranet 又称为企业内部网，是 Internet 技术在企业内部的应用，它的核心技术

是基于 Web 的计算。Intranet 的基本思想是:在内部网络上采用 TCP/IP 作为通信协议,利用 Internet 的 Web 模型作为标准信息平台,同时建立防火墙把内部和 Internet 分开。当然 Intranet 并非一定要和 Internet 连接在一起,它完全可以自成一体作为一个独立的网络。利用 Intranet,企业能搭建企业内部的信息服务平台。

Internet 是面向全球的网络,而 Intranet 则是 Internet 技术在企业机构内部的实现,它能够以极少的成本和时间将一个企业内部的大量信息资源高效合理地传递给每个人。Intranet 为企业提供了一种能充分利用通信线路经济而有效地建立企业内部网的方案。应用 Intranet,企业可以有效地进行财务管理、供应链管理、进销存管理、客户关系管理等。

## 二、基于 Internet/Intranet 的供应链企业信息组织和集成模式

实施供应链管理的企业在构建管理信息系统时,要正确处理各种关系,并充分考虑各种因素的影响程度。根据企业所处环境、自身条件和营销策略,建立一种现代企业的管理信息系统。这包括企业经营观念、方式和手段的转变,它将产生新的深层次变革。一般企业可以通过高速数据专用线连接到 Internet 骨干网中,通过路由器与自己的 Intranet 相连,再由 Intranet 内主机或服务器为其内部各部门提供存取服务。

在供应链企业的管理信息系统中,计算机(个人计算机、工作站、服务器)可以既是 Internet 的节点,又是 Intranet 的节点,它们之间范围的界定由服务范围和防火墙限定,基于 Internet/Intranet 的供应链企业信息组织与集成模式如图 8-6 所示,这也就是基于供应链管理的 Internet/Intranet 集成化管理信息系统的网络结构模型。根据该结构,可以在供应链企业中充分利用 Internet 和 Intranet 建立三个层次的管理信息系统。

(1)外部信息交换

企业首先应当建立一个 Web 服务器(Internet 和 Intranet 软件的主要部分)。通过 Internet,一方面完成对企业在不同地域的分销商、分支机构、合作伙伴的信息沟通与控制,实现对重要客户的及时访问与信息收集;另一方面可以实现企业的电子贸易,在网上进行售前、售中、售后服务和金融交易。这一层的工作主要由企业外部的 Internet 信息交换来完成,企业需要与交换对象签订协议,规定信息交换的种类、格式和标准。

(2)内部信息交换

管理信息系统的核心是企业的 Intranet,因为企业的事务处理、信息共享、协同计算都是建立在 Intranet 上的,要与外部交换信息也是以 Intranet 组织的信息为基础的。因此,企业建立了硬件框架之后的关键工作就是要决定在 Internet 上共享信息的组织形式。信息处理系统主要完成数据处理、状态统计、趋势分析等任务。它

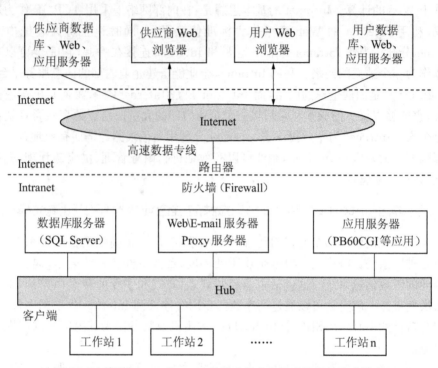

图 8-6　基于 Internet/Intranet 的供应链企业信息组织与集成模式

们以往大部分由企业部门内部独立的个人计算机应用系统组成，主要涉及企业内部所有部门的业务流程。它们所处理的信息是企业内部 Intranet 信息共享的主要对象。

(3) 信息系统的集成

集成化供应链管理环境下，要实现企业内部独立的信息处理系统之间的信息交换，就需要设计系统之间信息交换的数据接口。以往企业各部门的信息系统之间往往由于系统结构、网络通信协议、文件标准等环节的不统一而呈现分离的局面，而通过 Internet 的"标准化"技术，Internet 将以更方便、更低成本的方式来集成各类信息系统，更容易达到数据库的无缝连接，使企业通过供应链管理软件使内外部信息环境集成为一个统一的平台整体。

• 练习题 •

1. 在供应链中的信息具备哪些特点？
2. 简述条码的类型、国际上公认的标准及其在供应链管理中的应用情况。
3. 什么是射频技术？其系统组成包含哪几个部分？射频技术主要应用于哪些

领域？
4. 什么是 GPS？其工作原理是什么？GPS 具备哪些应用功能？
5. 什么是 GIS？如何在供应链管理中应用 GIS？
6. 什么是 EDI？其系统包含哪些要素？实施 EDI 过程中最关键的部分是什么？它主要应用于哪些行业？
7. 简述基于 Internet/Intranet 的供应链企业信息组织与集成模式。

• 案例分析 •

# 神龙公司基于 EDI 和 Internet 的信息组织模式

1. 概述

神龙汽车有限公司由东风汽车集团、法国雪铁龙汽车集团、法国国民银行和法国兴业银行共同出资于 1992 年初成立于湖北省武汉市（中方投资占 70%）。神龙公司经历了 5 年的发展历程，目前拥有零件加工、装配、包装、运输、销售等一整套设备、设施、人员及组织机构。随着国内轿车市场竞争越来越激烈，该公司感到原有管理方法已严重制约了企业的发展，尤其是在和合作企业的信息沟通上存在着较大的问题。

神龙公司的信息管理存在一些影响供应链运作效率的问题。生产计划中所需的关键数据（如制造明细表、订货信息、库存状态、缺货报警、运输安排、在途物资等）只有部分地集成和共享，决策者在进行生产计划安排时无法快速获取有效数据。公司内部各部门信息系统在联网、系统接口、共享方面以及与公司外部联系等方面存在较大难度，缺乏统一性和协调性。现行的新车销售系统侧重于资金流的管理和售后服务的跟踪，而对于公司外部信息，主要是用户数据的搜集、分析和处理等功能不够完善，缺少快速有效的顾客信息反馈机制，故而使供应部门、生产部门无法充分地获取来自市场的反馈信息。因此，供应、生产和需求缺乏必要的沟通，公司内部与外部之间的信息共享不够，难以真正按市场需求安排生产。

另外，神龙公司与其他合作企业之间的信息交流尚未建立规范体系，无共同遵守的工作准则。如神龙公司与雪铁龙公司的业务往来是通过 EDI 进行数据交换，双方规定必须严格遵守文件的标准格式，任一方擅自改动格式都将导致对方的系统无法正常工作。1992 年 2 月雪铁龙公司更改了发货合同的格式，未提前与神龙公司做好技术上的准备，从而导致神龙公司的翻译软件无法工作，无法获取数据。

因此，从神龙公司在供应链中所处的核心企业的角度来看，该公司的管理信息系统既要接受来自不同体系的信息，又要对之进行处理，用以计划、组织和控制本企业的行为,然后将现有的状态反馈给不同的企业成员,因此,神龙公司的管理信息必须高度集成,为通过供应链管理实现企业经营目标提供可靠保证。为此,要从以下几个方面考虑采取新的措施:

(1) 信息必须规范化,有统一的名称、明确的定义、标准的格式和字段要求,信息之间的关系也必须明确定义。

(2) 信息的处理程序必须规范化,处理信息要遵守一定的规程,不因人而异。

(3) 信息的采集、处理和报告有专人负责,责任明确,没有冗余的信息采集处理工作,保证信息的及时性、准确性和完整性。

(4) 各种管理信息来自统一的数据库,既能为企业各有关部门的管理人员所共享,又有使用权限和安全保密措施。各部门按照统一数据库提供的信息和处理管理事务的准则进行管理决策,实现企业的总体经营目标。

2. 解决问题的途径

在激烈的市场竞争中,神龙公司认识到应以自身为核心,与供应商、供应商的供应商乃至一切向前的关系,与用户、用户的用户乃至一切向后的关系组建一个网链结构,建立战略合作伙伴关系,委托网链上的每一个个体完成一部分业务工作,那么神龙公司则可轻装上阵,集中精力和各种资源,通过技术程序重新设计,做好本企业能创造特殊价值的、比竞争对手更擅长的关键性业务工作,从而极大地提高神龙公司的竞争力,取得期望的经济效益。

这就是神龙公司采用供应链管理模式的初衷。神龙公司作为供应链上的核心企业,发挥着信息处理中心的作用,向供应商产生层层需求信息,供应商向神龙公司反馈供应信息,由分销商产生需求信息,再向分销商提供供货信息。只有通过改变原有的企业信息系统模型,建立面向供应链管理的企业信息系统,才能保证供应链生产计划同步化和实现企业之间的信息共享,这也是实施供应链管理模式的前提和保证。

(1) 组织结构重组,职能部门集成

神龙公司需围绕核心业务对物流实施集成化管理,对组织实行业务流程重组,实现职能部门的优化集成,避免不同部门条块分割或职能相互渗透。根据神龙公司的核心业务活动流程,从职能可以划分为产品开发与设计、供应、生产作业、销售、财务结算、信息组织6大部分。物料供应部门与供应商的管理部门集成、销售商务部门与销售商管理部门的集成有利于对供应商、经销商的管理和考核。生产作业部门与设备能源部门的集成有利于生产能力和设备能力的协调,而信息组织部门与财务结算部门则宜相对独立,这样,也便于物流、信息流、资金流的管理,协调公司内部各职能部门之间的合作关系。

(2) 生产计划和控制系统的集成

从供应链中节点企业的供需关系分析,神龙公司采取订单驱动其他企业的活动,如供应部门围绕采购订单而动,生产部门围绕制造订单而动,销售部门围绕商业订单而动,这就是订单驱动原理。

(3) 建立 EDI 和 Internet 相融合的信息组织模式

将 EDI、Internet 和企业的信息系统集成起来能提高企业的经营管理水平,如法国雪铁龙汽车集团与美国通用电气公司建立了长期合作伙伴关系,雪铁龙通过 EDI 与供应商实现了订单、发票、发货信息电子文件传输方式。欧洲汽车行业都遵守统一的商业操作模式,采用 GALIA 标准的报文形式和传输方式。在 EDI 传输系统中,通过翻译软件正向与反向的翻译功能实现 GALIA 报文与企业内局域网数据模式的相互转换。到 2000 年雪铁龙与欧洲各汽车行业将从 GALIA 标准过渡到 EDIFACT 标准,EDIFACT 是美、日等国家现使用的标准,这将促使全球 EDI 报文的标准化。

神龙公司于 1997 年底建立了 GEIS(一般电子信息服务)专线,1998 年 4 月份开始在进口件采购业务中使用 EDI 技术,采用 GALIA 标准与雪铁龙公司进行要货令、发票、发货通知等数据交换,2000 年将与雪铁龙公司一起升级采用 EDIFACT 标准。

神龙公司采用基于局域网和 Internet/EDI 的企业信息组织方式,如图 8-7 所示。其基本原理是先将企业各部门的信息系统组成局域网 LAN,在 LAN 的基础上组建企业级广域网 WAN(相当于 Intranet),再和其他相关的企业和单位连接。根据合作企业的实力,采用不同的连接方式,例如,与雪铁龙公司通过 EDI 与国内供应商主要通过 Internet 连接。神龙公司应用供应链思想改造后的信息系统结构示意图如图 8-8 所示。

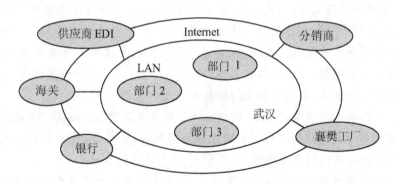

图 8-7 神龙公司的 LAN+EDI+Internet 信息组织示意图

3. 效果

采用 EDI 技术是神龙公司 KD(散件组装)件按件供应的前提。如果不采用 EDI 技术,雪铁龙与神龙公司对 1 000 余种零件需将要货令、发货、发票信息手工维护到自己的系统中,不仅周期长,且无法保证准确性。采用 EDI 技术则使工作变得得心应手。神龙公司发出要货令电子文件 2 小时之内,雪铁龙便可在它的终端上接

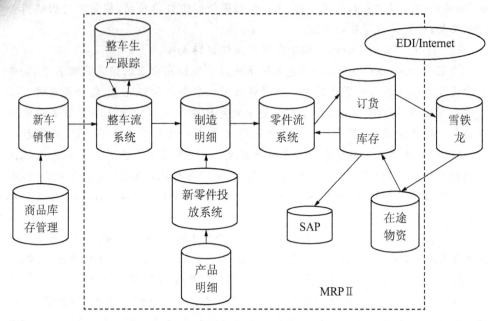

图 8-8 神龙公司信息系统结构示意图

收,经翻译后转化为其系统的数据文件而直接使用。通过系统的分析,可以迅速地检查各种差异,并通过 Internet 及时反馈给神龙公司,有效地保障了工作质量。

采用 EDI 技术大大减少了纸质单据的传递,据估算,每月发货对应的发票、发货通知、装箱单等纸质文件(一式六份)就重达几百公斤,而所有信息通过 EDI 技术进行交换,大大减少了纸质单据的传递工作量,节省了信息传递的时间。在神龙和雪铁龙的国际贸易中采用 EDI 技术,使订单、发货通知、发票等大量的数据、文件信息传递变得可靠和通畅,减少了低效工作和非增值活动,并使双方快速获得信息,更方便地进行交流和联系,提高了相互的服务水平。

随着网络技术的发展,神龙公司供应链管理采用基于 Internet/EDI 的运作模式成为必然。对于大部分国内的供应商或分销商来说,最经济、最实用的方式就是通过建立 Internet 来达到电子商务、同步作业、资源共享的目的。

管理信息集成绝不是简单的数量叠加,而是管理水平和人员素质在质量上的飞跃。信息集成和规范化管理是相辅相成的,规范化管理是供应链运行的结果,也是其运行的条件,应当按照统一的程序和准则进行管理,既不因人而异随心所欲,也要机动灵活,适应变化的环境。

以神龙公司为核心企业与供应商、分销商、用户形成网链状供应链,实行基于供应链的集成化信息管理有重要的实用价值。仅从缩短提前期、降低库存、加快资金流转、提高响应市场应变能力这些方面来看,就已发挥了巨大的作用。

资料来源:神龙公司基于 EDI 和 Internet 的信息组织模式[EB/OL].
http://www.gci-corp.com/Article/qyzl/200701/108446.html
讨论题:
1. 结合案例分析神龙公司基于 EDI 和 Internet 的信息组织模式的优缺点。
2. 结合案例分析神龙公司的信息化模式对我国企业有何启示。

• 实训项目 •

# 企业供应链信息技术应用情况调查

● 实训目的

通过实训,使学生对供应链信息管理中使用的各种信息技术有直观的了解,并了解和比较当前不同行业供应链中应用的信息技术和信息系统。

● 实训任务

选取一些典型行业,比如纺织服装业、零售超市、电子制造行业等,通过实地的调查,总结该行业中供应链信息管理过程中主要应用的信息技术、信息管理系统,比较分析不同行业中供应链信息管理的特点。

● 实训过程组织

(1) 将学生按照不同行业分为若干小组,每组成员 3~5 人,确定组长,明确分工。
(2) 以小组为单位,选择调查对象,一般选择该行业在本地区的一些重要企业;确定调查时间、形式和方法;拟好调查提纲或问卷,做好准备工作。
(3) 调查企业供应链信息管理过程中主要应用的信息技术、信息管理系统等内容。
(4) 在调查的基础上分析不同信息技术在企业中的实际应用情况,并分析该行业在供应链信息管理过程中存在的问题及应该采取的措施。
(5) 以小组为单位撰写调查报告,并在课堂上进行汇报和讨论。

● 实训说明

(1) 每个小组应选择某一行业中尽可能多的企业进行调查。
(2) 项目结果的评价可从调查是否具体和翔实、内容是否具有针对性、调查提纲或问卷设计得是否合理、分析是否到位、是否提出企业的存在问题及改进措施、改进措施是否合理和可操作等方面进行。

# 第九章 供应链管理策略

•学习目标•

1. 了解 QR、ECR 和 CPFR 的产生背景；
2. 理解并掌握 QR、ECR、CPFR 策略的含义及基本特点；
3. 掌握 QR、ECR 和 CPFR 的实施步骤；
4. 理解并掌握 ECR 系统的技术要素、ECR 策略的内容及其与 QR 的区别。

•引导案例•

## 宝洁(中国)公司的 ECR 战略

宝洁(中国)公司在供应链管理上的卓越表现的主要原因之一就在于宝洁对 ECR 的贯彻执行。为了贯彻执行 ECR，宝洁公司的做法中最值得一提的有两个方面：

一是保证基本环节正常运作。宝洁公司拥有完善的订单管理系统，能完全按时按量交货，负责损失赔偿，并正确开具发票。自从宝洁公司启动了 ECR 以后，在上述各方面的效率从起初的 65%提高到 90%以上，在这之前，宝洁公司每个月需要人工处理 27 000 多份订单的错误。而现在，订单错误率已经降低了 80%，每年节省 2 000 万美元。

在宝洁公司看来，关注过程的基本环节不仅是制造商的事情，同时也涉及客户和与其共同工作的方式。每年，宝洁公司都会花费成千上万的资金及大量的资源来和客户一起制订计划以挖掘消费者需求。由于宝洁公司认为得不到有力执行的计划往往会以失败而告终，所以一旦宝洁公司销量预测系统、产品推广模型不可靠，或者分销商没有选择正确的品类组合,或者客户的库存无法满足需求,或者确保计划执行的系统或活动遭到破坏,就会停下手头的工作直到所有的基本环节都各司其职。对宝洁公司而言最重要的是大家要有这样的信念:确保基本环节的正常运行,不是别人的事而是宝洁公司自己的事。

二是团结协作的精神。在宝洁公司,大家相信团结协作是 ECR 能够成功的关键。为了推进自己和零售商的事业共同前进,宝洁公司建立一个彼此信任、责任和机会共享的环境。

为了创造团结协作的气氛,宝洁公司主要从以下三个方面着手:

(1)确定囊括各部分利益的共同目标(如快速发展,投资回报,市场份额,成功的导入新产品);

(2)制定大家都认可的计划;

(3)在中肯而非挑剔的气氛中执行计划。

在良好的合作气氛中,宝洁公司的 ECR 利用 EDI 通讯标准来帮助其从零售商的分销系统获取大量信息,尤其是产品存储信息。

由于宝洁公司数年来一直坚持上述两条基本原则,ECR 无时无刻不在为宝洁公司、宝洁公司的客户及全球的消费者工作,自从宝洁公司采用了 ECR 后,产品减少了近 20%;通过提供更加透明的购买环境,简化了客户和消费者对产品的选择;而且使其单位产品成本平均节省 2 美元,使其和经销商的库存共降低了 10%,从而促进宝洁产品的销量和市场份额加速增长。

## 第一节 快速反应(QR)策略

### 一、QR 的产生背景及含义

快速反应(Quick Response,QR)是美国纺织与服装行业发展起来的一项供应链管理策略。

1. QR 的产生背景

快速反应是美国纺织与服装行业发展起来的一项供应链管理策略。20 世纪六七十年代,美国的杂货行业面临着国外进口商品的激烈竞争;80 年代早期,美国国产的鞋、玩具以及家用电器在市场的占有额下降到 20%,而国外进口的服装也占据了美国市场的 40%。面对与国外商品的激烈竞争,美国的纺织与服装行业在 70 年代和 80 年代采取的主要对策是在寻找法律保护的同时,加大现代化设备的投资。到了 80 年代中期,美国的纺织与服装行业是通过进口配额系统保护最重的行业,而纺织业是美国制造业生产率增长最快的行业。尽管上述措施取得了巨大的成功,但服装行业进口商品的渗透却在继续增加。一些行业的先驱认识到保护主义措施无法保护美国服装制造业的领先地位,他们必须寻找别的方法。

1984年,美国服装、纺织以及化纤行业的先驱们成立了一个委员会,名为"用国货光荣委员会"(Crafted With Pride in USA Council)。该委员会的任务是为购买美国生产的纺织品和服装的消费者提供更大的利益。该委员会也拿出一部分经费,研究如何长期保持美国的纺织与服装行业的竞争力。1985年到1986年,该委员会委托零售业咨询公司克特·萨尔蒙(Kurt Salmon)公司进行了提高竞争力的调查。克特·萨尔蒙公司经过大量充分的调查后指出,尽管系统的各个部分具有高运作效率,但整个系统的效率却十分低下。于是纤维、纺织、服装以及零售业开始寻找那些在供应链上导致高成本的活动。结果发现,供应链的长度过长、对供应链终端的反应缓慢是造成其效率低下的主要根源。

整个服装供应链,从原材料到消费者购买,时间为66周:11周在制造车间,40周在仓库或转运,15周在商店。这样长的供应链不仅各种费用大,更重要的是,建立在不精确需求预测上的生产和分销,因数量过多或过少造成的损失非常大。整个服装供应链系统的总损失每年可达25亿美元,其中2/3的损失来自于零售或制造商对服装的降价处理以及在零售时的缺货。进一步的调查发现,消费者离开商店而不购买的主要原因是找不到合适尺寸和颜色的商品。为此,克特·萨尔蒙公司建议零售企业和纺织服装生产厂家合作,共享信息资源,建立一个快速响应系统来实现销售额增长、顾客服务的最大化以及库存量、商品缺货、商品风险最小化的目标。

克特·萨尔蒙公司的研究报告提出通过信息的共享以及生产商与零售商之间的合作,确立起能对消费者的需求做出迅速响应的QR体制。在克特·萨尔蒙公司的倡导下,从1985年开始美国纤维行业开始大规模开展QR运动,正式掀起了供应链构筑的高潮。

QR的形式主要由零售商、生产商和原料供应商三方组成。当时,在美国积极推动QR的零售商主要有3家,即迪拉德百货店、J.C.朋尼和沃尔玛(Wal-Mart)。其中沃尔玛是最早推行QR的先驱,1983年沃尔玛公司开始采用POS系统,1985年开始建立EDI系统。1986年在纤维纺织品领域,他们与休闲服装生产商塞米诺尔公司(Seminole)和面料生产商米尼肯公司(Miliken)开展合作,结成了供应链管理体系——垂直型的快速反应系统,当时的合作领域是订货业务和付款通知业务。通过EDI系统发出订货明细清单和受理付款通知来提高订货速度和准确性,以及节约相关作业成本。这个阶段是QR系统的初级阶段。该QR体系的形成起到了良好的作用,大大提高了参与各方的经营绩效,有力地提升了相关产品的竞争力,起到了良好的带动和示范作用。

更为重要的是沃尔玛通过自身的QR实践,大大推动了供应链管理中各种运作体系的标准化,为了促进行业内电子化商务的发展,沃尔玛与行业内的其他商家一起倡导建立了VICS委员会(Voluntary Inter-Industry Communications Standards

Committee),并制定了行业统一的 EDI 标准和商品识别标准,即 EDI 的 ANSL X12 标准和 UPC 商品条形码。

之后,沃尔玛公司基于行业统一标准设计出 POS 数据的输送格式,通过 EDI 系统向供应方传送 POS 数据。供应方基于沃尔玛传送来的 POS 信息,可及时了解沃尔玛的商品销售状况、把握商品的需求动向,并及时调整生产计划和材料采购计划。供应方利用 EDI 系统在发货之前向沃尔玛传送预先发货清单(Advanced Shipping Notice,ASN)。这样,沃尔玛事先可以做好进货准备工作,同时可以省去货物数据的输入作业,使商品检验作业效率化。沃尔玛在接收货物时,用扫描读取器读取包装箱上的物流条形码 SCM(Shipping Carton Marking),把扫描读取器读取的信息与预先储存在计算机内的进货清单 ASN 进行核对,判断到货和发货清单是否一致,从而简化了检验作业。在此基础上,利用电子支付系统 EFT 向供应方支付货款。同时只要把 ASN 数据和 POS 数据比较,就能迅速知道商品库存的信息。这样做的结果使沃尔玛不仅节约了大量事务性作业成本,而且还能压缩库存,提高商品周转率。沃尔玛在整个行业最早实现了产业链的信息共享。到 1988 年沃尔玛已与其他 7 家合作企业实现了 POS 系统的全店导入,所有这些都使得沃尔玛成为 QR 的主导者。

快速反应是零售商及其供应商密切合作的策略,应用这种策略,零售商和供应商通过共享 POS 系统信息、联合预测未来需求、发现新产品营销机会等对消费者的需求做出快速的反应。从业务操作的角度,贸易伙伴需要用 EDI 来加快信息的流动,并共同重组他们的业务活动以将订货提前期和成本极小化。在补货中应用 QR 可以将交货提前期减少 75%。

2. QR 的含义

快速反应(QR)是美国零售商、服装制造商以及纺织品供应商开发的整体业务概念,它是由一定技术支持的供应链上各成员企业之间紧密合作的一种业务方式和管理思想。其目的在于减少产品在整个供应链上完成业务流程的时间,尽可能减少库存,最大限度地提高供应链管理运作效率,即以最快的速度、最好地满足消费者的需求。QR 是指在供应链中,为了实现共同的目标,零售商和制造商建立战略伙伴关系,利用 EDI 等信息技术,进行销售时点的信息交换以及订货补充等其他经营信息的交换,用多频度小数量配送方式连续补充商品,以实现缩短交货周期,减少库存,提高客户服务水平和企业竞争力的供应链管理方法。

快速反应是指企业面对多品种、小批量的买方市场,不是储备了"产品",而是准备了各种"要素",在用户提出要求时,能以最快速度抽取"要素",及时"组装",提供所需服务或产品。QR 的着重点是对消费者需求做出快速响应,在降低供应链总库存和总成本的同时提高销售额。

## 二、QR 的实施

**1. QR 成功实施的条件**

（1）必须改变传统的经营方式，革新企业的经营意识和组织

改变传统的经营方式和革新企业的经营意识与组织，具体表现在以下五个方面：

① 企业不能局限于依靠本企业独自力量来提高经营效率的传统经营意识中，要树立通过与供应链各方建立合作伙伴关系，努力利用各方资源来提高经营效率的现代经营意识。

② 零售商在垂直型 QR 系统中起主导作用，零售店铺是垂直型 QR 系统的起始点。

③ 在垂直型 QR 系统内部，通过 POS 数据等销售信息和成本信息的相互公开和交换，来提高各个企业的经营效率。

④ 明确垂直型 QR 系统内各个企业之间的分工协作范围和形式，消除重复作业，建立有效的分工协作框架。

⑤ 必须改变传统的事务作业的方式，通过利用信息技术实现事务作业的无纸化和自动化。

（2）必须开发和应用现代信息处理技术，这是成功进行 QR 活动的前提条件

这些信息技术有商品条形码技术（BC）、物流条形码技术（SCM）、电子订货系统（EOS）、POS 数据读取系统、EDI 系统、预先发货清单技术（ASN）、电子支付系统（EFT）、供应商管理库存方式（VMI）和连续补充库存方式（CRP）等。

（3）必须与供应链各方建立战略伙伴关系

具体内容包括以下方面：一是积极寻找和发现战略合作伙伴；二是在合作伙伴之间建立分工和协作关系。合作的目标定为削减库存，避免缺货现象的发生，降低商品风险，避免大幅度降价现象发生，减少作业人员和简化事务性作业等。

（4）必须改变传统的对企业商业信息保密的做法

将销售信息、库存信息、生产信息、成本信息等与合作伙伴交流分享，并在此基础上，要求各方在一起发现问题、分析问题和解决问题。

（5）供应方必须做到缩短生产周期，降低商品库存

具体来说，供应方应努力做到：① 缩短商品的生产周期；② 进行多品种小批量生产和多品种小数量配送，降低零售商的库存程度，提高顾客服务水平；③ 在商品实际需求将要发生时采用 JIT 生产方式组织生产，减少供应商自身的库存水平。

**2. QR 实施技术**

（1）对所有的商品单元条码化，利用 EDI 传输订购单文档和发票文档；

（2）增加内部业务处理功能，采用 EDI 传输更多的文档，如发货通知、收货通知等；

（3）与贸易伙伴密切合作，采用更高级的策略，如联合补货系统等，以对客户的需求做出迅速的反应。

### 3. QR 实施步骤

实施 QR 需要经过 6 个步骤。每一个步骤都需要以前一个步骤作为基础,并比前一个步骤有更高的回报,但是需要额外的投资。

(1) 安装使用条形码和 EDI

零售商首先必须安装条形码、POS 扫描和 EDI 等技术设备,以加快 POS 机收款速度,获得更准确的销售数据并使信息沟通更加畅通。POS 扫描用于数据输入和数据采集,即在收款检查时用光学方式阅读条形码,然后将条形码转换成相应的商品代码。扫描条形码可以快速准确地检查价格并记录交易。

EDI 是在计算机间交换商业单证,需遵从一定的标准,EDI 要求公司将其业务单证转换成行业标准格式,并传输到某个增值网(VAN),贸易伙伴在 VAN 上接收到这些单证,然后将其从标准格式转到自己系统识别的格式。可传输的单证包括订单、发票、订单确认、销售和存货数据及事先运输通知等。

EDI 的实施一般分为以下几个阶段:

① EDI 的技术实现,主要满足贸易伙伴通过 EDI 进行沟通的需要。

② 将 EDI 系统同厂商和零售商现有的内部系统集成起来,加快信息流的速度,并提高通信数据的准确性。

③ 重新设计业务流程。以支持全面实现 EDI 后带来的角色和责任的变化。快速反应要求厂商和零售商完成本阶段的 EDI 实施。

许多零售商和厂商都了解 EDI 的重要性。所以已经实施了一些基本交易(如采购订单、发票等)的 EDI 业务。而且很多大型零售商也强制其厂商实施 EDI 来保证快速反应,但 EDI 的全面实施还需要时间。

(2) 固定周期补货

QR 的自动补货要求供应商更快、更频繁地运输重新订购的商品,以保证店铺不缺货,从而提高销售额。通过对商品实施快速反应并保证这些商品能敞开供应,零售商的商品周转速度更快,消费者可以选择更多的花色品种。某些基本商品每年的销售模式实际上都是一样的,一般不会受流行趋势的影响。这些商品的销售量是可以预测的,所以不需要对商品进行考察来确定重新订货的数量。

自动补货是指基本商品销售预测的自动化。自动补货在过去和目前销售数据及其可能变化的基础上使用软件进行定期预测,同时考虑目前的存货情况和其他一些因素,以确定订货量。自动补货是零售商、批发商在仓库或店内进行的。

(3) 建立先进的补货联盟

这是为了保证补货业务的流畅。零售商和消费品制造商联合起来检查销售数据,制定关于未来需求的计划和预测,在保证有货和减少缺货的情况下降低库存水平。还可以进一步由消费品制造商管理零售商的存货和补货,以加快库存周转速度,提高投资毛利率。投资毛利率是销售商品实际实现的毛利率除以零售商的库存投资额。

(4) 进行零售空间管理

这是指根据每个店铺的需求模式来规定其经营商品的花色品种和补货业务。一般来说,对于花色品种、数量、店内陈列及培训或激励售货员等决策,消费品制造商也可以参与甚至制定决策。

(5) 联合产品开发

这一步的重点不再是一般商品和季节性商品,而是像时尚眼镜等生命周期很短的商品。厂商和零售商联合开发新产品。其关系的密切超过了购买与销售的业务关系,缩短从新产品概念到新产品上市的时间,而且经常在店内对新产品实行试销。

(6) 快速反应的集成

通过重新设计业务流程,将前五步的工作和公司的整体业务集成起来,以支持公司的整体战略。快速反应前四步的实施,可以使零售商和消费品制造商重新设计产品补货、采购和销售业务流程。前五步使配送中心得以改进,可以适应频繁的小批量运输,从而使配送业务更加流畅。

同样,由于库存量的增加,大部分消费品制造商也开始强调存货的管理,改进采购和制造业务。使他们能够做出正确的反应。

最后一步零售商和消费品制造商重新设计其整个组织、绩效评估系统、业务流程和信息系统,设计的重点是围绕着消费者而不是传统的公司职能。

有时可以先完成最后一步工作,至少是设计整体体系结构,这样补货的改进和新产品的开发就会尽可能地互相吻合。在确定公司核心业务及其发展方向时,应具有战略性的眼光。

4. 实施 QR 的效果

根据研究结果显示 QR 的效果如表 9-1 所示。

表 9-1 实施 QR 效果

| 对象商品 | 实施 QR 的企业 | 零售商的 QR 效果 |
| --- | --- | --- |
| 休闲裤 | 零售商:Wal-mart<br>服装生产厂家:Semiloe<br>面料生产厂家:Milliken | 销售额:增加 31%<br>商品周转率:提高 30% |
| 衬衫 | 零售商:J. C. Penney<br>服装生产厂家:Oxford<br>面料生产厂家:Burlinton | 销售额:增加 59%<br>商品周转率:提高 90%<br>需求预测误差:减少 50% |

研究结果显示零售商在应用 QR 系统后,销售额大幅度增加,商品周转率大幅度提高,需求预测误差大幅度下降。应用 QR 系统后之所以有这样的效果,其原因

如下:

(1) 销售额的大幅度增加

应用 QR 系统可以:① 降低经营成本,从而降低销售价格,增加销售;② 伴随着商品库存风险的减少,商品以低价位定价,增加销售;③ 能避免缺货现象,从而避免销售的机会损失;④ 易于确定畅销商品,能保证畅销商品的品种齐全,连续供应,增加销售。

(2) 商品周转率的大幅度提高

应用 QR 系统可以减少商品库存量,并保证畅销商品的正常库存量,加快商品周转。

(3) 需求预测误差大幅度减少

应用 QR 系统可以及时获得销售信息,把握畅销商品和滞销商品,同时通过多频次小数量送货方式,实现实需型进货(即零售店需要的时候才进货),这样使需求预测误差减少到 10% 左右。

这里需要指出的是,虽然应用 QR 的初衷是为了对抗进口商品,但实际上并没有出现这样的结果。相反,随着竞争的全球化和企业经营的全球化,QR 系统管理迅速在各国企业界扩展,航空运输为国际间的快速供应提供了保证。现在,QR 方法成为零售商实现竞争优势的工具。同时随着零售商和供应商结成战略联盟,竞争方式也从企业与企业间的竞争转变为战略联盟与战略联盟之间的竞争。

## 第二节 有效顾客响应(ECR)策略

### 一、ECR 产生的背景

ECR 是 Efficient Consumer Response 的简写,其含义是有效顾客响应。ECR 首先出现在美国食品杂货行业,是美国食品杂货行业开展供应链体系构造的一种实践。20 世纪 80 年代特别是到了 90 年代以后,美国日杂百货业零售商和生产厂家的交易关系由生产厂家占据支配地位转换为零售商占主导地位,在供应链内部,零售商和生产厂家为取得供应链主导权,为商家品牌(PB)和厂家品牌(NB)占据零售店铺货架空间的份额展开激烈的竞争,使得供应链各个环节间的成本不断转移,供应链整体成本上升。

在这期间,从零售商角度来看,随着新的零售业态如仓储商店、折扣店的大量涌现,使得它们能以相当低的价格销售商品,从而使日杂百货业的竞争更趋激烈。在这种状况下,许多传统超市开始寻找适应这种竞争方式的新管理方法。从生产厂家角度来看,由于日杂百货商品的技术含量不高,大量无实质性差别的新商品被投入市场,使生产厂家之间的竞争日趋同化、生产厂家为了获得销售渠道,通常采用直接或间接的降价方式作为向零售商促销的主要手段,这种方式往往会大量牺牲厂家自身的利益。所以,如果生产商能与供应链中的零售商结成更为紧密的联盟,将不仅有利于零售业的发展,同时也符合生产厂家自身的利益。

另外,从消费者的角度来看,过度竞争往往会使企业在竞争时忽视消费者的需求。通常消费者要求的是商品的高质量、新鲜、服务好和在合理价格基础上的多种选择。然而,许多企业往往不是通过商品的高质量、服务好和在合理价格基础上的多种选择来满足消费者,而是通过大量的诱导型广告和广泛的促销活动来吸引消费者转换品牌,同时通过提供大量非实质性变化的商品供消费者选择。这样,消费者不能得到他们需要的商品和服务,他们得到的往往是高价、不甚满意的商品。对应于这种状况,客观上要求企业从消费者的需求出发,提供能满足消费者需求的商品和服务。

为此,美国食品市场营销协会(Food Marketing Institute)联合 COCA - COLA、P&G、Safeway Store 在内的 16 家企业与流通咨询企业克特·萨尔蒙(Kurt Salmon)一起组成研究小组,对食品业的供应链进行调查、总结、分析,于 1993 年 1 月提出了改进供应链管理的详细报告。该报告中系统地提出 ECR 的概念和体系,经过美国市场营销协会的大力宣传,ECR 概念被零售商和制造商采用并广泛应用于实践。ECR 是真正实现以消费者为核心,转变制造商与零售商买卖、对立的关系,实现供应与需求一整套流程转变的有效途径。

### 二、ECR 的含义及特征

1. ECR 的含义

有效顾客响应指的是生产厂家、批发商和零售商等供应链组成各方相互协调和合作,更好、更快并以更低的成本以满足消费者需求为目的的供应链管理系统。我国《物流术语》(修订版 GB/T 18354—2006)规定:"有效顾客响应(ECR)是以满足顾客要求和最大限度降低物流过程费用为原则,能及时做出准确反应,使提供的物品供应或服务流程最佳化的一种供应链管理策略。"

ECR 的优点在于供应链各方为了提高消费者满意这个共同的目标进行合作,分享信息和诀窍。ECR 是一种把以前处于分离状态的供应链联系在一起来满足消费者需要的工具。ECR 概念的提出者认为,ECR 活动是一个过程,这个过程主要由贯穿供应链各方的 4 个核心过程组成,如图 9-1 所示。

ECR 的最终目标是建立一个具有高效反应能力和以客户需求为基础的系统,使零售商及供应商以业务伙伴方式合作,提高整个供应链的效率,而不是单个环节的效率,从而大大降低整个系统的成本和库存,同时为客户提供更好的服务。

2. ECR 的特征

ECR 的特征表现在以下三个方面。

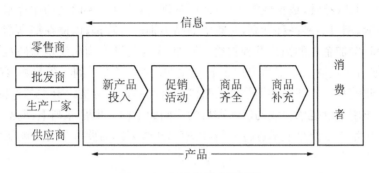

图 9-1　ECR 的供应链过程

(1) 管理意识的创新

传统的产销双方的交易关系是一种赢—输型(Win—Lose)关系。ECR 要求产销双方的交易关系是一种合作伙伴关系,是一种双赢型(Win—Win)关系。

(2) 供应链整体协调

传统流通活动缺乏效率的主要原因在于厂家、批发商和零售商之间存在企业间联系的非效率性和企业内采购、生产、销售和物流等部门或职能之间存在联系的非效率性。ECR 则要求各部门、各职能以及各企业之间消除隔阂,进行跨部门、跨职能和跨企业的管理和协调,使商品流和信息流在企业内和供应链内顺畅地流动。

(3) 涉及范围广

既然 ECR 要求对供应链整体进行管理和协调,ECR 所涉及的范围必然包括零售业、批发业和制造业等相关的多个行业。为了最大限度的发挥 ECR 所具有的优势,必须对关联的行业进行分析研究,对组成供应链的各类企业进行管理和协调。

### 三、ECR 系统的构建

ECR 作为一个供应链管理系统需要把市场营销、物流管理、信息技术和组织革新技术有机结合起来作为一个整体来利用,以实现 ECR 的目的。构筑 ECR 系统的具体目标,是实现低成本的流通、基础关联设施建设、消除组织间的隔阂、协调合作满足消费者需要。组成 ECR 系统的技术要素主要有信息技术、物流技术、营销技术和组织革新技术。

1. 营销技术

在 ECR 系统中采用的营销技术主要是商品类别管理(Category Management)和店铺货架空间管理(Space Management)。

(1) 商品类别管理

商品类别管理是以商品类别为管理单位,寻求整个商品类别全体收益最大化。具体实施中,企业对经营的所有商品按类别进行分类,确定或评价每一个类别商品的功能、作用、收益性、成长性等指标,在此基础上,结合各类商品的库存水平和货架展示等因素,制订商品品种计划,对整个商品类别进行管理,以便在提高消费者服务水平的同时增加企业的销售额和收益。例如,企业把某类商品设定为满足顾客需要的商品,把另一类商品设定为增加企业收益的商品,努力做到在满足顾客需要的同时兼顾企业的利益。商品类别管理的基础是对商品进行分类。分类的标准、各类商品功能和作用的设定依企业的使命和目的不同而不同。但是原则上,商品分类的标准不应该从是否方便企业来进行分类,而应该按顾客的需要和顾客的购买方法来进行分类。

(2) 店铺空间管理

店铺空间管理是对店铺的空间安排、各类商品的展示比例和商品在货架上的布置等进行最优化管理。在 ECR 系统中,店铺空间管理和商品类别管理同时进行,相互作用。在综合店铺管理中,对于该店铺的所有类别的商品、每个类别下不同品种的商品进行货架展示面积分配和布置,以提高单位营业面积的销售额和单位营业面积的收益率。

2. 物流技术

ECR 系统要求及时配送和顺畅配送。实现这一要求的方法有连续库存补充计划(CRP)、计算机辅助订货(CAO)、预先发货通知(ASN)、供应商管理库存(VMI)、直接转拨(Cross-Docking)以及店铺直送(DSD)等。

(1) 连续库存补充计划

连续库存补充计划(CRP)是利用及时准确的 POS 数据确定销售出去的商品数量,根据零售商或批发商的库存信息和预先规定的库存补充程序确定发货补充数量和发送时间。以小批量高频度方式进行连续配送,可及时补充零售店铺的库存、提高库存周转率、缩短交货周期。

(2) 计算机辅助订货

计算机辅助订货(CAO)是基于库存和需求信息利用计算机进行自动订货的系统。

(3) 预先发货通知

预先发货通知(ASN)是生产厂家或者批发商在发货时利用电子通信网络提前向零售商传送货物的明细清单。这样,零售商可以事先做好进货准备工作,同时可以省去货物数据的输入作业,提高商品检验作业效率。

(4) 供应商管理库存

供应商管理库存(VMI)是生产厂家等上游企业对零售商等下游企业的流通库存进行管理和控制。具体地讲,生产厂家基于零售商的销售、库存等信息,判断零售商的库存是否需要补充。如果需要补充的话,自动地向本企业的物流中心发出发货指令,补充零售商的库存。在采用 VMI 的情况下,虽然零售商的商品库存决策主导权由作为供应商的生产厂家把握,但是,在决定店铺的空间安排、商品货架布置等店铺空间管理决策方面仍然由零售商主导。

(5) 直接转拨

直接转拨是在零售商的配送中心,把来自各个供应商的货物按发送店铺迅速进行分拣装车,向各个店铺发货。这样,在交叉配送的情况下,配送中心仅是一个具有分拣装运功能的通过型中心,有利于交货周期的缩短、减少库存、提高库存周转率,从而节约成本。

(6) 店铺直送

店铺直送(DSD)方式是指商品不经过配送中心,直接由生产厂家运送到店铺的运送方式。采用店铺直送方式可以保持商品的新鲜度,减少商品运输破损,缩短交货周期。

3. 信息技术

ECR系统应用的主要的信息技术有电子数据交换(EDI)技术和销售时点系统(POS)。

(1) EDI技术

信息技术的作用之一是实现商务作业的无纸化和电子化。一方面,利用EDI在供应链企业间传送订货单、发货清单、价格变化信息和付款通知单等文书单据。例如,生产厂家在发货的同时预先把产品清单发送给零售商,零售商在到货时,用扫描仪自动读取商品包装上的物流条形码获得进货的实际数据,并自动地与预先到达的商品清单进行比较,以提高事务处理效率。另一方面,企业也可以利用EDI在供应链企业间传送销售时点数据、库存信息、新产品开发信息和市场预测信息等直接与经营有关的信息。例如,生产厂家可利用销售时点信息把握消费者的动向,安排好生产计划。零售商可利用新产品开发信息预先做好销售计划。因此,使用EDI可以提高整个企业乃至整个供应链的效率。

(2) POS技术

ECR系统的另一个重要信息技术是POS。对零售商来说,通过对在店铺收银台自动读取的POS数据进行整理分析,可以掌握消费者的购买动向,找出畅销商品和滞销商品,做好商品类别管理、库存管理和订货管理等工作。对生产厂家来说,通过EDI利用及时准确的POS数据,可以把握消费者需求,制订生产计划,开发新产品。

现在,许多零售商把POS数据、会员卡和点数卡等结合起来使用。通过会员卡,可以知道某个顾客每次在什么时间购买了什么商品、金额多少、到目前为止总共购买了哪些商品、总金额多少。这样可以分析顾客的购买行为,发现顾客不同层次的需要,做好促销等方面的工作。

4. 组织革新技术

ECR系统需要组成供应链的每一个成员以及每个成员中的各个部门紧密协调

和合作。成功地应用 ECR 需要对企业的组织体系进行革新。

(1) 企业内部革新技术

在企业内部,需要把采购、生产、物流、销售等按职能划分的组织形式改变为以商品流程为基本的横向组织形式。具体讲,是把企业经营的所有商品按类别划分,对应于每一个商品类别设立一个管理团队,以这些管理团队为核心构成新的组织形式。在这种组织形式中,给每一个商品类别管理团队设定经营目标(如顾客满意度、收益水平、成长率等),同时在采购、品种选择、库存补充、价格设定和促销等方面赋予相应的权限。每个管理团队由一个负总责的商品类别管理人和 6~7 个负责各个职能领域的成员组成。由于商品类别管理团队规模小,因而团队内部容易交流,各职能间易于协调。

(2) 企业间的革新技术

组成供应链的企业间需要建立双赢型的合作伙伴关系,在企业之间进行信息交换和信息分享。生产厂家和零售商都需要在各自企业内部建立以商品类别为管理单位的组织。这样双方相同商品类别的管理团队就可聚焦在一起,讨论从材料采购、生产计划到销售状况和消费者动向的有关该商品类别的全盘问题。另外,这种合作伙伴关系的建立有赖于企业最高决策层的支持。

(3) 成本会计的革新技术

前面已经谈到,ECR 是供应链各方推进真诚合作来实现消费者满意和实现基于各方利益的整体效益最大化的过程。这就引申出一个问题,即由供应链全体协调合作所产生的利益如何在各个企业之间进行分配。为了解决这个问题,需要搞清楚什么活动带来多少效益,什么活动花费多少成本。这样,需要把按部门和产品区分的成本计算方式改变为基于活动的成本计算方式。基于活动的作业成本(Activity Based Costing, ABC)计算方式于 20 世纪 80 年代后期在美国被开发出来。ABC 方式把成本按作业进行分摊,确定每个作业在各个产品上的分配,以此为基础计算出产品的成本。同时,进行基于作业的管理(Activity Based Management, ABM),即改进活动内容,排除不需要的无效率的作业,从而减少成本。

## 四、ECR 策略的内容

据研究估计,ECR 可把成本降低 11%。食品行业的厂商、批发商和零售商采用下述 4 种策略来实现这个目标:有效的店内布局、有效的补货、有效的促销、有效的新产品导入。

### 1. 有效的店内布局

这个战略的目的是通过有效地利用店铺的空间和店内布局来最大限度地提高商品的获利能力。零售商已通过计算机化的空间管理系统来提高货架的利用率。有效的商品分类要求店铺储存消费者需要的商品,把商品范围限制在高销售率的商品上,这样可以提高所有商品的销售业绩。

美国食品营销研究所(FMI)的一项研究发现,单品总数减少 10%～15% 不会对销售额产生任何影响,并可将占用的一部分资金释放出来,用于采购和销售获利更多的商品种类。

企业应经常监测店内空间分配以确定产品的销售业绩。优秀的零售商至少每月检查一次商品的空间分配情况,有的零售商甚至每周检查一次。每周一次的检查使品种经理可以对新产品的导入、老产品的撤换、促销措施及季节性商品的摆放做出及时准确的决策。同时,通过分析各种商品的投资回报率,帮助企业了解商品的销售趋势,使企业对商品的空间分配进行适当的调整,以保证商品的销售能够实现事先确定的投资收益水平。

2. 有效的补货

有效补货战略努力降低系统的成本,从而降低商品的售价。其目的是将正确的产品在正确的时间和正确的地点,以正确的数量和最有效的方式送给消费者。有效补货构成要素如下:

(1) POS 机扫描

(2) 店铺——单品预测

店铺利用 POS 数据来预测商品的销售,这是有效补货的基础。预测系统需要不断地将实际销售和预测值进行比较。这种动态的预测系统可用来重新安排存货目标和店内空间。

按产品类别对这些预测值进行汇总,然后通过 EDI 把结果传给相应的生产厂商。这个信息输入到生产厂商的生产计划系统里,用来辅助生产和调度业务。预测信息使制造业务平滑进行,结果可以降低制造商的生产成本和存货水平。

(3) 店铺的电子收货系统

(4) 单品的价格和促销数据库

数据库中的数据包括商品的物理特性、价格和成本,生产厂商可以通过统一通信标准(UCS)的商品维护处理系统对这个数据库进行更新。

(5) 动态的计算机辅助订货(CAO)系统

简单的 CAO 系统是基于对历史商品销售趋势、补货前置时间和最低订货量的计算。动态的 CAO 系统则向前发展了一步,它将过去的因素、预测的情况(如预计的销量下降)和服务水平目标结合起来。另外还可考虑季节性的变化以及企业的促销计划。

(6) 集成的采购订单管理

采购订单管理(POM)系统利用商品数据库对订单数据进行编码和预先验证,验证的订单数据包括产品编码、价格和运输指示。这样可消除根据发票检验订单时出现的许多错误。

(7) 生产厂商订单履行系统

POM 系统和 EDI 系统结合后可以与生产厂商的订单履行系统集成起来。这个系统包括修改和编辑订单、按照订单来配送产品、和零售商一起安排交货时间、生成提货文档、打印货盘标签、将订单下给配送中心、打印 Code 128 码标签、输入数量调整情况、装车、准备预先发货通知(ASN)、更新会计系统等基本功能。

如果有效顾客响应(ECR)环境下的零售商下订单时已将价格、商品数据库和订单创建业务集成起来,那么这些订单就可以在没有人工干预的情况下经过上述步骤,免除订单编码、数量更正和手工验证等没有价值的活动。

(8) 动态的配送

这个业务集成了由配送中心发给店铺和由生产厂商发给配送中心的两个补货环节。动态的 CAO 系统根据产品预测和补货前置时间计算出店铺存货的预计售出量,再将预计售出量和即将到货量进行比较,以确保在下次到货之前有足够的库存。

即将到货量是在商品实际运抵配送中心前计算出来的。如果可以对即将运抵的商品进行配送,那么这些货箱就满足了直接出库的要求,这样配送中心就只是一个中转点而不是停留点了。这种方法可最大限度地提高商品从生产厂商处流向店铺的效率。

其他商品可在生产厂商那里进行预处理。如果店铺向生产厂商的订货量很大,生产厂商可根据店铺的配送信息事先准备好订货,也就是按店铺的要求把货物装上货盘。这些货盘可以按直接出库的方式通过零售商的配送中心,这项业务大大地降低了配送中心的货物处理成本。

(9) 配送中心电子收货

在货物运抵配送中心前,可用预先发货通知(ASN)将货物的详细信息通知配送中心。这样配送中心就可在收到货物前对来货进行配送。收到货物后,配送中心扫描货盘、检查数量、修改即将到货信息。

直接和店铺相关的货盘可直接送往装运点,或存放在指定的便于提货的位置。其他货盘则存放到配送中心的其他位置,管理人员需要对库存位置进行更新。

(10) 直接出货

直接出货是指制造商运出的货物已经按店铺的要求进行了预包装,配送中心一收到这些货物就直接向店铺发货。直接出货业务大大地提高了货物在供应链的流通速度和灵活性。

(11) 自动化会计系统

配送中心和店铺的补货循环的差异还表现在:前者涉及商品所有权的转移。这个过程只是一个管理过程,并不为消费者增加什么价值,因此这个过程应当简化。在这个过程中,耗费成本最多的是处理查询的业务。目前只有 30% 的发票可以不经任何查询而通过整个系统。

发票可由 EDI 来传输。这样就启动了自动匹配的检查过程,当订单、收货单和发票一致时,该检查过程就挑选出那些可按票付款的发票。零售商根据付款条件开出汇款通知,该通知将传送给生产厂商。

3. 有效的促销

有效的促销战略主要是简化贸易关系,将经营重点从采购转移到销售。快速周转消费品行业把更多的时间和金钱用来进行促销,并对促销活动的影响进行评价。消费者将从这些新型的促销活动所带来的低成本中获利。食品行业主要有三种促销活动:消费者广告、消费者促销、贸易促销。

近十年来,这个行业促销费用的重点从广告转到贸易促销,而消费者促销基本上没有大的变化。这种转移主要是由于在市场增长比较缓慢的情况下,企业需要获得短期的销售增长和市场份额。消费者对价格促销的反应要比广告快。但这种情况引起了生产厂商的担心,由于消费者对价格更加敏感,所以这种短期战略损害了顾客的品牌忠诚度。

(1) 贸易促销

最初的贸易促销方式主要是,生产商为鼓励零售商在特定的时间内多销售其产品,会在发票金额基础上再给予零售商一些折扣。于是零售商意识到,在折扣期采购额外的存货,一旦价格折扣期结束,就会通过销售这些多余的存货获得额外的利润,从而获得一些竞争优势,这种做法通常叫做远期购买。

这种促销方式的目的是刺激消费者,但是生产厂商发现这些价格优惠并没有使得消费者真正受益,只是让零售商得到了好处。由于零售商有 80% 的商品都是批量购买来的,所以商品从生产厂商处转移到零售商手中所表现的特点并不能反映出消费者的购买特征。需求之间巨大的差异和不可预见性极大地增加了生产厂商的经营成本。

为了扭转贸易促销带来的这种恶劣局面,可采取以下措施:

① 生产厂商为零售商提供多种选择。建议的解决方案是固定净价(也称为连续交易价格),它反映多次促销交易的平均附加值和生产厂商因产品均衡流通节约的成本。

② 生产厂商可以简化促销交易。例如,一个大的生产厂商的促销方案有 112 种,通过分析把这些方案减少到 12 种,大大减轻了零售商和顾客的负担。

③ 生产厂商应保证分销商的交易文件是正确的。生产厂商和零售商可以利用 UCS 交易系统快速交流最新的信息。

(2) 消费者促销

消费者促销是一个重要的营销手段。最常用的促销方式是优惠券,但纸张消耗太大。美国每年消耗 2 800 亿张优惠券,消费者只用了其中的 2.6%,平均每张面值只有54美分。这种促销方式的成本比较高,估计只有不到50%的总成本变成消费者的收益,其他的成本包括优惠券的印刷费、分发费、兑换费及管理费等。

在ECR模式下,有两种更有效的消费者促销方法:

① POS机扫描兑付优惠券。生产厂商可直接根据POS数据向零售商返款,可大大降低兑付和验证费用。估计这样做可使零售商的成本下降50%,生产厂商也可降低成本。

② 在货架上直接标明促销,如采取直接标明"厂商打折,降价0.5元"的方式,可完全不用优惠券。POS系统可在收据上打印出来正常的价格和降价价格。生产厂商可以从POS系统中自动得到促销销售发票,这种方法免除了打印成本、分发成本及兑付成本,使优惠券促销的总成本下降25%。

这两种方法都非常有效,因为这使得对消费者的优惠以最节约的方式到达消费者的手中。

4. 有效的新产品导入

任何一个行业新产品导入都是一项重要的创造价值的业务。它们为消费者带来了新的兴趣、快乐,为企业创造了新的业务机会。食品工业在这个方面非常活跃,现在销售的商品中,有33%是10年前根本没有的。

1991年美国市场上出现了15 400种新产品,其中大部分新产品的销售额都非常低,只有不到1%的新产品的销售额达到1 500万元,而这些产品增加了整个供应链的成本,因为库存成本增加了。对新产品导入的一项分析表明,只有2 000种的新产品(占13%)是完全的新产品,其余的13 400种产品都是产品线产品的延伸。一种新产品的导入总成本可高达2 000万美元,再加上很高的失败率,使生产厂商将主要精力放在产品线产品的延伸上,目的是降低风险。

为了扩大新产品的销售量,生产厂商通过消费者广告和促销活动来吸引消费者购买。广告和促销活动使消费者对产品产生了需求,从而促使了零售商愿意接受和销售新产品。由于新产品导入过程中存在很大的风险,这就促使零售商需要根据店内消费者的需求来评价新产品的销售前景。一种方法是通过发放店铺会员卡,零售商可以给持卡人一定的店内购物折扣或其他优惠。通过把会员卡购买信息和当地家庭人口统计信息联系起来,零售商就可以建立数据库来了解消费者及其购买模式。店铺品种管理经理可以利用数据库信息分析哪些顾客对哪些促销活动有反应、谁是品牌忠诚者等。而这些信息又有助于促销、定价、店内空间管理、产品的引进和淘汰等决策的制定。

有效的产品导入包括让消费者和零售商尽早接触到这种产品。首要的策略就是零售商和生产厂商应为了双方共同的利益而紧密合作。这个业务包括把新产品放在一些店铺内进行试销,然后按照消费者的类型分析试销的结果,根据信息决定如何处理这种新产品。处理办法包括:淘汰该产品、改进该产品、改进营销技术及采用不同的分销策略等。

### 五、ECR 的实施

1. ECR 的实施原则

要实施 ECR,首先应联合整个供应链所涉及的供应商、分销商以及零售商,改善供应链中的业务流程,使其最合理有效;然后,再以较低的成本,使这些业务流程自动化,以进一步降低供应链的成本和时间。这样,才能满足客户对产品和信息的需求,既给客户提供最优质的产品和适时准确的信息。ECR 的实施原则包括如下六个方面:

(1) ECR 的目的是以低成本向消费者提供高价值服务。

(2) ECR 要求供需双方关系必须从传统的赢—输型交易关系向双赢型联盟伙伴关系转化。

(3) 必须利用准确、适时的信息以支持有效的市场、生产及后勤决策。这些信息将以 EDI 的方式在贸易伙伴间自由流动,这将影响以计算机信息为基础的系统信息的有效利用。

(4) 及时准确的信息在有效地进行市场营销、生产制造、物流运送等决策方面起重要作用。

(5) ECR 要求从生产线末端的包装作业开始到消费者获得商品为止的整个商品移动过程产生最大的附加值,使消费者在需要的时间能及时获得所需要的商品。

(6) ECR 为了提高供应链整体的效果(如降低成本、减少库存、提高商品的价值等),要求建立共同的成果评价体系,要求在供应链范围内进行公平的利益分配。

总之,ECR 是供应链各方推进真诚合作来实现消费者满意和实现基于各方利益的整体效益最大化的过程。

2. ECR 的实施步骤

企业实施 ECR 需要将条码、扫描技术、POS 系统和 EDI 集成起来,在供应链(由生产线直至付款柜台)之间建立一个无纸系统,以确保产品能不间断地由供应商流向最终客户。而且,最重要的是得到高层管理者的全力支持,并出面与准备合作的交易伙伴的高层管理者沟通,待彼此达成合作共识之后,才可转交给后续的工作小组进行。实施的步骤可分成 6 个阶段:准备阶段、确认阶段、制定目标阶段、设计阶段、建设阶段与推广阶段(如图 9-2 所示)。

3. ECR 的实施效益

根据欧洲供应链管理委员会的调查报告,接受调查的 392 家公司,其中制造商实施 ECR 后,预期销售额增加 5.3%,制造费用减少 2.3%,销售费用减少 1.1%,仓储费用减少 1.3%,总盈利增加 5.5%。而批发商及零售商业也有相似的获益,销售额增加 5.4%,毛利增加 3.4%,仓储费用减少 5.9%,平均库存减少 13.1%,每平方

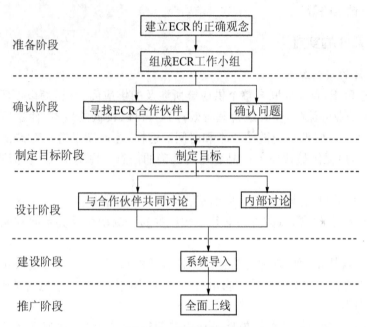

图9-2 ECR实施步骤

米的销售额增加5.3%。对消费者、零售商和供应商来说,除这些可量化的利益外,ECR还有着重要的不可量化的无形利益(表9-2)。

表9-2 ECR的无形利益

| 消费者 | 增加选择和购物的方便,减少缺货单品,产品更新鲜 |
|---|---|
| 零售商 | 增加消费者的信任,对顾客更加了解,改善了和供应商的关系 |
| 供应商 | 减少缺货,增加品牌信誉,改善了和零售商的关系 |

ECR策略的实施,还可以减少多余的活动和节约相应的成本。具体来说,节约的成本包括商品的成本、营销费用、销售和采购费用、管理费用和店铺的经营费用等。从表9-3中可以看到节约这些成本的原因。

表9-3 ECR带来的企业成本和费用的节约

| 费用的类型 | ECR带来的节约 |
|---|---|
| 商品的成本 | 损耗降低,制造费用降低,包装费用降低,更有效的材料采购 |
| 营销费用 | 促销费用降低,产品导入失败的可能性减小 |
| 销售和采购费用 | 现场和总部的费用降低,简化了管理 |
| 后勤费用 | 更有效地利用了仓库和卡车,跨月台物流,仓库空间要求降低 |

续　表

| 费用的类型 | ECR 带来的节约 |
|---|---|
| 管理费用 | 减少了一般的办事员和财务人员 |
| 店铺的经营费用 | 自动订货,单位面积的销售额更高 |

### 六、QR 与 ECR 的比较

QR 主要集中在一般商品和纺织行业,其主要目标是对客户的需求做出快速反应,并快速补货。纺织服装业经营的产品多属创新型产品,每一种产品的寿命相对较短,因此,订购数量过多(或过少)造成的损失相对较大。因而,QR 更多地应用于产品寿命周期较短的行业。

ECR 主要以食品行业为对象,其主要目标是降低供应链各环节的成本,提高效率。这是因为食品杂货业与纺织服装行业经营的产品的特点不同,杂货业经营的产品多数是一些功能型产品,每一种产品的寿命相对较长(生鲜食品除外),因此,订购数量的过多(或过少)的损失相对较小。ECR 更适用于产品寿命周期较长的行业。

二者共同特征表现在背景相同、战略相同、前提相同和方法相似上,具体如表 9-4 所示。

表 9-4　QR 和 ECR 的比较

| | 比较项目 | QR | ECR |
|---|---|---|---|
| 相同点 | 背景相同 | 市场变化,竞争加剧,制造商和零售商一体化经营理念 | |
| | 战略相同 | 以客户需求为导向,通过信息共享和先进技术提升供应链整体速度 | |
| | 前提相同 | 以制造商和零售商建立合作伙伴关系,相互信任,信息共享为前提 | |
| | 方法相似 | 条形码、POS 扫描、EDI、电子收发货系统等 | |
| 不同点 | 目标不同 | 快速反应,快速补货 | 降低供应链成本,提高效率 |
| | 侧重点不同 | 侧重于缩短交货提前期,快速响应客户需求 | 侧重于减少和消除供应链的浪费,提高运行的有效性 |
| | 管理方法不同 | 主要借助于信息技术实现快速补货,通过联合产品开发缩短产品上市时间 | 除快速有效补货和有效引入新产品外,还实行有效商品管理、有效促销 |
| | 适用行业不同 | 适用于商品单位价值高、季节性强、可替代性差、购买频率低的创新型产品行业 | 适用于产品单价低、库存周转率高、毛利少、可替代性强、购买频率高的功能型产品行业 |
| | 改革重点不同 | 补货和订货的速度,最大限度地消除缺货 | 效率和成本 |

## 第三节 联合计划、预测与补货系统(CPFR)策略

### 一、CPFR 的产生背景

随着经济环境的变迁、信息技术的进一步发展以及供应链管理逐渐为全球所认同和推广,供应链管理开始更进一步地向无缝连接转化,促使供应链的整合程度进一步提高。高度供应链整合的项目就是沃尔玛所推动的联合预测和补货系统(Collaborative Forecast And Replenishment,CFAR)和联合计划、预测与补货系统(Collaborative Planning Forecasting and Replenishment,CPFR),这种新型系统不仅是对企业本身或合作企业的经营管理情况给予指导和监控,更是通过信息共享实现联动的经营管理决策。

CPFR 的形成始于沃尔玛所推动的 CFAR,CFAR 是利用 Internet 通过零售企业与生产企业的合作,共同做出商品预测,并在此基础上实行连续补货的系统。后来,在沃尔玛的不断推动之下,基于信息共享的 CFAR 系统又向 CPFR 发展,CPFR 是在 CFAR 共同预测和补货的基础上,进一步推动共同计划的制订,即不仅合作企业实行共同预测和补货,同时将原来属于各企业内部事务的计划工作(如生产计划、库存计划、配送计划、销售规划等)也由供应链各企业共同参与。

该系统是在 1995 年,由沃尔玛与其供应商 Warner Lambert、管理信息系统供应商 SAP、供应链软件商 Manugistics、美国咨询公司 Benchmarking Partners 等 5 家公司联合成立了工作小组,进行 CPFR 的研究和探索,1998 年美国召开零售系统大会时又加以倡导,参与实验的零售企业有沃尔玛、凯马特和威克曼斯,生产企业有 P&G、金佰利、HP 等 7 家企业。从 CPFR 实施后的绩效看,Warner-Lambert 公司零售商品满足率从 87% 提高到 98%,新增销售收入 800 万美元。在 CPFR 取得初步成功后,组成了由零售商、制造商和方案提供商等 30 多个实体参加的 CPFR 委员会,与 VICS(Voluntary Inter-industry Commerce Standards)协会一起致力于 CPFR 的研究、标准制定、软件开发和推广应用工作。美国商业部资料表明,1997 年美国零售商品供应链中的库存约 1 万亿美元,CPFR 理事会估计,通过全面成功实施 CPFR 可以减少这些库存的 15%~25%,即 1 500~2 500 亿美元。由于 CPFR 巨大的潜在效益和市场前景,一些著名的软件商如 SAP、Manugistics、i2 等正在开发 CPFR 软件系统和从事相关服务。

### 二、CPFR 的含义及特点

CPFR 是应用一系列的信息处理技术和模型技术,覆盖整个供应链的合作过程,通过共同管理业务过程和共享信息来改善零售商和供应商之间的计划协调性,

提高预测精度,最终达到提高供应链效率、减少库存和提高客户满意度为目的的供应链库存管理策略。这些处理与模型技术是:开放的,但通信是安全的;在整个供应链中是灵活的;扩展到整个供应链过程;支持更为广泛的需求(新的数据类型以及交互性等)。CPFR 的本质特点主要有 4 个方面。

1. 协同

从 CPFR 的基本思想看,供应链上下游企业只有确立起共同的目标,才能使双方的绩效都得到提升,取得综合性的效益。CPFR 这种新型的合作关系要求双方长期承诺公开沟通、信息分享,从而确立其协同性的经营战略,尽管这种战略的实施必须建立在信任和承诺的基础上,但是这是买卖双方取得长远发展和良好绩效的惟一途径。正是因为如此,所以协同的第一步就是保密协议的签署、纠纷机制的建立、供应链计分卡的确立以及共同激励目标的形成(例如不仅包括销量,也同时确立双方的盈利率)。应当注意的是,在确立这种协同性目标时,不仅要建立起双方的效益目标,更要确立协同的盈利驱动性目标,只有这样,才能使协同性体现在流程控制和价值创造的基础之上。

2. 规划

1995 年沃尔玛与 Warner-Lambert 的 CFAR 为消费品行业推动双赢型的供应链管理奠定了基础,此后当 VICS 定义项目公共标准时,认为需要在已有的结构上增加"P",即合作规划(品类、品牌、分类、关键品种等)以及合作财务(销量、订单满足率、定价、库存、安全库存、毛利等)。此外,为了实现共同的目标,还需要双方协同制订促销计划、库存策略变化计划、产品导入和中止计划以及仓储分类计划。

3. 预测

任何一个企业或双方都能做出预测,但是 CPFR 强调买卖双方必须做出最终的协同预测,像季节因素和趋势信息等无论是对服装或相关品类的供应方还是销售方都是十分重要的,基于这类信息的共同预测能大大减少整个价值链体系的低效率、死库存、促进更好的产品销售、节约整个供应链的资源。与此同时,最终实现协同促销计划是实现预测精度提高的关键。CPFR 所推动的协同预测还有一个特点是它不仅关注供应链双方共同做出最终预测,同时也强调双方都应参与预测反馈信息的处理和预测模型的制定和修正,特别是如何处理预测数据的波动等问题,只有把数据集成、预测和处理的所有方面都考虑清楚,才有可能真正实现共同的目标,使协同预测落在实处。

4. 补货

销售预测必须利用时间序列预测和需求规划系统转化为订单预测,供应的约束条件(如订单处理周期、前置时间、订单最小量、商品单元)以及零售商长期形成的购买习惯等都需要供应链双方加以协商解决。根据 VICS 的 CPFR 指导原则,协同运输计划也被认为是补货的主要因素,此外,例外状况也需要通过确定存货的百分比、预测精度、安全库存水准、订单履行的比例、前置时间以及订单批准的比例来进行规避，所有这些都需要在双方公认的计分卡上定期协同审核。潜在的分歧，如基本供应量、过度承诺等双方事先应及时加以解决。

从以上 CPFR 所反映出来的本质特点可以看出，CPFR 相对于 VMI、JMI、QR 和 ECR 要改善了许多，虽然 CPFR 建立在 VMI、JMI、QR 和 ECR 的最佳实践基础上，但它摒弃了其相应的缺陷。如没有一个适合所有贸易伙伴的业务过程，未实现供应链的集成，未将协同行为渗透到预测、作业层次等。针对合作伙伴的战略和投资能力不同、市场信息来源不同的特点，将 CPFR 构建成一个方案组。方案组通过确认合作伙伴从事关键业务的能力来决定哪家公司主持核心业务活动，合作伙伴可选用多种方案实现其业务过程。零售商和制造商从不同的角度搜集不同层次的数据，通过反复交换数据和业务情报改善制订需求计划的能力，最后得到基于 POS 的消费者需求的单一共享预测。这个单一共享需求计划可以作为零售商和制造商的所有内部计划活动的基础，也就是说，它能使价值链集成得以实现。以单一共享需求计划为基础能够发现和利用许多商业机会、优化供应链库存和改善对顾客服务，最终为供应链伙伴带来可观的收益。

### 三、CPFR 的实施

#### 1. CPFR 的实施框架与步骤

CPFR 关注的是企业间业务合作关系的建立，而不是单一企业内部管理框架的建立。它不是简单地挖掘单一的相关数据，而是从多个组织中发现可比较的数据，进而对这些数据进行整合、组织，并以此确立组织间的商业规则，这正是 CPFR 之所以取得巨大绩效的关键，也是 CPFR 实施推广的难点。CPFR 实施的基本框架和步骤如图 9-3 所示。

CPFR 的业务活动可分为计划、预测和补货 3 个阶段，包括 9 个主要流程活动。第一阶段为计划，包括第一、第二步；第二阶段为预测，包括第三至第八步；第三阶段为补货，包括第九步。具体步骤如下：

第一步：开发一个初始协议。这一步是零售商、分销商和制造商等为合作关系建立指南和规则。共同开发的协议涉及每一方的期望和成功实施所需的行动与资源，包括合作的全面认识、合作目标、机密协议、资源授权、合作伙伴的任务和成绩的检测。

第二步：创建联合业务计划。供应链合作伙伴相互交换战略和业务计划信息，以发展联合业务计划。合作伙伴首先建立合作伙伴关系战略，然后定义分类任务、目标和策略，并建立合作项目的项目管理简况（如订单最小批量、交货期、订单间隔等）。

第三步：创建销售预测。利用零售商 POS 数据、因果关系信息、已计划事件信

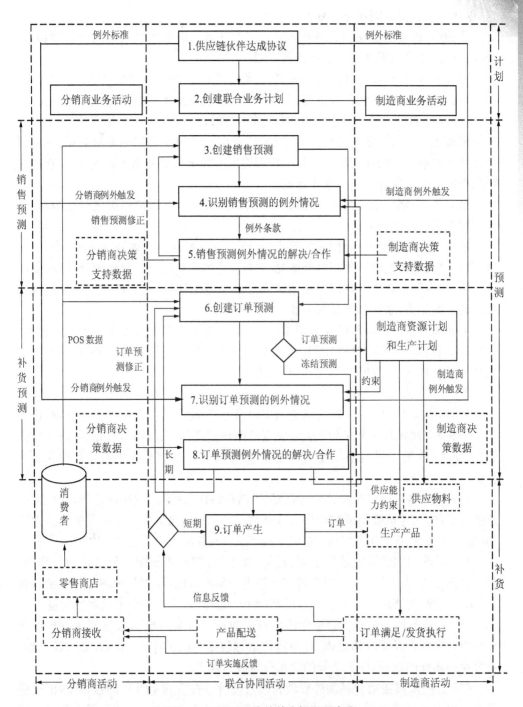

图 9-3 CPFR 实施的基本框架和步骤

息,创建一个支持共同业务计划的销售预测。

第四步:识别销售预测的例外情况。识别分布在销售预测约束之外的项目,每个项目的例外准则需在第一步中得到认同。

第五步:销售预测例外情况的解决、合作。通过查询共享数据、E-mail、电话、交谈、会议等解决销售预测例外情况,并将产生的变化提交给销售预测(第三步)。

第六步:创建订单预测。合并 POS 数据、因果关系信息和库存策略,产生一个支持销售预测和共同业务计划的订单预测,提出分时间段的实际需求数量,并通过产品及接收地点反映库存目标。订单预测周期内的短期部分用于产生订单,在冻结预测周期外的长期部分用于修正计划。

第七步:识别订单预测之例外情况。识别分布在订单预测约束之外的情况,例外准则在第一步已建立。

第八步:订单预测例外情况的解决、合作。通过查询共享数据、E-mail、电话、交谈、会议等调查研究订单预测例外情况,并将产生的变化提交给订单预测(第六步)。

第九步:订单产生。将订单预测转换为已承诺的订单,订单产生可由制造商或分销商根据能力、系统和资源来完成。

上面建立了一个合作伙伴框架结构,可用于创建一个消费者需求的单一预测,协同制造商和零售商的订货周期,最终建立一个企业间的价值链环境,在获得最大赢利和消费者满意度的同时减少浪费和成本。

2. CPFR 系统的改进

2004 年,VICS 的 CPFR 委员会对 CPFR 系统做了一次较大规模的改动,设计了 CPFR 参考模型,将原来的九大步骤变成循环模式,分为战略与计划、需求与供应管理、实施、分析四项活动以及八项任务,使 CPFR 趋于完整也更适合套用在更多企业。

(1) 在战略与计划阶段,协作内容包括制订协作目标,界定协作范围,分配协作角色与责任,约定检查与调整程序。在此阶段,还要找出那些影响供求的关键性活动,如市场促进、库存政策变化、零售点的增减以及新品入市等。

(2) 需求与供应管理阶段主要包括两项工作,即销售预测和订货计划与预测。销售预测是指对各零售点的消费者需求量进行预测;订货计划与预测是指在销售预测、库存情况、交货时间及其他因素的基础上,预测并确定产品订单量和发货量。

(3) 实施阶段主要包括订单生成和订单执行。订单生成的过程即为订单预测转变为切实的产品需求的过程;订单执行过程包括产品的生产、运输、交付及上架。通过这一系列的活动,使消费者的购买行为成为现实。

(4) 分析阶段主要包括例外管理和绩效评价。在实施 CPFR 的过程中,由于供需双方事先不可能把所有可能的销售库存情况都纳入协议框架,而且双方在经营理念、资源能力、价值观方面必然存在差异,协同方案的设定是双方协同妥协的一种安排,因此例外事件的界定和管理对于 CPFR 的顺利实施显得尤为重要。通常来说,在 CPFR 实施中突发例外事件的情况主要有订单延迟(提前)、物料短缺(过剩)、响应需要、订单延迟(提前)预警、绩效评价等。

3. CPFR 实施中的关键因素

CPFR 的局限与缺点是:不同行业之间的应用可能存在差异;对于企业内部流程具有挑战性(内部流程变化调整要得到行政层的支持);在技术层面还存在不少问题(如实时系统整合与协作);商业伙伴之间往往缺乏互信;执行的成本费用不低;其效果难于衡量计算;企业内部政策如不能分享预测信息等亦阻碍 CPFR 的推广与应用;必须得到企业高层的认同与支持。

因此,在 CFFR 实施过程中,应考虑以下影响成功的关键因素:

(1) 以"双赢"的态度看待合作伙伴和供应链相互作用

企业必须了解整个供应链过程以发现自己的信息和能力在何处有助于供应链运行,进而有益于最终消费者和供应链合作伙伴。换句话说,基于 CPFR 的供应链成功的一个关键是从"赢—输"的传统企业关系向"双赢"合作关系的转变。

(2) 为供应链成功运作提供持续保证和共同承担责任

这是基于 CPFR 的供应链成功运作所必需的企业价值观,每个合作伙伴对供应链的保证、权限和能力不同,合作伙伴应能够调整其业务活动以适应这些不同。无论在哪个职责层,合作伙伴坚持其保证和责任将是供应链成功运作的关键。

(3) 抵御产品转型机会

由于产品转型会较大地抑制合作伙伴协调需求和供应计划的能力,因此它不能与 CPFR 共存。抵御转型机会的一个关键是了解其短期效益与建立一个良好计划、低库存供应链的长期效益的差别。这也是对 CPFR 必要的信心和承诺的检验。

(4) 实现跨企业、面向团队的供应链

团队不是一个新概念,建立跨企业的团队造成一个新问题:团队成员可能参与其他团队,并与他们合作伙伴的竞争对手合作。这些竞争对手互相有"赢—输"关系,团队联合的深度和交换信息的类型可能造成多个 CPFR 团队中人员的冲突。在这种情况下,必须有效地构建支持完整团队和个体关系的公司价值系统。

(5) 制定和维护行业标准

公司价值系统的另一个重要组成部分是对行业标准的支持。每个公司有一个单独开发的标准,这会影响公司与合作伙伴的联合。行业标准必须制定得既利于实行的一致性,又允许保留公司间的不同,这样才能被有效应用。开发和评价这些标准,有利于合作伙伴的信息共享和合作。CPFR 是供应链管理的一个新模式,该模式中许多新的企业观很有价值,从其实施条件也可看出,供应链中的管理模式不是一个部门、一个企业自己就能执行的,供应链管理需要一种整体观。

• 练习题 •

1. QR 和 ECR 的含义各是什么？比较 QR 与 ECR 的异同之处。
2. 简述实施 QR 的步骤；实施 QR 策略有哪些好处？
3. 组成 ECR 的技术要素有哪些？ECR 策略包括哪些内容？
4. CPFR 的含义及其基本特点是什么？
5. 简述企业如何实施 CPFR 策略。

• 案例分析 •

案例一

# ZARA 的"快速时尚"模式

面对竞争日益激烈的市场，大多数服装企业显得力不从心。快和时尚，就是这个行业的特征，消费者的胃口很容易变化。如何在这个市场上能够很好地活下来，显然，与其被消费者和其他服装企业牵着鼻子挑三拣四，还不如全速运营让顾客永远慢半拍，这就是 ZARA 商业模式背后的思想。所以，才有领先一步的设计，高速度和多款式的供应链，控制消费者的"消费欲望"、引导顾客的商业模式。

来自西班牙的世界知名服装品牌 ZARA 以"快速反应"著称于流行服饰业界，其成功的运作模式不仅成为业界的标杆，更成为欧美商学院著名的教学个案。《商业评论》把 ZARA 称为"时装行业中的戴尔电脑"；也有人评价 ZARA 为"时装行业的斯沃琪手表"。ZARA 凭借其令人咋舌的快速反应能力在激烈的市场竞争中赢得了成功，在欧洲 27 个国家及全世界 55 个国家和地区建立了 2 200 家女性服饰连锁店。在 2004 年度全球营业收入达到 46 亿欧元，利润 4.4 亿欧元，获利率 9.7%，比美国第一大服饰连锁品牌 GAP 的 6.4%还要出色。

一、ZARA 与众不同的生产方式

"高速度、小批量、多款式"构成 ZARA 与众不同的生产方式，ZARA 最成功的地方在于：把由设计到销售所需的前导时间大幅缩减，ZARA 的前导时间只有 12 天。它保证了第一时间为顾客带来最为时尚的新款服装。传统的服装零售商由于生产周期长而不能根据季节的变化随时改变设计或增加新的款式，而 ZARA 由于其快速的生产方式可以随时更换产品的数量、设计、面料、色彩，其速度与二十多岁的年轻人改变心意的速度一样快。

1. 高速度——紧随"时尚"的脉动

时尚最大的特点就是多变,一部电影、一张专辑都可能改变人们对时尚的看法,而时装最动人处正是紧随时尚。当电影或电视媒体中出现新的流行元素,ZARA 只需几天的时间就可以完成对歌星的装束或顶级服装大师创意作品的模仿。从流行趋势的识别到将迎合流行趋势的新款时装摆到店内,ZARA 只需 2 周的时间,而传统生产方式下这个周期要长达 4~12 个月。ZARA 与顾客追求时尚的心态保持同步,能够更快地抓住每一个跃动的时尚讯号,以此来打动顾客。

2. 小批量——"饥饿"疗法的实施

与其他服装零售商相比,ZARA 每一款服装的生产数量都非常小,这就人为地创造了一种稀缺。越是不容易得到的,就越能激发人的购买欲望。ZARA 执行永远"缺货"的策略,对于同一种款式的服装,零售店的库存一般只有几件,或许由于你的一时犹豫,从而错失了最终拥有它的机会,因为你明天看到的也许是摆放一新的货架。这最初的懊恼,换来的是顾客再次光顾时果断的购买速度。

3. 多款式——让审美不再"疲劳"

ZARA 并不讲求每种款式生产更多的数量,而是注重款式的多样性。ZARA 每年生产的服装款式超过 12 000 种,比起它的许多竞争对手,ZARA 能在流行时装上提供更多的选择。ZARA 商店每周供货 2 次,因为很少有对售完款式的再定购,商店每隔 3~4 天架上货品会全部更新,总能给人以新鲜感。紧跟时尚趋势、频繁的更新和更多的选择,造就了 ZARA 对顾客的独特吸引力,从而大大增加了顾客对 ZARA 的偏好与忠诚度。

**二、ZARA 的信息系统成就了"快速时尚"**

在如此短的前导时间内完成"小批量、多款式"的服装生产,对大多数企业而言几乎是"天方夜谭",但 ZARA 却做到了,并形成了其独特的商业模式。以信息和通讯技术为核心的 IT 系统是 ZARA 独特的商业模式得以实现的关键。

1. 信息搜集的及时化

ZARA 的资讯来源于大量分布在酒吧、秀场等时尚场所的时尚观察员,他们搜集最新的时尚信息,及时向总部汇报;同时 ZARA 专卖店也会及时反馈当日的销售报告及顾客需求的相关信息。关于时尚潮流趋势及顾客意见的各种信息每天源源不断地从世界各地进入 ZARA 总部的数据库。设计师们可以一边核对当天的发货数量和每天的销售数量,一边利用新信息来产生新的想法以及改进现有的服装款式。通过访问数据库中的实时信息,设计师与生产、运营团队一起决定,一个具体的款式用什么布料、如何剪裁以及如何定价。

2. 服装信息的标准化

对一个典型的服装零售商来讲,不同的或不完全的尺寸规格,不同产品的有效信息通常需要几个星期,才能被添加到他们的产品设计和批准程序中。但是在 ZARA 的仓库中,产品信息都是通用的、标准化的,这使得 ZARA 能快速、准确地准备设计，对裁剪给出清晰的生产指令。ZARA的裁剪系统也是在数字化信息系统的干预下完成的，准确而快捷。

3. 库存管理的清晰化

卓越的产品信息和库存管理数据系统，使得ZARA的团队能够管理数以千计的布料、各种规格的装饰品以及设计清单和库存商品。ZARA的团队也能通过这个系统提供的信息，以现存的库存来设计服装，而不必去订购原料再等待它的到来。

4. 生产模式的整合化

ZARA公司自己在西班牙拥有22家工厂，其所有产品的50%通过自己的工厂来完成，以保证绝对的快速。其余50%的产品ZARA外包给400家小加工厂，它们负责大量繁琐的缝制工作。而且，一个工厂只生产一种款式，这就绝对保证了生产的专业化水平和非常快的速度。这400家企业其中70%在欧洲，而且主要是在西班牙和葡萄牙，地理位置的便利让这些工厂能对ZARA的订单快速做出反应，尤其是异常时尚的款式。而剩下的30%则主要在亚洲生产，ZARA向这些地方订"基础型"产品或者当地有明显优势的产品。这也是ZARA取得成功的关键之处。

5. 物流配送的高效化

ZARA的物流配送系统十分发达，大约20公里的地下传送带将ZARA的产品运送到西班牙拉科鲁尼亚的货物配送中心，该中心拥有非常成熟的自动化管理软件系统。为了确保每一笔订单准时到达目的地，ZARA借用光学读取工具进行产品分拣，每小时能挑选并分拣超过6万件的服装。物流中心的运输卡车依据固定的发车时刻表，不断开往欧洲各地。ZARA还有两个空运基地，通常欧洲的连锁店可以在24小时之内收到货物，美国的连锁店需要48小时，日本在48小时～72小时之间。在信息化手段的干预下，ZARA出货的正确率高达98.9%，而出错率不足0.5%。

"速度"虽然是ZARA占领市场的法宝，但"速度"的背后却是ZARA集约式的高效管理与有力的IT支撑。高科技支持下的信息手段对企业突破传统商业模式的壁垒起到巨大的推动作用。除了西班牙的ZARA，瑞典的H&M也在以信息化的管理手段演绎着另一段传奇。对于ZARA和H&M而言，速度快、款式多、批量少、迅速而准确地占有信息资源，有效地减少库存是它们取得成功的共同特征。

资料来源：曹翠珍.供应链管理[M].北京：北京大学出版社.2010,3.285-286

讨论题：

1. 结合案例分析ZARA公司是如何实现快速反应的。
2. 与同行相比，试分析ZARA具有哪些核心竞争力。
3. 试分析ZARA的成功经验对我国服装企业有什么启示。

案例二

# 苏宁三星全面建设 CPFR 项目,变革零售供应链模式

2011年12月6日,苏宁与三星在南京隆重举行《苏宁电器——三星电子CPFR项目合作协议》签约仪式。协议约定,苏宁与三星将在彩电品类部分地区试点运营成功的基础上,全面推进全品类、全地域的CPFR项目建设。这是中国家电市场最大规模的CPFR平台项目,涉及销售规模超过百亿元,将对中国家电零售供应链变革产生积极示范意义。

## 一、开展战略合作建设 CPFR

在竞争日趋激烈的中国家电市场,高效供应链建设始终是必须面对的课题。苏宁电器表示将与供应商携手打造开放、共赢的智慧型供应链模式。CPFR即协同规划、预测与补货,是全球供应链管理的最优化、最先进的模式之一,是苏宁未来供应链管理的重要模式。它通过共享信息和共同管理业务过程增进供需双方战略伙伴关系,实现双方共同利益最大化。同时凭借生产、销售、配送各环节的全流程管控,在制造商、零售商、消费者之间形成良性循环。

开展CPFR合作的制造商与零售商必须高度信任、目标一致,必须实力足够强大,苏宁与三星正具备了这样的基础。2006年苏宁上线被誉为世界零售业灯塔工程的SAP/ERP系统,三星当年即与苏宁展开企业间信息系统对接,此后双方在信息系统、人员培养、企业理念等方面的合作逐步深入、融合。据了解,目前三星与苏宁彼此为中国市场最重要的合作伙伴,三星产品未来三年在苏宁渠道销售额预计将达到500亿元。

2011年4月,三星与苏宁签署全年120亿元销售目标,涉及彩电、白电、3C等全品类,同时正式确定CPFR项目的开发,CPFR项目的实施标志着中国最大家电零售企业与全球消费电子领导者在中国市场的战略合作更进一步。正因为苏宁与三星全方位、全天候的战略合作伙伴关系,以及对彼此企业经营理念的认同,才能顺利推进信任、开放、协同的CPFR系统建设。

## 二、CPFR 变革国内供应链模式

2011年5月,苏宁、三星正式在华北、华东地区启动CPFR项目,经过6个月的试点运营,双方预测修正、补货机制逐步成熟。此次双方签署协议约定,将扩大试点地域,并在明年实现CPFR项目在全国范围内应用,涉及品类涵盖彩电以及冰箱、洗衣机、空调等,在未来进一步拓展至手机、数码、电脑等全品类产品,最终形成一个规模巨大、地域广泛的CPFR平台,实现更高效、更紧密的供应链合作。

在试点地区运行期间,苏宁与三星双方对于彩电品类的销售预测准确度提升到90%、订单满足率达到96%,库存各型号的比例更加合理,销售规模大幅提升,及时

满足市场变化和消费者需求。

CPFR要求苏宁与三星强化利益共同体定位,通过高度融合的先进信息系统制定一致的销售目标,调整销售订单与采购订单的差值,提高库存周转,平衡各品类、各型号的仓储结构。通过CPFR,三星将优先并持续稳定的为苏宁提供产品,减少流通库存、机会损失最小化;苏宁则及时把市场信息反映到需求,通过协作增加销售。CPFR可实现对消费需求—销售预测—生产计划—库存管理的供应链全程管理,消除"牛鞭效应",节约社会资源,提高顾客满意度,最终驱使以消费者需求为主导的供应链体系建立。

苏宁与三星在全国建设的最大规模CPFR项目,对面临国内市场差异大的现状、急需提升现代化水平的中国零售业来说意义重大,有助于中国零售企业建立更加合理、更加优化的供应链管理,提高经营质量,增强核心竞争力。苏宁与三星还将制定基于CPFR平台的KPI考核机制,如销售预测正确率、订单满足率、供货周期等,完善CPFR的运行机制,提升精细化运营能力。

资料来源:苏宁三星全面建设CPFR项目,变革零售供应链模式[EB/OL].
http://www.abi.com.cn/news/htmfiles/2011-12/113166.shtml,2011-12-09

讨论题:
1. 结合案例分析苏宁与三星合作实施CPFR,经过运营取得了哪些成果。
2. 结合案例分析CPFR的成功实施需要哪些前提条件。

• 实训项目 •

# 零售端的品类管理

● 实训目的

使学员了解某种商品在货架上的摆放位置及定价对另一种商品的销量会产生什么样的影响,从而体会品类管理在供应链零售终端的作用和重要性。

● 实训任务

(1) 选择某一品牌的日用品,如洗衣粉等,连续记录其若干天的销量,并据此计算出平均日销量。
(2) 将此日用品在商场中货架位置予以调整,记录其销量的变化。
(3) 将此日用品另一种较大或较小包装规格放在目前包装规格的相邻位置,记录两种规格销量,并统计当前规格的销量发生的变化。
(4) 将其中较大包装规格的价格调整至单位价格比较小规格略高,记录较小包装规格销量的变化趋势。比如某品牌洗衣粉 2 kg 的标价是 11 元,单价就是 5.5 元/kg,同时还赠送两块香皂;而同品牌的洗衣粉,3 kg 包装的标价为 16.8 元,算起来单价是 5.6 元/kg,而且什么都不送。

● 实训过程组织

(1) 联系好一家超市,将全体学员分成若干组,每组 4~6 人,每组选取超市的一种日用商品作为调研对象。
(2) 各组记录好对象商品每天的销量,并用图表或曲线等直观的方式表示出来。注意每次对对象商品进行调整后销售趋势是如何变化的。
(3) 同时注意其他小组收集的资料,并集体分析每次变化的原因。
(4) 以小组为单位撰写调查报告,并在课堂上介绍他们所调查的具体情况。

● 实训说明

(1) 尽量联系一家较大规模的超市,每个小组所选取的日用品种类尽量与其他的小组不同。
(2) 项目结果的评价可从调查过程的计划组织、数据的整理分析、调研报告的撰写情况及团队合作情况等方面进行。

# 第十章　供应链绩效评价与激励机制

• 学习目标 •

1. 理解供应链绩效评价和现行企业绩效评价的不同；
2. 掌握供应链绩效评价的内容和评价原则；
3. 掌握供应链绩效评价指标和绩效评价方法；
4. 熟悉供应链激励机制的内容。

• 引导案例 •

## DaimlerChrysler公司的供应链绩效管理

DaimlerChrysler公司的Mopar零件集团销售额40亿美元，在美国和加拿大地区经营汽车零配件的分销。Mopar供应链极为复杂，包含3 000个供应商和30个分销中心，每天来自4 400个北美经销商的订单就达225 000份。然而，售后零配件销售极难预测，因为它不是直接为生产所驱使，相反是为如天气、车辆地点、车辆磨损和破坏，以及顾客对经销商促销的反应等不可预测因素所决定。顾客不愿意为替换零件而花费等待的时间，因此零售商不得不寻求可替代的零配件资源以避免顾客不满和失去市场份额。为了保证经销商不使用非OEM零件，汽车公司一般都因订货管理、库存平衡、供应奖励收费等导致高昂的补货成本。Mopar零件公司就面对着这样一个困境。DaimlerChrysler公司意识到了他们未来的竞争力在于他们甄别、理解、采取解决行动并防止昂贵的服务供应链问题的能力。因此，他们开始投入到了供应链绩效管理（SCPM）系统的实施之中。

Mopar的SCPM系统通过监测未来需求、库存和与预先确定的目标相关的供应链绩效关键指标来甄别出绩效例外。然后,公司利用该系统探究问题,找到个别的或相互关联的可选方案。导致问题的潜在根本原因包括非季节性天气(或者更好或者更坏)、竞争性促销、对预测模型的不准确假设。理解问题和确定可选方案后,公司就采取解决问题的行动了。Mopar 集团通过削减安全库存和不必要的"过期"(不可能被接受)运输每年节约数百万美元的成本。仅仅在第一年,DaimlerChrysler 公司就将他们的决策周期从几个月缩短到几天,减少了超额运输成本、将补货率增加 1 个百分点,还节约了 1 500 万存货。看来,DaimlerChrysler 从 SCPM 中获得了竞争力的巨大提升。

从中可以看出,Mopar 通过应用供应链绩效管理系统(SCPM)取得了可喜的成果。为了能够使供应链健康发展,科学、全面地分析和评价供应链的运营绩效,便成为了供应链管理中一个非常重要的问题。

# 第一节 概 述

## 一、供应链绩效评价的概念

供应链绩效评价是供应链管理的重要内容,对于衡量供应链目标的实现程度及提供经营决策支持都具有十分重要的意义。供应链绩效评价是指围绕供应链的目标,对供应链整体、各环节(尤其是核心企业运营状况以及各环节之间的运营关系等)所进行的事前、事中和事后分析评价。评价供应链的绩效,是对整个供应链的整体运行绩效、供应链节点企业、供应链上的节点企业之间的合作关系所做出的评价,供应链绩效评价是基于业务流程的绩效评价。

## 二、供应链绩效评价指标的作用

为了能评价供应链管理的实施给企业群体带来的效益,方法之一就是对供应链的运行状况进行必要的度量,并根据度量结果对供应链的运行绩效进行评价。因此,供应链绩效评价主要有以下 4 个方面的作用。

1. 用于对整个供应链的运行效果做出评价。主要考虑供应链与供应链间的竞争,为供应链在市场中的存在(生存)、组建、运行和撤销的决策提供必要的客观依据。目的是通过绩效评价而获得对整个供应链的运行状况的了解,找出供应链运作方面的不足,及时采取措施予以纠正。

2. 用于对供应链上各个成员企业做出评价。主要考虑供应链对其成员企业的激励,吸引企业加盟,剔除不良企业。

3. 用于对供应链内企业与企业之间的合作关系做出评价。主要考察供应链的上游企业(如供应商)对下游企业(如制造商)提供的产品和服务的质量,从用户满意度的角度评价上、下游企业之间的合作伙伴关系的好坏。

4. 激励供应链上的企业。除对供应链企业运作绩效的评价外,这些指标还可起到对企业的激励作用,包括核心企业对非核心企业的激励,也包括供应商、制造商和销售商之间的相互激励。

### 三、供应链绩效评价的内容

为了达到这些目的,供应链的绩效评价一般从 3 个方面考虑:一是内部绩效衡量,二是外部绩效衡量,三是供应链综合绩效衡量。

1. 内部绩效的衡量

内部绩效的衡量主要对供应链上的企业内部绩效进行评价,着重将企业的供应链活动和过程同以前的作业或目标进行比较。常见的评价指标可分类如下:

(1) 成本

绩效评价的最直接的指标是完成特定运营目标所发生的真实成本。绩效成本代表的是以金额表示的销售量百分比或每个单位数量的成本。

(2) 顾客服务

顾客服务指标是考察供应链内部企业满足用户或下游企业需要的相对能力。

(3) 生产率

生产率是衡量组织绩效的一个指标,用于评价生产某种产品的投入与产出之间的相对关系,通常用比率或指数表示。生产率指标有 3 种基本类型:静态、动态和替代性。

如果在一个系统里所投入的产出都包括在生产率公式中,由于这个比率是建立在只有一个衡量的基础上的,因此是静态的。

动态指标是跨时间完成的。一个系统的投入和产出以一个时期的静态生产比率与另一个时期的静态生产比率比较,其结果就是动态生产率指数。

例如:$\dfrac{2003\ 年产出\ /2003\ 年投入}{2002\ 年产出\ /2002\ 年投入}$

另外,还有一种是替代性生产率指标,这些指标并不包括在生产率概念内的,但它们之间有着密切的相关关系,通常使用的替代性生产率指标有顾客满意程度、利润、效益、质量、效率等。

(4) 资产

资产衡量的焦点是为了实现供应链的目标对该设施和设备的资产及流动资本的使用进行评价。设施、设备和存货是一个企业资产的重要组成部分。资产衡量指标着重对诸如存货等流动资本如何能快速周转,以及固定资产如何能产生投资回报率等方面进行衡量。

(5) 质量

质量指标是全过程评价的最主要指标,它用来确定一系列活动的效率。然而由于质量范围广阔,所以很难加以衡量,目前人们最感兴趣的是"完美订货",它是物流运作质量的最终评价标准,完美订货关注的是总体的物流绩效,并非单一功能。

它用于评价一张订单是否顺利地通过了订货管理程序过程,接受订单、信用结算、库存、分拣、配货、票据处理等,每一个环节都不能出差错,快速而无人为干扰。

完美订货代表着理想的绩效,供应链实现完美订货必须符合下列标准:
① 圆满完成所有的配送;
② 订发货周期短,发货偏差控制在最小范围之内;
③ 精确无误地完成所有文件、票据,包括标签、提货单及发票等;
④ 状态良好。例如:安装无误,外形无损等。

2. 外部绩效衡量

外部绩效衡量主要是对供应链上的企业之间运行状况的评价。外部绩效衡量的主要指标有:用户满意度,最佳实施基准等。

(1) 用户满意度

用户满意度的评价,可以使物流绩效评价迈向最高层。这种评价可以由公司或行会组织调查或者系统的订货跟踪。主要是询问关于供应链企业与竞争者的绩效,例如可靠性、订发货周期、信息的可用性、问题的解决和产品的支撑等。

(2) 最佳实施基准

基准是综合绩效评价的一个重要方面,最佳的实施基准集中在对比组织指标上的实施和程序,越来越多的供应链企业应用最佳的实施基准,将它作为企业运行与相关行业或非相关行业的竞争对手或最佳企业比较的一种技术。特别是一些核心企业常在重要的战略领域将基准作为检验供应链运作的工具。

3. 供应链综合绩效衡量

供应链之间的竞争引起人们对供应链总体绩效的日益重视,要求提供能够透视总体的衡量方法,这种透视方法必须是可以比较的,并且既能适用于企业的功能部门,又能适用于分销渠道,如果缺乏总体的绩效衡量,就可能出现制造商对用户服务的看法和决策与零售商的想法完全背道而驰的现象。供应链综合绩效的衡量主要从顾客服务、时间、成本、资产等方面展开的。

(1) 顾客服务

顾客服务的衡量包括完美的订货、用户满意度和产品质量。它衡量供应链企业所能提供的总的客户满意程度。

(2) 时间

时间衡量主要测量企业对用户要求的反应能力。也就是从顾客订货开始到顾客用到产品为止需要多少时间。包括装运时间、送达客户的运输时间和顾客接收时间。

(3) 成本

供应链总的成本包括订货完成成本、原材料取得成本、总的库存运输成本、与物流有关的财务和管理信息系统成本、制造劳动力和库存的间接成本等。

(4) 资产

供应链管理要对包括库存、设施及设备等相当大的资产负债,资产评价基本上集中在特定资产水平支持下的销售量水平。主要测定资金周转时间、库存周转天数、销售额与总资产的比率等资产绩效。

上述3个方面的供应链绩效衡量,比较系统地论述了有关供应链绩效评价的指标。关于供应链绩效评价的一般性统计指标,如表10-1所示。

表 10-1 供应链绩效评价的一般性统计指标

| 客户服务 | 生产与质量 | 资产管理 | 成 本 |
|---|---|---|---|
| 饱和率 | 人均发运系统 | 库存周转 | 全部成本/单位成本 |
| 脱销率 | 人工成本系统 | 负担成本 | 销售百分比成本 |
| 准时交货率 | 生产指数 | 废弃的库存 | 进出货运输成本 |
| 补充订单 | 破损率 | 库存水平 | 仓库成本 |
| 循环时间 | 退货数 | 供应天数 | 管理成本 |
| 发运错误 | 信用要求数 | 净资产回报 | 直接人工成本 |
| 订单准确率 | 破损物价值 | 投资回报 | 退费成本 |

除了以上一般性统计指标外,供应链的绩效还辅以定性指标,例如企业核心竞争力、核心能力等。

### 四、供应链绩效评价与现行企业绩效评价的比较

1. 现行企业绩效评价指标的特点

现行企业绩效评价指标侧重于单个企业,评价的对象是某个具体企业的内部职能部门或者职工个人,其评价指标在设计上有如下一些特点:

(1) 反映滞后。现行企业绩效评价指标的数据来源于财务结果,在时间上略为滞后,不能反映供应链动态运营情况。

(2) 局部测评。现行企业绩效评价主要评价企业职能部门工作完成情况,不能对企业业务流程进行评价,更不能科学、客观地评价整个供应链的运营情况。

(3) 事后分析。现行企业绩效评价指标不能对供应链的业务流程进行实时评价和分析,而是侧重于事后分析。因此,当发现偏差时,偏差已成为事实,其危害和损失已经造成,并且往往很难补偿。

鉴于此,为衡量供应链整体运作绩效,以便决策者能够及时了解供应链整体状况,应该设计出更适合于度量供应链企业绩效的指标和评价方法。

2. 供应链绩效评价指标的特点

根据供应链管理运行机制的基本特征和目标,供应链绩效评价指标应该能够恰当地反映供应链整体运营状况以及上下节点企业之间的运营关系,而不是孤独地评价某一供应商的运营情况。

例如,对于供应链上的某一供应商来说,该供应商所提供的某种原材料价格很低,如果孤立地对这一供应商进行评价,就会认为该供应商的运行绩效较好。若其下游节点企业仅仅考虑原材料价格这一指标,而不考虑原材料的加工性能,就会选择该供应商所提供的原材料,而该供应商提供的这种价格较低的原材料,其加工性能不能满足该节点企业生产工艺要求,势必增加生产成本,从而使这种低价格原材料所节约的成本被增加的生产成本所抵消。所以,评价供应链运行绩效的指标,不仅要评价该节点企业(或供应商)的运营绩效,而且还要考虑该节点企业(或供应商)的运营绩效对其上层节点企业或整个供应链的影响。

现行的企业绩效评价指标主要是基于部门职能的绩效评价指标,不适用于对供应链运营绩效的评价。供应链绩效评价指标是基于业务流程的绩效评价指标,如图10-1和图10-2所示。通过示意图,可以看出它们之间存在的差异。

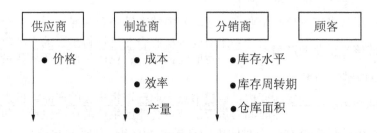

图10-1 现行的基于部门职能的绩效评价指标示意图

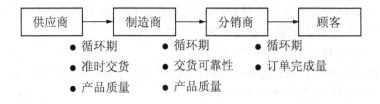

图10-2 基于供应链业务流程的绩效评价指标示意图

## 第二节 供应链绩效评价指标体系

为了客观、全面地评价供应链的运营情况,本节从以下几个方面来分析和讨论供应链绩效评价指标体系。

### 一、供应链业务流程的绩效评价指标

供应链是指从最初供应商开始直至最终用户为止的整条供应链,主要有如下反映整个供应链运营绩效的评价指标。

1. 产销率指标

产销率是指在一定时间内已销售出去的产品与已生产的产品数量的比值。

$$产销率 = \frac{一定时间内已销售出去的产品数量}{一定时间内生产的产品数量}$$

产销率指标又可分成如下3个具体的指标:

(1) 供应链节点企业的产销率

该指标反映供应链节点企业在一定时间内的经营状况。

$$供应链节点企业的产销率 = \frac{一定时间内节点企业已销售出去的产品数量}{一定时间内节点企业已生产的产品数量}$$

(2) 供应链核心企业的产销率

该指标反映供应链核心企业在一定时间内的产销经营状况。

$$供应链核心企业的产销率 = \frac{一定时间内核心企业已销售出去的产品数量}{一定时间内核心企业已生产的产品数量}$$

(3) 供应链产销率

$$供应链产销率 = \frac{一定时间内供应链节点企业已销售出去的产品数量之和}{一定时间内供应链节点企业已生产的产品数量之和}$$

该指标反映供应链在一定时间内的产销经营状况,其时间单位可以是年、月、日。随着供应链管理水平的提高,时间单位可以取得越来越小,甚至可以做到以天为单位。该指标也反映供应链资源(包括人、财、物、信息等)的有效利用程度,产销率越接近1,说明资源利用程度越高。同时,该指标也反映了供应链库存水平和产品质量,其值越接近1,说明供应链成品库存量越小。

2. 平均产销绝对偏差指标

平均产销绝对偏差指标是指一定时间内,所有节点企业已生产的产品数量与其已销售的产品数量之差的绝对值之和的平均值。

该指标反映在一定时间内供应链总体库存水平,其值越大,说明供应链成品库存量越大,库存费用越高。反之,说明供应链成品库存量越小,库存费用越低。

3. 产需率指标

产需率是指在一定时间内,节点企业已生产的产品数量与其下游节点企业(或

用户)对该产品的需求量的比值。具体分为如下两个指标:

(1) 供应链节点企业产需率

$$供应链节点企业产需率 = \frac{一定时间内节点企业已生产的产品数量}{一定时间内下游节点企业对该产品的需求量}$$

该指标反映上、下游节点企业之间的供需关系。产需率越接近1,说明上、下游节点企业之间的供需关系协调,准时交货率高,反之,则说明上游节点企业准时交货率低或者企业的综合管理水平较低。

(2) 供应链核心企业产需率

$$供应链核心企业产需率 = \frac{一定时间内核心企业已生产的产品数量}{一定时间内用户对该产品的需求量}$$

该指标反映供应链整体生产能力和快速响应市场能力。若该指标数值大于或等于1,说明供应链整体生产能力较强,能快速响应市场需求,具有较强的市场竞争能力;若该指标数值小于1,则说明供应链生产能力不足,不能快速响应市场需求。

4. 供应链产品出产(或投产)循环期或节拍指标

当供应链节点企业生产的产品为单一品种时,供应链产品出产循环期是指产品的出产节拍;当供应链节点企业生产的产品品种较多时,供应链产品出产循环期是指混流生产线上同一种产品的产出间隔。由于供应链管理是在市场需求多样化经营环境中产生的一种新的管理模式,其节点企业(包括核心企业)生产的产品品种较多,因此,供应链产品出产循环期一般是指节点企业混流生产线上同一种产品的出产间隔期。它可分为如下两个具体的指标:

(1) 供应链节点企业(或供应商)零部件出产循环期。该循环期指标反映了节点企业库存水平以及对其下游节点企业需求的响应程度。该循环期越短,说明了该节点企业对其下游节点企业需求的快速响应性越好。

(2) 供应链核心企业产品出产循环期。该循环期指标反映了整个供应链的在制品库存水平和成品库存水平,同时也反映了整个供应链对市场或用户需求的快速响应能力。核心企业产品出产循环期决定着各节点企业产品出产循环期,即各节点企业产品出产循环期必须与核心企业产品出产循环期合拍。该循环期越短,说明整个供应链的在制品库存量和成品库存量都比较少,总的库存费用都比较低;另一方面也说明供应链管理水平比较高,能快速响应市场需求,并具有较强的市场竞争能力。

5. 供应链总运营成本指标

供应链总运营成本包括供应链信息总成本、供应链库存费用及各节点企业外部运输总费用。它反映供应链运营的效率。供应链信息总成本包括各节点企业之间通信费用,如EDI、因特网的建设和使用费用,供应链信息系统开发和维护费等。供应链总库存费用包括各节点企业在制品库存和成品库存费用、各节点之间在途库存费用。各节点企业外部运输总费用等于供应链所有节点企业之间运输费用总和。

6. 供应链核心企业产品成本指标

供应链核心企业的产品成本是供应链管理水平的综合体现。根据核心企业产品在市场上的价格确定出该产品的目标成本,再向上游追溯到各供应商,确定出相应的原材料、配套件的目标成本。只有当目标成本小于市场价格时,各个企业才能获得利润,供应链才能得到发展。

7. 供应链产品质量指标

供应链产品质量是指供应链各节点企业(包括核心企业)生产的产品或零部件的质量。主要包括合格率、废品率、退货率、破损率、破损物价值等指标。

## 二、供应链企业之间关系的绩效评价指标

供应链是由若干个节点企业所组成的一种网链结构,如何选择和评价合作伙伴的绩效以及由谁来评价等问题是必须明确的问题。根据供应链结构模型,相邻节点企业评价法可以较好地解决这些问题。相邻节点企业评价法的基本原则是通过下游企业来评价上游企业。由于下游企业可以看成是上游企业的用户,因此通过下游企业来评价和选择与其业务相关的上游企业更直接、更客观,如此递推,即可对整个供应链的绩效进行有效地评价。为了能综合反映供应链上、下级节点企业之间的关系,这里引入满意度指标。

满意度指标是反映供应链上、下节点企业之间关系的绩效评价指标,即在一定时间内下游企业 $i$ 对其相邻上游企业 $j$ 的综合满意程度 $C_{ij}$。其表达式如下所示:

$$C_{ij} = \alpha_j \times 企业\ j\ 准时交货率 + \beta_j \times 企业\ j\ 成本利润率 + \lambda_j \times 企业\ j\ 产品质量合格率$$

式中, $\alpha_j$、$\beta_j$、$\lambda_j$ 为权数, $\alpha_j + \beta_j + \lambda_j = 1$

满意度指标包括以下因素:

1. 准时交货率

准时交货率是指在一定时期内上游企业准时交货的次数占其总交货次数的百分比。上游企业准时交货率低,说明其协作配套的生产(服务)能力达不到要求,或对生产(服务)过程的组织管理能力跟不上供应链运行的要求,反之,则说明其生产(服务)能力强,生产(服务)管理水平高。

2. 成本利润率

成本利润率是指单位产品(服务)净利润占单位产品(服务)总成本的百分比。成本利润率越高,说明企业的盈利能力越强,综合管理水平越高。

3. 产品质量合格率

产品质量合格率是指质量合格的产品数量占产品总产量的百分比,它反映上游企业提供货物的质量水平。质量不合格的产品数量越多,则产品质量合格率就越

低,说明上游企业提供产品的质量不稳定或质量差,上游企业必须承担对不合格的产品进行返修或报废的损失,这样就增加了上游企业的总成本,降低了其成本利润率。因此,产品质量合格率指标与产品成本利润率指标密切相关。同样,产品质量合格率指标也与准时交货率密切相关,因为产品质量合格率越低,就会使得产品的返修工作量加大,必然会延长产品的交货期,使得准时交货率降低。

在满意度指标中,权数的取值可随着下游企业的不同而不同,但是对于同一个下游企业,在计算与其相邻的所有上游企业的满意度指标时,其权数均取相同值,这样,通过满意度指标就能评价不同上游企业的运营绩效,以及这些不同的运营绩效对下游企业的影响。满意度指标值低,说明该上游企业运营绩效差,生产能力和管理水平都比较低,并已影响了下游企业的正常运营,从而影响整个供应链的正常运营。因此,对满意度指标值较低的上游企业的管理应作为管理的重点,要么进行全面整改,要么重新选择合作企业。在整个供应链中,若每级节点企业满意度指标的权数都取相同值,则得出的满意度指标可以反映整个下游企业对其相邻的整个上游企业的满意程度。同样,对于满意度指标值低的上游企业就应当进行调整或更换。

### 三、供应链经济效益评价指标

供应链经济效益评价可采用传统关键性的财务评价指标,如:销售利润率、可比产品成本降低率、存货周转率、应收账款周转率、总产值增长率、利润增长率等,各指标的含义均很明显,应用也很广泛。需要说明的是,对企业经济效益的评价应从收益性、安全性、流动性、成长性四个方面全面衡量;另外应从企业的远景目标和发展战略出发选取关键性的财务评价指标,并注意与其他层次评价指标间的相容性,避免相互间的冗余、冲突。

### 四、供应链创新与学习能力评价指标

在竞争越来越激烈的全球性经济环境中,对企业供应链创新与学习能力的评价显得越来越重要,以往的绩效评价中很少注意这一方面。供应链创新与学习能力是企业核心竞争力的具体表现之一,亦是企业长盛不衰、长足进步的根本保证。

1. 智力资本比率

智力资本比率是指企业供应链总资产中无形资产和人力资源价值所占的比重。智力资本比率指标可在一定程度上反映企业是否重视智力资本以及智力资本对其生产经营活动的作用大小,在一定程度上是企业在新经济条件下能否适应市场,在竞争中求得生存、发展的能力体现。

2. 新产品(服务)收入比率

新产品(服务)收入比率是指企业或供应链在一定时期内由于提供新型产品或服务所获得的收入占总收入的百分比。该指标反映的是企业的产品(服务)研发能

力和对新产品（服务）的综合营销能力，新产品（服务）收入比率指标值越大，说明企业或供应链的新产品（服务）设计、开发能力越强，对新产品（服务）的综合营销能力越强。

3. 雇员建议增长率

雇员建议增长率是指一定时期内企业或供应链的雇员提交的合理化建议数量与上一评价期相比的增长率。该指标值越高，说明企业内民主管理意识高、员工的参与意识强。从一定程度而言，雇员建议增长率指标也是企业或供应链管理活力强弱的具体体现之一。

## 第三节 供应链管理绩效评价方法

### 一、标杆法

标杆法（Benchmarking）是美国施乐（Xerox）公司确立的经营分析方法，用来定量分析和比较自己公司的现状与其他公司的现状，将那些出类拔萃的企业作为测定标准，以它们为学习的对象，迎头赶上，并进而超之。在现代企业管理方法体系中，标杆法得到了越来越多的应用，广泛应用于建立绩效标准、设计绩效过程、确定度量方法及管理目标上。

标杆法也称基准分析法，是指以那些出类拔萃的企业作为基准，将本企业的产品、服务和管理措施等方面的实际状况与这些基准进行定量评价和比较，分析这些基准企业的绩效达到优秀水平的原因，在此基础上选取改进的最优策略。具体而言，标杆法是将本企业经营的各方面状况和环节与竞争对手或行业内外一流的企业进行对照分析，是一种评价自身企业和研究其他组织的手段，是将外部企业的持久业绩作为自身企业的内部发展目标并将外界的最佳做法移植到本企业经营环节中的一种方法。

标杆法除要求测量相对较好企业的绩效外，还要发现这些优秀公司是如何取得这些成就的，利用这些信息作为制定企业绩效目标、战略和行动计划的基准。标杆法也并不总是一定要与竞争对手比较，有些企业也经常与非竞争对手比较。作为一种信息来源，特别是在建立标杆过程中与不同企业（如供应商）的功能活动相同时，从合作伙伴获得标杆信息往往比从竞争对手那里更容易。

1. 标杆的种类

（1）战略性标杆

战略性标杆即将一个企业的战略与其他企业的战略进行比较，例如市场战略与其他企业的市场战略进行比较。战略性标杆通常包括如下几个方面的问题。

① 竞争对手强调什么样的市场？

② 什么是竞争对手的市场战略？
③ 支持竞争对手市场战略的资源水平如何？
④ 竞争对手的竞争优势集中于哪些方面？

(2) 操作性标杆

操作性标杆以职能性活动的各个方面为重点，找出有效的方法，以便在各个职能上都能取得最好成绩。为了解决主要矛盾，一般选择对标杆职能有重要影响的有关职能和活动，以便使企业能够获得最大的收益。

(3) 支持活动性标杆

企业内的支持功能应该显示出比竞争对手更好的成本效益，通过支持活动性标杆控制内部间接费用和防止费用的上升。

2. 标杆管理的原则

标杆管理涉及诸多影响因素，所以在执行时应遵循以下几点原则：

(1) 设定具体标杆目标，全方位、全过程、多层面进行标杆管理

标杆管理的应用范围很广，从策略规划到质量活动，都可以利用标杆管理方式，企业在运用时，一方面要全方位、全过程、多层面进行标杆管理，另一方面要将具体目标界定清楚。需先检查所有的作业流程，检查与顾客期望是否有差距，而后选定最迫切需要改善的项目进行标杆管理。

(2) 挑选最佳的标杆对象

最佳的标杆对象可能是特定产业、竞争者、不同产业中的佼佼者、熟悉的供应商，甚至关系企业等，只要有卓越的地方就可以成为标杆，企业在某一方面的标杆对象可能是一个，但就企业总体而言，标杆对象则可能是多个，只要是最佳的，不论局部还是整体都可作为标杆对象。美国的福特汽车公司选择日本的本田公司作为标杆进行管理，虽然本田公司的规模不及福特，但工作效率高于福特。

(3) 有效收集标杆信息

选定标杆对象后，应多阅读相关资料，然后进行实地考察，期待能网罗所有信息，以及结果的评价。标准管理的成功依赖于细致的、准确的数据和信息处理，这是整个标杆实施过程的一个重要组成部分。

(4) 不断发掘问题，追踪标杆对象，持续标杆管理，勇于创新进取

找出和标杆对象的差异，并从中归纳各种阻碍企业进步的关键影响因素，然后拟定详细的规划步骤并付诸实施。企业应将标杆作为一项制度固定下来。不断发掘问题，追踪标杆对象，持续进行标杆管理，勇于创新进取是标杆管理的精髓。

3. 标杆管理的实施步骤

(1) 明确标杆内容

标杆管理的第一步是从改进和提高绩效的角度出发，明确本企业或本部门的任务是什么，这些任务实际上是企业成功的关键因素，它是标杆管理首先考虑的目标。

接着应对这些目标进行具体分解,以便易于进行诸如成本等问题的量化分析和检查,最后确定标杆管理的具体内容,可以采用因果分析法,针对各项任务,提出问题、分析原因,将企业面临的问题、挑战和机遇作为主要内容。关键是深刻理解,正确地把握影响企业成功的问题和症结所在。这些问题和症结才是主要内容。

(2) 选择标杆企业(部门)

选择标杆企业(部门)应遵循两个原则:一是应具有卓越的业绩与经济效益,就是行业中具有最佳实践的领先企业;二是标杆企业(部门)应与本企业或本部门有相似的特点。选择标杆,可以在同行中选择有潜力的企业,也可以在跨行业企业中相近的部门选择,还可以在企业内部相似的部门选择,选择的标准具有可比性,不要遗漏任何一个极有可能在管理实践中绩效优秀的企业或部门。

(3) 收集资料和数据

资料和数据是开展标杆活动的基础,资料和数据可分为两大类:一类是标杆企业的资料和数据,主要包括标杆企业的绩效数据,以及它们的最佳实践,即标杆企业优良的绩效管理方法、措施和管理诀窍。这类数据资料是标杆的基准,也是学习和追求的目标。另一类资料数据是针对开展标杆管理活动的企业或部门,反映他们目前的绩效及管理现状。

作为基准的资料数据可以来自单个的标杆企业或部门,也可以来自行业、全国乃至全球的某些样本。通过同这类数据的比较,可以了解企业(部门)在行业及国内外、同行中所处的相对位置,明确努力方向。

资料数据的来源主要有:政府统计部门、资讯部门、各种协会、顾客、在标杆企业工作过的雇员等。通过访问、座谈、问卷调查及实地考察等方法获取。

(4) 分析差距

对收集的数据进行分析比较,即可找出本企业与目标企业在绩效水平上的差距,以及在管理措施和方法上的差异。

(5) 制定绩效目标

在分析差距的基础上,可确定追赶绩效目标,明确应该学习的标杆企业的最佳实践。在制定绩效目标时,必须考虑以下四个方面的客观条件的差异:

① 经营规模的差异及由于规模经济而造成的效率差异。

② 管理哲学及管理观念上的不同,例如:对经营职能的集权程度、资源分享程度以及内部控制程度的不同观点。

③ 产品特性及生产过程的差异。

④ 经营环境中存在的不同条件。

(6) 综合与交流

将上述步骤1~5中取得的各项进展同全体员工反复交流、征询意见,并将标杆管理所要达到的目标前景向全体职员通报。根据全体职员的意见,修正已制定的绩

效目标,改进计划方案。全体职员的目标一致,行动一致,这是标杆管理活动最终能否成功的关键。其主要内容包括:

① 制定具体的行动方案。对包括计划、安排、实施方法和技术以及阶段性的成绩评估等制订出一整套行动方案。

② 专人负责,专家指导。标杆管理工作应有专门的人员负责,必要时可聘用标杆管理专家进行指导。除专职人员外,与标杆管理内容密切相关的人员需要参与。

③ 标杆管理方法的连续进行。前一次标杆管理工作完成之后,要及时总结,并对新的情况、新的发现进行进一步的分析,提出新的基准目标,以便进行下一轮的标杆管理,这样可以使企业始终保持不断变化和进取的态势。

(7) 标杆管理的成熟运用

标杆管理活动成功开展以后,应被作为企业经营的一项职能活动融入到日常工作中去。标杆管理活动最终成果应具备以下两个特点:

① 企业标杆管理应获得同领先企业相同甚至超越领先企业的竞争实力。

② 单独进行的各项标杆管理活动应融合到企业日常经营活动中。

## 二、专家定性判断法

专家定性判断法是凭借专家个人定性判断,评价供应链绩效的一种主观评价方法。该方法一般通过选择和推荐,由专家寄出评语的方式进行。该判断法的评价等级通常分为一、二、三(或甲、乙、丙)三级,等级的区分通过评语措辞上的差异体现出来,例如在核心企业竞争力方面,"极强"表示一级,"强"表示二级,"一般"表示三级。专家定性判断法的优点是简便易行,无烦琐的计算和公式推导;缺点是人为性大,容易受到各种主观因素(如情感、态度等)的干扰,精确度不高。

在评价过程中,专家的评语一般依据某一预先制定的评价标准给出,如果有2、3项(或2、3项以上)达到一级标准,则可认定绩效为一级水平;如果有2、3项(或2、3项以上)达到二级或二级以上标准,则可认定绩效为二级水平;如果有2、3项(或2、3项以上)达到三级或三级以上标准,则可认定绩效为三级水平;如果分别达到一、二、三级标准的项目总计不足2、3项,则可认定绩效比较糟糕,达不到等级水平。

## 三、综合评分法

综合评分法是最常用的一种绩效评价方法。其基本思想是:用评分来反映评委对各项指标的评价,通过数据的综合处理,用一个量化的结果来表达评价的结论。采用综合评分法评价供应链绩效通常包括4个步骤:

(1) 确定评价指标和评价等级。评价指标的确定已在前面做了介绍,而综合评分法的评价等级一般分为优、良、中、差、劣5个级别,其划分的依据是某一预先制定的评价标准。等级的区分是通过不同的分值来体现的,分值常有小数制、十分制和百分制三种计分形式(如表 10-2 所示),其中百分制评分的范围较宽,能够区分同一等级内部的细微差别,因而使用较普遍。

表 10-2 评价等级的分值

| 计分制＼等级 | 优 | 良 | 中 | 差 | 劣 |
| --- | --- | --- | --- | --- | --- |
| 小数制 | 0.8~1.0 | 0.6~0.8 | 0.4~0.6 | 0.2~0.4 | 0~0.2 |
| 十分制 | 8~10 | 6~8 | 4~6 | 2~4 | 0~2 |
| 百分制 | 80~100 | 60~80 | 40~60 | 20~40 | 0~20 |

(2) 给各项评价指标打分。每个评委根据评价标准对每一项评价指标给出一个具体的分值。

(3) 计算总分。根据各项评价指标的评分值,运用数据统计方法计算出总分。数据统计方法很多,经常采用的主要有:

① 相加,即将各项评价指标的评分值相加,得出总分;

② 相乘,即将各项评价指标的评分值相乘,得出总分;

③ 加乘混合,即先将各项评价指标按其地位进行分组,再分别将每组内各指标的评分值相加求和,然后将各组的和相乘求总分;

④ 加权相加,即先将每一评价指标的评分值与该指标所对应的权重相乘,得出各指标的加权评分值,再将这些加权评分值相加,得出总分;

⑤ 加权相加与相乘混合,即先将特别重要的评价指标的评分值相乘,得出乘法因子,再将该乘法因子与其余评价指标的评分值的加权相加结果相乘,得出总分。

当然,上述 5 种数据统计方法各有优点和局限性,在具体操作时应结合实际情况合理地进行选择。

(4) 计算评委会的评分。计算每一位评委的绩效评价总分,再计算评委会的绩效评价综合评分。这个综合评分是一个量化的结果,是评委会所做的绩效总体评价。综合评分值越高,绩效就越好。

## 第四节 供应链激励机制

### 一、建立供应链企业激励机制的必要性

为什么要建立供应链企业的激励机制?要回答这个问题,不妨从一个实际例子谈起。某一大型汽车制造商为了促进其生产的汽车在市场上的销售,向分销商提出了一个促销的激励措施。公司规定,只要经销商的销售额达到一定数额,年底时制

造商将付给经销商一笔奖励资金。同时,为了帮助经销商,制造商出面与银行签订分期付款的协议。此举推行下去之后,曾出现一阵销售热潮,库存量明显下降。但是,到年底一算账,制造商才发现有问题。原来,经销商为了扩大销售业绩,纷纷下调价格出售汽车。结果,汽车卖出去不少,经销商也得到了实惠,但是制造商则损失惨重。制造商不得不承受低价销售的损失,使本来就步履艰难的生产经营活动更加雪上加霜。于是,制造商不得不检讨该项措施的失误,第二年重新制定新的促销战略。

这个例子说明,制造商的出发点是激励经销商多卖汽车,希望在给自己带来效益的同时,经销商也能获得一定利益。但是,事与愿违,此激励措施不但没有发挥正常作用,反而给企业造成一定的损失。

导致出现这种情况的原因当然是多种多样的,其中之一就是在实现委托—代理过程中的风险。委托—代理过程中的风险有多种表现形式,其中最为常见的是不完全信息下决策的风险、代理人的道德风险等。供应链企业间的关系实际上是一种委托—代理关系。事实上就是居于信息优势与处于信息劣势的市场参加者之间的相互关系。由于信息非对称现象在经济活动中相当普遍,而许多经济合同又都是在信息非对称条件下执行的,就难免出现道德风险问题。而且,建立委托—代理关系后,委托人无法观察到代理人的某些私有信息,特别是代理人的努力程度方面的信息,在这种情况下,代理人可能会利用其私有信息采取某些损害委托人利益的行动(如上面列举的汽车经销商的例子)。为了克服道德风险带来的危害,委托—代理理论普遍发展了以合作和分担风险概念为中心的信息激励机制理论。

对于委托人来讲,只有使代理人行动效用最大化,才能使其自身利益最大化。然而,要使代理人采取效用最大化行动,必须对代理人的工作进行有效的激励。因此,委托人与代理人,即制造商和供应商或制造商和经销商之间的利益协调关系,就转化为信息激励机制的设计问题。所以说,如何设计出对供应链上的各个节点企业的激励机制,对保证供应链的整体利益是非常重要的。

## 二、供应链激励机制的内容

从供应链的委托—代理特征去理解,激励就是委托人拥有一个希望能够达到的价值标准或一项目标,并制定相应的规则,以便其他市场参与者(代理人)都能够使利己行为的最后结果与委托人给出的标准一致。换一种说法,激励就是委托人如何使代理人在选择或不选择委托人标准或目标时,从自身利益效用最大化出发,自愿或不得不选择与委托人标准或目标一致的行动。供应链激励机制的内容包括激励的主体与客体、激励的目标和激励的手段。

1. 激励主体与客体

激励主体是指激励者,激励客体是指被激励者,即激励对象。激励的主体从最初的业主转换到管理者、上级,到今天已经抽象为委托人。相应地,激励的客体从最初针对蓝领的工人阶层转换到白领的职员阶层,以及今天的代理人。供应链管理中的激励对象(激励的客体)主要指其成员企业,如上游的供应商企业、下游的分销商企业等,也包括每个企业内部的管理人员和员工。在这里主要讨论对以代理人为特征的供应链企业的激励,或对代理人的激励。因此,供应链管理环境下的激励主体与客体主要涉及以下几组:

(1) 核心企业对成员企业的激励;
(2) 制造商(下游企业)对供应商(上游企业)的激励;
(3) 制造商(上游企业)对销售商(下游企业)的激励;
(4) 供应链对成员企业的激励;
(5) 成员企业对供应链的激励。

2. 激励目标

激励目标主要是通过某些激励手段,调动委托人和代理人的积极性,兼顾合作双方的共同利益,消除由于信息不对称和败德行为带来的风险,使供应链的运作更加顺畅,实现供应链企业共赢的目标。

3. 激励手段

供应链管理模式下的激励手段有多种多样。从激励理论的角度来理解的话,主要就是正激励和负激励两大类。

正激励和负激励是一种广义范围内的划分。正激励是指一般意义上的正向强化正向激励,是鼓励人们采取某种行为;而负激励则是指一般意义上的负强化,是一种约束、一种惩罚,阻止人们采取某种行为。

一般而言,有以下几种激励模式可供参考:

(1) 价格激励。在供应链环境下,各个企业在战略上是相互合作关系,但是各个企业的利益都不能被忽视。供应链的各个企业间的利益分配主要体现在价格上。价格包含了供应链利润在所有企业间的分配、供应链优化而产生的额外收益或损失在所有企业间的均衡。供应链优化所产生的额外收益或损失大多数时候是在相应的企业里承担,但是在许多时候并不能辨别相应对象或者相应对象错位,因而必须对额外收益或损失进行均衡,这个均衡通过价格来反映。

价格对企业的激励是显然的。高价格能增强企业的积极性,不合理的低价会挫伤企业的积极性。供应链利润的合理分配有利于供应链企业间合作的稳定和运行的顺畅。

但是,价格激励本身也隐含着一定风险,这就是逆向选择问题。即制造商在挑选供应商时,由于过分强调低价格的谈判,他们往往选中报价较低的企业,而将一些整体水平较好的企业排除在外。其结果影响了产品的质量、交货期等。当然,看重眼前利益是导致这一现象的一个不可忽视的原因,但出现这种差供应商排挤好供应商的最根本的原因是：在签约前对供应商不了解，没意识到报价越低，意味着违约的风险越高。因此，使用价格激励机制时要谨慎，不可一味强调低价策略。

（2）订单激励。供应链获得更多的订单是一种极大的激励，在供应链内的企业也需要更多的订单激励。一般地说，一个制造商拥有多个供应商。多个供应商竞争来自制造商的订单，多的订单对供应商是一种激励。

（3）商誉激励。商誉来自于供应链内其他企业的评价和公众中的声誉，反映企业的社会地位（包括经济地位、政治地位和文化地位）。商誉是一个企业的无形资产，对于企业极其重要。企业应从长远发展的战略目标出发，提高企业对商业信誉重要性的认识，不断提高信守合同、依法经营的市场经济意识。整个社会也要逐渐形成一个激励企业提高信誉的环境。

（4）信息激励。在信息时代里，信息对企业意味着生存。企业获得更多的信息意味着企业拥有更多的机会、更多的资源。信息对供应链的激励实质属于一种间接的激励模式，但是它的激励作用不可低估。在供应链企业群体中利用信息技术建立起信息共享机制，能够使企业快捷地获得合作企业的需求信息，能够主动采取措施提供优质服务，从而大大提高合作方的满意度。因此，企业在新的信息不断产生的条件下，始终保持着了解信息的欲望，应更加关注合作双方的运行状况，不断探求解决新问题的方法，这样就达到了对供应链企业激励的目的。

信息激励机制的提出，也在某种程度上克服了由于信息不对称而使供应链中的企业相互猜忌的弊端，消除了由此带来的风险。

（5）淘汰激励。淘汰激励是负激励的一种。优胜劣汰是世间事物生存的自然法则，供应链管理也不例外。为了使供应链的整体竞争力保持在一个较高的水平，供应链必须建立对成员企业的淘汰机制，同时供应链自身也面临淘汰。淘汰弱者是市场规律之一。保持淘汰对企业或供应链都是一种激励。对于优秀企业或供应链来讲，淘汰弱者使其获得更优秀的业绩；对于业绩较差者，为避免淘汰的危险使其上进。

淘汰激励是在供应链系统内形成一种危机激励的机制，让所有合作企业都有一种危机感。这样一来，企业为了能在供应链管理体系中获得群体优势的同时自己也得到发展，就必须承担一定的责任和义务，对自己承担的供货任务，从成本、质量、交货期等负有全方位的责任。危机感可以从另一个角度激发企业发展。

（6）新产品/新技术的共同开发。新产品/新技术的共同开发和共同投资也是一种激励机制，它可以让供应商全面掌握新产品的开发信息，有利于新技术在供应链企业中的扩散和开拓供应商的市场。

供应链管理实施好的企业，将供应商、经销商甚至用户都结合到产品的研究开发工作中来，按照团队的工作方式展开全面合作。在这种环境下，合作企业也成为整个产品开发中的一分子，其成败不仅影响制造商，而且也影响供应商及经销商。

因此，每个人都会关心产品的开发工作，这就形成了一种激励机制，构成对供应链上企业的激励作用。

(7) 组织激励。一个良好组织的供应链对供应链及供应链内的企业都是一种激励。减少供应商的数量，并与主要的供应商和经销商保持长期稳定的合作关系是制造商采取组织激励的主要措施。如果不能从组织上保证供应链管理系统的运行环境，供应链的绩效也会受到影响。

### 三、供应链协议

供应链激励需要一个好的规则来评判好与坏。供应链协议（Supply Chain Protocol，SCP）充当了这一角色。供应链协议将供应链管理工作进行程序化、标准化和规范化，为供应链绩效评价和激励的实现提供了一个平台。

供应链协议是将供应链管理工作进行程序化、标准化和规范化的协定。供应链协议为激励目标的确立、供应链绩效测评和激励方式的确定提供基本依据。激励目标要与激励对象的需要相联系，同时也要反映激励主体的意图和符合供应链协议。激励方式视绩效评价结果和激励对象的需要具体而定。

供应链的运作以快速、高效、敏捷等特点而显示出竞争优势，兼容了许多先进管理方法如 JIT（准时制生产）、MRPⅡ（制造资源计划）、CIMS（计算机集成制造系统）、FMS（柔性制造系统）等的优点。但是，供应链在运作时存在着安全性、法律法规、协商时间、供应链优化、主动性限制、供应链淘汰机制等现实问题。这些问题的存在，制约了供应链功能的发挥。针对这几个根本性问题，相应地提出供应链协议，以规范对供应链运作的管理。供应链协议是根据供应链产品生产模式的特点，结合 GATT（《关税和贸易总协定》）、ISO 9000（国际标准化组织质量管理体系）、EDI（电子数据交换）、TCP/IP（网络通讯协议）等多方面知识，将供应链管理工作程序化、标准化和规范化，使供应链系统能有效控制、良好运作、充分发挥功能。简单地讲，供应链协议就是在一系列标准（供应链协议标准，简称 SCP 标准）支持下的拥有许多条目的文本（供应链协议文本，简称 SCP 文本），并且这些文本固化于一个网络系统（供应链协议网络系统，简称 SCPNET）中。供应链协议强调供应链的实用性和供应链管理的可操作性，重视完全信息化和快速响应的实现。

供应链协议的内容分为 3 个部分：

(1) 供应链协议文本（SCP 文本）：SCP 文本是供应链管理规范化、文本化、程序化的主体部分，包括 10 个部分：定义，语法规范，文本规范，供应链的组建和撤销，企业加入供应链条件、享受权利、应担风险以及应尽义务，供应关系的确立与解除，信息的传递、收集、共享与发布，供应、分销与生产的操作，资金结算和纠纷仲裁与责任追究。

(2) 供应链协议标准（SCP 标准）：SCP 标准包括产品标准、零配件标准、质量标准、标准合同、标准表(格)单(据)、标准指令、标准数据、标准文本以及 SCPNET 标准等。

(3) 供应链协议网络(SCPNET):SCPNET 分为硬件和软件两部分。硬件为:Internet/Intranet/Extranet、客户机、工作站、网管中心。软件为:数据库、网络系统、SCPNET 支撑软件。

在供应链协议环境下,企业以期货形式在 SCPNET 上发布订单(接受订单),寻求供应商(得到销售商)。在这种灵活机制下,保持企业的主动性,并将不能适应的企业从供应链上淘汰出局。企业以接受 SCP 文本某某条款的形式在供应链中运作,极大地减少加入、组建供应链所需花费的较长谈判时间。供应链通过网管中心来协调由于供应链的优化而带来的利益问题。网管中心一般设在核心企业,并由核心企业负责管理。在经济活动中,供应链由于有供应链协议的严格规定而实实在在地存在,并广泛地形成供应链与供应链间的竞争。

• 练习题 •

1. 请对供应链绩效评价与现行企业绩效评价进行比较。
2. 供应链绩效评价的内容有哪些?
3. 什么是标杆法?标杆法有哪些种类?
4. 供应链激励的目标是什么?可以通过哪些激励模式来实现供应链激励目标?

• 案例分析 •

案例一

# 美孚石油的标杆管理

商学院要培养人很多东西,其中核心的一个就是进取心。但在现实里面有一个很常见的问题,就是那些很杰出的企业和企业家该去模仿和学习谁呢?商学院的经典课程之一,就是标杆管理,课程的目的是教给你如何去找一个学习榜样,来保持自己的进取心,哪怕是很优秀的企业。下面讲的是世界上最好的企业——美孚石油公司是怎样找"师傅",来使自己从卓越到更卓越的。

美孚石油(Mobil)公司是世界上最著名的公司之一。在 1992 年,它的年收入就高达 670 亿美元,这比世界上大部分的国家的收入还高,真正是富可敌国。不过,美孚的进取心是很强的,还想做得更好。于是他们在 1992 年初做了一个调查,来试图发现自己的新空间。当时美孚公司询问了服务站的4 000位顾客什么对他们是重要的,结果发现:仅有20%的被调查者认为价格是最重要的。其余的80%想要3件同样的东西:一是快捷的服务,二是能提供帮助的友好员工,三是对他们的消费忠诚予以一些认可。

美孚把这三样东西简称为速度、微笑和安抚。美孚的管理层认为:论综合实力,美孚在石油企业里已经独步江湖了,但要把这3项指标拆开看,美国国内一定还有做得更好的其他企业。美孚于是组建了速度、微笑和安抚3个小组,去找速度最快、微笑最甜和回头客最多的标杆,以标杆为榜样改造美孚遍布全美的8 000个加油站。

经过一番认真地寻找,3个标杆都找到了。速度小组锁定了潘斯克(Penske)公司。世界上赛车运动的顶级赛事是一级方程式赛车,即F1赛车。但美国人不玩F1,它有自己的F1赛车,即"印地500汽车大赛"(Indy500)。而潘斯克公司就是给"印地500汽车大赛"提供加油服务的。在电视转播"印地500汽车大赛"时,观众都目睹到这样的景象:赛车风驰电掣般冲进加油站,潘斯克的加油员一拥而上,眨眼间赛车加满油绝尘而去。美孚的速度小组经过仔细观察,总结了潘斯克之所以能快速加油的绝招:这个团队身着统一的制服,分工细致,配合默契。而且潘斯克的成功,部分归功于电子头套耳机的使用,它使每个小组成员能及时地与同事联系。

于是,速度小组提出了几个有效的改革措施:首先是在加油站的外线上修建停靠点,设立快速通道,供紧急加油使用;加油站员工佩带耳机,形成一个团队,安全岛与便利店可以保持沟通,及时为顾客提供诸如汽水一类的商品;服务人员保持统一的制服,给顾客一个专业加油站的印象。"他们总把我们误认为是管理人员,因为我们看上去非常专业。"服务员阿尔比·达第茨说。

微笑小组锁定了丽嘉—卡尔顿酒店作为温馨服务的标杆。丽嘉—卡尔顿酒店号称全美最温馨的酒店,那里的服务人员总保持招牌般的甜蜜微笑,因此获得了不寻常的顾客满意度。美孚的微笑小组观察到,丽嘉—卡尔顿酒店对所有新员工进行了广泛的指导和培训,使员工们深深铭记:自己的使命就是照顾客人,使客人舒适。小组的斯威尼说:"丽嘉的确独一无二,因为我们在现场学习过程中实际上都变成了其中的一部分。在休息时,我准备帮助某位入住旅客提包。我实际上活在他们的信条中。这就是我们真正要应用到自己的业务中的东西,即那种在公司里,你能很好地服务你的客户而带来的自豪。那就是丽嘉真正给我们的魔力。在我们的服务站,没有任何理由可以解释为什么我们不能有同样的自豪,不能有与丽嘉—卡尔顿酒店一样的客户服务现象。"

微笑的标杆找到了。现在,用加油站服务生约翰的话说:"在顾客准备驶进的时候,我已经为他准备好了汽水和薯片,有时我在油泵旁边,准备好高级无铅汽油在那儿等着,他们都很高兴——因为你记住了他们的名字。"

全美公认的回头客大王是"家庭仓库"公司。安抚小组于是把它作为标杆。他们从"家庭仓库"公司学到:公司中最重要的人是直接与客户打交道的人。没有致力于工作的员工,你就不可能得到终身客户。这意味着要把时间和精力投入到如何雇佣和训练员工上。而过去在美孚公司,那些销售公司产品,与客户打交道的一线员工传统上通常被认为是公司里最无足轻重的人。

安抚小组的调查改变了美孚公司以往的观念,现在领导者认为自己的角色就是支持这些一线员工,使他们能够把出色的服务和微笑传递给公司的客户,传递到公司以外。

美孚在经过标杆管理之后,他们的顾客一到加油站,迎接他的是服务员真诚的微笑与问候。所有服务员都穿着整洁的制服,打着领带,配有电子头套耳机,以便能及时地将顾客的需求传递到便利店的出纳那里。希望得到快速服务的顾客可以开进站外的特设通道中,只需要几分钟,就可以完成洗车和收费的全部流程。这样做的结果是:加油站的平均年收入增长了10%。

资源来源:吴登丰.供应链管理.北京:电子工业出版社.2007.5

讨论题:

1. 结合案例说明标杆法的含义。
2. 美孚石油如何进行标杆管理?

**案例二**

本案例是关于3个供应商总运作成本的比较评价。总运作成本包括价格、质量、交货期等方面的要素。这个比较分析来源于一个意大利中等机械制造企业的供应链。

1. 案例背景

该企业生产的机器上有一种零件需要从供应链上的其他企业购进,年需求量为10 000件。有3个供应商可以提供该种零件,他们的价格不同,质量也有所不同。另外,这3个供应商的交货提前期、提前期的安全期及要求的采购批量均不同。详细的数据见表11-6。

表11-6 3个供应商的基本数据

| 供应商 | 价格/(元/件) | 合格率(%) | 提前期/周 | 提前期的安全期/周 | 采购批量/件 |
| --- | --- | --- | --- | --- | --- |
| A | 9.5 | 88 | 6 | 2 | 2 500 |
| B | 10.00 | 97 | 8 | 3 | 5 000 |
| C | 10.50 | 99 | 1 | 1 | 200 |

如果零件出现缺陷,需要进一步处理才能使用。每个有缺陷的零件处理成本为6元,主要是用于返工的费用。

为了比较分析评价的结果,共分3个级别评价供应成本和排名:

第一级:仅按零件价格排序;
第二级:按价格+质量水平排序;
第三级:按价格+质量水平+交货时间排序。

2. 供应商供货绩效及排序分析

首先按第一个级别即价格水平排序。排出的结果如下:

| 供应商 | 单位价格/(元/件) | 排名 |
| --- | --- | --- |
| A | 9.5 | 1 |
| B | 10.00 | 2 |
| C | 10.50 | 3 |

其次,按价格和质量成本的绩效排名。有缺陷零件的处理成本可根据不同供应商的零件质量水平来计算。排出的结果如下:

| 供应商 | 缺陷率(%) | 缺陷零件数量/(个/年) | 缺陷处理成本/元 | 质量成本/(元/件) | 总成本/(元/件) | 排名 |
| --- | --- | --- | --- | --- | --- | --- |
| A | 12 | 1 200.00 | 7 200.00 | 0.72 | 9.50+0.72=10.22 | 2 |
| B | 3 | 300.00 | 1 800.00 | 0.18 | 10.00+0.18=10.18 | 1 |
| C | 1 | 100.00 | 600.00 | 0.06 | 10.50+0.06=10.56 | 3 |

最后,综合考虑价格、质量和交货时间的因素,评价供应商的运作绩效。交货期长短的不同主要会导致库存成本的不同。主要考虑下列一些因素:交货提前期、提前期的安全期、允许的最小采购批量、考虑缺陷零件增加的安全量(补偿有缺陷零件的额外库存)。

该企业用下列方式计算考虑提前期和安全期的库存数量:

安全库存(SS) $= K \cdot s \cdot \sqrt{LT + LTS}$

式中:$K$——根据质量可靠性(95%)确定的系数,取 $K=1.64$;

$s$——标准偏差,在这里取 $s=80$,即每周的零件数量偏差为80件;

$LT$——交货提前期;

$LTS$——交货提前期的安全期。

下面以供应商A为例计算库存相关费用。给供应商A设定的安全库存为:

$$SS = 1.64 \times 80 \times \sqrt{6+2} = 371(件)$$

则库存物资的价值为:

$$371 \times 9.50 = 3\ 525(元)$$

供应商A要求的订货批量为2 500件,由订货批量引起的成本按下面的方法计算:

$$(2\,500/2) \times 9.50 = 11\,875.00(元)$$

用于预防有缺陷零件的成本是根据缺陷率和零件的总的库存价值计算的,即:
$$(3\,525.00 + 11\,875.00) \times 12\% = 1\,848.00(元)$$

综合以上结果,得到

| 供应商 | 提前期引起的库存价值/元 | 批量引起的库存价值/元 | 总库存价值/元 | 年缺陷零件造成的费用/元 | 实际总库存成本/元 |
|---|---|---|---|---|---|
| A | 3 525.00 | 11 875.00 | 15 400.00 | 1 848.00 | 17 248.00 |
| B | 4 352.00 | 25 000.00 | 29 532.00 | 881.00 | 30 233.00 |
| C | 1 377.00 | 1 050.00 | 2 427.00 | 24.00 | 2 451.00 |

与零件库存有关的维持费用,如库房租赁费、货物保险费等,按库存价值的25%计算(这个系数根据企业的不同而不同)。计算结果如下:

| 供应商 | 实际总库存价值/元 | 维持费用/元 | 单位零件成本/(元/件) |
|---|---|---|---|
| A | 17 248.00 | 4 312.00 | 0.43 |
| B | 30 233.00 | 7 558.00 | 0.76 |
| C | 2 451.00 | 613.00 | 0.06 |

那么,根据价格、质量成本、交货期的综合评价结果为:

| 供应商 | 价格/(元/件) | 质量成本/(元/件) | 交货期成本/(元/件) | 总成本/(元/件) | 排序 |
|---|---|---|---|---|---|
| A | 9.5 | 0.72 | 0.43 | 10.65 | 2 |
| B | 10.00 | 0.18 | 0.76 | 10.94 | 3 |
| C | 10.50 | 0.06 | 0.06 | 10.62 | 1 |

3. 结论

结论已经很明显。通过对三家供应商的供货运作绩效的综合评价,在价格、质量、交货时间及订货批量方面,供应商C最有优势,最后选择供应商C为供应链上的合作伙伴。

资源来源:林玲玲. 供应链管理(第2版). 北京:清华大学出版社. 2008,7

讨论题:

1. 案例中的供应商总运作成本包括哪些成本?
2. 从案例中我们可以看出,对供应商的绩效评价应注意什么?

· 实训项目 ·

## 供应链绩效评价指标体系的分析

● 实训目的

帮助学生更好地理解建立供应链绩效评价指标体系的原则,更好地理解供应链绩效评价指标体系中各项指标的含义,并能灵活运用。

● 实训任务

选取学生所熟悉的企业为调研对象,了解企业供应链绩效评价工作的具体情况和所采用的方法,分析企业用于供应链绩效评价的各项指标的运用,总结其成功的经验,发现其可以改善的地方,并帮助企业构建科学合理的供应链绩效评价指标体系。

● 实训过程组织

(1) 将学生分成若干个小组,每个小组有3~5个成员,确定组长,明确分工。
(2) 选择调查对象,针对不同的被调查企业研讨适用的调查方法和方式。
(3) 编写访谈提纲或调查问卷,完成调查准备工作。
(4) 实地进行调查,做好调查记录。
(5) 以小组为单位撰写调查总结或报告,并制作PPT在课堂上进行交流和互评。

● 实训说明

(1) 每个小组可选择一家企业进行深入调查;也可以调查多家企业,从整体上进行概括,描述现状。
(2) 该实训任务在收集资料方面存在困难,而且对于各项供应链绩效评价指标的分析也具有一定的难度,因此,可通过多渠道收集资料和信息。
(3) 项目结果的评价可从调查内容的针对性、调查方法的可行性、调查报告或总结的完整性、PPT的制作情况及团队合作情况等方面进行。
(4) 该实训项目可与本书第二、四章实训项目合并进行。

# 第十一章　供应链业务流程重组

•学习目标•

1. 理解并掌握供应链业务流程重组的思想、内涵、内容和特点；
2. 掌握业务流程重组的工具和实施程序；
3. 理解并掌握供应链环境下的企业组织与业务流程模型及其与传统企业的区别；
4. 了解供应链管理的关键业务流程及其特征；
5. 掌握供应链环境下企业业务流程重组的原则和方法。

•引导案例•

## 从两个成功案例看业务流程重组

20世纪80年代初，福特像许多美国大企业一样由于面临着日本竞争对手的挑战，在想方设法削减管理费和各种行政开支。公司位于北美的应付账款部有500多名员工，负责审核并签发供应商供货账单的应付款项。按照传统观念，这么一家大型汽车公司，业务量如此庞大，有500多名员工处理应付账款是合乎情理的。当时曾有人设想利用电脑等设备，一定程度上提高办公自动化，提高20%的效率就很不错了。促使福特公司认真考虑"应付账款"工作的是日本马自达汽车公司。马自达公司是福特公司参股的一家公司，尽管规模远小于福特公司，但毕竟有一定的规模了。马自达公司负责应付账款工作的只有5个职员。5∶500，这个比例让福特公司经理再也无法泰然处之了。应付账款部本身只是负责核对"三证"，符则付，不符则查，查清再付，整个工作大体上是围着"三证"转，自动化也帮不了太大的忙。应付账款本身不是一个流程,但采购却是一个业务流程。思绪集中到流程上,重组的火花就渐渐产生了。重组后的业务流程完全改变了应付账款部的工作和应付账款部本身。现在应付账款部只有125人(仅为原来的25%),而且不再负责应付账款的付款授权,这意味着业务流程重组工程为福特公司的应付账款部门节约了75%的人力资源。

惠普公司在采购方面一贯是放权给下面的,各制造单位在采购上完全自主。因为它们最清楚自己需要什么,这种安排具有较强的灵活性,对于变化着的市场需求有较快的反应速度,但是对于总公司来说,这样可能损失采购时的数量折扣优惠。现在运用信息技术,惠普公司重建其采购流程,总公司与各制造单位使用一个共同的采购软件系统,各部门依然是订自己的货,但是必须使用标准采购系统。总部据此掌握全公司的需求状况,并派出采购部人员与供应商谈判,签订总合同。在执行合同时,各单位根据数据库,向供应商发出各自订单。这一流程重组的结果是惊人的,公司的发货及时率提高150%,交货期缩短50%,潜在顾客丢失率降低75%,并且由于折扣,使所购产品的成本也大为降低。

这些是世界性的业务流程重组(Business Process Reengineering,BPR)比较著名的例子。

## 第一节 业务流程重组(BPR)概述

### 一、BPR 的产生与概念

20 世纪 60~70 年代以来,信息技术革命使企业的经营环境和运作方式发生了很大的变化,而西方国家经济的长期低增长又使得市场竞争日益激烈,企业面临着严峻挑战。在这种背景下,结合美国企业为挑战来自日本、欧洲的威胁而展开的实际探索,1990 年,美国哈佛大学迈克尔·哈默(Michael Hammer)教授和 CSC 管理顾问公司董事长、管理专家詹姆斯·钱皮(James Champy)提出了业务流程重组(Business Process Reengineering,BPR)的概念。哈默和钱皮指出,200 多年来,人们一直遵循亚当·斯密(Adam Smith)的劳动分工的思想来建立和管理企业,即注重把工作分解为最简单和最基本的步骤;而目前应围绕"一种新生"的概念来建立和管理企业,即把工作任务重新组合到首尾一贯的工作流程中去。他们将 BPR 定义如下:"业务流程重组是对企业的业务流程做根本性的思考和彻底性的重组,其目的是使企业在成本、质量、服务和速度等体现业绩的重要方面取得显著的改善,能最大限度地适应以顾客、竞争、变革为特征的现代企业经营环境。"BPR 的基本思想就是必须彻底改变传统的工作方式,也就是彻底改变传统的自工业革命以来,按照分工原则把一项完整的工作分成不同部分、由各自相对独立的部门依次进行工作的工作方式。

BPR是在TQM(全面质量管理)、JIT(准时生产)、Workflow(工作流管理)、Workteam(团队管理)、标杆管理等一系列管理理论与实践全面展开并获得成功的基础上产生的。1993年,哈默博士与钱皮合著的《重组企业——管理革命宣言》出版后,在世界范围内掀起了管理模式变革高潮,业务流程重组运动引起了各国理论界和企业界的密切关注和极大兴趣,随即成为席卷欧美等国家的管理革命浪潮。美国的一些大公司,如IBM、科达、通用汽车、福特汽车等纷纷推行BPR,试图利用它发展壮大自己,实践证明,这些大企业实施BPR以后,取得了巨大成功。

## 二、BPR的思想与内涵

BPR强调以业务流程为改造对象和中心、以关心客户的需求和满意度为目标、对现有的业务流程进行根本的再思考和彻底的再设计,利用先进的制造技术、信息技术以及现代的管理手段,最大限度地实现技术上的功能集成和管理上的职能集成,以打破传统的职能型组织结构,建立全新的过程型组织结构,从而实现企业经营在成本、质量、服务和速度等方面的巨大改善。BPR的核心思想是要打破企业按职能设置部门的管理方式,代之以业务流程为中心,重新设计企业管理过程。

BPR的基本内涵就是以业务流程为中心,摆脱传统组织分工理论的束缚,提倡顾客导向、组织变通、员工授权及正确地运用信息技术,达到适应快速变动的环境的目的。该理论的核心是"流程"观点和"重组"观点。

第一,流程的观点。即集成从订单到交货或提供服务的一连串业务活动,使其建立在"超职能"的基础上,跨越不同职能与部门分界线来管理和重组业务流程。组成企业活动的要素是一件件业务,一项项作业,而非一个个部门。重新检查每一项作业活动,识别不具有价值增值的作业活动,将其剔除并将所有具有价值增值的业务活动重新组合,优化业务流程,缩短交货周期。

第二,重组的观点。即打破旧有管理规范,重组新的管理程序,以回归原点和从头做起等新观念和思考方式,获取管理理论的重大突破和管理方式的革命性变化。

## 三、BPR的核心内容

在BPR定义中,根本性、彻底性、戏剧性和业务流程成为备受关注的4个核心内容。

1. 根本性

根本性再思考表明业务流程重组所关注的是企业核心问题,如"我们为什么要做现在这项工作"、"我们为什么要采用这种方式来完成这项工作"、"为什么必须由我们而不是别人来做这份工作"等等。通过对这些企业运营中最根本性问题的思考,企业将会发现自己赖以生存或运营的商业假设是过时的,甚至是错误的。

### 2. 彻底性

彻底性再设计表明业务流程重组应对事物进行追根溯源。对自己已经存在的事物不是进行肤浅的改变或调整性修补完善,而是抛弃所有的陈规陋习,并且不需要考虑一切已规定好的结构与过程,创新完成工作的方法,重新构建企业业务流程,而不是改良、增强或调整。

### 3. 戏剧性

戏剧性改善表明业务流程重组追求的不是一般意义上的业绩提升或略有改善、稍有好转等,而是要使企业业绩有显著地增长、极大地飞跃和产生戏剧性变化,这也是流程重组工作的特点和取得成功的标志。

### 4. 业务流程

业务流程重组关注的要点是企业的业务流程,并围绕业务流程展开重组工作。业务流程是指一组共同为顾客创造价值而又相互关联的活动。哈佛商学院的迈克尔·波特(Michael Porter)教授将企业的业务流程描绘为一个价值链。竞争不是发生在企业与企业之间,而是发生在企业各自的价值链之间,只有对价值链的各个环节——业务流程进行有效管理的企业,才有可能真正获得市场上的竞争优势。

## 四、BPR 特点

BPR 提供了价值链流程优化的可行手段,它具有以下特点:

### 1. 以流程为导向

绝大部分企业是以任务、人力资源或结构为导向的。企业实施 BPR 就要打破传统的思维方式,以业务流程为中心实施改造,并注意如下原则:

(1) 将分散在功能部门的业务,整合成单一流程,以提高效率;

(2) 在可能的情况下,以并行业务取代顺序业务;

(3) 促进组织扁平化,以提高企业内的沟通效率。

### 2. 目标远大

BPR 要求的绩效提升不是 5% 或 10%,而是 70%~80%,甚至是 10 倍以上的效率,这是 BPR 与全面质量管理等现代管理技术的最大不同。宏伟的目标增加了 BPR 实施的难度和风险,使它成为一项复杂而长期的系统工程。

### 3. 打破常规

打破常规是 BPR 的一个本质特点。首先要从思想上破除劳动分工等一切传统的管理原则,建立新型的面向市场的管理体制。

### 4. 创造性地应用信息技术

信息技术是企业实施 BPR 的推动力。正是信息技术的发展与应用,使企业能够打破陈旧的制度,创建全新的管理模式,使远大的目标得以实现。信息技术的应用,确实改善了人们的工作条件,提高了工作效率。信息技术的真正能力不在于它使传统的工作方式更有效率,而在于它使企业打破了传统的工作规则,并创造新的工作方式。因此,BPR 不等于自动化,它关注的是如何利用信息技术实现全新的目标,完成从未做过的工作。

创造性地应用信息技术的目的,在于利用信息技术寻找增值的机会。业务流程重组并不是进行局部修补,而是要从根本上优化业务流程。面对复杂的业务流程,首先需要分解流程、描述和评估流程,之后分析确认流程缺陷。在流程缺陷分析过程中,主要就是寻找影响价值增值的关键点。根据流程中各个环节重要程度的大小,从大到小地进行重组,并及时评估重组后的流程。明确了流程缺陷,还需要进一步寻找弥补缺陷的技术。信息技术作为业务流程重组技术发展的外在动力,不仅使业务流程构造的价值链获得了增值的空间,而且,也不断暴露出信息技术自身的缺陷。可以认为,弥补信息技术缺陷的过程就是业务流程重组的过程。

从本质上讲,分析企业的基本特征和业务流程重组的关键成功因素,就是寻找信息技术缺陷的过程。企业的业务流程就是在寻找缺陷和消除缺陷的交替过程中,得到不断优化的。因此,业务流程重组应该是一个动态过程。对于这样一个动态系统不仅缺乏可参照的衡量标准,而且也缺乏有效的调控手段,出现了较高的失败率。

### 五、BPR 的工具

对于一个企业而言,BPR 是一个重大而复杂的系统工程,在项目实施过程中涉及多方面的活动和工作。参与企业信息化的成员在整个 BPR 过程中,不但应当知道如何进行 BPR、由谁来进行 BPR,而且还需要了解一些进行 BPR 的方法和工具。正确地运用 BPR 工具,可以更有效地对企业中的问题流程进行改造,将 BPR 各个阶段的工作有机地协调起来。

据统计,在 BPR 的实施中共有 25 种典型的方法、72 种技术和 102 种工具可以借鉴。这些方法的共同特点是将整个业务流程重组的实施划分成项目启动、准备、过程分析、过程重组(再设计)、重建与实施、评估等几个阶段,在不同的阶段可以采用不同的技术和工具。这些技术和工具往往并不是企业过程变化管理所特有的,许多来自其他领域,如信息系统领域、项目管理、战略管理、软件工程、人力资源管理等。

其中,如下几种常见的 BPR 工具最易被掌握,同时也最为业界所广泛接受,并且在行业多年的实施中取得了相当的成效。

1. 流程图

BPR 中,流程图是一个典型的工具。流程图能够简单明了地说明一个流程中包括哪些工作任务,以及这些任务环节之间的先后关系或并行关系,如图 11-1 所示。选定要改进的流程以后,绘制流程图是进行流程分析的第一步,它可以使企业各个环节、各个部门、各个阶层的人员都清楚地看到企业的运作是如何进行的。这一点非常重要,因为一个运作流程往往跨越企业的多个部门、多个环节,而处于不同部门、不同环节的人员往往对整个运作流程到底是如何进行的并不容易看得很清楚,或者会有不同的认识和理解。这也是流程运行中出了问题往往会导致各个环节、各个部门互相推诿的原因之一。绘制流程图,可以使大家清楚地看到整个运作流程的整体,从而统一认识,这将是改进流程的基础。

流程图工具的分析,可以帮助我们了解到"现在何处"(现状)以及"应在何处"(目标)的问题。

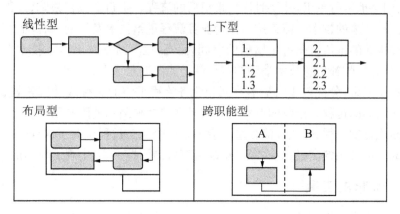

图 11-1 流程图模式

2. 五个为什么(5WHY)

在进行流程分析和改进时,我们可以针对当前流程提出如下的"为什么"(WHY?):

- 为什么要做?
- 为什么在这个时间和这个地点做?
- 为什么应该由此人来做?
- 为什么需要这么长时间?
- 为什么用这种方法实施?

如果有很充分、合理的理由回答上述这些问题,则一个流程是比较令人满意的;如果找不出充分的理由回答上述问题,则说明一个流程的现有运行方式存在问题。因此,通过不断地追问这些问题,可以帮助我们找到造成现状的原因。

这种方法称为"5WHY",但是这并不意味着只能问5个"为什么",而是表示一种对问题追根寻源的方法。

3. 因果图

如果流程中所存在问题的原因不是一目了然的,就需要通过一些工具找出这些原因。因果图(鱼骨图、鱼刺图)就是很有用的工具,它由日本的石川先生所建立,因此也叫石川图,如图11-2所示。

因果图用来分析产生变化(果)的各种可能的原因并追溯到问题的根源。"果"可以是你要解决的问题或要达到的目标产生变化的原因(因)。这些原因基本上来自六大方面：人员、机器设备、原料、方式方法、环境、测量。

当问题的各种可能的原因摆出并按以上六方面完成了分列，通过对每个原因的重要性和可控性分析，我们就可以清楚地看到促成当前问题的最为主要以及最应该优先得到解决的引发当前问题的原因，从而找到 BPR 的工作重点。

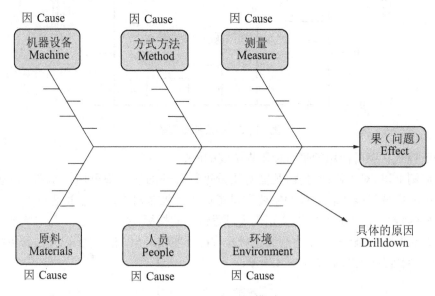

图 11-2　因果图模型

**4. 帕累托图**

帕累托图(或巴莱多分析图)是以 19 世纪一位意大利经济学家费尔南多·帕累托的名字命名的。他的分析认为，在多数情况下，数量和价值之间有一个大致固定的关系——通常呈 1 与 4 之比，这也就是著名的 80/20 法则的原形。帕累托图可以显示在用来衡量某一流程的特性中，哪些是问题的集中所在。

在帕累托图中，通过百分比累计曲线的辅助，我们很容易找到导致问题产生的主要原因，也就是需要重点解决的主要矛盾，如图 11-3 所示。在帕累托图的绘制中，切记要将每个原因类别的柱子按降序排列。

在找到问题所在、观察问题的现状，直到实施改进措施的过程中，需要通过数据来对当前问题的状况进行描述，并通过数据的手段不断追踪 BPR 实施后的成效，当发现异常时，数据分析将有助于改进流程实施的稳定性。这种方法就叫做统计过程控制(Statistical Process Control, SPC)。

**5. 控制图**

控制图是 SPC 中的基本工具，控制图又叫管理图，它是用于分析和判断工序是

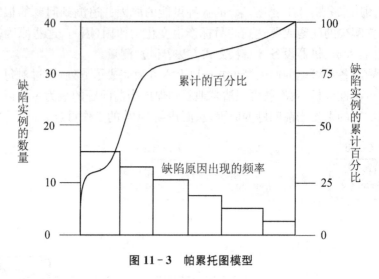

图 11-3 帕累托图模型

否处于控制状态所使用的带有控制界限线的图。

原则上讲,对于任何过程,凡需对质量进行管理的场合都可用控制图。在使用控制图时应选择能代表过程的主要质量指标作为控制对象。一个过程往往具有各种各样的特性,需要选择能够真正代表过程情况的指标。

控制图有三条线:一条中心线也就是均值用实线画出,上控制线 UCL 和下控制线 LCL 用虚线画出,如图 11-4 所示。

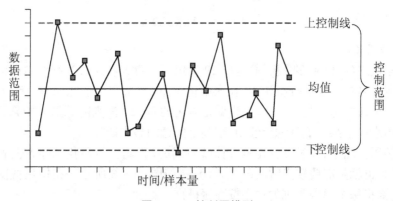

图 11-4 控制图模型

在用控制图做分析时,首先应该判断过程是否稳定。如果在控制图中点未出界,同时点的排列也是随机的,则认为生产过程处于稳定状态和控制状态。对于流程而言,控制图起着报警铃的作用,控制图点出界就好比报警铃响,告诉现在是应该进行查找原因、采取措施、防止再犯的时刻了。具体方法可以浓缩为"查出异因,采取措施,保证消除,不再出现,纳入标准"这 20 个字。每贯彻一次这个原则(即经过一次这样的循环)就消除一个异因,使它永不再出现,从而起到预防的作用。由于异因只有有限个,故经过有限次循环后,最终大致在过程中只存在偶因而不存在异因。这种状态称为统计控制状态或稳定状态,简称稳态。流程改进后进入的稳态也就是BPR要求达到的理想效果。

### 六、BPR的实施程序

企业"流程重组"就是重新设计和安排企业的整个生产、服务和经营过程,使之合理化。通过对企业原来生产经营过程的各个方面、每个环节进行全面的调查研究和细致分析,对其中不合理、不必要的环节进行彻底的变革。在具体实施过程中,可以按以下程序进行。

1. 对原有流程进行全面的功能和效率分析,发现其存在问题

根据企业现行的作业程序,绘制细致、明了的作业流程图。一般地说,原来的作业程序是与过去的市场需求、技术条件相适应的,并由一定的组织结构、作业规范作为其保证的。当市场需求、技术条件发生的变化使现有作业程序难以适应时,作业效率或组织结构的效能就会降低。因此,必须从以下方面分析现行作业流程的问题:

(1) 功能障碍:随着技术的发展,技术上具有不可分性的团队工作(TNE),个人可完成的工作额度就会发生变化,这就会使原来的作业流程或者支离破碎增加管理成本、或者核算单位太大造成权责利脱节,并会造成组织机构设计的不合理,形成企业发展的瓶颈。

(2) 重要性:不同的作业流程环节对企业的影响是不同的。随着市场的发展,顾客对产品、服务需求的变化,作业流程中的关键环节以及各环节的重要性也在变化。

(3) 可行性:根据市场、技术变化的特点及企业的现实情况,分清问题的轻重缓急,找出流程重组的切入点。为了对上述问题的认识更具有针对性,还必须深入现场,具体观测、分析现存作业流程的功能、制约因素以及表现的关键问题。

2. 设计新的流程改进方案,并进行评估

为了设计更加科学、合理的作业流程,必须群策群力、集思广益、鼓励创新。在设计新的流程改进方案时,可以考虑:

(1) 将现在的数项业务或工作组合,合并为一;
(2) 工作流程的各个步骤按其自然顺序进行;
(3) 给予职工参与决策的权力;
(4) 为同一种工作流程设置若干种进行方式;
(5) 工作应当超越组织的界限,在最适当的场所进行;
(6) 尽量减少检查、控制、调整等管理工作;
(7) 设置项目负责人。

对于提出的多个流程改进方案,还要从成本、效益、技术条件和风险程度等方面

进行评估,选取可行性强的方案。

3. 制定与流程改进方案相配套的组织结构、人力资源配置和业务规范等方面的改进规划,形成系统的企业重组方案

企业业务流程的实施,是以相应组织结构、人力资源配置方式、业务规范、沟通渠道甚至企业文化作为保证的。所以,只有以流程改进为核心形成系统的企业重组方案,才能达到预期的目的。

4. 组织实施与持续改善

实施企业重组方案,必然会触及原有的利益格局。因此,必须精心组织,谨慎推进。既要态度坚定,克服阻力,又要积极宣传,达成共识,以保证企业重组的顺利进行。

企业重组方案的实施并不意味着企业重组的终结。在社会发展日益加快的时代,企业总是不断面临新的挑战,这就需要对企业重组方案不断地进行改进,以适应新形势的需要。

## 第二节 供应链企业组织与业务流程

### 一、传统企业的组织结构与业务流程模型

1. 基于劳动职能分工的传统企业组织结构

现行企业的组织机构大都是基于职能部门的专业化模式。企业所实行的按职能专业化处理企业业务流程的管理模式,可以追溯到 200 多年前英国经济学家亚当·斯密(Adam Smith)在《国富论》中提出的劳动分工理论。亚当·斯密把零件制造过程分解为一道道简单工序。由于每道工序的工人都只从事相同内容的加工活动,因而大大提高了专业化程度和劳动效率,同时也降低了成本,对大量生产标准化产品的企业来说收效甚大。后来,美国的福特将这一理论进一步发挥,建成了世界上第一条流水生产线,极大地提高了汽车制造业的生产率,成为许多企业家争相模仿的典范。这种劳动分工的理论又被应用到企业管理的设计上,将企业管理划分成许多职能,形成了许多分工细致的职能部门,管理流程更加专业化。这一模式一直到现在都还占主导地位。

专业化分工之所以能够提高效率,在于通过分工使劳动者成为某一方面的专家,使处理某一问题的单位效率提高。虽然专业化分工有如此多的优点,但是在由人组成的管理系统中,系统的总效率并不等于单个人的效率的简单汇总。同时,为了便于控制,这种分工还具有权力平衡、制约作用。这种基于分工原则的权力平衡是为了将失误降到最低限度,因而在管理系统内某一方面的任务需要由几个部门的人一起完成,以这个过程来相互制约,使失误率降低。这种方式无疑是企业管理所

需要的,但也无疑降低了效率,特别是在现代信息社会中,在有大量的信息需要处理的情况下,一项工作花在检查、核对、协调上的时间大大增加,从而降低了由原来分工所带来的效率。

为了能保持对专业化分工后的职能部门进行有效管理、协调和控制,企业的组织是按等级制构成的,其典型的组织结构如图 11-5 所示。这种组织结构的特点是多职能部门、多层次、严格的等级制度,从最高管理者到最基层的员工形成了一个等级森严的"金字塔"型的组织体系。这种组织适合于稳定的环境、大规模的生产、以产品为导向的时代,它以各部门的简单重复劳动来赢得整个部门的效率。但其代价是整个工作时间的延长。一项业务要流经不同部门、不同层次,正如我们在前面已经讨论的那样,大量的时间和资金都浪费在这些不增值的活动中了。

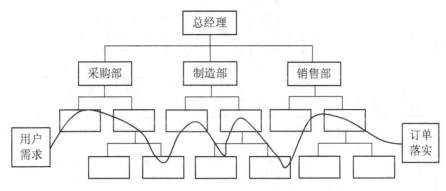

图 11-5 传统企业典型的"金字塔"型组织结构

2. 基于传统管理模式的企业业务流程模型

基于传统管理模式的企业间完成供需业务的流程模型如图 11-6 所示。为了便于问题的讨论,我们对企业间的业务流程模型做了一定程度的简化,着重研究企业经营中的某些典型业务,比较不同业务流程下的交货周期、生产成本及资源利用率等问题。

首先,考察企业从了解用户订货需求、接收用户订单直到形成生产计划这一阶段的业务流程。用户的需求信息,如提出某种订货,一般情况下都是通过电话、传真、信函或者直接派人洽谈将信息传递给企业。当然,也有些企业是自己通过市场预测和市场调查了解用户需求。这些订货需求信息,如品种、数量、交货期等先由企业的销售部门接受处理,签订好合同后,再按流程传递到生产管理部门。生产管理部门接到任务后,再制订生产计划、安排生产任务。如果仓库里有存货,则可直接发给用户。如果没有库存则要根据计划组织新的生产,经过加工、装配、包装、入库等一系列工序后,再将完工信息反馈给销售部门,最后发给用户。从这个简单模型可以看出,一笔业务要经过多个部门,而且在每个部门内还有多道工作,因此完成一项用户订货的周期不仅与生产周期有关,而且与整个流程的各个业务点上所消耗的时

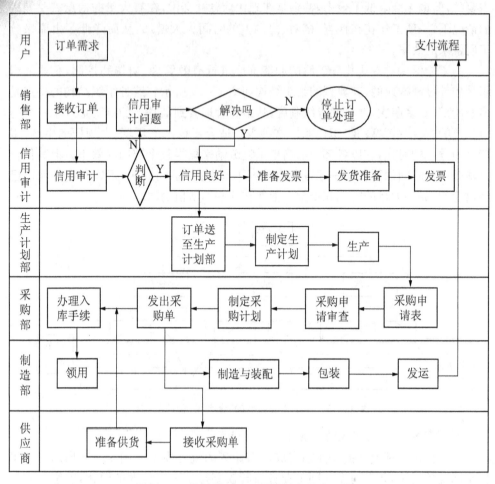

图 11-6 传统的跨企业供需业务的流程模型

间有关。

其次,考察制造企业和供应商之间的流程关系,着重考虑生产部门—物资供应部门—供应商—制造商这一阶段的工作绩效。在一般的情况下,现行的这一阶段的业务流程是:首先是生产管理部门根据销售部门传来的指令,制订生产计划并提出物料需求申请,然后交由物资供应部门审查并制定相应的采购供应计划,最后再由采购供应部门向供应商发出采购订单(原材料或配套的零部件)。供应商接到制造商的订货信息后,即组织物资供应。制造商接到供应商的货物后,进行验货和办理入库手续,然后再由制造部门按生产计划领料进行生产,最后再把完工产品发给用户。如果制造商有现有库存,则可直接从仓库中将货物发送给用户。在现有技术条件下,制造商与供应商之间的业务通讯手段主要是电话、传真、信函或直接派人出差,因而一般花费的时间较多,生产提前期较长。生产提前期长的结果之一是增加了生产与采购过程的不确定性,因此,在实际工作中,为了避免发生缺货情况,采购部门常采用扩大采购批量的方法增加安全系数。虽然安全性增加了,但企业也为此垫付了大量的流动资金,影响了企业的经济效益。

## 二、供应链环境下的企业组织与业务流程模型

1. 基于 BPR 的供应链企业组织结构

BPR 中有一个关键概念,也是有别于传统职能分工的地方,就在于对经营流程的定义。所谓经营流程,不是指个别业务部门的工作程序,而是指"输入一个以上的东西,对顾客产生价值的输出行为的集合",是对企业整体业务流程而言。BPR 对流程的定义,不仅要求在企业组织结构中减少、甚至消除那些不产生附加值的中间环节,以使一个经营流程完整化、一体化,更要求应以经营流程为企业组织的主干,彻底改造企业的组织结构模式。只有这样才能发挥出现代管理理论的威力。

基于 BPR 的企业组织应包括以下几个方面的内容:

(1) 企业应是流程型组织

将属于同一企业流程内的工作合并为一个整体,使流程内的步骤按自然的顺序进行,工作应是连续的而不是间断的。整个企业组织结构应以关键流程为主干,彻底打破旧的按职能分工的组织结构。

(2) 流程(经理)的作用

所谓流程经理就是管理一个完整流程的最高负责人。对流程经理而言,不仅要有激励、协调的作用,而且应有实际的工作安排、人员调动、奖惩的权力。这是有别于矩阵式组织结构中的项目经理的地方。项目经理的组织方式形式上与流程经理是一样的,由各个部门的人组成一个完整的流程,但他们只是这个项目的召集人,或者是一个协调者,没有实权,难以保证这个流程不受本位主义的干扰。

(3) 职能部门也应存在

虽说在同一流程中,不同领域的人相互沟通与了解能创造出新的机会,可同一领域的人之间的交流也很重要。而这种职能部门正好为同一职能、不同流程的人员提供了交流的机会。当然,在新的组织结构中,这种职能部门的重要性已退位于流程之后,不再占有主导地位,它更多地转变为激励、协调、培训等。

(4) 人力资源部门的重要性

在基于 BPR 的企业组织结构中,在信息技术的支持下,执行人员被授予更多的决策权,并且使多个工作汇总为一个,以提高效率。这对于人员的素质要求更高。因而在 BPR 条件下,人力资源的开发与应用则更显得重要。

(5) 现代信息技术的支持作用

BPR 本身就是"以信息技术使企业再生"。也正是由于现代信息技术使得多种工作汇总、迅速决策、信息快速传递、数据集成、共享成为可能,才推动 BPR、推动组

织创新,彻底打破原有模式。因而现代信息技术已成为新型企业的物理框架,对整个企业组织的各方面起着支持作用。

由以上几个方面得出的基于 BPR 的企业组织结构示意图如图 11-7 所示。

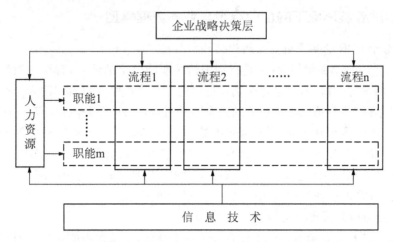

图 11-7　基于 BPR 的企业组织结构示意图

2. 基于供应链管理模式的企业业务流程模型

在供应链环境下,企业间的信息可以通过 Internet 传递,上、下游企业间的供需信息可以直接从不同企业的网站上获得。这样可以简化上游企业的业务流程,如图 11-8 所示。从图中可以看出,与一般情况下的企业与用户方的业务交往不同的是,处于供应链上的企业(如某供应商)不是被动地等待需求方(如用户或供应链下游的企业)提出订货要求再来安排生产,而是可以主动地通过 Internet 了解下游企业的需求信息,提前获取它们的零部件消耗速度,这样一来就可以主动安排好要投入生产的资源。在这种情况下,生产管理部门具有一定的主动权,销售部门不是生产部门的上游环节,而是和生产部门处于同一流程的并行环节上。在这种流程模式下,减少了信息流经的部门,因而减少了时间消耗。此外,由于流程环节少了,也减少了信息的失真。在本流程模型中,销售部门所获取的信息作为发货和资金结算的依据。

采用这种模式的企业提高了对需求方的响应速度,因此比潜在的竞争对手更有竞争力。由于可以对需求方提供及时、准确的服务,节省了需求方为向供应商发出订货信息而花费的人力和时间,因而大受下游企业的欢迎。在这方面已有成功的例子。美国一家为其他公司提供零部件的企业,为了增强竞争力,采取了通过 Internet 了解下游企业零部件消耗速度的方法,可以及时、准确掌握需求方对零部件的需要时间和数量,本企业在不必接到下游企业要货令的情况下,就能事先做好准备工作,并且及时生产出来,在需求方需要的时候已经出现在生产第一线,深受需求方企业的欢迎,更重要的是双方共同提高了竞争力。

供应链管理环境下的企业间完成供需业务的流程也同样发生了变化,如图 11-8 所示。制造商和供应商之间通过 Internet 实现信息共享,双方又已建成了战略合作伙伴关系,每个企业在整个供应链中承担不同的责任,完成各自的核心业务。

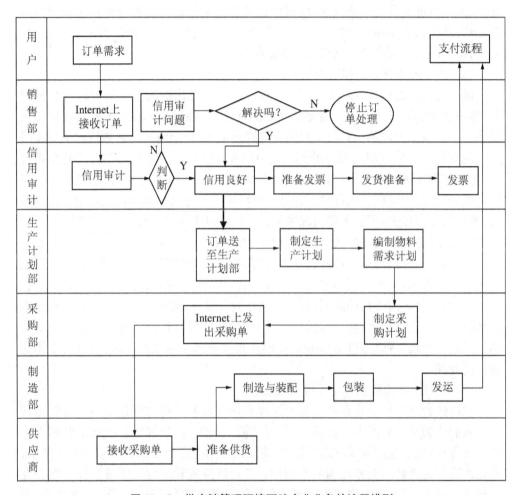

图 11-8 供应链管理环境下跨企业业务的流程模型

3. 供应链管理环境下的企业组织与业务流程的主要特征

(1) 制造商与供应商之间业务流程的变化

在供应链管理环境下,制造商与供应商、或者制造商与分销商之间一般要借助于 Internet 或 EDI 进行业务联系,由于实施了电子化商务交易,因此许多过去必须通过人工处理的业务环节,在信息技术的支持下变得更加简捷了,有的环节甚至不要了,从而引起业务流程的变化。例如,过去供应商企业总是在接到制造商的订货要求后,再进行生产准备等工作,等到零部件生产出来,已消耗很多的时间。这样一环一环地传递下去,导致产品生产周期很长。而在供应链管理环境下,合作企业间可以通过Internet方便地获得需求方生产进度的实时信息,从而可以主动地做好供应或出货工作。例如,供应商企业可以通过因特网了解提供给制造商配件的消耗情况,在库存量即将到达订货点时,就可以在没有接到制造商要货订单前主动做好准备工作,从而大大缩短供货周期。由于这种合作方式的出现,原来那些为处理订单而设置的部门、岗位和流程就可以考虑重新设计。

(2) 企业内部业务流程的变化

供应链管理的应用,提高了企业管理信息计算机化的程度。从国外成功经验看,实施供应链管理的企业一般都有良好的计算机辅助管理基础,不管其规模是大还是小。借助于先进的信息技术和供应链管理思想,企业内部的业务流程也发生了很大的变化。以生产部门和采购部门的业务流程关系为例,过去在人工处理条件下,生产管理人员制定出生产计划后,再由物资供应部门编制采购计划,还要经过层层审核,才能向供应商发出订单。这是一种顺序工作方式的典型代表。由于流程较长,流经的部门较多,因而不免出现脱节、停顿、反复等现象,导致一项业务要花费较多的时间才能完成。在供应链管理环境下,有一定的信息技术作为支持平台,数据可以实现共享,并且可以实现并行处理,因而使原有的顺序工作的方式有可能发生变化。举例来说,生产部门制定完生产计划后,采购供应部门就可以通过数据库读取计划内容,计算需要消耗的原材料、配套件的数量,迅速制定出采购计划。通过查询数据库的供应商档案,获得最佳的供应商信息,就可以迅速向有关厂家发出要货单。更进一步地,可以通过Internet或EDI直接将采购信息发布出去,直接由供应商接受处理。

(3) 支持业务流程的技术手段的变化

供应链管理环境下企业内部业务流程和外部业务流程的变化也不是偶然出现的。我们认为至少有两方面的原因。一是"横向一体化"管理思想改变了管理人员的思维方式,把企业的资源概念扩展了,更倾向于与企业外部的资源建立配置联系,因此加强了对企业间业务流程的紧密性;二是供应链管理促进了信息技术在企业管理中的应用,使并行工作成为可能。在信息技术比较落后的情况下,企业之间、或企业内部各部门之间的信息传递都要借助于纸质媒介,制约了并行处理的工作方式。即使能够复制多份文件发给不同部门,但一旦文件内容发生了变化则很难做到同步更新,难以保证信息的一致性。在这种落后的信息处理情况下,顺序处理就成了最可靠的工作方式。现在情况不同了。为了更好地发挥出供应链管理的潜力,人们开发了很多管理软件,借助于强大的数据库和网络系统,供应链企业可以快速交换各类信息,共享支持企业不同业务及其并行处理的相关数据库信息,为实现同步运作提供了可能。因此,实施了供应链管理的企业,其对内和对外的信息处理技术都发生了巨大变化，这一变化直接促使企业业务流程也不同程度地产生了变化。

### 三、供应链的关键业务流程

在一个企业中存在着大量的业务活动，而企业又处于一条产品供应链之中，这些业务活动在企业间进行连接和管理并形成业务流程，众多的供应链节点企业形成了一个交叉影响的业务流程网络，因此一个企业内部的业务活动将影响到其他企业的业务活动。例如生产商制造流程将对批发商的库存管理流程及零售商的销售流程产生影响，而最终，这些业务流程将影响到客户价值。企业间的业务流程是形成独特的供应链的基石，因此，成功的供应链一体化战略需要将业务流程整合为供应链的关键流程。

供应链的关键流程是供应链中核心企业关键流程的延伸，进行供应链流程集成首先要进行供应链中核心企业内的业务流程重组，通过对企业内部流程进行识别，并根据关键流程组成交叉功能小组。当核心企业的能力增长到足以影响这条供应链时，这些内部的关键流程将延伸到上游的供应商和下游的分销商成为供应链的关键流程。因此，采用不同战略的核心企业将采用不同的供应链关键流程。

供应链关键流程可定义为一组可以控制和评价的业务流程，这些业务流程为产品供应链特定的客户和市场带来特定的产品，它们是客户价值在供应链的具体体现。结合迈克尔·波特的价值链模型，可以将供应链业务流程分为关键流程和非关键流程，关键流程是供应链中对客户价值起决定性作用的流程。供应链管理对8个关键业务流程进行管理：客户关系管理、客户服务管理、需求管理、客户订单履行、生产流程管理、采购、产品开发与商业化、退货。此外，必须在供应链中实现产品流和信息流的连接。

#### 1. 客户关系管理

向一体化供应链管理迈进的第一步是识别出那些对组织的业务使命至关重要的关键客户或客户群，企业业务计划是这一识别过程的出发点。客户服务团队开发和实施与关键客户之间的伙伴计划，与这些关键客户共同建立体现绩效水平的产品和服务协议。通常需要对这些协议进行调整，以满足个别关键客户的需要。

新的客户关系能带来沟通的改善和对客户需求的更好预测，反过来，又实现客户服务水平的提升。客户服务团队与客户合作，以进一步找出和消除需求变动的根源。管理人员通过执行绩效评估来分析为客户提供的服务水平以及客户的赢利能力。

#### 2. 客户服务管理

客户服务管理提供了有关客户信息的单一来源，它成为管理产品和服务协议的关键接触点。通过和企业的生产及配送业务合作，客户服务向客户提供有关承诺的交货期和产品可供状况的实时信息。

管理供应链环境下的客户服务需要在线、实时的系统提供产品和报价信息,支持客户查询和方便下订单。售后服务也是一种需求。最后,客户服务技术小组必须能够在产品应用和建议方面为客户提供有效的帮助。

3. 需求管理

需求管理过程必须平衡客户的需求和企业的供应能力。需求管理的部分工作包括确定客户将会购买什么和在什么时候购买等问题。良好的需求管理系统采用POS数据和关键客户数据来减少不确定性,并提供整个供应链有效的信息流。

营销需求和生产计划必须在整个企业中协调一致。因此,在收到订单时,需要考虑多种供应源和生产排程的选择,从而使市场需求和生产计划在整个组织中得以协调。在非常先进的供应链管理系统中,通过实现客户需求和生产进度的同步化来进行全球库存管理。

库存要么是必需的,要么就是系统变动的结果。必需库存包括工厂里的在制品和从某地到另一地点的移动过程中的产品。定期检查库存管理系统导致了一定数量的库存。变动引起的库存是由于过程、供应和需求的变动而产生的。以不规律的订货方式为特征的客户需求,是变动的最大根源。客户订货具有变动性,需求管理就成为有效的供应链管理过程的关键。

4. 客户订单履行

有效供应链管理的另一个关键是满足或超越"客户需求的日期"。要有效地完成订单履行过程,需要集成企业的生产、配送和运输计划。为了满足客户需求和降低产品交货的总成本,企业应该和关键的供应链成员及承运人建立起伙伴关系,目标是建立一个从供应商到企业、然后到各个客户细分市场的完全无缝的过程。

5. 生产流程管理

通过供应链管理,根据客户需求拉动工厂。生产过程必须是柔性的,能够应对市场变化。这要求企业具备快速调整的能力,以适应大规模定制生产模式的需要。订单在准时制基础上,按最小批量进行处理。生产的优先次序受客户要求的交货日期所驱动。按大规模定制和小批量进行运作的关键之一,是管理人员必须把精力集中在将调整转换成本保持在非常低的水平。这可能要求流程重组、产品设计变更以及对产品先后顺序的关注。在3M公司,生产计划员和客户计划员协同工作,为每个客户细分市场制订策略。生产流程的改变带来更短的周期,意味着对客户需求反应能力的提高。

6. 采购

企业应该和供应商一起制订战略计划,以支持生产流程的管理过程和新产品的开发,根据供应商对组织的贡献和重要性,可以对供应商进行战略性的分类。在那些业务遍及全球的公司中,公司总部应该站在全球角度寻找供应源。

公司应和少数的核心供应商建立起长期的伙伴关系。让关键的供应商较早地参与到设计周期中来,能够大大地缩短产品的开发周期。获得供应商的早期输入,可以在设计完成之前就在工程技术、采购方面和供应商达成协调一致,从而缩短开发、供应时间。

采购职能开发了基于 Internet 的快速通信机制,迅速地传递需求信息。这些高效便捷的通信工具为减少花在采购交易上的时间和金钱提供了一种手段。

7. 产品开发与商业化

如果新产品是公司的生命力,那么产品开发就是公司新产品的生命力。客户和供应商应该被集成到产品开发过程中,以缩短产品上市的时间。随着产品生命周期的缩短,为了使组织保持竞争力,必须在更短的时间内开发和成功投放适当的新产品。负责产品开发和商业化流程的经理必须做到:与客户关系管理相协调,确认明确的或含糊的客户需求;与采购部门联合选择材料和供应商;针对产品/市场组合,开发有关生产技术,评估生产能力以及与最佳供应链流程的集成。

8. 退货

将退货渠道当做一个业务流程进行管理,为组织提供了一个与从发货的角度管理供应链相同的、获得可持续的竞争优势的机会。退货渠道的有效管理能够识别改进生产率的机会和突破性的项目。

总之,虽然个别企业所认定的具体的流程可能和这 8 个流程稍有不同,但这些流程可以应用于任何制造企业和那些使用类似流程推动供应链一体化的企业。而且,由于供应链的属性和其所处的外部环境不同,并不是每条供应链都拥有同样的 8 个关键流程,有的可能拥有一个关键流程。同样,不同供应链可能存在完全不同的关键流程。例如,有效性供应链的基本目标是以尽可能低的价格有效地供应,其关键流程主要是订单管理、生产管理、采购、产品开发等以产品生产为主的流程;而反应性供应链的基本目标是迅速对不可预见的需求做出反应,以使因产品脱销和存货过时所造成的损失最小化,其关键流程主要是客户关系管理、客户服务管理、需求管理等以服务为主的流程。

## 第三节 基于供应链管理的业务流程重组

### 一、概述

业务流程重组主要是为了提高企业内部效率,对企业内部的业务流程进行整合,优化企业内部的物流、信息流和资金流;供应链管理主要是重组企业外部资源,对企业和企业之间的业务流程进行整合,从整个供应链的角度对物流、信息流和资金流进行优化。如果从业务流程的角度看,供应链的业务流程实际上是节点企业业务流程的集成,在某种意义上也可以看成是核心企业业务流程的扩展;供应链的绩效在很大程度上取决于其业务流程的设计,就像企业的经营绩效在很大程度上取决于其业务流程的设计一样,因此供应链管理与业务流程重组的结合是必然的发展趋势。

正如迈克尔·默所说:20世纪90年代的特征就是企业内部的"墙"开始倒塌,面临改善经营绩效的紧迫任务,企业已经系统地打破内部职能部门之间以及处于不同地理位置的部门之间的分割界限。而未来10年中将要支配商业进程的下一件大事则是拆除企业之间的"墙",企业内部不同职能部门之间、不同地区部门之间的"墙"无论有多高多复杂,与公司之间的"墙",尤其是把公司与自己的供应商和客户分隔开来的"墙"相比,那也算是小巫见大巫了。企业之间的"墙"造成的后果与企业部门之间分隔彼此的"墙"造成的后果是同样的,即成本增加、时间延误、业务复杂化、存货积压等。这正是需要供应链管理解决的问题。

有一条很重要的原则在供应链重组时必须清楚:工作应当由那些处于最佳位置的人去做;这句温和的话语实际上是彻底革命的。在传统情况下,工作是由直接受益的人去做,或者是由每一个人重复地去做;在考虑一个大范围的供应链时,原则应当是:工作应当只做一次,不应重复去做,并且应当由处于最佳位置的人去做,而不管他是不是这一工作的直接受益者。供应链重组的基本前提是:如果你要改进整个系统,所有的人都请先退出去。供应链管理环境下的业务流程重组是从整条供应链的角度出发,为了适应竞争环境和最终客户的变化,对整条供应链的业务流程进行重新设计以求整条供应链管理的各项绩效取得显著改善。所以,新一轮重组的重点不是某个节点企业内部的业务流程,而是对整条供应链上所有节点企业业务流程的重组和集成,即要拆除企业之间的"墙"。实际上,每个节点企业的业务流程只是整个供应链业务流程的一部分,为了合并、简化和重新设计彼此之间的业务流程。每个节点企业的新任务就是要消除自己的界限,使本企业的业务流程与供应商、客户的相应业务流程之间的联系流畅化、整体化。通过节点企业之间业务流程的重组,根除额外的管理费用、成本及存货的剩余源,同时通过数据信息的共享来进行业务协调,使整条供应链达到一种顺畅无缝的连接,真正实现高速、高效,资源共享,提高整个供应链及节点企业的竞争优势。

典型的重组经过三个阶段:寻找事实,识别改进的领域直到业务流程再设计,创造性的改进。寻找事实是对现有系统、流程和工作流进行详细的研究,重点关注区分意见和事实;有了在第一阶段搜集的事实,重组团队进入识别改进的领域。团队分析如果重点特别放在缺乏效率或效果的客户联络点和产品信息传送上,就会在某个地方为最终客户增加价值。识别改进完成后,重组团队进入重新设计业务流程和信息流的创造性阶段。创造性阶段的结果将会从根本上改变工作的特性及其执行的方式。

## 二、供应链管理环境下 BPR 的原则

(1) 采用合适的工具和方法设计业务流程,以满足一定的战略业绩目标。正确地运用 BPR 工具,能够对供应链环境的现状和问题开展科学的衡量与分析,理性地找出问题的关键,迅速抓住其改进的机会所在;提出合理的改进目标,并组织供应链相关资源建立 BPR 团队。团队通过 BPR 工具的有效运用,针对当前供应链流程中的问题,结合供应链内外部资源,设计出最有效率的改进方案以达到新流程的战略目标要求。

(2) 应用连续改善的技术促进企业提高业绩水平。BPR 在供应链管理中的运用就是对整个供应链系统进行计划、协调、操作、控制和优化的各种活动和过程,其目标是要将所需的正确的产品能够在正确的时间、按照正确的数量、正确的质量和正确的状态送到正确的地点——即"6R",并使总成本最小。供应链管理的 BPR 实行和控制环节本身就是一个不断改善的微调过程。

(3) 采用有效的变化管理方法以调整供应链企业的人力和文化,从而适应新的工作流程。德国企业家罗伯特·纽曼说:"企业推行 BPR 的最大阻力是项目启动时人们的惰性"。由此可见,实施 BPR 成败的关键取决于企业内部人员的整体素质与水平。供应链管理者要有富于革新、勇于向风险挑战的精神,有强烈的市场竞争意识和危机感,对市场变化反应敏锐,关于决策能与公司内外进行有效沟通,具备广泛的知识面,能深入领悟 BPR 的内涵,切实转变思想观念,从而适应在不断变化中持续改进的供应链环境。

(4) 正确应用信息技术。企业要根据实际情况发展信息技术,同时要根据信息技术与供应链管理集成的特点进行流程重组。通用、IBM、沃尔玛、戴尔等著名公司,虽然每个公司的商业运作各有其特点,但在自身信息化中成功应用流程理念、持续优化其供应链流程方面,都有着异曲同工之处。以戴尔为例,戴尔在 20 世纪 80 年代初创新了其电脑生产与销售流程。当时 IT 业生产流行的是准备大量零件并装配大量的库存电脑,销售则采用批发及零售方式,戴尔放弃了当时的主流方式,选择了等待客户的订单后再组装电脑,这种极其接近今天的供应链的生产流程,降低了存货的库存量及运营资金的需求。90 年代后期,Internet 的应用与普及为戴尔拓展了客户群,加之戴尔不断优化的客户流程为其带来了企业绩效的持续改善。公司通过 Internet 向公司仓库实时传送客户需求信息,与供应商之间的流程优化,也让众多的供货商及时了解戴尔的生产计划和存货情况,能够及时配送戴尔所需的配件,从而在处理用户定制产品和交货方面取得了极好的速度。戴尔取得的绩效,与其持续优化客户流程与供应商流程有着不可分割的联系。

(5) 最高领导层的参与以及领导的重视至关重要。企业领导者要了解供应链的变革性,了解它对传统业务流程和思想观念的冲击,对各方面潜在的阻力要有思

想准备,并建立好实施的框架和制度,使效益尽早地彰显,使各部门尽快尽早地接受系统。在项目实施的很多时候,原流程的改变,新流程的推动,都需要领导拍板决定。在一定意义上,供应链项目是"一把手"工程,决策者的倾力参与是项目成功的保证。美国英特尔公司的总裁葛洛夫(Andrew Grove)是在第二次世界大战中逃离匈牙利的犹太人,其危机感比一般人强烈,市场敏感性也高于常人,这一点是促使他决定在英特尔公司中坚持推行 BPR 的关键所在。

### 三、供应链管理环境下 BPR 的方法论

一般而言,BPR 就是抛开现状,在打破原来职能分工的基础上,按业务流程重新考虑管理模式。它不是对原来的不足加以修修补补,而是从"零"开始重新设计,因此,原有的结构与职能分工在 BPR 的过程中已没有意义。为此,在企业着手实施变革之前,首先要以企业的流程为中心,重组管理部门;然后再以现代计算机技术作为 BPR 的技术手段和物质基础。这样,就可以使先进的信息技术与先进的管理流程相匹配,最大限度地发挥出企业的竞争潜力。要使企业组织变革能达到这样的效果,就要在 BPR 指导下实施如下的企业业务流程重新设计的战略。

1. 从整体上把握工作流程的重新设计

过去企业在进行组织变革的过程中,往往把注意力放在提高某个瓶颈环节的效率上,很少从整体上考虑整个流程是否合理。BPR 则不同,它一切从"零"开始,从企业整体来考虑流程的再设计。因此,以 BPR 为指导的企业组织变革设计策略强调首先在人们头脑中树立起对整体流程重新设计的概念。供应链管理理念的核心是将资源配置从一个企业扩展到多个企业,因此,在这种环境下的工作流程设计不仅要考虑企业内部的部门重组,而且要把流程的工作特征考虑到相关企业中去。

2. 确定首要的企业流程重组的项目

企业中有各种各样的作业流程,结构十分复杂。全面铺开势必分散力量,难以取得成功。应该首先选择一些关键性的作业流程作为实施 BPR 的项目,以关键流程带动一般流程的重组。福特汽车公司北美财会部就是一个例子。它抓住付款流程的重组,带动采购和接收部门的工作流程的变化。实施供应链管理后,某企业与合作企业的信息沟通与共享方式发生了变化,因此,原来需要多个人、多个部门处理的业务,现在只由一个人就能胜任。在部门的选择上,可以考虑以销售部门(接受订单)或供应采购部门(发出要货订单)为核心展开 BPR。

3. 分析和评价现行作业流程

分析现行作业流程是为了找出存在的问题,以免在将来的流程中重新出现;评价现行作业流程是为了对将来的改进找到一个"比较"的基准。例如,如果目标是缩短生产周期和降低成本,就要测出现行作业流程下生产周期和成本的准确值,作为将来评价供应链管理模式实施后在这两个目标上取得绩效的基准。

4. 选择合适的信息技术手段

现行的作业流程都是在传统管理模式下设计出来的,因而企业在工作流程上并没有与供应链管理及其信息支持体系有多大的关系。现在,在引入信息技术时,首先要明确定义企业职能部门和作业流程的实体,明确企业在供应链管理模式下运作的要求,然后再选择计算机系统和管理软件的开发环境。BPR 强调在作业流程设计的初始阶段就考虑信息技术的作用,根据信息技术的能力确定新的作业流程。因此信息技术不仅是供应链管理的支持系统,而且还影响着新流程的构成。当前许多人都认为电子商务是 21 世纪企业经营的一个理想信息平台,因此在对供应链管理企业流程的重新设计时也要考虑这一问题。

5. 设计和建立作业流程的原型系统

在对作业流程进行分析的基础上,用现代计算机辅助软件工具建立原型系统。这里所说的原型系统既包括软件系统,也包括组织系统。软件原型系统是指为支持新作业流程而开发的软件;组织原型系统是指为了使新作业流程正常运作而重新组织起来的人员和岗位。经过一段时间的运作,会发现新流程中存在的问题,会获得对新流程应有的认识和技术。企业便可以此为基础,建立更好、更完善的作业流程,为实施供应链管理模式打下基础。

6. 取得合作伙伴的支持和配合

供应链管理下的企业业务重组不同于单个企业内部的流程重组。企业除了要对其内部流程改造外,还必须改造与合作伙伴共同进行的业务,如与供应商企业的业务联系、与分销商企业的业务联系等。因此,在理想的情况下,供应链管理业务流程重组应该从整个系统出发,所有节点企业同步进行重组。退一步说,由于各个企业的情况千差万别,允许有个先后顺序,但是应该着重做好有接口关系企业的协调工作,首先得到它们的配合,否则供应链的整体协调性就难以保证。

• 练习题 •

1. 什么是业务流程重组?其基本内涵与核心思想是什么?
2. 业务流程重组的核心内容和特点是什么?其工具有哪些?
3. 试说明 BPR 实施的基本程序有哪些?
4. 试比较分析传统企业组织结构与基于 BPR 的企业组织结构有何不同?
5. 试比较分析基于传统管理模式的企业业务流程模型与基于供应链管理模式的业务流程模型有何不同?
6. 供应链的关键流程有哪些?对于有效性供应链和反应性供应链,其关键流程有何异同?
7. 简述供应链管理环境下业务流程重组的原则和方法。

• 案例分析 •

## 海尔:抓住供应链上游

作为中国家电行业的龙头老大,海尔很早就认识到了供应链整合的重要性,早在1998年,海尔就进行了以订单信息流为中心的业务流程重组,把金字塔式的企业组织结构转变为面向流程、面向客户的扁平化组织结构,对商流、物流和资金流等进行了重组,极大地提高了供应链的运作效率和反应速度。

产品采购是供应链的起点,海尔从源头入手,采取多种方式巩固了与供应商之间的关系,同样达到优化整合供应链的效果。

首先,海尔实行统一采购,对供应商进行整合,淘汰了80%以上竞争力较弱的供应商,在供应商网络不断优化的同时,供应商质量也有了质的提升。迄今为止,国际化供应商占到海尔供应商总数的70%左右,包括85家世界500强供应商。

海尔还邀请一些有实力的供应商参与前端产品设计和开发,与供应商共同面对终端市场的激烈竞争。三洋电机曾参与海尔冰箱的设计开发,并在青岛投资建设了中国惟一的变频压缩机厂,海尔也因此成为国内首家可以生产变频冰箱的企业;海尔双动力洗衣机电机,也是供应商共同参与的结果。

在生产流程中,海尔还与供应商实行"零距离接触"。供应商可以按订单、根据海尔生产线的节拍从自己的生产线直接配送到海尔生产线,实现线到线的供货。在这种供应链方式下,物料可以经由工装车从供应商的工位直接运送到海尔的工位,既提高了供应链环节的反应速度,又减少了运输过程中的费用,还化解了装卸、运输过程中可能造成的零部件损坏的风险。

在货物检验环节,海尔专门设立质量检测公司,对供应商质量保障体系进行严格认证,甚至包括供应商对其上游供应商的采购过程是否足够规范和安全等内容。质量检测公司还经常派出驻厂检验工程师,实地对供应商的质保体系进行全过程监控。为了给现有供应商一定的压力和动力,海尔还定期对供应商进行优化与评级,并根据评级结果调整供应商配额。

销售物流中间环节的减少也较大提高了供应链的运作效率。在海尔制造基地周边并没有成品仓库,成品下线后,立即直接发送。另外,海尔还在全国设立了42个配送中心进行直发中转,通过减少任何一次可能的装卸、运输和中转来加快运作的速度。

资源来源:王焰.一体化的供应链战略、设计与管理[M].中国物资出版社.2009

讨论题：
海尔是如何通过业务流程重组来提高供应链运作效率的？

• 实训项目 •

# 流程的改进和重组

● 实训目的

使学员了解流程改进和重组的基本思想和大致步骤。

● 实训内容

(1) 回忆所在学校的注册程序，并画一个流程图来分析它，考虑如何对它进行重新设计。
(2) 描述助学贷款的申请过程。在这个过程中，分析有哪些环节的工作可以简化，如果可能，给出重新设计后的助学贷款流程并说明设计原则。

● 实训过程组织

(1) 先由老师和学员一起在黑板上把当前的注册流程和助学贷款申请流程用流程图的形式画出来。
(2) 将学员分成若干组，分组分析当前流程的不足之处，每个小组画出本组改进后的流程图。
(3) 各组选一名代表将改进后的流程图在黑板上演示，并说明改进的原因和最终效果。

# 附录　啤酒游戏

啤酒游戏是供应链管理中的经典实验之一,它是在一定限制条件下通过学生扮演不同角色来验证信息不对称下的"牛鞭效应"。具体说明如下。

## 一、角色设定

顾客、零售商、批发商、制造商。

## 二、分组方案(可根据实验人数确定)

将学生分成两部分,每部分若干小组,每个小组有 10 个成员,他们分别代表供应链中的生产商、批发商和零售商。其中,每个小组有 1 家生产商,由 2 个成员共同扮演;有 2 家批发商,各有 2 个成员共同扮演;每一家批发商的下游有 2 家零售商,每家零售商各有 1 个成员来扮演。同时,实训老师扮演客户。

第一部分小组中成员之间不允许互相交流库存和订单信息。在第二部分小组中,通过零售商公布真实的需求信息来模拟供应链中需求信息的共享。

## 三、角色说明

1. 零售商

(1) 情人啤酒是其主营项目,以箱数为单位,每周订货一次,到货一次,所有订发货业务均在期初完成。

(2) 发订单到收到该批货物需时 4 周(如在第 3 周发的订单,将会在第 7 周送到)。

(3) 标准库存为 12 箱,第 1 周期初,零售商为标准库存。

(4) 第一部分的零售商与批发商的联系只是通过订发货单、由司机 A 来完成。第二部分的零售商直接将需求信息共享给批发商和制造商。

(5) 每周由顾客将告诉零售商啤酒需求量,同时扮演司机 A 接受零售商的本周订单,并给零售商送货(先给货,再接订单)。

(6) 零售商在此游戏中除填写订货单(表 R-1)外,还需填写零售商情况表(表 R-2)。

## 附录 啤酒游戏

表 R-1 零售商订货单

| 零售商(代号) | |
|---|---|
| 订货时间(周) | |
| 订货数量(箱) | |

表 R-2 零售商情况总表

| 周次 t | 啤酒市场需求量 A | 销量 B | 本期缺货量(顾客)C | 期初库存量 D | 批发商送货量 E | 本期欠货量(批发商)F | 累计欠货量(批发商)G | 期末库存量 H | 订货量(批发商)I | 本期利润 J |
|---|---|---|---|---|---|---|---|---|---|---|
| 1 | | | | 12 | | | | | | |
| 2 | | | | | | | | | | |
| 3 | | | | | | | | | | |
| ... | | | | | | | | | | |
| 50 | | | | | | | | | | |

表格说明：

1. 第 t 周的欠货量(顾客)＝第 t 周的啤酒市场需求量－第 t 周的销量；C(t)＝A(t)－B(t)
2. 第 t 周的累计欠货量(批发商)＝第 t-1 周的累计欠货量(批发商)＋第 t 周的本期欠货量(批发商)

$$G(t)=G(t-1)+F(t)$$

3. 第 t 周的期初库存量＝第 t-1 周的期末库存量； D(t)＝H(t-1)
4. 第 t 周的期末库存量＝第 t 周的期初库存量＋第 t 周的批发商送货量－第 t 周的本期销量

$$H(t)=D(t)+E(t)-B(t)$$

5. 第 t 周的利润额＝第 t 周销量×5－第 t 周缺货量×2－第 t 周期末库存量×1－1

$$J(t)=B(t)×5-C(t)×2-H(t)×1-1$$

2. 批发商

(1) 情人啤酒是其主营项目。

(2) 有固定的 2 个零售商。

(3) 以箱数为单位。

(4) 标准库存为 24 箱(12×2＝24)，第 1 周期初库存为 12 箱。

(5) 每周零售商们向批发商订货一次，订购后大约 4 周货才可送到。比如，零售商们第 3 周订的货，将会在第 7 周送到。

(6) 每周向制造商订货一次，订单平均需时 4 周，即在批发商订购后大约 4 周货才可送到。

(7) 第一部分的批发商与零售商、制造商间联系仅仅是通过订单、送货单，分别由卡车司机 A 和 B 完成。第二部分的批发商可与零售商、制造商共享各种信息。

(8) 卡车司机 A 给批发商带来各零售商的订单，同时批发商给零售商们发货；卡车司机 B 给批发商送货，并接受批发商的本周订单。

(9) 每次发货量不得大于订单量加累计欠货量。

(10) 每周结束后,批发商计算本期利润额,游戏结束后,各批发商计算总利润额并将结果上报教师。

(11) 批发商在此游戏模拟中需填写批发商订货单(表W-3)、批发商的发货单(表W-4)、各零售商订发货统计表(表W-5)和批发商情况总表(表W-6)。

表W-3 批发商订货单

| 批发商(代号) | |
|---|---|
| 订货时间(周) | |
| 订货数量(箱) | |

表W-4 批发商发货单

| 零售商(代号) | |
|---|---|
| 发货时间(周) | |
| 发货数量(箱) | |

表W-5 各零售商订发货统计表

| 周次t | 零售商A | | | | 零售商B | | | |
|---|---|---|---|---|---|---|---|---|
| | 订货量 | 发货量 | 欠货量 | 累计欠货量 | 订货量 | 发货量 | 欠货量 | 累计欠货量 |
| 1 | | | | | | | | |
| 2 | | | | | | | | |
| 3 | | | | | | | | |
| … | | | | | | | | |
| 50 | | | | | | | | |

表W-6 批发商情况总表

| 周次t | 零售商订单总量A | 发货总量(零售商)B | 本期总欠货量(零售商)C | 本期累计欠货量(零售商)D | 期初库存量E | 制造商送货量F | 本期欠货量(制造商)G | 累计欠货量(制造商)H | 期末库存量I | 订货量(制造商)J | 本期利润K |
|---|---|---|---|---|---|---|---|---|---|---|---|
| 1 | | | | | 12 | | | | | | |
| 2 | | | | | | | | | | | |
| 3 | | | | | | | | | | | |
| … | | | | | | | | | | | |
| 50 | | | | | | | | | | | |

表格说明：
1. 第 t 周的总欠货量(零售商)＝第 t 周的零售商订单总量－第 t 周的本期发货总量；$C(t)=A(t)-B(t)$
2. 第 t 周的累计欠货量(制造商)＝第 t-1 周的累计欠货量(制造商)＋第 t 周的本期欠货量(制造商)
$$H(t)=H(t-1)+G(t)$$
3. 第 t 周的累计欠货量(零售商)＝第 t-1 周的累计欠货量(零售商)＋第 t 周的本期欠货量(零售商)
$$D(t)=D(t-1)+C(t)$$
4. 第 t 周的期初库存量＝第 t-1 周的期末库存量； $E(t)=I(t-1)$
5. 第 t 周的期末库存量＝第 t 周的期初库存量＋第 t 周的制造商送货量－第 t 周的本期发货总量
$$I(t)=E(t)+F(t)-B(t)$$
6. 第 t 周的利润额＝第 t 周送货总量×5－第 t 周累计欠货量×2－第 t 周期末库存量×1－1
$$K(t)=B(t)\times 5-D(t)\times 2-I(t)\times 1-1$$
7. 每一周批发商均在周初向零售商发货，周末制造商发来的货物才能到达批发商处。

3. 制造商

(1) 在某地区有 2 家批发商独家代理。

(2) 以箱数为单位。

(3) 第一部分的制造商与批发商间联系仅仅是通过订单、送货单，由卡车司机 B (教师)完成。他给制造商带来各批发商订单，与此同时制造商给批发商们发货。第二部分的制造商可直接与批发商进行信息共享。

(4) 每周批发商们向制造商订货一次，订单平均需时 4 周，即订购后大约 4 周货才可送到。比如，批发商们第 3 周发出的订单，将会在第 7 周收到货。

(5) 每周制造商都可以对自己生产的啤酒量做一次决定，但注意从决定啤酒生产量到啤酒产出至少需要 2 周。

(6) 保持一定的库存，标准库存为 48 箱，第 1 周期初库存为 24 箱。

(7) 在扩大规模前，最低生产水平为 15 箱，最高生产水平为 30 箱，在扩大规模后，最低生产水平为 30 箱，最高生产水平为 60 箱(注意扩大生产后，生产量不得低于相应的最低生产能力)。

(8) 每次发货量不得大于订单量加累计欠货量。

(9) 每周结束后，制造商计算本期利润额，游戏结束后，制造商计算总利润额并将结果上报给教师。

(10) 制造商需填写制造商发货单(表 M-7)、制造商总表(表 M-8)、各批发商订发货统计表(制造商)(表 M-9)。

表 M-7 制造商发货单

| 批发商(代号) | |
|---|---|
| 发货时间(周) | |
| 发货数量(箱) | |

表 M-8　制造商总表

| 周次 t | 批发商订单 A | 本期发货量 B | 本期欠货量 C | 累计欠货量 D | 期初库存量 E | 制造产出量 F | 期末库存量 G | 计划生产量 H | 本期利润 I |
|---|---|---|---|---|---|---|---|---|---|
| 1 | | | | | 24 | | | | |
| 2 | | | | | | | | | |
| 3 | | | | | | | | | |
| ... | | | | | | | | | |
| 50 | | | | | | | | | |

表格说明：

1. 第 t 周的本期发货欠货量＝第 t 周的批发商订单量－第 t 周的本期发货量；C(t)＝A(t)－B(t)
2. 第 t 周的累计欠货量＝第 t－1 周的累计欠货量＋第 t 周的本期发货欠货量
$$D(t)=D(t-1)+C(t)$$
3. 第 t 周的制造产出量＝第 t－2 周的计划生产量
$$F(t)=H(t-2)$$
4. 第 t 周的期初库存量＝第 t－1 周的期末库存量；E(t)＝G(t－1)
5. 第 t 周的期末库存量＝第 t 周的期初库存量＋第 t 周的制造产出量－第 t 周的本期发货量
$$G(t)=E(t)+F(t)-B(t)$$
6. 生产能力限额为

| | 基本生产能力 | 扩大生产后生产能力 |
|---|---|---|
| 每周最低生产量 | 15 | 30 |
| 每周最高生产量 | 30 | 60 |

7. 欠货与库存均有成本
第 t 周的利润额＝第 t 周发货量×5－第 t 周累计欠货量×2－第 t 周期末库存量×1－1
$$I(t)=B(t)\times 5-D(t)\times 2-G(t)\times 1-1$$
8. 每一周制造商均在周初向批发商发货，制造商两周前生产的货物在周末时才能进入仓库。

表 M-9　各批发商订发货统计表（制造商）

| 周次 t | 零售商 A | | | | 零售商 B | | | |
|---|---|---|---|---|---|---|---|---|
| | 订货量 | 发货量 | 欠货量 | 累计欠货量 | 订货量 | 发货量 | 欠货量 | 累计欠货量 |
| 1 | | | | | | | | |
| 2 | | | | | | | | |
| 3 | | | | | | | | |
| ... | | | | | | | | |
| 50 | | | | | | | | |

# 参考文献

[1] 曹翠珍.供应链管理[M].北京:北京大学出版社,2010
[2] 邓汝春.供应链管理[M].大连:大连理工大学出版社,2010
[3] 董千里.供应链管理[M].大连:东北财经大学出版社,2009
[4] 林玲玲.供应链管理[M].北京:清华大学出版社,2008
[5] 刘德武.供应链管理[M].北京:人民交通出版社,2003
[6] 罗伯特·M.蒙兹卡,等.采购与供应链管理[M].王晓东,刘旭敏,熊哲,译.北京:电子工业出版社,2008
[7] 马士华,林勇,陈志祥.供应链管理[M].北京:机械工业出版社,2004
[8] 马士华,林勇.供应链管理[M].北京:机械工业出版社,2010
[9] 齐二石,刘亮.物流与供应链管理[M].北京:电子工业出版社,2007
[10] 施先亮,王耀球.供应链管理[M].北京:机械工业出版社,2010
[11] 孙元欣.供应链管理原理[M].上海:上海财经大学出版社,2003
[12] 谈慧.物流信息管理[M].大连:大连理工大学出版社,2008
[13] 王国华.供应链管理[M].北京:国防工业出版社,2005
[14] 万志坚.供应链管理[M].北京:高等教育出版社,2007
[15] 王骏.供应链管理[M].北京:科学出版社,2006
[16] 王焰.一体化的供应链战略、设计与管理[M].北京:中国物资出版社,2009
[17] 王忠伟,庞燕.供应链管理[M].北京:中国物资出版社,2009
[18] 吴彩霞.供应链管理与企业核心竞争力[M].北京:中国轻工业出版社,2007
[19] 吴登丰.供应链管理[M].北京:电子工业出版社,2007
[20] 徐剑,周晓晔,李桂华.物流与供应链管理[M].北京:国防工业出版社,2006
[21] 阎子刚,赵继新.供应链管理[M].北京:机械工业出版社,2005
[22] 杨国荣.供应链管理[M].北京:北京理工大学出版社,2007
[23] 翟光明.采购与供应商管理[M].北京:中国物资出版社,2009
[24] 赵林度.供应链与物流管理理论与实务[M].北京:机械工业出版社,2004
[25] 郑力,厉嘉玲.供应链管理[M].北京:中央广播电视大学出版社,2006
[26] 胡善珍.基于供应链管理的业务外包模式研究[J].商业时代,2006,31
[27] 陈冲.供应链中准时化采购的风险分析与控制策略[J].中国市场,2008,2
[28] 李杰.供应链中战略伙伴关系建立的探讨[J].现代管理科学,2007
[29] 胡继灵,何新.供应链合作伙伴选择中的博弈分析[J].科技进步与对策,2007
[30] 容少华.可口可乐的供应链管理策略[J].商业时代.2001,11
[31] 陈程.基于协同制造的供应商关系管理的研究与信息系统的实现[D].2009,7

［32］宋正权. 连锁超市供应商关系管理的模式研究［D］. 2010,5

［33］张臻竹. 基于供应链环境下的供应商关系管理分析［D］. 2005,12

［34］江西省交通运输与物流协会. 上海通用汽车物流外包给中远. ［EB/OL］. ［2009 - 6］. http://www.jxctla.com/News/NewsDetails.aspx? N_ID=3166

［35］佚名. 以供应链管理理论为依托的企业绩效评价. ［EB/OL］. ［2004 - 8］. http://info.jc-trans.com/xueyuan/wlyt/gylgl/200482563509.shtml

［36］佚名. 美特斯·邦威. ［EB/OL］. ［2010 - 03］. http://baike.baidu.com/view/5446.html? wtp=tt

［37］佚名. Turbo CRM 在汽车行业中的应用［EB/OL］. ［2010 - 7 - 10］. http://www.yibool.com/thread - 21323 - 1 - 1.html

［38］佚名. 戴尔的"零式供应链"模式及敏捷制造［EB/OL］. ［2008 - 11］. http://wiki.mbalib.com/wiki

［39］佚名. 企业价值链发展战略. ［EB/OL］. ［2009 - 10］. http://www.chinaacc.com/new/635_652_/2009_10_13_le148035394113101900270000.shtml

［40］佚名. 打造企业核心竞争力. ［EB/OL］. ［2004 - 12］. http://www.stcsm.gov.cn/learning/lesson/guanli/20041223/lesson - 1.asp

［41］佚名. 台湾雀巢与家乐福的供应商管理库存系统. ［EB/OL］. ［2004 - 9 - 12］. http://www.ccfa.org.cn/viewElarticle.do? method=viewElarticle&id=402881e41e551aa9011e551ccdf600ba

［42］佚名. 神龙公司基于 EDI 和 Internet 的信息组织模式. ［EB/OL］. http://www.gci-corp.com/Article/qyzl/200701/108446.html

［43］佚名. 苏宁三星全面建设 CPFR 项目,变革零售供应链模式. ［EB/OL］. ［2011.12.9］. http://www.abi.com.cn/news/htmfiles/2011 - 12/113166.shtml